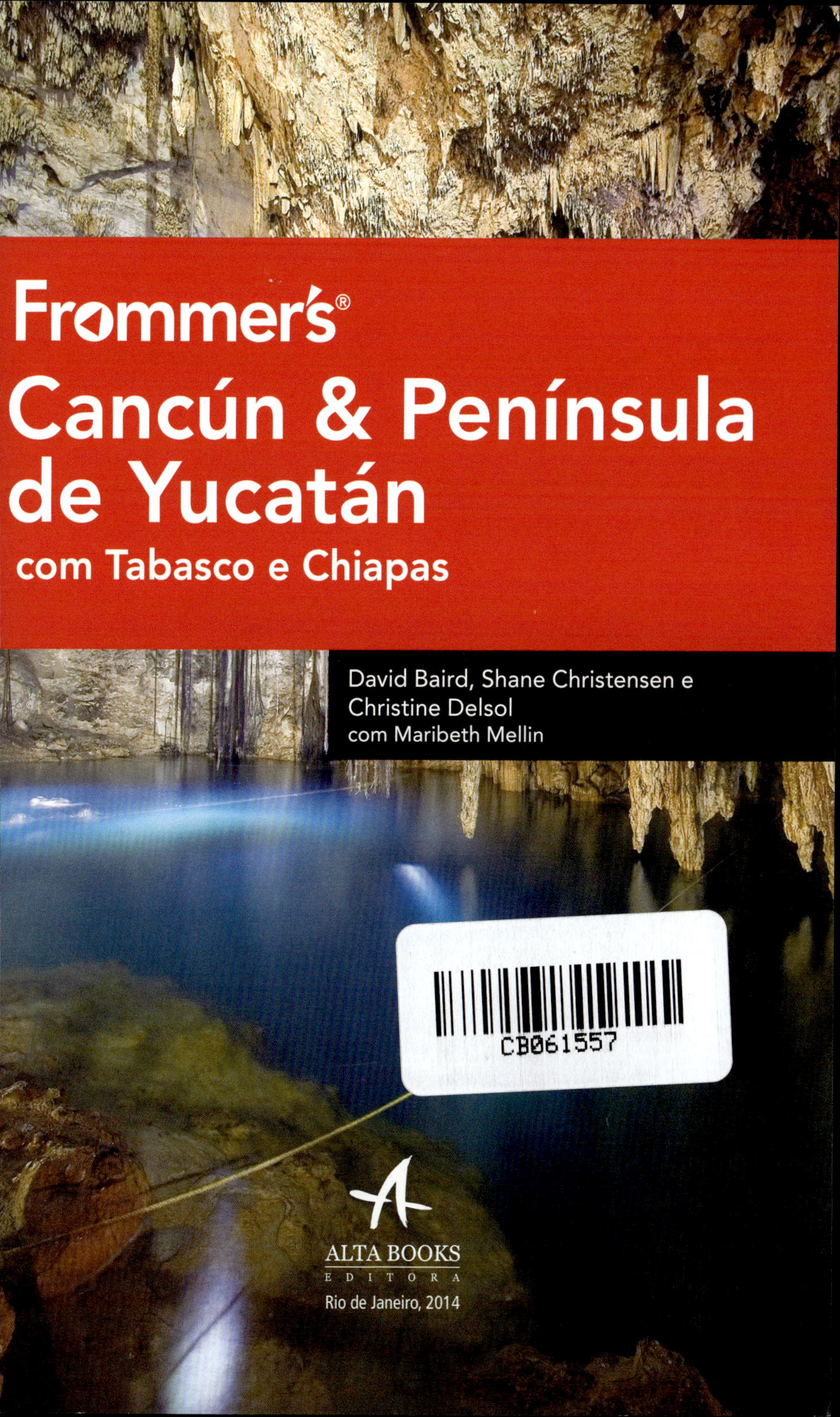

Frommer's®
Cancún & Península de Yucatán
com Tabasco e Chiapas

David Baird, Shane Christensen e
Christine Delsol
com Maribeth Mellin

ALTA BOOKS
EDITORA
Rio de Janeiro, 2014

Frommer´s Cancún & Península de Yucatán com Tabasco & Chiapas
Copyright © 2015 da Starlin Alta Editora e Consultoria Eireli.
ISBN: 978-85-7608-894-3

Translated from original Frommer´s Cancún & The Yucatán with Tabasco & Chiapas 2011 © 2010 by John Wiley & Sons, Inc. ISBN 978-0-470-61432-7. This translation is published and sold by permission Wiley Publishing, Inc., the owner of all rights to publish and sell the same. PORTUGUESE language edition published by Starlin Alta Editora e Consultoria Eireli, Copyright © 2015 by Starlin Alta Editora e Consultoria Eireli.

Todos os direitos reservados e protegidos por Lei. Nenhuma parte deste livro, sem autorização prévia por escrito da editora, poderá ser reproduzida ou transmitida.

Erratas: No site da editora relatamos, com a devida correção, qualquer erro encontrado em nossos livros. Procure pelo título do livro.

Marcas Registradas: Todos os termos mencionados e reconhecidos como Marca Registrada e/ou Comercial são de responsabilidade de seus proprietários. A Editora informa não estar associada a nenhum produto e/ou fornecedor apresentado no livro.

Impresso no Brasil — 1ª Edição, 2015

Vedada, nos termos da lei, a reprodução total ou parcial deste livro.

Produção Editorial	Supervisão e Qualidade Editorial	Captação e Contratação de Obras	Vendas Atacado e Varejo	Marketing e Promoção
Editora Alta Books	Angel Cabeza	Cristiane Santos	Daniele Fonseca	Hannah Carriello
Gerência Editorial	Sergio Luiz de Souza	J. A. Rugeri	Viviane Paiva	marketing@altabooks.com.br
Anderson Vieira	**Design Editorial**	Marco Pace	comercial@altabooks.com.br	**Ouvidoria**
	Aurélio Corrêa	autoria@altabooks.com.br		ouvidoria@altabooks.com.br

Equipe Editorial	Claudia Braga	Mariana Baptista	Nathalia Curvelo	
	Jéssica dos Reis	Mayara Coelho	Natália Gonçalves	Rômulo Lentini
	Juliana de Oliveira	Milena Lepsch	Raquel Ferreira	Thiê Alves
	Letícia Vitoria	Milena Souza	Rodrigo Araujo	

Tradução	Copidesque	Revisão Gramatical	Diagramação
Amanda Fellows	Renata da Silva	Julieta Botafogo Lamarão	Joyce de Lima Matos
	Layna Giulia Álvares de Oliveira Nascimento		

Dados Internacionais de Catalogação na Publicação (CIP)

> F932   Frommer's Cancún & Península de Yucatán : com Tabasco e Chiapas / David Baird ... [et al.]. – Rio de Janeiro, RJ : Alta Books, 2015.
> 384 p. : il. ; 21 cm + mapas.
>
> Tradução de: Frommer's Cancún & The Yucatán.
> ISBN 978-85-7608-894-3
>
> 1. México - Viagens - Guias. 2. Cancun (México). 3. Yucatán, Península (México). 4. Tabasco (México : Estado). 5. Chiapas (México). I. Baird, David. II. Christensen, Shane. III. Delsol, Christine. IV. Mellin, Maribeth.
>
> CDU 910.4(72)
> CDD 917.26

Índice para catálogo sistemático:
1. México : Viagens : Guias   910.4(72)

(Bibliotecária responsável: Sabrina Leal Araujo – CRB 10/1507)

Rua Viúva Cláudio, 291 – Bairro Industrial do Jacaré
CEP: 20970-031 – Rio de Janeiro – Tels.: (21) 3278-8069/8419
www.altabooks.com.br – e-mail: altabooks@altabooks.com.br
www.facebook.com/altabooks – www.twitter.com/alta_books

SUMÁRIO

Lista de Mapas vi

1 O MELHOR DA PENÍNSULA DE YUCATÁN, TABASCO & CHIAPAS 1

Os Melhores Roteiros de Praia 2
As Melhores Experiências Culturais 6
Os Melhores Sítios Arqueológicos 7
Os Melhores Roteiros de Aventura 8
Os Melhores Refúgios 10
Os Melhores Museus 12
As Melhores Compras 12
O Melhor Da Vida Noturna 13
Os Hotéis Mais Luxuosos 14
As Hospedagens Com Preços Mais Acessíveis 16
Os Hotéis Mais Diferenciados 16
Os Melhores Restaurantes 17

2 PENÍNSULA DE YUCATÁN, TABASCO & CHIAPAS EM DETALHES 19

A Península de Yucatán, Tabasco e Chiapas Hoje 20
termos e frases maias 24
glossário básico maia 25
Um Olhar para o Passado 26
é tudo parte do jogo 27
sobre henequén e haciendas 32
a história de dois furacões 33
um costume que pegou 34
Arte e Arquitetura 35
Religião, Mito e Folclore 38
Atributos da Terra 40
o panteão maia 40
Comendo e Bebendo 43
uma dívida de gratidão 45
Livros, Filmes e Música 50
dicas para o restaurante 50

3 PLANEJANDO SUA VIAGEM À YUCATÁN, TABASCO E CHIAPAS 55

Quando Ir 56
calendário de eventos 57
Requisitos para Entrada no País 60
o que fisgar em cada época? 60
Dando uma Volta Aqui e Ali 62
Dinheiro e Custos 66
Saúde 69
Crime e Segurança 71
a opinião de mais um autor: segurança no méxico 73
Recursos Especializados para Viajantes 74
Turismo Responsável 76
caixa de ferramentas online do viajante 78
Viagens de Interesse Específico e com Acompanhamento 79
Para Ficar Conectado 80
Dicas de Hospedagem 82

4 ITINERÁRIOS SUGERIDOS EM YUCATÁN 84

Um Resumo das Regiões 85
Norte da Península de Yucatán em 1 Semana 88
Se você tem menos tempo ainda... 90
A Península de Yucatán em 2 Semanas 90
Uma Aventura Ecológica para Toda a Família 94
La Ruta Maya 96

5 CANCÚN 99

Orientação 102
Os melhores sites sobre cancún 104
Informações úteis Cancún 106
Onde Ficar 107
Onde Comer 118
Praias, Esportes Aquáticos e Passeios de Barco 124
Atividades e Atrações ao Ar Livre 130
Indo às Compras 131
A Vida Noturna de Cancún 133

6 ISLA MUJERES & COZUMEL 136

Isla Mujeres 137
Os melhores sites sobre Isla Mujeres e Cozumel 139
Informações úteis Isla Mujeres 143
Cozumel 153
Férias all-inclusive em Cozumel 157
Informações úteis Cozumel 158
Anatomia dos arrecifes de coral 162

7 RIVIERA MAYA E A COSTA SUL DO CARIBE 174

Puerto Morelos e Arredores 175
Dirigindo pela riviera maya 177
Playa del Carmen 186
Informações úteis Playa Del Carmen 189
Escolhendo um hotel all-inclusive na Riviera Maya 197
Sul de Playa del Carmen 198
Aventuras subterrâneas 200
Tulum 209
Ruínas de Cobá 217
Sian Ka'an e a Península Punta Allen 221
Dormindo onde o céu começa 224
Mahahual, Xcalak e o Arrecife Chinchorro 226
Mergulho no arrecife Chinchorro 228
Laguna Bacalar 230
Chetumal 232
Passeios às Ruínas Maias de Chetumal 234

8 MÉRIDA, O INTERIOR MAIA E CHICHÉN ITZÁ 244

Mérida: A Porta de Entrada para o Legado Maia 246
Os melhores sites sobre a Península de Yucatán 246
Informações úteis Mérida 252
festivais e eventos em Mérida 253
Haciendas e hotéis 258

Passeios Partindo de Mérida 270
As Ruínas de Uxmal 281
A Rota Maia de Puuc 286
Campeche 290
Informações úteis campeche 292
As Ruínas de Chichén Itzá 300
Valladolid 309

9 TABASCO & CHIAPAS 319

Villahermosa 320
Palenque 326
San Cristóbal de Las Casas 337

O movimento zapatista e chiapas 340
Informações úteis San Cristóbal De Las Casas 342
Tuxtla Gutiérrez 355

10 INFORMAÇÕES ÚTEIS 361

Informações úteis Yucatán, Tabasco e Chiapas 361

Sites de Companhias Aéreas 363

11 ESPANHOL DE SOBREVIVÊNCIA 365

Frases Português – Espanhol 365   Terminologia Gastronômica 369

LISTA DE MAPAS

- A Península de Yucatán   4
- Tabasco e Chiapas   6
- Norte da Península Yucatán em 1 Semana   89
- A Península de Yucatán em 2 Semanas   91
- Uma Aventura Ecológica Para Toda a Família   95
- La Ruta Maya   97
- Isla Cancún (Zona Hotelera)   109
- Cidade de Cancún   110
- Isla Mujeres   138
- Cozumel   155
- San Miguel de Cozumel   159
- A Costa Norte Caribenha da Península   176
- Playa del Carmen   187
- Ruínas de Tulum   212
- Pueblo Tulum e Zona Hoteleira   215
- Ruínas de Cobá   219
- A Costa Inferiror do Caribe na Península de Yucatán   227
- O Estado de Yucatán   247
- Mérida   255
- Uxmal   282
- Campeche   291
- Chichén Itzá   302
- Valladolid   310
- Villahermosa   322
- Ruínas de Palenque   329
- Onde Ficar e Comer em Palenque   332
- San Cristóbal de las Casas   339
- Aldeias Maias dos Arredores e o Interior   347
- O Planalto de Chiapas   357

SOBRE OS AUTORES

Escritor, editor e tradutor, **David Baird** viveu vários anos em diferentes partes do México. Agora em Austin, no Texas, ele passa o máximo de tempo possível no México. Ex-morador da Cidade do México, **Shane Christensen** escreveu extensivamente para Frommer's sobre todo o México, e é o autor de *Frommer's Dubai* e *Frommer's Grand Canyon*. Ele mora em Nova York, mas retorna ao México sempre que possível. Autora de *Pauline Frommer's Cancún & the Yucatán*, **Christine Delsol** viaja ao México sempre que pode há 30 anos. Ela passou a maior parte de sua carreira trabalhando em jornais e é a ganhadora de um prêmio *Associated Press* e dois prêmios *Lowell Thomas*. A primeira vez que **Maribeth Mellin** dirigiu pela estrada de mão dupla de Cancún a Chetumal, pneus pendurados em varas demarcavam as estradas arenosas até acampamentos afastados. Ela vem acompanhando as mudanças desde então, e constantemente se espanta ao ver viadutos em estradas, além de resorts e parques gigantescos. Ela é a autora de *Traveler's Mexico Companion*, que ganhou o prestigioso prêmio *Pluma de Plata*, e ainda fez a cobertura do México e da América Latina para dezenas de jornais, revistas, sites e guias.

COMO ENTRAR EM CONTATO

Na elaboração deste livro, descobrimos muitos lugares maravilhosos: hotéis, restaurantes, lojas e muito mais. Temos certeza de que você encontrará outros. Por favor, informe-nos sobre esses lugares, para que possamos compartilhar as informações com outros viajantes nas próximas edições. Se você se decepcionou com uma recomendação, nós também adoraríamos ficar sabendo. Escreva para:

Estados Unidos: *Frommer's Cancún & the Yucatán 2011*
Wiley Publishing, Inc. * 111 River St. * Hoboken, NJ 07030-5774
frommersfeedback@wiley.com

Brasil: *Frommer's Cancún e Península de Yucatán*
Editora Alta Books
www.altabooks.com.br
Rua Viúva Cláudio, 291, Bairro Industrial do Jacaré – Rio de Janeiro
CEP: 20970-031 – RJ

OBSERVAÇÃO ADICIONAL

Não se esqueça de que informações sobre viagens estão sempre sujeitas a alterações a qualquer momento, especialmente em relação aos preços. Sugerimos, portanto, que ao planejar sua viagem, escreva ou ligue para os locais de seu interesse. Os autores, editores e a editora não se responsabilizam pelas experiências de viagem dos leitores. Não obstante, é importante para nós que você viaje com segurança, por isso, fique alerta e preste atenção ao que ocorre ao seu redor. Fique atento às câmeras fotográficas, bolsas e carteiras, alvos prediletos de ladrões.

CLASSIFICAÇÕES, ÍCONES E ABREVIAÇÕES DO FROMMER'S

Cada hotel, restaurante e atração listados neste guia foram classificados por qualidade, valor, serviço, comodidades e recursos especiais, usando um sistema de classificação de estrelas. Em guias de países, estados e regiões, também classificamos cidades e regiões, para ajudá-lo a selecionar as opções e a planejar seu tempo adequadamente. Hotéis e restaurantes estão classificados em uma escala de zero (recomendado) a três estrelas (excepcional). Atrações, lojas, vida noturna, cidades e regiões estão classificadas de acordo com a seguinte escala: zero estrela (recomendado), uma estrela (bem recomendado), duas estrelas (altamente recomendado) e três estrelas (imperdível).

Além do sistema de classificação por estrelas, também usamos **oito ícones** chave que apontam as melhores opções, recomendações e experiências únicas que separam os viajantes dos turistas. Neste livro, procure por:

Achados — aqueles lugares que apenas nativos conhecem

Fatos Divertidos — detalhes que tornam o viajante mais informado e suas viagens mais divertidas

Crianças — as melhores opções para as crianças e recomendações para toda a família

Momentos Especiais — experiências que ficam na memória

Superestimado — lugares ou experiências que não merecem seu tempo nem seu dinheiro

Para Ficar por Dentro — ótimas maneiras de economizar tempo e dinheiro

Pechincha — onde conseguir os melhores descontos

Atenção — precaução é sempre bem-vinda

As seguintes abreviações são usadas para cartões de crédito:

AE American Express	**DISC** Discover	**V** Visa
DC Diners Club	**MC** MasterCard	

RECURSOS DE VIAGENS NO FROMMERS.COM

Os recursos de viagem Frommer's não terminam com este guia. O site da Frommer's, **www.frommers.com**, possui informações de viagens (em inglês) sobre mais de 4 mil destinos. Atualizamos o conteúdo regularmente, fornecendo-lhe acesso às mais atuais informações de planejamento de viagem, além das melhores opções em passagens aéreas, hospedagem e aluguel de carros. Você também pode ouvir podcasts, conectar-se com outros membros do Frommers.com através de listas de discussão, compartilhar suas fotos de viagem, ler blogs de editores de guias e de outros viajantes, e muito mais. Para saber mais sobre os guias publicados no Brasil, acesse www.altabooks.com.br.

3

PLANEJANDO SUA VIAGEM À YUCATÁN, TABASCO E CHIAPAS

por Shane Christensen

A menos que você pretenda ficar nas bem-servidas praias do Caribe, uma viagem à Península de Yucatán e aos estados de Tabasco e Chiapas exige planejamento, paciência e flexibilidade. Quintana Roo é, sem sombra de dúvidas, o estado turístico mais avançado da região, recebendo cerca de metade de todo o turismo do México. É fácil viajar entre Cancún e as praias da Riviera Maya, onde a infraestrutura turística é bem desenvolvida. Você pode planejar uma visita pelos resorts ao longo da costa do Caribe em um carro alugado, ou visitar as ruínas maias da Península de Yucatán de ônibus. Conseguir chegar e se locomover em Chiapas e Tabasco requer um pouco mais de conhecimento, embora a infraestrutura (principalmente as estradas) tenha melhorado nos últimos anos.

Viajantes rumo ao México devem estar cientes das preocupações com os riscos em certas partes do país e tomar algumas precauções para garantir sua segurança. Grande parte do México é segura para os viajantes que ficam longe das drogas e daqueles que as vendem, mas, ainda é necessário ter cautela em áreas desconhecidas, permanecendo sempre atento. Consulte "Segurança", adiante, para mais informações.

Para assistência no planejamento de sua viagem e mais informações sobre a Península de Yucatán, Tabasco e Chiapas, veja "Informações Úteis" na pág. 361.

QUANDO IR

A **Alta temporada** na região de Yucatán começa por volta de 20 de dezembro e continua até a semana da Páscoa. Essa é a época do ano para um clima quente e tranquilo, ideal para a prática de snorkel, mergulho e pesca (clima tranquilo significa mares mais transparentes e mais previsíveis), além de ser uma boa época para visitar as ruínas que pontilham o interior da península. Faça reservas com antecedência, se planeja estar em Cancún nos feriados.

A **Baixa temporada** começa no dia seguinte à Páscoa e vai até meados de dezembro; durante esse período, os preços podem cair de 20% a 50%. No entanto, em Cancún e ao longo da Riviera Maia, a demanda de turistas mexicanos e europeus está criando uma temporada intermediária no verão.

De modo geral, a **estação seca** no México vai de novembro a abril, com a **estação chuvosa** se estendendo de maio a outubro. De maio a julho, a temperatura e a umidade no interior podem tornar o clima abafado, o que não vem a ser um problema para quem está no litoral, mas sim para aqueles que pretendem colocar o pé na estrada até Chichén Itzá, Uxmal, dentre outros lugares. Mais tarde, durante a estação chuvosa, a frequência das **tempestades tropicais** e **furacões** aumenta, o que pode, obviamente, complicar suas férias. Mas, essas tempestades tendem

PÁGINA ANTERIOR: **Um participante do Carnaval de Cozumel.**

a baixar as temperaturas, fazendo com que a escalada das ruínas seja ainda mais divertida, acompanhada de ar fresco e brisa novembro é a época ideal para viajar à Península de Yucatán. Cancún, Cozumel e Isla Mujeres também têm uma estação chuvosa de novembro a janeiro, quando as tempestades do norte atingem a região. Isso geralmente significa uma menor visibilidade de mergulho — e as condições climáticas podem até mesmo impedir a saída dos barcos.

Villahermosa é abafada e úmida o tempo todo. San Cristóbal de las Casas, a uma altitude de 2.152 m, é bem mais frio do que as planícies e muito frio no inverno.

Temperaturas Médias em Cancún

	JAN	FEV	MAR	ABR	MAI	JUN	JUL	AGO	SET	OUT	NOV	DEZ
MÉDIA MAX. (°C)	27	27	28	29	31	31	32	32	31	30	28	27
MÉDIA MÍN. (°C)	19	20	21	22	25	25	25	25	24	23	22	20

Calendário de Eventos

Festivais religiosos e seculares fazem parte do dia a dia do México. Cada distrito, cidade e estado possui seus próprios festivais específicos durante o ano, celebrando personagens religiosos e históricos. De fato, em certas partes do país, muitas vezes as festividades parecem não ter fim, e a região de Yucatán, Tabasco e Chiapas não são exceção.

Para uma lista completa de eventos, além dos listados aqui, visite **http://events.frommers.com,** onde você encontra uma lista atualizada do que está acontecendo em cidades de todo o mundo.

JANEIRO

Año Nuevo (Ano Novo), por todo o país. Este feriado nacional talvez seja o dia mais tranquilo do México. A maioria das pessoas fica em casa ou vai à igreja. O comércio é fechado. Em comunidades indígenas tradicionais, novos líderes tribais são empossados durante cerimônias coloridas, enraizadas no passado pré-colombiano. Dia 1° de janeiro.

Día de los Reyes (Dia de Reis), por todo o país. Este dia celebra os presentes levados pelos três Reis Magos ao Menino Jesus. Neste dia, crianças recebem presentes, lembrando o Natal no Brasil. Amigos e familiares se reúnem para compartilhar a *Rosca de Reyes,* um bolo especial. Dentro do bolo é colocado um pequeno boneco que representa o Menino Jesus; quem receber o boneco em sua fatia deve preparar uma festa com tamales e *atole* (uma bebida quente feita de masa) no dia 2 de fevereiro. Dia 6 de janeiro.

FEVEREIRO

Día de la Candelaria (Candelária), por todo o país. Músicas, danças, procissões, comida e outras festividades levam até uma bênção de sementes e velas, em uma cerimônia que mistura tradições pré-colombianas e europeias, marcando o fim do inverno. Aqueles que foram à celebração de Reis se reúnem para compartilhar *atole* e tamales, durante uma festa promovida pela pessoa que recebeu o boneco encontrado na *Rosca.* Dia 2 de fevereiro.

Día de la Constitución (Dia da Constituição), por todo o país. Este feriado nacional é em homenagem à atual Constituição mexicana, assinada em 1917, como resultado da guerra revolucionária de 1910. É comemorado com pequenos desfiles. Dia 5 de fevereiro.

Carnaval, por todo o país. O Carnaval ocorre 3 dias antes da Quarta-feira de Cinzas e do início da Quaresma. Em Cozumel, a celebração se assemelha ao carnaval do Rio de Janeiro, com desfiles e clima de festa. Em Chamula, o evento volta aos tempos pré-colombianos, com rituais de corrida sobre galhos em chamas. Cancún também comemora com desfile de carros alegóricos e festas de rua.

Quarta-Feira de Cinzas, por todo o país. Início da Quaresma e da época de abstinência, este é um dia de reverência por todo o país. Algumas cidades celebram esse dia com danças folclóricas e feiras.

MARÇO

Aniversário de Benito Juarez, por todo o país. Este feriado nacional, que homenageia um dos líderes mais queridos do México, é comemorado com celebrações em cidades pequenas, principalmente na cidade natal de Juarez, Guelatao, em Oaxaca. Dia 21 de março.

Equinócio de Primavera, Chichén Itzá. No primeiro dia da primavera, o Templo de Kukulkán — principal pirâmide de Chichén Itzá — fica alinhado com o Sol, enquanto a sombra da serpente emplumada move-se lentamente do topo da construção até o chão. Quando a sombra atinge a parte inferior, o corpo junta-se à cabeça da cobra esculpida em pedra na base da pirâmide. Segundo a lenda antiga, no momento em que a imagem da serpente se completa, a terra é fertilizada. Pessoas de todo o mundo vêm admirar esse espetáculo. Por isso, programe-se com antecedência. Em outros lugares, festas e celebrações do equinócio dão as boas-vindas à primavera da mesma forma que os antigos mexicanos, com danças e orações para os elementos e os quatro pontos cardeais. É costume vestir-se de branco e usar uma fita vermelha. Dia 21 de março (a sombra aparece entre 19 e 23 de março).

ABRIL

Semana Santa, por todo o país. O México comemora a última semana da vida de Cristo, do Domingo de Ramos ao Domingo de Páscoa, com procissões religiosas melancólicas, malhação de Judas e reconstituições dos acontecimentos bíblicos, além de feiras de comidas e artesanato. Algumas empresas fecham durante essa tradicional semana de férias mexicana, e quase todas fecham na quinta-feira santa, na sexta-feira da paixão, no sábado de aleluia e no domingo de Páscoa. Se você pretende viajar para o México durante a Semana Santa, faça sua reserva com antecedência. Passagens aéreas para Cancún, principalmente, deverão ser reservadas com meses de antecedência. Aviões e ônibus para as cidades de Yucatán e para quase todas as regiões do México estarão lotados. Com isso, tente chegar na quarta ou quinta-feira antes da sexta-feira santa. Domingo de Páscoa é tranquilo e a semana seguinte é um tradicional período de férias. No início de abril.

MAIO

Dia do Trabalho, por todo o país. Trabalhadores desfilam pelo país; tudo fecha. Dia 1º de maio.

Cinco de Mayo, por todo o país. Este feriado celebra a derrota dos franceses na Batalha de Puebla, apesar de (ironicamente) tender a ser celebrada de forma mais intensa nos Estados Unidos do que no México. Dia 5 de maio.

Festa de San Isidro. O santo padroeiro dos agricultores é homenageado com uma bênção das sementes e animais de trabalho. Dia 15 de maio.

Festival de Jazz de Cancún. Durante este fim de semana comemorativo em maio, o Parque de las Palapas, assim como a área perto do Centro de Convenções, apresenta espetáculos ao vivo de músicos de jazz de todo o mundo. Para confirmar datas e outras informações, consulte www.cancun.travel.

Festival Internacional Gay. Este evento de cinco dias em Cancún começa com uma festa de boas-vindas regada a comidas, bebidas e música mariachi. Outras festividades incluem uma festa de tequila, passeio por Cancún, cruzeiro do pôr do sol pelo Caribe, festas em bares e praias, finalizando com um café da manhã regado à champanhe. Para informações, visite www.cancun.eventguide.com.

JUNHO

Día de la Marina (Dia da Marinha). Todas as cidades litorâneas comemoram com desfiles navais e fogos de artifício. Dia 1º de junho.

Corpus Christi, por todo o país. O dia homenageia o Corpo de Cristo (Eucaristia) com procissões, missas e comida. As datas variam.

Día de San Pedro (Dia de São Pedro), por todo o país. Celebrado onde quer que São Pedro seja o padroeiro, este feriado homenageia todas as pessoas de nome Pedro. Dia 26 de junho.

AGOSTO

Assunção de Maria, por todo o país. É comemorada em todo o país, com missas especiais e procissões em alguns lugares. De 15 a 17 de agosto.

SETEMBRO

Dia da Independência, por todo o país. Este dia de desfiles, piqueniques e encontros de famílias por todo o México celebra a independência do país da Espanha. Às 23 h do dia 15 de setembro, o presidente do México dá o famoso *grito* de independência, diretamente do Palácio Nacional, na Cidade do México, enquanto prefeitos fazem o mesmo em cada cidade e distrito país afora. No dia 16 de setembro, todas as cidades e municípios realizam um desfile, no qual tanto governantes quanto civis exibem o orgulho de ser mexicano. Para essas celebrações, todos os edifícios importantes do governo ficam cobertos com as cores nacionais — vermelho, verde e branco —, e as cidades brilham com luzes decorativas. Dias 15 e 16 de setembro; 16 de setembro é feriado nacional.

Equinócio de Outono, Chichén Itzá. O mesmo jogo de sombras que acontece durante o equinócio da primavera se repete no equinócio de outono. De 21 a 22 de setembro.

OUTUBRO

Día de la Raza ('Dia da Etnia' ou Dia de Colombo), por todo o país. Este dia comemora a fusão dos povos espanhóis e mexicanos. Dia 12 de outubro.

NOVEMBRO

Día de los Muertos (Dia de Finados), por todo o país. O que é comumente chamado de Dia de Finados são na verdade 2 dias: Dia de Todos os Santos, homenageando santos e crianças falecidas e Dia de Finados, honrando adultos falecidos. Parentes se reúnem em cemitérios por todo o país, carregando velas e alimentos para criar um altar, passando, às vezes, a noite toda ao lado dos túmulos dos entes queridos. Semanas antes, padeiros começam a produzir um pão (chamado de *pan de muerto*) em forma de múmias, ou pães redondos decorados com "ossos" de pão. Caveiras de açúcar decoradas, estampadas com nomes em glacê, são vendidas em toda parte. Muitos dias antes, casas e igrejas erguem altares especiais, cercados de pão especial, frutas, flores, velas, comidas favoritas e fotografias de santos e de mortos. Em ambas as noites, crianças se vestem com fantasias e máscaras, muitas vezes carregando pelas ruas caixões de brinquedo e lanternas feitas de abóbora, dentro dos quais elas esperam receber dinheiro. Dia 1º e 2 de novembro; dia 1º de novembro é feriado nacional.

Festival de las Aves de Yucatán (Festival Anual de Aves), Mérida, Yucatán. Sessões de observação, oficinas e exposições de aves são destaques deste festival, projetado para ilustrar o papel especial que as aves desempenham no meio ambiente e no território de Yucatán. Acesse www.yucatanbirds.org.mx para mais detalhes. Meados de novembro.

Dia da Revolução, por todo o país. Este dia comemora o início da Revolução Mexicana de 1910 com desfiles, palestras, rodeios e eventos patrióticos. Dia 20 de novembro.

DEZEMBRO

Festa da Virgem de Guadalupe, por todo o país. Em todo o país, procissões religiosas, feiras de rua, danças, fogos de artifício e missas homenageiam a padroeira do México. Esta é uma das demonstrações da cultura tradicional mais comoventes e bonitas do México. A Virgem de Guadalupe apareceu para um jovem, Juan Diego, em dezembro de 1531, em um monte perto da Cidade do México. Ele convenceu o bispo que tinha visto a aparição, revelando a capa na qual a Virgem estava estampada. É tradição crianças se vestirem de Juan Diego, usando bigodes e lenços vermelhos. Uma das festas mais famosas e elaboradas acontece na Basílica de Guadalupe, ao norte da Cidade do México, onde a Virgem apareceu. Todas as cidades comemoram esse dia, muitas vezes com procissões de crianças com bandeiras da Virgem e com *charreadas* (rodeios), corridas de bicicleta, dança e fogos de artifício. Dia 12 de dezembro.

Festival de San Cristóbal de las Casas, San Cristóbal de las Casas, Chiapas. Este festival de dez dias em Chiapas inclui uma procissão dos índios tzotzil e tzetzal, música de *marimba* e um desfile de cavalos. De 12 a 21 de dezembro.

Posadas de Natal, por todo o país. Em cada uma das nove noites que antecedem o Natal, é costume encenar a busca da Sagrada Família por acomodação, com procissões de velas de porta em porta, em cidades e vilas por todo o país. Estas também são oferecidas pela maioria das empresas e organizações comunitárias, substituindo a tradição da festa de Natal do norte. De 15 a 24 de dezembro.

Natal. Os mexicanos prolongam esta comemoração e muitas vezes saem de recesso duas semanas antes do Natal até o dia de Ano Novo. Muitas empresas fecham; resorts e hotéis lotam. Celebrações importantes acontecem no dia 24 de dezembro.

Réveillon. Tal como no resto do mundo, o Réveillon no México é celebrado com festas, fogos de artifício e muito barulho. Dia 31 de dezembro.

O que fisgar EM CADA ÉPOCA?

A temporada de pesca dura o ano todo na costa do Caribe. Segue, abaixo, um resumo geral sobre o que se pode esperar durante a viagem. Mais informações podem ser encontradas em: www.deepseafishingcancun.com/season.htm.

- **Marlin-Azul:** De março a agosto
- **Marlin-Branco:** De março a agosto
- **Agulhão Vela:** De janeiro a agosto
- **Garoupa:** A maior parte do ano, exceto julho e agosto
- **Cavala:** De novembro a agosto
- **Charuteiro:** De agosto a março
- **Dourado-do-mar:** De março a setembro
- **Atum Preto:** De novembro a agosto
- **Bonito:** De fevereiro a outubro
- **Bicuda:** De junho a março
- **Peixe-rei:** De outubro a fevereiro
- **Caranha:** De agosto a março

REQUISITOS PARA ENTRADA NO PAÍS
Passaportes
Cidadãos da maioria dos países são obrigados a apresentar um passaporte válido ao entrar no México. Cidadãos de alguns países necessitarão também de visto mexicano. Este é o caso dos cidadãos brasileiros, que precisam apresentar passaporte e visto ao entrar em território mexicano.

Vistos
Para informações detalhadas sobre vistos para o México, visite a página do **Instituto Nacional de Imigração** em http://www.inm.gob.mx/index.php, ou o site da

Embaixada do México no Brasil: http://portal.sre.gob.mx/brasil/index.php.

Turistas americanos e canadenses, além dos estrangeiros residentes legais permanentes, saindo de um desses países direto para o México, não precisam de visto ou de um cartão de turista para estadas de até 72 horas na zona de fronteira (20 km a 30 km da fronteira dos EUA). Para viagens ao México além da zona de fronteira, todos os viajantes da Austrália, Canadá, Nova Zelândia, Reino Unido, EUA, Comunidade Europeia, entre outros, poderão obter o visto no momento da chegada. Cidadãos de muitos outros países, incluindo os do Brasil, devem obter visto antes da viagem. Para informações completas, incluindo os últimos requisitos, por favor acesse http://portal.sre.gob.mx/brasil/index.php. Uma vez no México, todos os viajantes deverão portar um cartão de turista. Esse documento é fornecido pelas companhias aéreas ou por autoridades de imigração em pontos de entrada do país. Tenha cuidado para não perder esse cartão, pois você precisará entregá-lo na saída do país, sendo multado em caso de perda.

Um agente de imigração determinará o número de dias de sua permanência no México. Não suponha que você receberá em seu visto o total de dias permitidos. Uma extensão de estadia poderá ser solicitada ao Instituto Nacional de Imigração, ou através de seus escritórios locais, mediante pagamento de taxa.

Observação sobre viagem de menores: A lei mexicana requer que qualquer cidadão estrangeiro menor de 18 anos, que deixe o país sem ambos os pais, deverá portar uma autorização por escrito, autenticada, do pai/mãe ou guardião legal que não esteja viajando com ele. Essa autorização deve incluir o nome do pai/mãe, o nome do menor, o nome de quem viaja com ele e firma reconhecida do(s) pai(s) ausente(s).

É recomendável a autorização também incluir as datas de viagem, destinos, companhias aéreas e um resumo sobre as circunstâncias da viagem. O menor deve portar a autorização original (e não um fax ou cópia digitalizada) e prova da relação pai/filho (normalmente uma certidão de nascimento ou documento judicial), e a decisão judicial de custódia original, se for o caso. Para mais informações, consulte a Embaixada do México ou o consulado mexicano mais próximo de sua residência.

Aduana

A inspeção aduaneira mexicana foi simplificada. Na maioria dos pontos de entrada, turistas são convidados a pressionar um botão na parte frontal do que parece ser um sinal de trânsito, que se alterna entre o vermelho e o verde após o toque. A luz verde significa que você poderá passar sem a necessidade de inspeção; a luz vermelha significa que sua bagagem ou carro podem ser inspecionados. Caso tenha uma quantidade anormal de bagagem ou uma peça de grandes dimensões, poderá estar sujeito a esse controle de qualquer forma. Passageiros que chegam por via aérea são obrigados a passar a bagagem pelo raio-X, precisando também passar por um quiosque e apertar o botão, que determinará se a bagagem será ou não selecionada para outras inspeções.

O QUE VOCÊ PODE LEVAR AO MÉXICO

Ao entrar no México, as autoridades aduaneiras são tranquilas, desde que você não esteja portando drogas ilegais ou armas de fogo. Turistas podem levar seus pertences pessoais com isenção de tributos. Notebooks, câmeras fotográficas e equipamentos esportivos, para utilização durante sua estadia, também são permitidos. A regra básica é: não leve nada que pareça ser destinado à revenda no México. Turistas entrando no México, por via aérea ou marítima, podem levar presentes em um valor total de US$300 com isenção de tributos, exceto bebidas alcoólicas e produtos de tabaco. A página na internet da Agência Alfandegária do México (*Aduanas*) é **www.aduanas.gob.mx**.

O QUE VOCÊ PODE LEVAR DO MÉXICO

Para informações detalhadas sobre o que pode trazer para o Brasil do exterior, visite a página da Receita Federal: http://www.receita.fazenda.gov.br, ou entre em contato com a unidade de atendimento mais próxima à sua residência.

Requisitos Médicos

Não há necessidade de vacina contra a febre amarela ou qualquer outra enfermidade para entrar no México. Para outros requisitos médicos e recomendações relacionadas à saúde, consulte "Saúde" na pág. 69.

3
DANDO UMA VOLTA AQUI E ALI

Chegando Lá

DE AVIÃO

O México tem dezenas de aeroportos internacionais e domésticos. Na região de Yucatán ficam os aeroportos de Cancún (CUN), Cozumel (CZM) e Mérida (MID). O aeroporto principal de Chiapas é em Tuxtla Gutierrez (NTR) e o de Tabasco, em Villahermosa (VSA). Listamos as companhias aéreas que voam para os aeroportos locais nas respectivas seções "Chegando Lá: De Avião" ao longo deste livro. Para uma lista das principais companhias aéreas internacionais, com serviço para o México, vá até "Informações Úteis", na pág. 361.

Chegando ao Aeroporto

Imigração e Despachos Aduaneiros nos aeroportos do México são normalmente eficazes. Espere filas mais longas durante as altas temporadas, mas normalmente o processo de imigração e alfândega pode ser concluído em uma hora. Para mais informações sobre o que esperar durante a alfândega mexicana, consulte "Aduana", anteriormente.

DE CARRO

Uma opção é alugar um carro assim que chegar e conhecer uma região específica. A Península de Yucatán é um ótimo lugar para isso. Os carros para aluguel no México são geralmente limpos e bem conservados; , apesar de serem de modelos compactos, a maioria tem transmissão manual. Alugar carro no México é relativamente caro, devido ao seguro obrigatório. Normalmente há descontos disponíveis para aluguéis de uma semana ou mais, principalmente se você fizer reservas online com antecedência. Porém, tenha cuidado com estimativas de preços online, pois muitas vezes elas não incluem o valor do seguro obrigatório. (Veja "Aluguel de Carros", adiante, para mais detalhes.)

Em caso de dúvidas, ou caso queira confirmar as regras atuais, ligue para o consulado mexicano mais próximo ou para o Escritório de Turismo do México em

 Instruções Online Ponto a Ponto

Para obter instruções, em espanhol ou inglês, de como chegar de carro a qualquer lugar no México, visite o site da Secretaria de Comunicação e Transportes. No site você também pode calcular o valor dos pedágios, a distância e o tempo de viagem. Acesse http://aplicaciones4.sct.gob.mx/sibuac_internet e clique em "Rutas punto a punto" na coluna da esquerda. Para a versão em inglês, selecione "English version" na parte direita da página.

São Paulo. Para verificar as condições de estradas, ou para obter ajuda em qualquer emergência de viagem enquanto estiver no México, ligue para ✆ **800/482-9832**, ou 55/5089-7500 na Cidade do México.

DE NAVIO

Várias companhias de cruzeiro passam pelo México. Algumas empresas (como a Carnival e a Royal Caribbean, por exemplo) partem de Houston ou Miami para o Caribe (que muitas vezes inclui paradas em Cancún, Playa del Carmen e Cozumel). Várias agências especialistas em cruzeiros oferecem descontos de última hora em cabines que não foram vendidas. Uma dessas empresas é a **CruisesOnly** (✆ 800/278-4737 www.cruisesonly.com).

DE ÔNIBUS

A empresa americana **Greyhound** (800/231-2222; www.greyhound.com), ou suas afiliadas, dispõem de ônibus de várias partes dos Estados Unidos até a fronteira com o México, onde os passageiros desembarcam, atravessam a fronteira e compram uma passagem para viajar para o México. Muitas entradas na fronteira possuem ônibus com horários fixos, que vão do terminal de ônibus dos EUA, até o terminal do México.

Se você viajar de ônibus da fronteira norte para a Península de Yucatán, é muito provável que passe pela Cidade do México, capital e principal centro de transportes do país. Saiba que uma viagem da fronteira dura vários dias inteiros (e/ou noites inteiras), que são bastante desgastantes, em estradas de qualidade variável.

Incluímos informações sobre como chegar de ônibus nas respectivas seções do livro.

Conhecendo os Arredores

DE AVIÃO

O México tem duas grandes companhias aéreas privadas: a **Mexicana** (✆ 01-800/801-2010, no México; www.mexicana.com) e a **Aeroméxico** (✆ 01-800/021-4000, no México), além de várias outras companhias de baixo custo. Tanto a Mexicana quanto a Aeroméxico oferecem voos partindo do Brasil e várias conexões no México.

Companhias aéreas de baixo custo incluem a **Aviacsa** (www.aviacsa.com), **Click Mexicana** (www.mexicana.com), **InterJet** (www.interjet.com.mx) e **Volaris** (www.volaris.com.mx).

Nas respectivas seções deste livro, mencionamos companhias regionais com todos os números de telefone pertinentes.

Como as principais companhias aéreas podem operar através de companhias regionais, verifique no bilhete se o seu voo de conexão é em uma companhia aérea menor — eles podem usar um aeroporto ou um guichê diferente.

TARIFAS DE EMBARQUE O México cobra uma tarifa de embarque em todas os voos no país. Os passageiros que saem do país em voos internacionais pagam cerca de US$24, ou o equivalente em pesos. Tornou-se uma prática comum incluir essa tarifa de embarque no valor do bilhete. Tarifas de embarque nos voos domésticos no México ficam em torno de US$17, a não ser que você esteja em um voo de conexão e já tenha pago a tarifa no voo inicial.

DE CARRO

Muitas estradas do México não estão à altura dos padrões de suavidade, dureza, largura da curva, grau de inclinação, ou marcações de segurança encontrados nas estradas dos EUA, Canadá e Europa. Dirigir à noite é perigoso — as estradas raramente são iluminadas; caminhões, carroças, pedestres e bicicletas geralmente trafegam sem luzes acesas. Além disso, você pode ser surpreendido por buracos, animais, pedras, ruas sem saída ou pontes intransponíveis, sem aviso-prévio.

O estilo de dirigir impetuoso dos mexicanos exige, por vezes, visão aguçada e bons reflexos. Lembre-se de que há situações como, por exemplo, um motorista de caminhão liga a seta para a esquerda e não há um cruzamento por muitos quilômetros. Ele provavelmente está informando que o caminho está livre para você ultrapassá-lo. Outro costume muito importante a se respeitar são as entradas à esquerda. Nunca vire à esquerda parando no meio de uma estrada com a seta para a esquerda ligada. Em vez disso, vá até o acostamento à direita, aguarde o tráfego liberar, para depois atravessar a estrada com segurança.

GASOLINA Por todo o país, há uma marca de gasolina e postos pertencentes a uma estatal — a **Pemex** (Petroleras Mexicanas). Existem dois tipos de gasolina no México: a *magna*, gasolina comum sem chumbo com octanagem de 87, e a *premio*, com octanagem de 93. No México, combustível também é vendido por litro. Muitos postos franqueados da Pemex têm banheiros e lojas de conveniência — uma grande melhoria em relação aos postos antigos. Postos de gasolina aceitam tanto cartões de crédito quanto de débito para pagamento de combustível.

RODOVIAS COM PEDÁGIO O México cobra um dos pedágios mais caros do mundo em sua rede de novas estradas com pedágio. Por isso, elas raramente são usadas. Normalmente, o uso de estradas com pedágio economiza tempo de viagem. Estradas antigas, sem pedágio, normalmente estão em boas condições, mas, o tempo de viagem costuma ser maior.

PROBLEMAS COM O CARRO Se o seu carro quebrar na estrada, a ajuda pode já estar a caminho. Caminhões verdes de reparo, equipados com rádio e dirigidos por agentes uniformizados que falam também inglês, patrulham as principais estradas durante o dia (aproximadamente das 8 h e às 18 h). Estes **"Angeles Verdes/Anjos Verdes"** fazem pequenos reparos e ajustes de graça, mas você terá de pagar por peças e material. Para contatá-los no México, disque ✆ **078**. Para mais informações, visite www.sectur.gob.mx.

Seu melhor guia para lojas de reparo são as Páginas Amarelas. Para consertos, procure em *Automóviles y Camiones:Talleres de Reparación y Servicio*; lojas de autopeças estão em *Refacciones y Accesorios para Automóviles*. Para encontrar um mecânico na estrada, procure a placa taller mecánico.

Locais chamados de *vulcanizadora* ou *llantera* consertam pneus furados, sendo comum encontrá-los abertos 24 horas nas rodovias mais movimentadas.

PEQUENOS ACIDENTES Quando possível, muitos mexicanos deixam passar pequenos acidentes ou tentam fazer acordo na hora, evitando envolver a polícia. Se a polícia chegar enquanto as pessoas envolvidas ainda estiverem no local, os carros provavelmente serão apreendidos e todos provavelmente terão de comparecer em juízo. Ambas as partes podem também ser retidas, até que a responsabilidade seja determinada. Estrangeiros que não falam espanhol fluentemente estarão em desvantagem ao tentar explicar sua versão. Três etapas podem ajudar o estrangeiro que não queira fazer como os mexicanos fazem: se estiver em seu próprio carro, notifique sua companhia de seguro mexicana, cuja função é intervir em seu nome. Se estiver em um carro alugado, notifique a locadora imediatamente e pergunte como entrar em contato com o perito mais próximo (você fez seguro ao alugar o carro, certo?). Finalmente, se nada funcionar, peça para entrar em contato com o Anjo Verde mais próximo, que talvez seja capaz de explicar aos policiais que você está coberto pelo seguro.

ALUGUEL DE CARRO Você conseguirá o melhor preço se reservar um carro com pelo menos uma semana de antecedência.

Carros podem ser alugados com facilidade se você tiver pelo menos 25 anos e estiver de posse de um cartão de crédito internacional, carteira de motorista válida e seu passaporte. Sem um cartão de crédito, precisará deixar um depósito em dinheiro, geralmente uma quantia grande. Aluguel de carros para entrega em local diferente do usado na retirada, normalmente pode ser feito de forma simples, mas é mais caro.

Os custos do aluguel de carros são elevados no México porque os carros são mais caros lá. O estado dos veículos alugados melhorou muito ao longo dos anos; veículos novos e limpos são a norma. Você pagará menos por um carro manual e sem ar-condicionado. Os preços podem ser significativamente maiores se o aluguel for perto de um feriado importante. Sempre verifique cuidadosamente as tarifas de seguro — algumas locadoras aumentarão o valor do seguro após alguns dias. Sempre peça informações detalhadas sobre todas as cobranças pelas quais você será responsável.

Locadoras de veículos muitas vezes cobram em dólares americanos pagamentos feitos com o cartão de crédito.

FRANQUIAS Tenha cuidado, as franquias podem variar muito; algumas podem chegar a US$ 2.500 e, em caso de danos, serão descontadas de você imediatamente.

SEGURO O seguro é oferecido em duas partes: os contra **colisão e danos** cobre os danos em seu carro e no de terceiros, caso o acidente tenha sido sua culpa; já o **seguro de acidentes pessoais** cobre você e qualquer pessoa em seu carro. Atente para o fato de que o seguro poderá não ser válido caso você sofra um acidente em estrada de terra, não pavimentada.

DANOS Inspecione o carro cuidadosamente e anote no contrato de locação todos os itens danificados ou ausentes, não importando o que seja, ou eles poderão ser cobrados de você.

 Sequestros de Ônibus

O Departamento de Estado dos EUA avisa que os ônibus de viagens longas são visados por bandidos. Ônibus de primeira classe em estradas com pedágio (*cuota*) apresentam uma taxa de criminalidade significativamente menor do que os ônibus de segunda e terceira classes que viajam pelas rodovias "gratuitas" (*libre*), menos seguras.

TÁXI

Os táxis são a melhor opção para se locomover em quase todas as áreas de resort do México. As tarifas para viagens curtas dentro das cidades são geralmente preestabelecidas por zona e são bastante razoáveis em comparação com as taxas em outros locais do mundo. Para viagens mais longas ou excursões para cidades próximas, os táxis podem ser contratados por cerca de US$ 15 a US$ 20 por hora, ou por uma taxa diária negociada. O preço acertado da ida é geralmente muito menor do que o custo de um carro alugado por um dia, e um táxi anda muito mais rápido do que um ônibus. Para pessoas que não se sentem à vontade para dirigir no México, esta é uma alternativa conveniente e confortável. O lado bom é que há uma pessoa com você que fala espanhol, caso precise. Muitos motoristas de táxi falam pelo menos um pouco de inglês, além do espanhol, é claro. Seu hotel pode ajudá-lo com o táxi.

ÔNIBUS

Ônibus mexicanos passam com frequência, são de fácil acesso e podem transportá-lo para quase qualquer lugar. Pegar ônibus é comum no México, e os ônibus semileito e leito podem ser tão confortáveis quanto a classe executiva de um avião. Os ônibus são, muitas vezes, a única maneira de ir das cidades grandes para outras cidades próximas e pequenas vilas. Não hesite em fazer perguntas, caso esteja confuso, mas lembre-se que, se possível, é mais fácil se comunicar em espanhol do que em inglês.

Dezenas de empresas mexicanas operam grandes ônibus, com ar-condicionado, entre a maioria das cidades. As classes são *segunda, primera* e *executiva*, que podem ter diversos nomes. Os ônibus de luxo geralmente têm menos assentos do que os ônibus regulares, exibem filmes, são climatizados e fazem poucas paradas. Muitos são expressos. Eles certamente valem os poucos dólares a mais. Nas zonas rurais, os ônibus são, em geral, como um ônibus escolar americano, com muitas cores locais.

Sempre que possível, compre o seu bilhete de assento reservado, que em geral utiliza um sistema informatizado, com um dia de antecedência para viagens longas e principalmente antes dos feriados.

Para cada destino relevante, listamos chegadas de ônibus e informações para contato. O site adiante fornece reservas e marcações para várias empresas de ônibus em todo o México: www.ticketbus.com.mx/wtbkd/autobus.jsp.

DINHEIRO E CUSTOS

A Frommer's lista preços exatos na moeda local. As conversões de moeda, cotadas a seguir, estavam corretas no momento da impressão. Entretanto, as taxas variam, então, antes de partir, consulte um site de câmbio para verificar as taxas atualizadas, como o **www.oanda.com/convert/classic**.

Em geral, a região sul do México é consideravelmente mais barata do que não apenas a maioria dos destinos dos EUA e da Europa, mas também de muitas outras partes do México, embora os preços variem significativamente dependendo do local. Os destinos mais caros são aqueles com o maior número de visitantes estrangeiros, como Cancún e Playa del Carmen. Os mais baratos são aqueles fora da rota popular e em pequenas vilas rurais, especialmente nos estados mais pobres de Tabasco e Chiapas. Nas grandes cidades, os preços variam muito dependendo do bairro. Como é de se imaginar, as zonas turísticas tendem a ser muito mais caras.

A moeda do México é o **peso**. A moeda impressa vem em cédulas de 20, 50, 100, 200 e 500 pesos. As moedas são de 1, 2, 5, 10 e 20 pesos, além de 20 e 50 **centavos** (100 centavos = 1 peso). A cotação atual do dólar americano, sendo a utilizada neste livro, é equivalente a $12,80 Pesos Mexicanos (MXP); nessa cotação, um item que custa $12 pesos seria equivalente a mais ou menos US$ 1. No caso do Real, a atual cotação é de R$ 1,00 equivalendo a cerca de $6,33 Pesos Mexicanos (MXP).

O VALOR DO PESO MEXICANO VS. OUTRAS MOEDAS POPULARES

Pesos	US$	Can	UK£	Euro (€)	Aus$	NZ$	R$
100	US$ 7,80	C$ 7,60	£ 4,83	€ 6,05	A$ 7,57	NZ$ 9,40	R$ 15,81

Muitos estabelecimentos que atendem turistas, principalmente aqueles nas áreas litorâneas, cobram em dólares americanos. Para evitar confusão, eles usam as abreviaturas "Dlls." para dólares e "M.N." (*moneda nacional*) ou "M.X.P." para pesos mexicanos. **Observação:** Os estabelecimentos que cobram principalmente em dólares americanos estão listados neste guia usando dólares americanos.

Conseguir **troco** é um problema. Cédulas e moedas de pequeno valor são raras, portanto, comece a juntá-las no início de sua viagem. Comerciantes e motoristas de táxi, em qualquer lugar, estão sempre sem troco ou notas de pequeno valor; isso é ainda mais comum nos mercados. Parecem esperar que o cliente forneça o dinheiro devidamente trocado, e não o contrário.

Não se esqueça de ter pesos suficientes para o fim de semana ou durante um feriado mexicano, quando os bancos fecham. Em geral, evite andar com notas de US$ 100, a nota mais falsificada no México e, portanto, a mais difícil de ser aceita, principalmente nas cidades menores. Como notas e moedas de pequeno valor em pesos são difíceis de encontrar no México, a nota de US$ 1 é muito útil para dar de gorjeta. **Observação:** Uma gorjeta em moedas dos EUA ou do Brasil, que não podem ser trocadas por moeda mexicana, não tem valor para o fornecedor de serviços.

Casas de cambio são geralmente mais convenientes do que bancos para trocar dinheiro, porque elas estão por toda parte e ficam abertas até mais tarde; a taxa de câmbio pode ser a mesma que a de um banco, ou um pouco menor. Antes de sair do guichê de um banco ou de uma casa de câmbio, conte o dinheiro na frente do caixa, antes que o próximo cliente chegue.

Os grandes aeroportos têm balcões de câmbio, que geralmente ficam abertos sempre que há voos. Embora conveniente, geralmente não oferecem as melhores taxas.

O balcão de câmbio de um hotel normalmente paga taxas de câmbio menores do que as dos bancos; no entanto, quando a moeda está flutuando muito, hotéis são conhecidos por pagar taxas mais elevadas do que os bancos, num esforço para atrair dólares. **Observação:** Em quase todos os casos, a taxa é melhor com a troca do dinheiro antes de pagar qualquer coisa.

Os pontos essenciais sobre câmbio: primeiro pergunte, depois vá pesquisar preços. Os bancos normalmente pagam as melhores taxas.

Os **Bancos** do México expandiram e aperfeiçoaram seus serviços. Com exceção das cidades pequenas, em geral eles abrem nos dias úteis das 9 h às 17 h e pelo menos por meio expediente aos sábados. Em resorts e cidades maiores, eles normalmente efetuam troca de dólares (que costumava encerrar ao meio-dia) a qualquer hora, durante o horário comercial. Alguns, mas não todos os bancos, cobram uma taxa de 1% para trocar *cheques de viagem*. No entanto, também é possível pagar a maioria das compras diretamente com esses cheques usando a taxa de câmbio do estabelecimento. Nem perca tempo com cheques pessoais de bancos de outros países — se conseguir trocar, o banco vai esperar que o cheque seja compensado, o que pode levar semanas, antes de lhe entregar o dinheiro.

Viajantes no México podem retirar dinheiro facilmente em **caixas eletrônicos** chamados *"cajeras"*, encontrados na maioria das grandes cidades e áreas de resorts. É preciso ter cuidado ao utilizar caixas eletrônicos no México; eles só devem ser utilizados durante o horário comercial e em lugares grandes e protegidos, mas isto

> ### Assuntos de Dinheiro
> O **símbolo universal de moeda ($)** é utilizado para indicar os valores em pesos mexicanos ao longo do livro. Os preços em dólares são sinalizados com US$.

é válido principalmente na Cidade do México, onde o crime continua a ser um problema sério. Na maioria dos resorts do México, o uso de caixas eletrônicos é perfeitamente seguro — apenas tome as precauções que tomaria em qualquer lugar. No entanto, cuidado ao usar caixas eletrônicos em locais duvidosos, já que há relatos de pessoas que tiveram seus números de cartão "clonados" (a informação é copiada e o dinheiro é roubado, ou os cartões são utilizados de forma fraudulenta). A taxa de câmbio dos caixas eletrônicos é normalmente melhor do que em *casas de cambio*. A maioria das máquinas possui instruções em espanhol e em inglês e você saca pesos, mas algumas oferecem a opção de sacar dólares.

No México, os cartões mais aceitos são Visa, MasterCard e American Express. É possível pagar com cartão de crédito a maioria das despesas em hotéis, restaurantes e lojas, assim como quase todos os bilhetes aéreos. A maioria dos postos de gasolina Pemex agora aceita cartão de crédito para a gasolina, embora esta opção possa não estar disponível em todos os lugares e, muitas vezes, não à noite — verifique antes de abastecer. Normalmente, a cotação é a mesma usada pelos bancos quando o pagamento é efetuado com cartão de crédito. No entanto, saiba que alguns estabelecimentos no México adicionam uma sobretaxa de 5% a 7% quando você paga com um cartão de crédito. Isso acontece principalmente quando se utiliza o American Express. Muitas vezes, eventuais descontos anunciados não são válidos para pagamento com cartão de crédito.

PREÇOS NA PENÍNSULA DE YUCATÁN	PESOS (US$ QUANDO INDICADO)
Transfer do aeroporto para a área hoteleira de Cancún	US$ 15,00
Quarto duplo à beira-mar de Cancún, moderado	US$ 120,00
Quarto duplo à beira-mar de Akumal, moderado	US$ 100,00 a US$ 140,00
Quarto duplo à beira-mar de Tulum, moderado	US$ 150,00 a US$ 200,00
Jantar completo sem vinho para uma pessoa, moderado	400,00 a 500,00
Tacos em San Cristóbal de las Casas	300,00
Entrada para a maioria dos sítios arqueológicos	31,00 a 51,00
Saída à noite em Cancún	US$ 40,00

Algumas Palavras sobre Preços

Muitos hotéis no México — exceto lugares que recebem poucos turistas estrangeiros — cobram em dólares americanos ou tanto em dólares quanto em pesos. Portanto, flutuações cambiais tendem a não afetar os preços cobrados na maioria dos hotéis.

O México tem um **imposto sobre valor agregado** (*Impuesto de Valor Agregado*, ou IVA; pronunciado "IBA") de 15% em quase tudo, incluindo refeições em restaurantes, bilhetes de ônibus e souvenirs (com exceção de Cancún, Cozumel e Los Cabos, onde o IVA é de 10%; como portos de entrada, eles recebem incentivos fiscais). Hotéis cobram os habituais 15% de IVA, mais um imposto local de hospedagem de 2% (na maioria dos lugares), totalizando 17%. Em Cancún, Los Cabos e Cozumel, os hotéis cobram os 10% de IVA mais o imposto de acomodação de 2%. Os preços indicados por hotéis e restaurantes não incluem, necessariamente, o IVA. Você perceberá que os hotéis de padrão mais alto (três ou mais estrelas) frequentemente indicam os preços sem o IVA, enquanto os hotéis mais acessíveis incluem o IVA. Peça pela lista de preços impressa e pergunte se o imposto está incluído.

SAÚDE
Disponibilidade Geral de Atendimento Médico

Na maioria dos resorts do México, há serviços médicos disponíveis, dentro dos padrões dos países de primeiro mundo. Atendimento médico nas áreas mais remotas é limitado. Os padrões de treinamento médico, o atendimento ao paciente e as práticas comerciais variam muito entre as clínicas em resorts de praia em todo o México. Cancún tem hospitais de primeira linha, por exemplo, mas isso não acontece em outras cidades ao longo da costa do Caribe. Nos últimos anos, alguns turistas estrangeiros reclamaram que certas unidades de atendimento médico em resorts de praia se aproveitaram deles, cobrando mais ou prestando serviços médicos desnecessários. Por outro lado, os médicos mexicanos costumam passar mais tempo com pacientes do que os médicos ao norte da fronteira, e podem ser tão bons quanto, por um custo menor. Em grande parte de Chiapas, Tabasco e da Península de Yucatán, o atendimento médico disponível costuma ser bastante limitado.

Medicamentos que exigem prescrição médica estão disponíveis em farmácias do México; no entanto, lembre-se de que você pode precisar de uma cópia de sua receita ou obter uma receita médica local.

Problemas Comuns

SOL/CLIMA/EXPOSIÇÃO CLIMÁTICA EXTREMA O México é sinônimo de sol; grande parte do país é banhada pelo sol intenso durante a maior parte do ano. Evite a exposição excessiva, principalmente nos trópicos, onde os raios UV são mais perigosos. Os meses mais quentes no sul do México são abril e maio, mas o sol é intenso na maior parte do ano.

SINAIS DE ALERTA NA ALIMENTAÇÃO Diarreia em viajantes (conhecida localmente como *turista*) — persistente, muitas vezes acompanhada de febre, náuseas e vômitos — costumava atacar muitos turistas no México (Nos Estados Unidos, essa diarreia ficou conhecida como a "vingança de Montezuma", mas você não ouvirá essa expressão no México). Melhorias em infraestrutura, saneamento e educação têm diminuído bastante esse problema, principalmente em áreas bem desenvolvidas de resort. A maioria dos viajantes tem o hábito de beber apenas água mineral, o que também ajuda a proteger contra bactérias desconhecidas. Em áreas de resort e, em geral, por todo o México, somente gelo feito de água purificada é utilizado. Caso fique doente, o melhor remédio é o Pepto Bismol, fácil de encontrar no México. O Imodium também é encontrado no México, sendo usado por muitos viajantes como uma solução rápida. Um bom suplemento vitamínico de alta potência (ou "terapêutico") e até vitamina C podem ajudar; iogurte é bom para ajudar na digestão.

> **Medicamentos de Venda Livre no México**
>
> Antibióticos e outros medicamentos, estão muitas vezes disponíveis para venda sem restrições nas farmácias mexicanas. Farmácias mexicanas também possuem uma seleção limitada de remédios de venda livre, comuns para resfriado, sinusite e alergia. Lentes de contato podem ser compradas sem exame ou receita médica, caso você precise.

Como a desidratação pode, rapidamente, tornar-se um risco à vida, tenha o cuidado de repor líquidos e eletrólitos (potássio, sódio, e coisas do gênero) durante um surto de diarreia. Beba soluções de reidratação disponíveis na maioria das farmácias mexicanas ou suco de frutas naturais, como goiaba ou maçã (fique longe de suco de laranja, que tem propriedades laxantes), com uma pitada de sal.

Algumas recomendações para prevenir diarreia em viajantes: **beba somente água purificada** (água fervida, bebidas em lata ou em garrafa, cerveja ou vinho) e **escolha os alimentos com cuidado.** De maneira geral, evite saladas (exceto em restaurantes de primeira classe), legumes crus, proteína crua e leite ou produtos lácteos não pasteurizados, incluindo queijos. Escolha alimentos recém-cozidos e ainda quentes. Evite alimentos preparados por vendedores de rua. Além disso, algo tão simples como **mãos limpas** pode ajudar muito a evitar a *turista*.

PERIGO EM ALTITUDES ELEVADAS Viajantes em certas regiões do México às vezes sofrem com o **mal da altitude**, que resulta da falta relativa de oxigênio e da diminuição da pressão barométrica que caracteriza altitudes elevadas (mais de 1.500 m). Os sintomas incluem falta de ar, fadiga, dor de cabeça, insônia e até náusea. A Cidade do México está 2.240 m acima do nível do mar. O mesmo acontece com uma série de outras cidades do centro e do sul, como San Cristóbal de las Casas (ainda mais elevada do que a Cidade do México). Em altitudes elevadas, leva-se cerca de dez dias para adquirir os glóbulos vermelhos adicionais necessários para ajustar-se à falta de oxigênio. Para ajudar seu corpo a se acostumar, beba bastante líquido, evite bebidas alcoólicas e não faça esforço físico intenso durante os primeiros dias. Se tiver problemas de coração ou de pulmão, consulte o seu médico antes de viajar para altitudes superiores a 2.400 m.

INSETOS, PICADAS e OUTRAS PREOCUPAÇÕES COM A VIDA SELVAGEM Mosquitos e **pernilongos** são comuns por toda a costa e nas planícies iucateques. *Repelente contra insectos* é uma necessidade, e você pode comprá-lo na maioria das farmácias. Caso você vá para essas áreas e seja propenso a picadas, leve um repelente que contenha o princípio ativo DEET. Outro bom remédio para manter os mosquitos afastados é misturar óleo de essência de citronela com óleos essenciais de manjericão, cravo e lavanda. Se for sensível a picadas, compre algum creme anti-histamínico em uma farmácia, antes de viajar.

A maioria dos leitores nunca vai se deparar com um *alacrán* (escorpião). Mas, se você for picado por um, procure atendimento médico imediatamente. O único escorpião letal encontrado em algumas partes do México é o *Centruroides*, parte da família Buthidae, caracterizado por um corpo fino, cauda grossa, e esterno em forma triangular. A maioria das mortes causadas por esses escorpiões acontece dentro de 24 horas da picada como resultado de insuficiência respiratória ou cardiovascular, sendo que crianças e idosos correm maior risco. Os escorpiões não são agressivos (não caçam suas presas), mas eles podem picar se tocados, principalmente em seus esconderijos. No México, você pode comprar o antídoto da toxina do escorpião em qualquer farmácia. É uma injeção e custa cerca de US$ 25. Essa é uma boa ideia, caso planeje acampar em áreas isoladas, onde você pode levar horas para conseguir socorro médico. Lembre-se de que nem todas as picadas de escorpião são letais, mas uma consulta médica é recomendada, independentemente disso.

DOENÇAS TROPICAIS Você não deve ficar excessivamente preocupado com as doenças tropicais, caso mantenha-se nas rotas turísticas normais e não coma comida de rua. No entanto, tanto a dengue quanto o cólera apareceram no

México nos últimos anos. Consulte seu médico ou um médico especialista em doenças tropicais, sobre as precauções que deve tomar. Você pode se proteger ao adotar algumas precauções simples: cuidado com o que come e bebe; não nade em águas paradas (lagos, rios lentos ou poços) e evite picadas de mosquito, cobrindo-se, usando repelente e dormindo com telas contra insetos. As áreas mais perigosas parecem ser na costa oeste do México, longe dos grandes resorts.

Às vezes, as águas costeiras do Golfo do México podem ser contaminadas com o rápido crescimento de algas (fitoplâncton), levando a um fenômeno conhecido como floração de algas nocivas ou "maré vermelha". A liberação de neurotoxinas de algas ameaça a vida marinha e pode causar erupções cutâneas e até mesmo sintomas de gripe em pessoas expostas. Apesar das marés vermelhas ocorrerem com pouca frequência, você não deve entrar na água ao perceber uma cor marrom-avermelhada, ou se souber da ocorrência de maré vermelha.

 México Sem Fumo?

No início de 2008, o presidente mexicano promulgou uma lei nacional proibindo fumar em locais de trabalho e edifícios públicos, além de transporte público. Nos termos dessa lei inovadora, as empresas privadas podem permitir que o público fume somente em locais ventilados. Os hotéis podem reservar até 25% de quartos para fumantes. Os infratores enfrentam multas pesadas, e os fumantes que se recusarem a obedecer podem ser presos por até 36 horas. A lei coloca o México — lugar onde uma parcela significativa da população fuma — à frente dos esforços para reduzir o tabagismo e melhorar a saúde pública na América Latina. Portanto, antes de acender um cigarro, não se esqueça de perguntar sobre a aplicação das leis locais em ambientes públicos e empresas que você visitar no México.

Se Ficar Doente

Qualquer funcionário de embaixada ou consulado de língua portuguesa no México poderá fornecer uma lista de médicos que falem português naquela área. Se ficar doente no México, é aconselhável pedir a recomendação do concierge do hotel, de um médico local ou até mesmo de seu próprio médico. Também pode tentar a emergência de um hospital local ou uma unidade de pronto-atendimento. Muitos hospitais também atendem urgências sem chance de morte iminente; você pode não receber atenção imediata, mas não pagará os valores cobrados em uma emergência.

Em viagens ao México, talvez seja necessário pagar as despesas médicas para depois ser reembolsado. Antes de viajar para o exterior, descubra quais são os serviços médicos que seu plano de saúde cobre. Para se proteger, considere a compra de um seguro médico de viagem.

Nós listamos **números de emergência** e **embaixadas** em "Informações Úteis", nas págs. 363 e 362, respectivamente.

CRIME E SEGURANÇA

O México é um dos melhores destinos turísticos do mundo, e milhões de visitantes viajam por lá com segurança todos os anos. Na maioria dos lugares, não é comum visitantes estrangeiros enfrentarem coisas mais graves do que crimes pequenos. Sempre use o bom senso e cautela em áreas desconhecidas. Deixe objetos de valor e itens insubstituíveis em um lugar seguro, ou simplesmente não os leve. Use os cofres do hotel, quando disponíveis. Evite dirigir sozinho, principalmente à noite. Normalmente você pode contar com a ajuda de estranhos para obter ajuda ou instruções, mas tenha muito cuidado com quem se aproxima de você oferecendo o mesmo. Quanto mais insistente for uma pessoa, mais cauteloso você deve ser. Fique longe de áreas onde há tráfico de drogas e prostituição. Essas dicas devem ajudar a tornar sua viagem ainda mais agradável.

O México sofreu uma grande escalada de violência relacionada às drogas e à fronteira nos últimos anos, incluindo cidades que já receberam fluxo significativo de turistas, como a Cidade do México, Tijuana, Ciudad Juarez, Nuevo Laredo e Acapulco.

Os EUA e o México dividem uma fronteira de mais de 3 mil km, e os americanos representam a grande maioria dos turistas que vão ao México. Devido a essa histórica relação estreita e entrelaçada, recomendamos que todos os viajantes leiam os **alertas de viagem do Departamento de Estado dos EUA** para o México (**www.state.gov**). O Departamento de Estado dos EUA encoraja seus cidadãos a utilizarem as estradas principais durante o dia; ficarem em destinos turísticos bem conhecidos e em áreas turísticas com maior segurança e a fornecerem um itinerário para um amigo ou membro da família que não esteja viajando com eles. Sequestros continuam a acontecer em um ritmo alarmante. Pode ser útil viajar com um telefone celular que funcione no exterior. Esse é um bom conselho, para todos os viajantes que vão ao México.

Para os números de emergência, vá até a pág. 364.

Crime em Cidades de Resorts

Tem havido um número significativo de estupros em Cancún e em outras áreas de resort, geralmente à noite ou de manhã cedo. As mulheres não devem andar sozinhas tarde da noite. Crimes de rua à mão armada são um problema sério em todas as grandes cidades. Alguns bares e boates, principalmente em cidades de resorts como Cancún, podem ser um paraíso para traficantes de drogas e pequenos criminosos.

O Departamento de Estado dos EUA oferece informações específicas de proteção e segurança para quem viaja ao México em férias universitárias: http://travel.state.gov/travel/cis_pa_tw/spring_break_mexico/spring_break__mexico_2812.html.

Também não é aconselhável fazer caminhadas sozinho em áreas do interior, nem andar sozinho nas praias, ruínas, ou trilhas menos frequentadas.

Segurança nas Autoestradas

Os viajantes devem ter cuidado ao viajar pelas autoestradas mexicanas evitando pegá-las durante a noite, e optar por estradas com pedágio (*cuota*) em vez de estradas sem pedágio (*libre*) sempre que possível. Coopere com os postos de checagem oficiais ao viajar em autoestradas mexicanas.

Viagens de ônibus devem ser feitas durante o dia, em ônibus de primeira classe. Apesar de sequestros de ônibus e roubos terem ocorrido em estradas com pedágio, o índice de incidentes com ônibus nessas rodovias é significativamente menor do que com ônibus de segunda e terceira classes que viajam pelas autoestradas "livres", que são menos seguras.

Subornos e Golpes

Como em todo o mundo, existem subornos e golpes ocasionais no México, direcionados a pessoas supostamente ingênuas, como turistas desavisados. Durante anos,

A OPINIÃO DE MAIS UM AUTOR:
Segurança no México

Histórias de assassinatos e violência no México estão em várias manchetes nos dias de hoje. Histórias de assassinatos, sequestros e tiroteios vendem jornais, mas são de nenhuma ajuda na avaliação do risco em viajar pelo país. Tornam-se notícia por documentar a gravidade do problema que o México enfrenta em assegurar o controle de suas fronteiras e garantir a segurança pública. A melhor maneira de compreender o risco de viajar pelo México é ler o Alerta de Viagem do Departamento de Estado dos EUA (www.state.gov).

A situação atual mudou a forma como eu viajo de duas maneiras, além das precauções normais, como não exibir um monte de dinheiro; não usar um relógio caro; prestar atenção nos meus arredores e não dirigir em autoestradas à noite (por razões que têm mais a ver com praticidade do que com criminalidade). As mudanças que eu fiz podem ser resumidas em dois objetivos: evitar estar no lugar errado na hora errada e evitar a possibilidade de ser confundido. O **primeiro** é basicamente cumprido por não frequentar os estados fronteiriços do norte do México (incluindo Durango e o interior de Sinaloa). Estes são os lugares onde a grande maioria da violência tem acontecido. O **segundo** destina-se a minimizar qualquer risco de ser assaltado ou levado por sequestradores, tentando parecer ser um turista o máximo possível. Os sequestradores do México não visam os turistas. Eles têm como alvo os estrangeiros residentes que tenham família no país, ou empresários que tenham sócios no país. Eles fazem isso porque precisam de alguém para exigir o resgate. O risco aqui são as quadrilhas desorganizadas que agem de forma oportunista (sequestradores organizados não são uma ameaça, pois não farão nada sem planejamento e vigilância). Nos últimos anos, as quadrilhas desorganizadas aumentaram. A melhor maneira que conheço para evitar esse risco é não carregar uma pasta, que é um símbolo de negócios. Além do mais, ao andar com uma mochila, você automaticamente deixa de ser um alvo, pois os empresários do México nunca as usam. A *mochila* no México é um identificador cultural forte. É associada a alunos e outras culturas, tanto que a palavra *mochilero* chegou até a descrever hippies. Por isso mesmo, eu, que costumava andar com meu computador dentro de uma pasta, agora sempre uso uma mochila.

— David Baird

o México era conhecido como um lugar onde subornos, chamados de *mordidas*, eram esperados; no entanto, o país está mudando rapidamente. Oferecer suborno hoje em dia, principalmente a um policial, é muitas vezes considerado um insulto, podendo levar você a uma encrenca ainda maior.

Muitos turistas têm a impressão de que tudo funciona melhor no México se você der uma "gorjeta"; no entanto, na realidade, isso só perpetua a tradição da *mordida*. Se estiver satisfeito com um serviço, não hesite em dar gorjeta. Mas, não o faça simplesmente para tentar se safar de algo ilegal ou inadequado, como por exemplo, escapar de uma multa merecida.

Faça o que fizer, **evite grosseria;** você não melhora a situação em nada ao insultar um oficial mexicano. Educação extrema, mesmo diante das adversidades, impera no país. No México, os *gringos* têm reputação de serem rudes e exigentes. Ao adotar o costume local de cortesia excessiva, você terá mais sucesso em negociações de qualquer tipo. Seja firme, mas de maneira educada.

Ao viajar pelo México, você pode se deparar com vários tipos de **golpes**, que são normais por todo o mundo. Um deles envolve algum tipo de **distração** ou comoção fingida. Enquanto sua atenção é desviada, por exemplo, um batedor de carteira pega sua carteira. Em outro golpe comum, uma **criança desacompanhada** finge estar perdida e assustada e pega sua mão por segurança. Enquanto isso, a criança ou um cúmplice saqueia os bolsos. Uma terceira envolve se **confundir** com a moeda. Um engraxate, músico de rua, guia ou outra pessoa pode lhe oferecer um serviço por um preço que parece razoável — em pesos. Quando chega a hora de pagar, ele ou ela lhe diz que o preço é em dólares e não pesos. Seja bem claro quanto ao preço e à moeda, ao negociar serviços. Um **golpe em caixa eletrônico** envolve aqueles instalados em locais duvidosos, onde números de cartões são "clonados" e as informações copiadas, o dinheiro é roubado, ou os cartões usados de forma fraudulenta.

RECURSOS ESPECIALIZADOS PARA VIAJANTES

Além dos especializados listadas a seguir, visite Frommers.com para saber mais.

Viajantes LGBT

O México é um país conservador, com tradições religiosas católicas profundamente enraizadas. Demonstrações públicas de afeto entre pessoas do mesmo sexo são raras, sendo ainda mais surpreendentes para os homens, principalmente fora das áreas urbanas ou de resorts. Mulheres no México andam de mãos dadas com frequência, mas qualquer coisa além passaria do limite da aceitabilidade. No entanto, viajantes gays e lésbicas são tratados com respeito e não devem sofrer assédio, desde que respeitem os costumes locais.

As coisas estão mudando no México. Em 21 de dezembro de 2009, a Cidade do México se tornou a primeira jurisdição da América Latina a legalizar o casamento homossexual e a 14ª na listagem geral, depois da Holanda, Bélgica, Espanha, Canadá, África do Sul, Noruega, Suécia e seis estados dos EUA.

Embora grande parte do México seja socialmente conservadora, Cancún e Playa del Carmen não são. Populares entre muitos viajantes gays, os dois resorts litorâneos oferecem acomodações, bares e atividades voltadas para o grupo LGBT. Para obter mais informações, visite o site da **MexGay Vacations** em www.mexgay.com. Informações sobre acomodações em Mérida e em Yucatán, especializadas especificamente nesse público, podem ser encontradas em www.gayplaces2stay.com.

Viajantes com Necessidades Especiais

O México pode parecer uma pista de obstáculos gigantesca para os viajantes em cadeiras de rodas ou usuários de muletas. Nos aeroportos, você pode se deparar com escadas íngremes, antes de encontrar um elevador em um local escondido ou escadas rolantes, quando existem. As companhias aéreas normalmente providenciam assistência com cadeiras de rodas até a área de restituição de bagagem. Carregadores normalmente estão disponíveis para ajudar com as malas em aeroportos e grandes estações de ônibus, assim que você sair da área de restituição de bagagem.

Aeroportos mexicanos estão melhorando os seus serviços, mas não é incomum fazer o embarque de uma posição remota, ou seja, você desce escadas para pegar um ônibus que o leva até o avião, onde você embarca subindo escadas ou atravessando a pista até o avião e subindo mais escadas. O desembarque apresenta o mesmo problema, só que inverso.

Escadas rolantes (e não há muitas no país) estão frequentemente quebradas. Escadas sem corrimão são abundantes. Poucos banheiros são equipados para viajantes com necessidades especiais; quando um estiver disponível, o acesso a ele pode ser através de uma passagem estreita por onde não passam cadeiras de rodas ou uma pessoa com muletas. Muitos hotéis de luxo (os mais caros) agora têm quartos com banheiros projetados para pessoas com necessidades especiais. Quem viaja com um orçamento apertado deve escolher hotéis térreos ou com elevadores. Mesmo assim, provavelmente ainda haverá obstáculos em algum lugar. De um modo geral, não importa onde esteja, alguém vai dar uma mão, mas talvez seja necessário pedir.

Para mergulhos submarinos, o **Yucatek Divers** (© **984/803-2836**; www.yucatek-divers.com), em Playa del Carmen, é especializada em mergulhos para pessoas com necessidades especiais.

Viagens em Família

Se tiver problemas para tirar seus filhos de casa pela manhã, arrastá-los para um país estrangeiro distante pode parecer um desafio intransponível. Mas, viagens em família podem ser imensamente gratificantes, mostrando-lhe novas formas de ver o mundo através dos olhos das crianças.

As crianças são consideradas o tesouro nacional do México, e os mexicanos receberão seus filhos de braços abertos. Antigamente, muitos pais relutavam em levar as crianças para o México, principalmente devido às preocupações com saúde. Mas não consigo pensar em um lugar melhor para introduzir as crianças à emocionante aventura de explorar uma cultura diferente. Um dos melhores destinos para as crianças é Cancún. Os hotéis, muitas vezes, podem providenciar uma babá.

Antes de partir, pergunte ao seu médico que remédios deve levar. Em comparação aos EUA, fraldas descartáveis custam o mesmo no México, mas são de qualidade inferior. Você pode comprar fraldas Huggies Supreme e Pampers idênticas às vendidas nos EUA e no Brasil, mas a um preço mais elevado. Muitas lojas vendem alimentos para bebê da Gerber. Cereais secos, fórmulas em pó, mamadeiras e água purificada são facilmente encontrados em cidades médias e grandes ou em resorts.

Berços podem ser um problema; apenas os hotéis maiores e mais luxuosos os oferecem. No entanto, camas de armar normalmente estão disponíveis. Cadeiras de criança ou cadeirões em restaurantes são comuns.

Considere levar seu próprio bebê conforto, pois eles não são facilmente encontrados para aluguel no México.

As regulamentações de cada país variam, mas no geral, crianças que vão para o exterior devem ter várias documentações em mãos, principalmente se estiverem viajando com alguém que não seja seus próprios pais (nesse caso, geralmente uma carta autenticada em cartório com firma reconhecida dos pais é necessária). Para mais detalhes sobre os requisitos de entrada para crianças que viajam para o exterior, vá até a pág. 60.

Para localizar acomodações, restaurantes e atrações que são especialmente bons para crianças, consulte o ícone "Crianças" ao longo deste guia.

Mulheres Viajantes

As mulheres não costumam viajar sozinhas no México e não costumam dirigir sozinhas nas autoestradas. Andar sozinha na rua pode render-lhe um assobio; andar sozinha à noite não é aconselhável, exceto em áreas turísticas bem protegidas. Conheci pessoas que tiveram experiências desagradáveis em lugares cheios, como metrôs. Em geral, porém, os mexicanos são extremamente atenciosos e ajudam uma mulher a carregar objetos pesados, abrem portas e dão informações.

Viagem na Terceira Idade

O México é um país popular para aposentados. Durante décadas, americanos e canadenses vivem indefinidamente no México, retornando para a fronteira e atravessando novamente com um visto de turista novo a cada 6 meses. Oficiais de imigração mexicanos já perceberam isso, e agora, o prazo máximo para ficar no país é de 6 meses por ano. Isso serve para incentivar os moradores, mesmo os que residem parte do ano, a obterem a documentação apropriada.

AIM-Adventures in Mexico, Apartado Postal 31–70, 45050 Guadalajara, Jalisco, é um boletim informativo bem escrito, para os aposentados que queiram viver no México. A assinatura custa US$ 29 para os Estados Unidos.

Sanborn Tours, 2015 St. 10th St., P.O. Box 936, McAllen, TX 78505-0519 (**800/395-8482**; www.sanborns.com), oferece um tour de orientação "Retire in Mexico" (Aposente-se no México).

Viagem para Estudantes

Como os mexicanos consideram o ensino superior um luxo e não um direito, não há uma rede formal de descontos e programas para estudantes. A maioria dos estudantes mexicanos viaja com suas famílias, em vez de com os outros alunos, portanto, cartões de desconto para estudantes não são comumente reconhecidos.

Mais albergues para estudantes surgiram no México. O site **hostels.com.mx** oferece uma lista de albergues em Cancún, Mérida, Playa del Carmen e San Cristóbal de Las Casas.

TURISMO RESPONSÁVEL

A diversidade ecológica do México está entre as maiores do mundo, com uma abundância de ecossistemas que variam dos desertos do norte à floresta de coníferas na região central e às florestas tropicais do sul. O México também possui uma população de 111 milhões de habitantes e recebe mais de 20 milhões de turistas

 Protetor Solar Biodegradável

Estudos recentes indicam que os produtos químicos de um protetor solar comercial podem causar danos de longo prazo aos arrecifes de corais, acumulando-se na água doce e até mesmo no próprio organismo dos corais. A Riviera Maya recebe mais de 2,5 milhões de visitantes todos os anos, muitos deles atraídos pelo seu raro ambiente marinho, uma combinação única de cenotes de água doce, e o segundo maior arrecife de corais do mundo. Alguns gramas de protetor solar multiplicados por 2,5 milhões é igual a uma quantidade substancial de produtos químicos nocivos em suspensão no mar e nas águas doces. É por isso que passeios para a **Reserva Biológica de Sian Ka'an** e para os parques aquáticos **Xcaret** e **Xel-Ha** solicitam que protetores solares biodegradáveis sejam utilizados ao nadar em seus mares ou cenotes. Quem sabe você se inspira em usar sempre uma fórmula biodegradável onde quer que vá.

O rótulo de um protetor solar biodegradável deve indicar que é 100% biodegradável. O Xcaret distribui pacotinhos com fórmula biodegradável, mas o Xel-Ha cobra US$ 16 pelos seus. Se estiver curioso, obtenha uma lista das substâncias proibidas, contactando os parques diretamente.

por ano. O turismo é um dos maiores e mais lucrativos segmentos da economia do país, e embora o turismo tenha trazido empregos e crescimento para grande parte do México, ele também criou e até acelerou muitos dos problemas ecológicos do México. **Cancún** talvez seja o exemplo mais visível: transformando-se rapidamente de um ponto rural a um destino turístico internacional, Cancún importou grama da Flórida para seus campos de golfe, introduzindo, inadvertidamente, uma doença que dizimou os coqueiros locais. Os manguezais da região, habitat essencial para espécies nativas, vital para proteger a terra de furacões e erosão, também sofreram.

No entanto, o turismo também incentivou o desenvolvimento da conservação ecológica. O México abriga sete das oito espécies de tartarugas marinhas do mundo, e toda a população de tartarugas marinhas foi dizimada em ambas as costas em consequência ao crescimento turístico e à pesca predatória local. Uma história de sucesso recente vem de **Riviera Maia**, onde os biólogos marinhos estão trabalhando em conjunto com hotéis para proteger as tartarugas e seus ovos.

O povo mexicano tem orgulho de sua terra e cultura, e durante suas viagens, principalmente em áreas rurais, você provavelmente vai se deparar com **ejidos** e **cooperativos** ou cooperativas locais, que oferecem pequenos serviços turísticos, algo tão simples quanto levar os visitantes para um passeio de barco em um lago, ou tão simples quanto controlar o acesso às ruínas arqueológicas. Os *ejidos* também fazem passeios para destinos populares de ecoturismo, semelhantes aos oferecidos pelas grandes agências de viagem. Ao lidar com *ejidos*, você perceberá que todas as pessoas com quem lida são da comunidade e que seu dinheiro voltará diretamente para eles. Estados com uma forte rede de cooperativas incluem Chiapas, Quintana Roo e Yucatán. A **Alltournative** (www.alltournative.com) de Playa del Carmen é um exemplo de empresa privada que criou opções de passeios, com ajuda local, e se desenvolve de maneira sustentável.

O Caribe mexicano abriga a Grande Barreira de Corais da Mesoamérica, o segundo maior arrecife do mundo, que se estende até Honduras. Este arrecife e outros ecossistemas marinhos enfrentam uma pressão crescente da sedimentação, poluição, pesca predatória e exploração de atividades recreativas, tudo ligado ao recente crescimento do turismo regional. A **Coral Reef Alliance** (CORAL; www.coral.org) é um exemplo de uma organização que, em conjunto com a **World Wildlife Fund** (WWF; www.wwf.org) e a **United Nations Environmental Program** (UNEP; www.unep.org), tem trabalhado contra as ameaças à Barreira de Corais da Mesoamérica e em melhorar a sustentabilidade ambiental de toda a região. A CORAL faz parceria com a mexicana Amigos de Sian Ka'an, Conservação Internacional e Parque Nacional Arrecifes de Cozumel, em um esforço para criar sustentabilidade no turismo de massa (como em navios de cruzeiros e hotéis). A CORAL auxilia operadores de turismo marítimo na implantação de um código de conduta voluntário para melhores práticas ambientais. A CORAL em breve aumentará sua influência sobre a região de Yum Balam da Península de Yucatán, onde diretrizes para as interações com tubarões e baleias são extremamente necessárias.

Uma das maiores contribuições que um mergulhador pode dar à saúde dos arrecifes ao mergulhar é evitar o contato físico. Fale com o seu fornecedor de equipamento de mergulho quanto ao controle apropriado de flutuabilidade e o posicionamento do corpo, para evitar danos a esses frágeis ecossistemas.

Tabasco sofreu com terríveis enchentes em 2007, que devastaram grande parte do solo e trouxeram sofrimento generalizado à população, uma das mais pobres do México. As enchentes também afetaram Chiapas, embora em menor grau. O afundamento do solo em Tabasco, a extração de petróleo e gás, a erosão de solo e o desmatamento contribuíram para a vulnerabilidade do estado às enchentes.

Oportunidades para o ecoturismo e o turismo sustentável são abundantes em **Chiapas**, onde um crescente número de pequenas cooperativas locais de turismo se organizou para levar os turistas em caminhadas com guia, trilhas e até expedições de caiaque em florestas isoladas e reservas naturais do estado. A **Secretaria de Turismo de Chiapas** tem informações, em espanhol, sobre o ecoturismo em diversos locais do estado (www.turismochiapas.gob.mx). Duas empresas privadas que praticam o ecoturismo em todo o **Chiapas** são a **Ecochiapas** (Primero de Marzo 30, San Cristóbal de las Casas, ⓒ 967/674-6660; www.ecochiapas.com) e a **Latitud 16** (Calle Real de Guadalupe 23, San Cristóbal de las Casas; ⓒ 967/678-3909; www.latitud16.com).

A **Mesoamerican Ecoturism Alliance** (www.travelwithmea.org) oferece passeios ecoturísticos premiados e reconhecidos pela *National Geographic* em Yucatán e Chiapas.

Questões Envolvendo os Direitos dos Animais

A Península de Yucatán oferece muitas oportunidades para **nadar com golfinhos**. A captura de golfinhos selvagens foi proibida no México em 2002. Os únicos golfinhos incluídos nesse tipo de programa no país, desde então, já nasceram em cativeiro. A lei pode ter diminuído as preocupações com a morte e outros problemas causados pela captura de golfinhos selvagens, mas a polêmica não acabou. Organizações locais são conhecidas por colocar recados em anúncios da revista Dolphin Discovery, distribuída nos hotéis de Cancún. Os biólogos marinhos, que administram os programas de nado com golfinhos, dizem que os mamíferos estão prosperando e que os programas oferecem um fórum para pesquisa, conservação, educação e operações de resgate. Os defensores dos direitos dos animais afirmam que manter esses inteligentes mamíferos em cativeiro nada mais é do que exploração. O argumento deles é que esses programas privados com golfinhos não se qualificam como "exposição pública", sob a Lei de Proteção dos Mamíferos Marinhos, porque os preços das entradas impedem que a maioria do público participe.

Visite o site da **Whale and Dolphin Conservation Society** em www.wdcs.org, ou da **American Cetacean Society**, www.acsonline.org, para uma discussão mais aprofundada do tema.

CAIXA DE FERRAMENTAS online do viajante

- **Viagem Regional** (www.travelyucatan.com; www.yucatantoday.com; www.sac-be.com; www.cozumelmycozumel.com)
- **Aeroportos Regionais** (www.asur.com.mx)
- **Cancún Convention & Visitor's Bureau** (http://cancun.travel/en/)
- **Secretaria de Turismo da Riviera Maia** (www.rivieramaya.com)
- **Secretaria de Turismo de Yucatán** (www.mayayucatan.com.mx)
- **Secretaria de Turismo de Campeche** (www.campeche.travel)
- **A Vida dos Expatriados na Península** (www.locogringo.com; www.yucatanliving.com)
- **Governo Local** (www.yucatan.gob.mx; www.qroo.gob.mx; www.campeche.travel/en; www.chiapas.gob.mx; www.tabasco.gob.mx)
- **Alertas de Viagem** (www.state.gov; www.fco.gov.uk/travel; www.voyage.gc.ca; www.smartraveller.gov.au)

As **touradas** são consideradas uma parte importante da cultura latina, mas você deve saber, antes de participar de um *correo*, que os touros (pelo menos quatro) acabarão mortos em um espetáculo sangrento. Isso não se aplica a alguns países, como a França e Portugal, mas os mexicanos seguem o modelo espanhol. Dito isto, uma tourada é um portal para a compreensão do passado do México como colônia espanhola, embora, hoje em dia, as touradas sejam mais uma atração turística, principalmente em Cancún. Para ler mais sobre as touradas, visite **www.peta.org**, o site das Pessoas em prol do Tratamento Ético dos Animais (PETA) (ou veja especificamente: www.peta.org/mc/factsheet_display.asp?ID=64).

VIAGENS DE INTERESSE ESPECÍFICO E COM ACOMPANHAMENTO

Viagens Acadêmicas e Cursos de Idiomas

Para aulas de língua espanhola, o **IMAC** (© **866/306-5040**; www.spanish-school.com.mx) oferece programas em Guadalajara, Puerto Vallarta e Playa del Carmen. O **Spanish Institute** (© **800/539-9710**; www.spanishtoday.com) é afiliado a escolas com cursos intensivos de espanhol em Puebla e Mérida.

Para explorar a Frida ou o Diego em você, quando estiver no México, dê uma olhada em **Mexico Art Tours**, 9323 E. Lupine Ave, Scotsdale, AZ 85260 (© **888/783-1331**; www.mexicanarttours.com). Normalmente guiados por Jean Grimm, um especialista em artes e culturas do México, estes passeios exclusivos possuem palestrantes eloquentes, que também são estudiosos e artistas respeitados. Os itinerários incluem Chiapas, Guadalajara, Guanajuato, Puebla, Puerto Vallarta, Cidade do México, San Miguel de Allende e Veracruz, entre outras cidades. Passeios especiais incluem arqueologia, arquitetura, design de interiores e cultura, como o tour Dia dos Mortos.

O **Archaeological Conservancy**, 5301 Central Ave. NE, Suite 402, Albuquerque, NM 87108 (© **505/266-1540**; www.americanarchaeology.com), organiza várias viagens todos os anos, guiadas por um especialista, geralmente um arqueólogo. As viagens mudam a cada ano e as vagas são limitadas; faça reserva com antecedência.

ATC Tours and Travel, Av. 16 de Septiembre 16, 29200 San Cristóbal de las Casas, Chis. (© **967/678-2550**, -2557, fax 967/678-3145; www.atctours.com), uma operadora de turismo baseada no México, com excelente reputação, oferece viagens guiadas por especialistas, principalmente no sul do México. Além de viagens para as ruínas de Palenque e Yaxchilán (estendendo-se até Belize e Guatemala pelo rio, de avião, e ônibus se desejar), a ATC organiza passeios a cavalo para Chamula ou Zinacan e passeios durante o dia para as ruínas de Toniná nos arredores de San Cristóbal de las Casas; observação de pássaros nas florestas tropicais de Chiapas e Guatemala (incluindo a Reserva de El Triunfo em Chiapas); idas até lojas e residências de tecelões da região montanhosa de Chiapas; e caminhadas saindo dos Lagos de Montebello, na Reserva Biológica de Montes Azules, com acampamento e canoagem. A empresa também faz roteiros personalizados.

Viagens de Aventura

Mexico Sagaz (Asociación Mexicana de Turismo de Aventura y Ecoturismo) é uma associação ativa de operadores de ecoturismo e tours de aventura. Ela publica um catálogo anual das empresas participantes e suas ofertas, as quais devem atender certos critérios de segurança, qualidade e treinamento dos guias, assim como de sustentabilidade de ambientes naturais e culturais. Para obter mais informações disque ✆ **800/654-4452,** ligação gratuita no México, ou +52 55/5544-7567; ou acesse www.mexicosagaz.org.

The California Native, 6701W. 87th Place, Los Angeles, CA 90045 (✆ **800/926-1140** ou 310/642-1140; www.calnative.com), oferece tours de luxo de 7, 8, 11 e 14 dias a pequenos grupos pela Riviera Maya, Yucatán e Chiapas.

MexicoTravel.net, 300-3665 Kingsway, Vancouver, BC V5R 5W2 Canadá (✆ **604/454-9044**; www.mexicotravel.net), opera tours de aventura, culturais, e desportivos à Cidade do México e arredores, Baja, Veracruz, Barranca del Cobre, La Ruta Maya, entre outros destinos.

Trek America, 16/17 Grange Mills Weir Road, LONDON, SW12ONE, UK (**800/873-5789** nos EUA; 0845/313-2614 no Reino Unido; www.trekamerica.com), organiza viagens longas e agitadas que combinam trilhas, caminhadas, transporte de van e acampamentos pela Ruta Maya e por toda Yucatán.

Viagens com Comida e Vinho

Se quiser saborear a comida de todo o México, inscreva-se na **Culinary Adventures**, 6023 Reid Dr. NW, Gig Harbor, WA 98335 (✆ **253/851-7676**; www.marilyntausend.com). Ela opera uma lista curta, porém seleta, de tours gastronômicos no México. A Culinary Adventures possui cozinheiros renomados, com viagens para regiões conhecidas pela excelente culinária. Os destinos variam a cada ano, embora muitas vezes incluam Yucatán. A proprietária, Marilyn Tausend, é a autora de *Cocinas de la Familia, Savoring Mexico* e *Mexican*, e coautora de O *Mais Belo Livro da Cozinha do México.*

PARA FICAR CONECTADO
Telefones Celulares

A **Telcel** é a principal e mais cara operadora de telefonia celular do México. Ela atualizou seus sistemas para GSM e oferece uma boa cobertura em grande parte do país, incluindo as principais cidades e resorts. A maioria dos mexicanos compra celulares pré-pagos. Cartões de recarga podem ser comprados em lojas da Telcel, assim como em muitas bancas de jornal e lojas de conveniência.

Muitas operadoras de telefonia celular de outros países oferecem redes com cobertura de roaming no México. As tarifas podem ser muito elevadas, portanto verifique com sua operadora antes de realizar ligações dessa forma. Um número crescente de mexicanos, principalmente entre as gerações mais jovens, preferem as tarifas menos caras da **Nextel** (www.nextel.com.mx), que dispõe do serviço de rádio. A **Cellular Abroad** (www.cellularabroad.com) dos EUA, vende e aluga celulares, assim como cartões SIM, para viagens ao exterior. Independentemente de alugar ou comprar um celular, é necessário comprar um cartão SIM específico para o México.

Internet e E-mail

As redes Wi-Fi estão cada vez mais presentes nas grandes cidades e resorts do México. Os maiores aeroportos do México oferecem acesso Wi-Fi mediante o pagamento de uma taxa pelos serviços da Prodigy Internet da Telcel. A maioria dos hotéis cinco estrelas agora oferece Wi-Fi nos quartos, mas você terá que verificar com antecedência se este serviço está ou não incluído. Os lobbies de hotéis também costumam ter Wi-Fi. Para encontrar os pontos de acesso de Wi-Fi públicos no México, acesse **www.jiwire.com**; seu sistema de busca de pontos de acesso possui o maior diretório de locais públicos do mundo.

Muitos aeroportos mexicanos de grande porte possuem **quiosques de internet**, e os hotéis mexicanos de qualidade costumam ter centros de negócios com acesso à Internet. Você também pode verificar nas lojas de serviços, como **FedEx Office** ou **OfficeMax**, que oferecem computadores completos (assim como Wi-Fi).

Telefones

O sistema de telefonia do México está entrando na modernidade, devagar e sempre. A maioria dos números de telefone possui dez dígitos. Cada cidade e município que tem acesso a telefone possui um código de área de dois dígitos (Cidade do México, Monterrey e Guadalajara) ou três dígitos (qualquer outro lugar). Na Cidade do México, em Monterrey e Guadalajara, os números locais têm oito dígitos; em todos os outros lugares, os números locais têm sete dígitos. Para fazer uma chamada local, você não precisa discar o código de área. Muitos números de fax são também os números de telefone regulares; pergunte pelo sinal de fax a quem atender ("*me da tono de fax, por favor*").

O **código de área** do México é **52**.

Para ligar para o México:

1. Disque o código de acesso internacional: 00 do Brasil, Nova Zelândia, Reino Unido, Irlanda; 011 dos EUA e Canadá; ou 0011, da Austrália.
2. Disque o código do país: 52.
3. Disque o código de área de dois ou três dígitos, depois o número de oito ou sete dígitos. Por exemplo, se você quiser ligar para a Embaixada do Brasil na Cidade do México, o número inteiro seria 00-52-55-5201-4531.

Para fazer chamadas internacionais: Disque 00, o código do país (Brasil 55, EUA e Canadá 1, Reino Unido 44, Irlanda 353, Austrália 61, Nova Zelândia 64). Em seguida, disque o código de área e o número. Por exemplo, para ligar para a Embaixada do Brasil em Washington, você discaria 00-1-202-238-2805.

Para ligar para um número de celular mexicano: Dentro do mesmo código de área, disque 044 e depois o número. Para ligar para o celular de qualquer outro lugar no México, primeiro disque 01 e, em seguida, o código de área de três dígitos e o número de sete dígitos. Para fazer uma chamada internacional para um celular (por exemplo, do Brasil), você deve adicionar o número 1 após o código do país: por exemplo, 00-52-1 + o número de dez dígitos.

Para ligar para o auxílio à lista: Disque ✆ 040 se você estiver procurando por um número dentro do México. *Observação:* As listagens normalmente mostram o nome do proprietário, e não o nome da empresa, e suas chances de encontrar uma atendente que fale uma segunda língua são pequenas.

Para assistência de telefonista: Se precisar de assistência de telefonista para efetuar uma chamada, disque ✆ **090** para fazer uma chamada internacional, e **020** para ligar para um número no México.

Números para ligações gratuitas: Os números que começam com 800 no México são para ligações gratuitas, mas ligar para um número gratuito do Brasil no México custa o mesmo que uma ligação internacional. Para ligar para um número 0800 do Brasil, disque 0055-880 e os últimos dígitos do número gratuito.

DICAS DE HOSPEDAGEM
Sistema de Classificação de Hotéis Mexicanos
O sistema de classificação de hotéis do México é chamado de "Stars and Diamonds". Os hotéis podem receber a classificação de uma a cinco estrelas ou diamantes. Muitos hotéis com excelente padrão não são certificados, mas todos os hotéis classificados aderem a padrões rígidos. As diretrizes são relacionadas a serviços, instalações e higiene, mais do que aos preços.

Hotéis cinco diamantes atendem às mais altas exigências de avaliação: as camas são confortáveis, os banheiros estão em excelente estado de funcionamento, todas as instalações são renovadas regularmente, a infraestrutura é de primeira linha, e os serviços e a higiene atendem aos mais altos padrões internacionais.

Hotéis cinco estrelas normalmente oferecem qualidade semelhante, mas com serviço e detalhes dos quartos em um nível menor. Por exemplo, um hotel cinco estrelas pode possuir roupas de cama menos luxuosas ou, talvez, serviço de quarto em horários limitados, em vez de 24 horas.

Hotéis quatro estrelas são menos onerosos e mais básicos, mas ainda garantem a limpeza e os serviços básicos, como água quente e água potável purificada. Os hotéis uma, duas e três estrelas estão, ao menos, tentando atender a certos padrões: os banheiros são limpos e os lençóis são lavados diariamente, e você pode contar com um mínimo de padrão de serviço. Os hotéis uma ou duas estrelas normalmente oferecem água engarrafada, em vez de água purificada.

A organização sem fins lucrativos, Calidad Mexicana Certificada, A.C., conhecida como **Calmecac** (www.calmecac.com.mx), é responsável pela classificação dos hotéis; visite o site para detalhes adicionais sobre o sistema de classificação.

Cadeias Hoteleiras
Além das grandes cadeias internacionais, você vai se deparar com uma série de marcas menos conhecidas ao programar sua viagem ao México. Elas incluem:

- **Brisas Hotels & Resorts** (www.brisas.com.mx). Estes foram os hotéis que inicialmente atraíram viajantes de luxo para o México. Espetaculares de uma forma retrô, esses hotéis oferecem o luxo descontraído que torna as férias no México tão únicas.

- **Fiesta Americana e Fiesta Inn** (www.posadas.com). Parte do Grupo Posadas do México, estes hotéis estabeleceram o padrão intermediário do país quanto a instalações e serviços. Eles geralmente oferecem quartos confortáveis e espaçosos, além da tradicional hospitalidade mexicana. Os hotéis Fiesta Americana oferecem excelentes pacotes em resorts de praia. Os hotéis Fiesta Inn

 Hotéis-butique

O México se enquadra muito bem no conceito de pequenos hotéis privados em lugares idílicos. Eles variam em estilo, que vai desde uma propriedade grandiosa, até um bangalô de sapê. A **Mexico Boutique Hotels** (www.mexicoboutiquehotels.com) é especializada em lugares menores para hospedagem, com um alto nível de atenção pessoal e de serviço. A maioria das opções tem menos de 50 quartos e as acomodações consistem de vilas inteiras, *casitas*, bangalôs ou uma combinação destes. A Península de Yucatán é especialmente notável pelas *haciendas* de luxo (pág. 260) em toda a península.

são geralmente mais direcionados aos negócios. O Grupo Posadas também é dono dos luxuosos hotéis Caesar Park e dos hotéis ecológicos Explorean.

o **Hoteles Camino Real** (www.caminoreal.com). A Hoteles Camino Real permanece como a principal cadeia do México, com resorts de praia, hotéis de cidade e pousadas coloniais espalhadas por todo o país. Seus hotéis de praia estão tradicionalmente localizados nas melhores praias da região. Esta cadeia também se concentra no mercado de negócios. Os hotéis são famosos por suas cores vivas e contrastantes.

o **NH Hoteles** (www.nh-hotels.com). Os hotéis NH são conhecidos por suas instalações bem "família" e seus padrões de qualidade. A marca registrada dos hotéis de praia é uma piscina, cercada por colunas, com vista para o mar.

o **Quinta Real Grand Class Hotels and Resorts** (www.quintareal.com). Estes hotéis, pertencentes à Summit Hotels & Resorts, destacam-se por detalhes arquitetônicos e culturais que representam as suas regiões. Nestes luxuosos hotéis, a atenção ao detalhe e o excelente serviço são regra básica. Quinta Real é a marca top de linha dos hotéis mexicanos.

Aluguel e Troca de Casas

Aluguéis e trocas de casas e *villas* estão se tornando mais comuns no México, mas nenhuma agência ou empresa reconhecida oferece este serviço exclusivamente para o México. Nos capítulos a seguir, fornecemos informações sobre os serviços independentes que achamos ter boa reputação.

Você vai encontrar o maior número de casas no site da **Vacation Rentals by Owner** (**VRBO**; www.vrbo.com). Eles têm mais de 33 mil casas e apartamentos por todo o mundo, incluindo uma grande seleção no México. Outra boa opção é o **VacationSpot** (✆ **888/903-7738**; www.vacationspot.com), pertencente à Expedia em parceria com a Hotels.com. Há menos opções, mas os critérios da empresa para adicionar à lista deles são muito mais seletivos e, muitas vezes, inclui inspeções no local.

4

ITINERÁRIOS SUGERIDOS EM YUCATÁN

por Shane Christensen

Os itinerários a seguir pressupõem que você esteja chegando por Cancún, que é de longe a porta de entrada mais comum para a Península de Yucatán. O aeroporto fica a sul da cidade, na direção da Riviera Maya, então, se alugar um carro para dirigir pela costa, não terá de lidar com o trânsito da cidade. Aqueles que preferem ignorar o litoral e ficar no interior da península poderiam voar direto para Mérida, capital do estado de Yucatán, e ajustar seus itinerários de maneira adequada.

Para viajar por Yucatán, alugar um carro é uma boa pedida. As estradas são, em sua maioria, fáceis de trafegar e não há muito trânsito em direção ao interior. Dirigir por Mérida é um pouco complicado, mas Cancún e outras cidades da península são fáceis. Você pode pegar ônibus baratos e confortáveis para percursos longos durante toda a viagem, mas mantenha em mente que os ônibus da Riviera Maia não passam pelas estradas pequenas que ligam a autoestrada à praia. Seu ônibus pode lhe deixar na beira da autoestrada, na interseção da estrada que vai direto para o paraíso escolhido, e você terá de pegar um táxi para transportá-lo pelo resto do caminho. Esse é um método bom, mas pode ser bem demorado.

Esses itinerários são apenas sugestões, você deve adequá-los aos seus gostos e interesses. O itinerário de 14 dias é bastante agitado e a movimentação é muito rápida; é uma tentativa de ser abrangente ao visitar os principais pontos, mas você pode muito bem querer pular alguns deles e passar mais tempo em outros. Embora neste capítulo esteja incluído um itinerário para o sul em Tabasco e Chiapas, os viajantes que se interessem por essa região poderão fazer, por conta própria, uma viagem totalmente dedicada a esses estados. Recomendo não ser ambicioso demais com o seu tempo nas férias. O calor e a umidade proporcionam um torpor que pode ser agradável se você não estiver preocupado com a hora. Lembre-se também de que escurece cedo aqui, e não é recomendável dirigir muito à noite.

UM RESUMO DAS REGIÕES

As pessoas que viajam para a península têm uma oportunidade de ver as ruínas pré-colombianas, como **Chichén Itzá, Uxmal** e **Tulum** — e os descendentes vivos das culturas que as construíram, assim como o melhor do México em resorts: **Cancún**. A Península de Yucatán faz fronteira com o Golfo do México a oeste e a norte, e com as águas azuis-claras do Mar do Caribe, a leste. Abrange quase 134.400 km quadrados, com quase 1.600 km de litoral. Rios subterrâneos e poços naturais, chamados de cenotes, são uma característica peculiar da região.

Naturalmente, o principal atrativo da Península de Yucatán para os turistas é sua longa costa caribenha, que se estende por todo o litoral do estado de **Quintana Roo**. A faixa do litoral sul de Cancún até **Tulum** é chamada de **Riviera Maya**; do sul de lá até a fronteira com Belize fica a **Costa Maya**. Essa costa tem uma grande diversidade de vida selvagem, incluindo centenas de espécies de aves. As praias da Costa do Golfo, embora boas, não se comparam às do Caribe. Os Parques Nacio-

PÁGINA ANTERIOR: **Praticantes de snorkel em Xel-Ha.**

A Costa do Caribe.

nais próximos a **Celestún** e **Río Lagartos**, na Costa do Golfo, abrigam incríveis bandos de flamingos.

As coisas mudam, porém, ao seguir para o interior até os estados de **Yucatán**, na parte norte da península, e **Campeche**, na parte oeste. A paisagem possui *haciendas* decadentes e robustas ruínas das antigas cidades, em diversos pontos. Esse é o mundo maia dos dias de hoje, onde a vida anda lentamente em vilas simples, delimitadas por paredões de pedra e pequenos milharais. E nos distritos e cidades, como **Mérida** e **Izamal** no estado de Yucatán, e **Campeche** no estado de Campeche, você encontrará o Yucatán tradicional, com seus acentuados sabores regionais, e um modo de vida que segue tradições centenárias.

Para apresentar o mundo maia em sua totalidade, este livro também abrange os estados de **Tabasco** e **Chiapas**. Tabasco, o estado na Costa do Golfo, foi outrora a casa dos olmecas, a cultura mãe da Mesoamérica. No Parque-Museo de La Venta de Villahermosa, você pode ver as impressionantes cabeças de 36 toneladas, esculpidas em pedra, deixadas pelos olmecas.

San Cristóbal de las Casas, em Chiapas, possui montanhas mais frescas e verdejantes, seguindo os moldes de um centro colonial provinciano. Ao se aproximar de San Cristóbal por qualquer direção, você vê pequenos milharais protegidos pelo colorido dos ornamentos maias. As vilas dos arredores são os redutos de muitos artesãos, de entalhadores a ceramistas e tecelões. Nas selvas da planície de Chiapas, a leste, encontram-se as clássicas ruínas maias de **Palenque**. Mais ao interior ainda, para aqueles dispostos a fazer caminhadas, ficam as ruínas de **Yaxchilán** e **Bonampak**.

VIDA SELVAGEM E ÁREAS DE PROTEÇÃO As reservas naturais do estado de Yucatán incluem a **Reserva Biológica Ría Lagartos**, com 47.200 hectares, ao norte de Valladolid — onde você poderá encontrar o maior bando de flamingos da América do Norte — e a **Reserva Biológica Ría Celestún**, com mais de 5.600 ha, que abriga a maioria dos flamingos fora da época de nidificação. O estado também incorporou as trilhas naturais aos sítios arqueológicos de **Dzibilchaltún**, ao norte de Mérida.

Em 1989, o estado de Campeche destinou 71.480 hectares para a **Reserva Biológica de Calakmul**, que compartilha com a Guatemala. A área inclui as ruínas de Calakmul, assim como hectares de selva densa.

As áreas protegidas de Quintana Roo estão entre os locais mais bonitos e selvagens da região. Em 1986, o estado destinou 520 mil hectares para a **Reserva Biológica Sian Ka'an**, conservando uma parte significativa da costa, em face do desenvolvimento ao sul de Tulum. A **Isla Contoy,** também em Quintana Roo, ao largo da costa Isla Mujeres e Cancún, é uma linda ilha de refúgio para centenas de pássaros, tartarugas, plantas e outras espécies selvagens. O **Parque Nacional de Chankanaab**, em Cozumel, dá aos visitantes uma ideia da importância biológica do extenso litoral da Península de Yucatán: quatro das oito espécies de tartaruga marinha do México — cabeçuda, verde, de pente e de couro — desovam nas praias de Quintana Roo, e mais de 600 espécies de pássaros, répteis e mamíferos já foram contabilizadas.

Tabasco, apesar de ser um estado pequeno, destinou uma vasta reserva de pântanos chamada **Pantanos de Centla**, ao nordeste de Villahermosa. Três reservas em Chiapas abrangem florestas e lagos e algumas das terras mais ricas em biodiversidade do México. A maior, de longe, é a reserva natural chamada **Montes Azules**, a antiga terra natal dos índios lacandón, nas planícies ao extremo leste, fazendo fronteira com a Guatemala. Não muito longe de San Cristóbal de las Casas também fica uma pequena reserva, habitat de uma floresta tropical úmida, chamada **Huitepec**. A uma boa distância a oeste de Tuxtla Gutiérrez, capital do estado, fica uma extensa reserva natural, contendo uma floresta de planalto chamada **Selva del Ocote**.

TOPO: Flamingos na Reserva Biológica Ría Celestún. ACIMA: O exuberante Montes Azules.

Uma praia lotada em Playa del Carmen.

NORTE DA PENÍNSULA DE YUCATÁN EM 1 SEMANA

Você pode prolongar este itinerário para dez dias, até mesmo duas semanas — tudo depende de quanto tempo quer passar na praia. Depois de aproveitar um pouco as águas azuis-claras, é difícil se afastar para o interior.

DIAS 1 E 2: Playa del Carmen ★ e Tulum ★★★

Eu recomendo começar a viagem na estilosa **Playa del Carmen** (pág. 188), que oferece belíssimas praias e uma zona artística chamada Avenida Quinta, com lojas movimentadas, cafés e restaurantes. "Playa", como é conhecida localmente, é a porta de entrada para **Cozumel** (pág. 153), a qual se chega após uma viagem fácil de um dia, de balsa. **Xcaret** e **Xel-Ha** (pág. 199 e 207, respectivamente), que são dois fantásticos parques ecológicos, também ficam a uma distância curta de carro. Passe o seu segundo dia em qualquer um desses pontos tentadores ou na antiga cidade maia de **Tulum** (pág. 209), visitando suas praias, ruínas, e a Reserva Biológica de Sian Ka'an (pág. 221).

DIA 3: Ek Balam ★★★ e Chichén Itzá ★★★

Siga para as ruínas de **Ek Balam** (pág. 315), que ficam ao norte da cidade colonial de **Valladolid** (pág. 309). Em Tulum, pegue a autoestrada para **Cobá** (pág. 217) e considere parar primeiro nas ruínas daqui. Quando chegar a Valladolid, siga para o norte pela Autoestrada 295, até o desvio para Ek Balam. Depois de subir a pirâmide principal e inspecionar a entrada sagrada lindamente trabalhada, volte para Valladolid para um almoço mais tarde. Você pode, então, dirigir até Chichén Itzá pela estrada antiga. Se houver tempo, pare no **Cenote Dzitnup** (pág. 315), nos arredores de Valladolid. Continue até a antiga cidade maia de **Chichén Itzá** (pág. 300) e faça o check-in em um hotel da área. À noite, veja o espetáculo de som e luz e visite as ruínas na manhã seguinte.

Norte da Península de Yucatán em 1 Semana

DIAS 4 E 5: Mérida ★★

Depois de aproveitar Chichén Itzá, siga no sentido oeste para **Mérida** (pág. 246) e aproveite uma noite nessa agitada capital. No dia seguinte, você pode explorar essa cidade tropical ou fazer uma viagem curta durante o dia, aproveitando Mérida à noite. As opções incluem a **Reserva Biológica Ría Celestún** (pág. 273), onde é possível fazer um passeio de barco e ver alguns flamingos cor-de-rosa, ou as ruínas de **Dzibilchaltún** (pág. 274). Outra opção é visitar **Progreso** e **Xcambó** (pág. 275) e ter outra boa oportunidade para ver flamingos.

DIA 6: Uxmal ★★★

Independentemente de pegar o caminho mais curto ou mais longo, tente chegar a **Uxmal** até o fim da tarde, para que possa descansar e se refrescar antes de assistir ao espetáculo de som e luz à noite. A **Pirâmide do Adivinho,** de Uxmal, é uma das estruturas mais impressionantes do mundo maia. Ela se torna ainda mais fascinante à noite, quando fica iluminada. Na manhã seguinte, você pode explorar as ruínas em detalhes. Veja a pág. 282.

DIA 7: Cancún ou Puerto Morelos

Este último dia incluirá, necessariamente, dirigir bastante. Pegue o caminho de volta mais curto por Umán, depois pegue o anel, ou *periférico,* para evitar entrar em Mérida. Após cerca de 45 minutos, você verá placas indicando a autoestrada para Cancún. Se preferir ficar em uma área praieira próxima a Cancún, tente **Puerto Morelos** (pág. 175).

As ruínas de Uxmal.

> **SE VOCÊ TEM menos tempo ainda...**
>
> Dada a proximidade de Cancún e de Riviera Maia com os Estados Unidos, a grande maioria das pessoas que visitam essa região são as que gostam de curtir o fim de semana e as que querem fugir do frio, indo à procura de uma boa praia. É claro que é para isso que Cancún existe, e mesmo que você tenha apenas 3 dias, ainda pode experimentar um gostinho do que essa fascinante região tem a oferecer.
>
> Aqui estão algumas sugestões, caso queira sair da *cabaña* de praia do seu resort e explorar um pouco a área. Aproveite para relaxar por um dia e talvez até uma noite na tranquila **Isla Mujeres** (pág. 137), a apenas 15 minutos de balsa de Cancún, ou faça o check-in em um **resort-spa** realmente luxuoso, a apenas 20 minutos ao sul de Cancún (pág. 112). Para férias na praia mais ambiciosas, dirija-se ao sul por cerca de duas horas até a estilosa **Playa del Carmen** (pág. 186) e depois para **Tulum** (pág. 209) ou para **Cozumel** (pág. 153). Para um programa um pouco mais cultural, você pode fazer uma viagem fácil de meio dia até as inesquecíveis ruínas de **Chichén Itzá** (pág. 300), parando para o almoço e para um passeio na colonial **Valladolid** (pág. 309). Como a **vida noturna** de Cancún é lendária (pág. 133), você pode aproveitar para passar ao menos uma noite em uma balada mundialmente famosa, varando a madrugada.

A PENÍNSULA DE YUCATÁN EM 2 SEMANAS

As estradas da Península de Yucatán são boas e razoavelmente bem-conservadas, possibilitando fazer o circuito completo da península num prazo de duas semanas. Ao viajar no sentido anti-horário, você vai deixar a melhor praia para o fim da viagem. Este é um itinerário bastante movimentado e pode ser feito em um ritmo mais relaxado, se pular Palenque e San Cristóbal de las Casas, em Chiapas. Planeje chegar e partir de Cancún.

DIA 1: Reserva Biológica de Ría Lagartos ★, Ek Balam ★★★ e Valladolid ★

Comece com uma viagem de Cancún a **Ría Lagartos** (pág. 316), no extremo norte da península, onde você pode fazer um passeio de barco em um santuário de vida silvestre, explorar o manguezal e os estuários de água salgada, assim como os lagos cheios de flamingos, pelicanos, águias e outras espécies. Depois de nadar, siga para o sul na Autoestrada 295 em direção às ruínas de **Ek Balam** (pág. 315), famosa pelo portal sagrado, lindamente esculpido, na pirâmide mais alta do norte da Península de Yucatán. Passe a noite em **Valladolid** (pág. 309).

DIA 2: Cenote Dzitnup ★ e Chichén Itzá ★★★

Um pouco depois de deixar Valladolid pela antiga autoestrada, pare para curtir o **Cenote Dzitnup** (pág. 315). Siga adiante até as fascinantes ruínas de **Chichén Itzá** (pág. 300). Se optar por ficar perto de **Chichén Itzá**, você pode assistir a um espetáculo de som e luz surreal, à noite.

A Península de Yucatán em 2 Semanas

DIA 3: Izamal e Mérida ★★

No dia seguinte, vá para o oeste até **Izamal** (pág. 271), para visitar as poucas construções maias ainda remanescentes, a praça central e o mercado local, antes de seguir para **Mérida** (pág. 246), o centro cultural da região. Tenha uma visão geral de Mérida, em um tour de ônibus/bonde, e faça um passeio pela praça central, rodeada por edifícios de 500 anos, construídos com pedras das pirâmides maias derrubadas pelos conquistadores espanhóis. Eventos culturais gratuitos acontecem toda noite no centro histórico. Domingo é um grande dia de festividades, que duram o dia inteiro.

DIA 4: Celestún e Uxmal ★★★

Ao sair de Mérida, **Celestún** (pág. 273) é uma boa opção durante o dia, pois os viajantes podem passar metade do dia na praia e a outra metade em um passeio de barco, para ver bandos de flamingos na biosfera ecológica. De lá, siga para o sul até as ruínas maias de **Uxmal** (pág. 281). Se for dirigindo, escolha entre duas rotas alternativas (pág. 277) que o levam por pequenas vilas maias, *haciendas* espanholas em ruínas e mais achados arqueológicos. Hospede-se em um hotel perto de Uxmal e visite as ruínas; volte à noite para o espetáculo das luzes. Explore mais as ruínas na manhã seguinte, quando a temperatura fica muito mais amena.

DIA 5: Campeche ★

Campeche (pág. 290) é a cidade fortificada mais bem preservada das Américas. As Nações Unidas a declararam Patrimônio Mundial da Humanidade em 2000, o que assegura proteção às suas estreitas ruas de paralelepípedo e edifícios da era colonial pintados em cores pastéis. Faça o check-in e descanse: os três dias seguintes envolvem muito tempo na estrada.

DIAS 6, 7 E 8: Palenque e San Cristóbal de las Casas

Siga para o sul pelas Autoestradas 180, 186 e, finalmente, 199 até **Palenque** (pág. 326). Você pode explorar as magníficas pirâmides e, se quiser, ver também as ruínas de **Bonampak** e **Yaxchilán** (pág. 334) no dia seguinte. Passe uma noite em Palenque e a segunda noite em **San Cristóbal de las Casas** (pág. 337), a cidade mais interessante de Chiapas. De San Cristóbal, visite, com um dos guias locais, as fascinantes comunidades maias de **San Juan Chamula** e **Zinacantán** (pág. 345).

DIA 9: Calakmul, Xpujil e as Ruínas de Río Bec

Parta de San Cristóbal cedo, para voltar pela Autoestrada 186 até a Reserva Biológica de Calakmul. É uma viagem longa, passando por Escárcega até **Xpujil** (pág. 238) e as ruínas dos arredores de **Río Bec** (pág. 235). As ruínas locais de fácil acesso são Xpujil, Chicanná e Becán. As ruínas de **Calakmul** (pág. 240) são, talvez, as mais misteriosas e de difícil acesso da Península de Yucatán — 90 minutos de carro além da autoestrada. A melhor maneira de visitar essas ruínas é passando a noite em Xpujil ou na vila ecológica de Chicanná, e partir ao amanhecer. Se você resolver ir a Calakmul, reserve um dia extra.

DIA 10: Lago Bacalar ★

Xpujil marca geograficamente o meio do caminho; a partir daqui, você está no caminho de volta para Cancún. Siga a oeste para o **Laguna Bacalar** (pág. 230) e pare no caminho para ver as máscaras de pedra nas ruínas de **Kohunlich** (pág. 237), e depois aproveite um almoço tardio em **Chetumal** (pág. 232). Passe a noite a 37 km ao norte da cidade, no **Rancho Encantado** (pág. 231), uma linda pousada ecológica à beira do Lago Bacalar.

Praça central de Campeche.

Lago Bacalar ao pôr do sol.

As ruínas de Tulum.

DIA 11: Tulum ★★

Após uma viagem de carro de uma hora e meia ao norte de **Tulum** (pág. 209), você chegará a uma das cidades mais fascinantes do México caribenho. Planeje passar uma noite em um hotel de praia, para dar tempo de visitar **as ruínas de Tulum** (pág. 213), e curta a incrível vista da praia. Também considere um tour natural pela **Reserva Biológica de Sian Ka'an** (pág. 221), logo ao sul da cidade, com um dos grupos de guias locais.

DIAS 12 E 13: Playa del Carmen ★ e Cozumel

Dirija até **Playa del Carmen** (pág. 186), que pode servir de base para explorar os cenotes ou mesmo as ruínas de **Cobá** (pág. 217). *Playa* é uma cidade chique com um certo ar europeu; reserve um tempo para visitar a Avenida Quinta, toda em paralelepípedos.

Na manhã seguinte, você pode pegar a balsa até **Cozumel** (pág. 153) e curtir uma viagem diurna para mergulhar, fazer snorkel, nadar com golfinhos ou simplesmente aproveitar a praia. Fique para um jantar cedo e volte para Playa para passar a noite.

DIA 14: Puerto Morelos

Passe o seu último dia em **Puerto Morelos** (pág. 175), uma cidade de praia tranquila a apenas 31 km ao sul de Cancún.

UMA AVENTURA ECOLÓGICA PARA TODA A FAMÍLIA

Se você tiver sua própria máscara e snorkel (e nadadeiras também), traga-os na viagem; você pode alugar, mas é melhor usar equipamento que lhe sirva adequadamente.

DIA 1: A Riviera Maya Baixa

Para este itinerário, recomendo ficar na parte baixa da Riviera Maya, em ou perto de **Playa del Carmen** (pág. 186) ou **Tulum** (pág. 209). Assim ficará perto dos lugares que vai visitar. A viagem de carro do aeroporto até esta parte da costa leva, no máximo, duas horas.

DIA 2: Xel-Ha e as Ruínas de Tulum ★★★

Passe um dia mergulhando com snorkel, nadando e aproveitando as lagoas naturais e o aquário a mar aberto de **Xel-Ha** (pág. 207). Você pode passar o dia todo ou aproveitar também para visitar as místicas ruínas de **Tulum** (o que pode ser feito pela manhã, quando o ar está mais fresco). Veja a pág. 281.

DIA 3: Hidden Worlds ★★★ e Aktun Chen ★

Entre Akumal e Tulum ficam duas atrações, cada uma interessante em sua própria maneira. No **Hidden Worlds** (pág. 209), você pode praticar snorkel em cenotes e rios subterrâneos. Roupas de mergulho e equipamento de snorkel são fornecidos, caso não leve os seus. **Aktun Chen** (pág. 207) é uma caverna por onde você pode caminhar e ver muitas formações rochosas. O pequeno zoológico abriga espécies locais, como macacos-aranha e pássaros tropicais.

DIA 4: Alltournative

Planeje passar um dia com a **Alltournative**, uma agência de turismo de aventura baseada em Playa del Carmen. Seus passeios combinam aventura, natureza

Lagoa Xel-Ha.

Uma Aventura Ecológica para Toda a Família

e interações com os maias contemporâneos, em uma de suas próprias vilas. A empresa de turismo irá buscá-lo em quase qualquer hotel da Riviera Maya. Veja a pág. 79.

DIA 5: Reserva Biológica de Sian Ka'an ★

Explore a maior reserva de vida silvestre da Península de Yucatán; pratique snorkel pelos canais construídos pelos maias, visite a lagoa grande e límpida no centro do parque e observe as diversas formas de vida silvestre conhecendo de perto o habitat da península. Veja a pág. 221.

DIA 6: Chichén Itzá ★★★

Pratique snorkel pela manhã, com uma das empresas locais de mergulho, e dirija até **Chichén Itzá** na parte da tarde. Hospede-se em um hotel e à noite aproveite o espetáculo de som e luz nas ruínas. Volte pela manhã, para observá-las mais de perto à luz do dia. Veja a pág. 300.

DIA 7: Cenote Dzitnup ★, Ek Balam ★★★ e Reserva Biológica Ría Lagartos ★

Depois de visitar as ruínas, siga a leste pela antiga autoestrada federal até chegar ao **Cenote Dzitnup** (pág. 315), um pouco antes da cidade de Valladolid. Você encontrará um cenote escuro, com uma bela piscina iluminada por uma coluna de luz solar que penetra pelo teto. Perto dali fica um segundo cenote. Depois de um mergulho rápido, siga para **Valladolid** (pág. 309) para almoçar. Depois que estiver bem alimentado, siga ao norte pela Autoestrada 295 até a saída para as ruínas de **Ek Balam** (pág. 315), um extraordinário sítio arqueológico pré-colombiano. Depois, continue para o norte, passando pela cidade de Tizimín, até chegar à vila costeira de **Río Lagartos.** Hospede-se em um dos econômicos hotéis de frente para o mar e agende um passeio de barco de manhã cedo pelo santuário de vida silvestre. Veja a pág. 316.

DAY 8: Cancún

Depois de ver os flamingos cor-de-rosa, é hora de voltar a Cancún e à civilização. Veja o Capítulo 5.

LA RUTA MAYA

Esta rota, que liga os principais sítios maias do México, pode ser percorrida rapidamente em duas semanas; mais lentamente, em um mês, ou até dividida em duas viagens. Encurtei a viagem ao excluir Mérida, mas você pode querer visitar a bonita capital do Yucatán. Há um certo risco de se cansar das ruínas, visitando muitas em pouco tempo, portanto fique à vontade para escolher e decidir o que visitar, dentro do seu próprio ritmo. A melhor forma de viajar é com carro alugado: as autoestradas têm pouco tráfego e estão, em sua maioria, em bom estado.

DIA 1: Cancún

Depois de chegar, aproveite o resto do dia com um mergulho no Mar do Caribe ou uma tarde na piscina. Veja o Capítulo 5.

DIA 2: Ek Balam ★★★ e Chichén Itzá ★★★

Dirija pela autoestrada com pedágio, que vai em direção a Mérida, e pegue a saída para Valladolid. Siga para o norte, longe da cidade, para visitar as ruínas de **Ek Balam** (pág. 315). Depois, volte para **Valladolid** (pág. 309) para almoçar, antes de dirigir o curto percurso até **Chichén Itzá** (pág. 300). Próximo a Valladolid, pare para ver os cenotes de **Dzitnup** e **Sammulá** (para ambos, veja a pág. 315). Mais adiante fica a **Gruta de Balankanché** (pág. 300). Quando chegar a Chichén Itzá, hospede-se em um hotel e vá até as **ruínas** à noite, para ver o espetáculo de som e luz. Veja a pág. 300.

DIA 3: Uxmal ★★★

Passe mais tempo nas ruínas de **Chichén Itzá** na parte da manhã, depois continue no sentido oeste pela autoestrada com pedágio em direção a Mérida, e pegue a saída em Ticopó. Siga para o sul em direção à cidade de **Acanceh** (pág. 278) e à Autoestrada 18. Pare para ver as pequenas, porém interessantes,

Ruínas de Chichén Itzá.

ruínas no meio da cidade. Depois siga pela Autoestrada 18 até as ruínas de **Mayapán** (pág. 279). Em seguida, siga por Ticul, Santa Elena e **Uxmal** (pág. 282), para os espetáculos de som e luz.

DIA 4: Edzná

Visite **Uxmal** (pág. 281) pela manhã e depois dirija de volta em direção a Santa Elena pegando a Autoestrada 261, sentido sul, até Hopelchén e até as impressionantes ruínas **Edzná** (pág. 299). Perto dali fica uma sofisticada *hacienda*, que virou um hotel chamado **Uayamón** (pág. 259). Melhor ainda, fique na filial na velha cidade de Campeche, **Hacienda Puerta Campeche** (pág. 296). Ou escolha entre várias outras opções mais modestas.

DIAS 5 E 6: Palenque ★★, Bonampak e Yaxchilán

Mantenha-se na Autoestrada 261 até Escárcega. Em seguida, siga no sentido oeste pela Autoestrada 186 até Villahermosa, depois siga no sentido sul pela Autoestrada 199 até a cidade de **Palenque** (pág. 326) e suas magníficas pirâmides. No dia seguinte, visite as ruínas de **Bonampak** e **Yaxchilán** (pág. 334).

DIAS 7 E 8: San Cristóbal de las Casas ★★

Mantenha-se no sentido sul da Autoestrada 199 em direção a **San Cristóbal de las Casas** (pág. 337). No caminho, dê um mergulho em **Misol Ha** (pág. 335) e visite as ruínas de **Toniná** (pág. 336) perto de Ocosingo. De San

Cristóbal, visite as comunidades maias de **San Juan Chamula** e **Zinacantán** acompanhado de um guia local (pág. 345).

DIA 9: Calakmul ★★★

Refaça seus passos até Escárcega e siga no sentido leste da Autoestrada 186. Se tiver tempo, visite as fascinantes esculturas de **Balamkú** (pág. 243). Passe a noite em um dos hotéis próximos da saída para **Calakmul,** umas das principais cidades-estado da era clássica dos maias, que não é muito visitada.

DIA 10: Calakmul e Becán ★★★

Chegue cedo a **Calakmul** (pág. 240). Preste atenção em animais selvagens quando dirigir ao longo da estreita estrada no meio da selva. Toda a área em torno da cidade é uma reserva de vida silvestre. Depois, continue no sentido leste pela Autoestrada 186, para ver as ruínas de **Becán** (pág. 239), um grande centro cerimonial com templos altos. Também nos arredores ficam **Xpujil** (pág. 238) e **Chicanná** (pág. 240). Passe a noite às margens do **Laguna Bacalar** (pág. 230), onde poderá se refrescar em suas águas azuis.

DIAS 11, 12 E 13: Tulum

Dirija para o norte na Autoestrada 307 até **Tulum** e fique em um dos pequenos hotéis praianos. Na parte da manhã, caminhe pelas ruínas e aprecie a adorável vista do litoral. Em seu último dia, dependendo da programação, você pode aproveitar mais a praia ou ir direto para o aeroporto (25 minutos ao sul de Cancún) e partir.

Catedral de San Cristóbal de las Casas.

As ruínas de Calakmul, localizadas em uma selva densa.

CANCÚN

por Shane Christensen

5

Cancún pode até ser um local de exploração comercial e mais parecido com os Estados Unidos do que com o México, mas continua a ser um dos melhores destinos de resort do mundo, com praias de tirar o fôlego e atividades de puro prazer, capazes de fazer corar até os hedonistas mais persistentes. E embora Cancún possa ser um destino turístico de primeira para americanos e outros viajantes ocidentais que chegam em bandos como andorinhas em busca do sol no inverno e na primavera, também é o destino favorito de mexicanos que a visitam durante o ano todo.

Devido à combinação ideal de elementos em Cancún — mar azul-turquesa transparente, areia branca e fina como talco e enorme potencial de crescimento —, um grupo de analistas de computadores do governo mexicano enfocou o desenvolvimento turístico da cidade em 1974, transformando-a de uma zona de praia deserta em uma área de resorts cinco estrelas. Desde então, Cancún sofreu com a devastação de furacões e outras poderosas tempestades tropicais, apenas para emergir mais forte e mais irresistível. Depois do furacão Wilma, responsável por grande destruição na Península de Yucatán em 2005, destroços rapidamente deram lugar a minuciosas renovações, reformas de luxo e destinos novos em folha. Hoje, Cancún está melhor do que nunca.

O golpe duplo, originado pela crise econômica mundial e por preocupações causadas pela gripe suína, não facilitaram as coisas para Cancún nos últimos anos. Hotéis, restaurantes e serviços turísticos de todos os tipos sofreram aqui, assim como em outros locais da região. Mas o que me surpreende é a resistência do setor turístico de Cancún, que é também a grande esperança de todos aqueles comprometidos com sua total recuperação. Essa recuperação já começou e parece ganhar força a cada dia.

O apelo local não mudou muito ao longo dos anos — ainda é a espetacular praia caribenha. Cancún (que significa "serpente dourada" em maia) se estende do centro da cidade, conhecido como *Ciudad Cancún*, ao leste da *Zona Hotelera*, também conhecida como Isla Cancún, uma ilha estreita de 23 km, que segue para o sudoeste e tem, de um lado, o belo Mar do Caribe e, do outro, a pitoresca Lagoa Nichupté.

Cancún possui resorts de tirar o fôlego; uma diversidade incomparável de opções de compras, restaurantes e vida noturna, e inúmeras atividades ao ar livre. Viajar de avião é fácil, com as principais companhias aéreas que voam para cá de todo o México, dos Estados Unidos, Canadá, Europa e Brasil. E é a porta de entrada para as ruínas de Tulum, Chichén Itzá, e Cobá, que ficam nos arredores.

Cancún incorpora todo o esplendor do Caribe e os prazeres exóticos do México, mas até mesmo um viajante ocidental, que normalmente fique apreensivo em visitar uma terra estrangeira, ficará totalmente à vontade aqui. Fala-se inglês também, e dólares são aceitos em inúmeros lugares; as estradas são bem pavimentadas e os gramados bem-cuidados. Alguns viajantes se surpreendem com o fato

PÁGINA ANTERIOR: **Uma piscina infinita com vista para o Mar do Caribe.**

Banhistas em uma praia de Cancún.

de Cancún parecer muito mais um resort no litoral dos EUA, do que no México. Certamente, o americanismo está por todos os lados. Estudantes universitários dos EUA continuam a descer em massa durante as férias de primavera, e isso pode, dependendo do seu ponto de vista, ser motivo para correr para as baladas ou fugir para bem longe delas, durante essa temporada. Uma estatística surpreendente indica que os americanos viajam mais para Cancún do que para qualquer outro destino do planeta. De fato, quase 3 milhões de pessoas visitam Cancún todos os anos — a maioria delas em sua primeira viagem ao México.

Você não vai encontrar muito do autêntico charme mexicano na Zona Hoteleira, embora possa ver um pouco dele na cidade de Cancún, onde a maior parte da população local vive. Há hotéis bem acessíveis aqui, vários restaurantes tradicionais excepcionais e excelentes opções de compras. Cancún também fica a uma distância razoável dos resorts mexicanos mais tradicionais, em Isla Mujeres e no trecho litorâneo conhecido como a Riviera Maya, facilitando os passeios de um dia.

É mais provável faltarem dias em suas férias do que coisas para fazer em Cancún. Praticar snorkel, nadar com golfinhos, fazer tours na selva e visitar antigas ruínas e modernos parques ecológicos maias estão entre as diversões mais populares. Diversos shoppings vendem artigos de marca e sem impostos (com produtos importados da Europa mais baratos do que nos EUA). Com dezenas de milhares de quartos de hotel e mais de 350 restaurantes e boates, existe uma opção para todo tipo de gosto e bolso.

Um dia aqui pode facilmente combinar tempo na piscina ou na praia, com uma excursão pelos arredores. Depois de tomar banho de sol, talvez você queira passear por algumas lojas ou curtir um drink ao pôr do sol. Escolha um restaurante de frutos do mar frescos caribenhos ou da criativa cozinha mexicana, antes de começar a noite em um bar ou lounge de tequila. Depois termine em um bar ou boate cheios de baladeiros noturnos, que não suportam ir dormir antes do amanhecer.

Os hotéis de luxo de Cancún possuem piscinas tão espetaculares, que você pode achar tentador se transformar no que eu chamo de rato de piscina — mas não faça isso. Separe algum tempo para ir à praia e colocar os pés na areia fina, branca e brilhante. Isso é, afinal de contas, o que colocou Cancún no mapa — e nenhuma tempestade foi capaz de mudar isso.

ORIENTAÇÃO
Como Chegar

DE AVIÃO Se essa não for sua primeira viagem a Cancún, perceberá que as instalações e os serviços do **aeroporto** (✆ **998/848-7200**) continuam a expandir. A maioria dos voos internacionais, incluindo os que vão para e partem dos EUA (exceto os da JetBlue, que usam o Terminal 2), agora utilizam o novo Terminal 3, que tem serviços de câmbio, lojas duty-free, restaurantes, serviços médicos, serviços expressos de spa e até um bar de boas-vindas, servindo cerveja e margaritas do lado de fora do terminal. A **Aeroméxico** (✆ **800/237-6639** nos EUA ou 01-800/021-4000 no México; www.aeromexico.com) opera o serviço de conexão para Cancún pela Cidade do México. A **Mexicana** (✆ **800/531-792 1** nos EUA, 01-800/801-2010 no México, ou 998/881-9090; www.mexicana.com) faz os voos de conexão para Cancún por Miami ou Cidade do México. Além dessas companhias, muitas empresas de **voos charter** — tais como a Apple Vacations (www.applevacations.com) e a Funjet (www.funjet.com) — voam para Cancún; estes pacotes turísticos chegam a compor metade das chegadas de visitantes dos EUA e são bastante comuns no Brasil.

A companhia aérea regional, **Click Mexicana,** uma filial da Mexicana (✆ **01-800/112-5425** no México; www.mexicana.com), faz voos de Havana, Cuba e Chetumal, Cozumel, Cidade do México, Mérida e de outros pontos do México. **Interjet** (✆ **01-800/01-12345** no México; www.interjet.com.mx) e **Volaris** (✆ **01-800/122-8000** no México; www.volaris.com.mx) são duas outras companhias regionais que fazem voos para Cancún partindo da Cidade do México. Os voos domésticos normalmente usam o Terminal 1 e os voos partindo ou chegando de destinos na América Latina utilizam o Terminal 2.

Uma vista aérea da Zona Hoteleira de Cancún.

As seguintes companhias aéreas internacionais atendem Cancún: **Alaska** (📞 800/426-0333 nos EUA; www.alaskaair.com), **American** (📞 800/433-7300 nos EUA; www.aa.com), **Continental** (📞 800/231-0856 nos EUA; www.continental.com), **Delta** (📞 800/221-1212 nos EUA; www.delta.com), **Frontier** (📞 800/432-1359 nos EUA; www.frontierairlines.com), **JetBlue** (📞 800/538-2583 nos EUA; www.jetblue.com), **Spirit** (📞 800/225-2525 nos EUA; ; www.spiritair.com), **United** (📞 800/772-7117 nos EUA; www.united.com) e **US Airways** (📞 800/428-4322 nos EUA; ; www.usairways.com).

A maioria das grandes empresas de locação de carros possui unidades no aeroporto, por isso, se for alugar um carro, considere pegá-lo e deixá-lo no aeroporto, para economizar nos custos de transporte para o aeroporto. Outra forma de economizar dinheiro é reservar a locação antes de viajar.

Se esperar até chegar, o custo da diária será em torno de US$ 50 a US$ 75 para um veículo compacto. As maiores empresas incluem: **Alamo** (📞 800/462-5266 nos EUA, ou 998/886-0448; www.alamo.com), **Avis** (📞 800/331-1212 nos EUA, ou 998/886-0221; www.avis.com), **Budget** (📞 800/527-0700 nos EUA, ou 998/886-0417; fax 998/884-4812; www.budget.com), **Hertz** (📞 800/654-3131 nos EUA e Canada, ou 998/884-1326; www.hertz.com), **National** (📞 800/227-7368 nos EUA, ou 998/886-0153; www.nationalcar.com) e **Thrifty** (📞 800/847-4389 nos EUA, ou 998/886-0333; www.thrifty.com). A *Zona Hotelera* fica a 10 km — 20 minutos de carro — do aeroporto, por ruas largas e bem pavimentadas.

A tarifa de um **táxi comum** do aeroporto para *Ciudad Cancún* ou para a *Zona Hotelera* é de US$ 60. O retorno com um táxi do aeroporto tem desconto de 50%. As empresas de serviço de **transfer de van,** Green Line e Gray Line (📞 **01-800/021-9097**; www.graylinecancun.com) fazem o percurso aeroporto/cidade aproximadamente a cada 20 minutos. Compre passagens, que custam cerca de US$ 15, na cabine à extrema direita, ao sair do aeroporto. Esses serviços aceitam dólares americanos, mas a taxa será mais favorável se pagar em pesos. **Ônibus locais** da ADO ($40) vão do aeroporto para Ciudad Cancún. De lá, você pode pegar outro ônibus por menos de um dólar para Puerto Juárez, onde as barcas partem regularmente para Isla Mujeres. Não há serviço de transfer de volta para o aeroporto saindo de Ciudad Cancún ou da Zona Hoteleira, portanto, você precisará pegar um táxi, mas o valor será muito menor do que a viagem partindo do aeroporto (somente táxis com licença federal podem aceitar passageiros *no* aeroporto, mas qualquer táxi pode levar passageiros *para* o aeroporto). Pergunte no seu hotel quanto deve ser a tarifa, mas prepare-se para pagar em torno da metade do que você pagou do aeroporto para o hotel.

DE CARRO De Mérida ou Campeche, pegue a **Autoestrada 180** leste para Cancún. Esta é basicamente uma sinuosa estrada de pista dupla que se ramifica para a **Autoestrada expressa 180D, com pedágio**, entre Izamal e Nuevo Xcan. Nuevo Xcan fica a aproximadamente 40 km de Cancún. Mérida fica a cerca de 320 km de distância.

DE ÔNIBUS O terminal de ônibus de Cancún, **ADO** (📞 **01-800/702-8000** ou 998/884-4352; www.ado.com.mx) fica no centro de Ciudad Cancún, no cruzamento das avenidas Tulum e Uxmal. Todos os ônibus de fora da cidade chegam aqui. Os ônibus vão para Playa del Carmen, Tulum, Chichén Itzá, outras praias e áreas arqueológicas próximas, além de outros pontos dentro do México. Os ônibus da ADO também fazem o percurso entre o aeroporto e o centro da cidade.

Informações ao Turista

O **Escritório Municipal de Turismo de Cancún** fica no centro, na Avenida Nader, esquina com a Avenida Cobá (✆ **998/887-3379**). Fica aberto de segunda a sexta das 8 h às 18 h, e sábado das 9 h às 14 h. O escritório possui uma lista de hotéis e suas tarifas, assim como os horários da balsa. Para informação antes de sua chegada a Cancún, visite o site informativo oficial, **www.cancun.travel**. O site de turismo do estado é em espanhol, www.qroo.gob.mx.

Pegue cópias do livreto gratuito *Cancún Tips* (www.cancuntips.com.mx) e um tabloide sazonal de mesmo nome.

Layout da Cidade

Há na verdade duas Cancúns: **Ciudad Cancún (Cidade de Cancún)** e **Isla Cancún (Ilha de Cancún)**. Ciudad Cancún, no continente, é o centro original, onde vive boa parte da população local. É onde ficam restaurantes tradicionais, lojas e hotéis mais acessíveis, assim como farmácias, dentistas, oficinas mecânicas, bancos, agências de viagens, companhias aéreas e locadoras de veículos — tudo em uma área de nove quarteirões. A rua principal da cidade é Avenida Tulum. No sentido sul, a Avenida Tulum torna-se a autoestrada para o aeroporto, para Tulum e Chetumal; no sentido norte, cruza a autoestrada para Mérida, a estrada para Puerto Juárez e as balsas para Isla Mujeres.

Isla Cancún é uma faixa de areia de 23 km de comprimento, com o formato de um 7. Abrange a famosa **Zona Hotelera** (também chamada de *Zona Turística*), conectada ao continente pela ponte Playa Linda, na extremidade norte, e pela ponte Punta Nizuc, na extremidade sul. Entre as duas áreas está localizada Laguna Nichupté. A Avenida Cobá da Cidade de Cancún se torna a Bulevar Kukulkán, a principal via de trânsito da ilha. O aeroporto internacional de Cancún é no continente, perto do extremo sul da ilha.

os melhores sites SOBRE CANCÚN

- **Tudo Sobre Cancún: www.cancun.mx.com** Este site é um bom lugar para começar o planejamento. Sua base de dados, chamada de "The Online Experts", responde a muitas das perguntas mais frequentes. É lento, porém atual, com a colaboração de muitos viajantes que visitaram a região recentemente.

- **Cancún Convention & Visitors Bureau: www.cancun.travel** O site oficial de Informação ao Turista de Cancún dispõe de excelentes informações sobre eventos e atrações. Seu guia de hotéis é um dos mais completos, incluindo eventos e notícias relacionados a Cancún.

- **Cancún Online: www.cancun.com** Este guia abrangente possui muitas informações sobre coisas para ver e fazer em Cancún, embora a maioria dos detalhes seja de anunciantes pagantes. O site permite que você reserve pacotes de viagens, acomodações, atividades e partidas de golfe.

- **Guia de Viagem de Cancún: www.go2cancun.com** Estes especialistas em informações online também são um excelente recurso para aluguéis, hotéis e atrações em Cancún. Lembre-se de que este site só lista anunciantes pagantes, o que significa que você encontrará a maioria das grandes empresas aqui.

COMO ACHAR UM ENDEREÇO O sistema de numeração da Cidade de Cancún é meio atrasado. Os endereços ainda são baseados no número do lote e na *manzana* (quadra) ou *supermanzana* (grupo de quadras). A cidade é relativamente compacta e a área do centro comercial é fácil de cobrir a pé.

Na ilha, os endereços são baseados na quilômetragem da Bulevar Kukulkán ou pela referência de um local conhecido. Em Cancún, as ruas têm nomes de cidades maias famosas. As avenidas recebem nomes de sítios arqueológicos próximos, Chichén Itzá, Tulum e Uxmal.

Locomoção

DE TÁXI Os preços de táxi em Cancún são claramente definidos por zona, embora saber o que está situado em determinada zona possa ser um pouco trabalhoso. A tarifa mínima dentro da Zona Hoteleira é de $70 por viagem, o que a torna uma das áreas de táxi mais caras do México. Além disso, os táxis que operam na Zona Hoteleira sentem-se no direito de ter um sistema de cobrança discriminatório: os moradores locais pagam cerca de metade do que pagam os turistas, e os preços para os hóspedes de hotéis mais caros são o dobro daqueles cobrados dos hóspedes de hotéis mais em conta. Esses preços são estabelecidos pelo sindicato dos taxistas. As tarifas devem ser disponibilizadas do lado de fora do seu hotel; caso você tenha alguma pergunta, todos os motoristas são obrigados a ter uma tabela de preços oficial em seus táxis, porém, normalmente são em espanhol. Os taxistas aceitam dólares, embora a uma taxa menos favorável, se comparada a pesos.

Dentro da área do centro, o custo é de cerca de $20 por viagem (não por pessoa); em qualquer outra área, é de $70 a $110. Corridas entre a Zona Hoteleira e o centro custam cerca de 180 pesos. Acerte o preço de antemão ou verifique no seu hotel. Corridas para o aeroporto, da maioria das áreas, custam cerca de $280 (para até quatro pessoas). Os táxis também podem ser alugados por $250 a hora, para percorrer a cidade e a Zona Hoteleira. Para contratar um táxi para levá-lo a Chichén Itzá ou ao longo da Riviera Maya, você vai pagar cerca de $350 a hora — muitos taxistas acham que também estão prestando serviços de guia.

DE ÔNIBUS Os ônibus dentro de Cancún continuam a melhorar, sendo cada vez mais populares. Na cidade, dá para ir andando para quase todos os lugares. Os ônibus municipais **Ruta 1** e **Ruta 2** (hoteles) fazem com frequência o percurso de Puerto Juárez, no continente, para as praias ao longo da Avenida Tulum (a avenida principal) e todo o caminho até Punta Nizuc, na extremidade da Zona Hoteleira na Isla de Cancún. Os ônibus **Ruta 8** vão para Puerto Juárez/Punta Sam para as balsas até Isla Mujeres. Eles param na parte leste da Avenida Tulum. Todos esses ônibus municipais operam diariamente das 6 h às 22 h. Os ônibus também vão e voltam pela via principal da Zona Hoteleira dia e noite. Os ônibus públicos exibem a tarifa na parte dianteira; até o momento da impressão deste guia, a tarifa era de $8,50.

Um ônibus Ruta 2 indo para a Zona Hoteleira.

DE SCOOTER As scooters são uma forma conveniente, mas perigosa, de andar pelo trânsito muito congestionado de Cancún. Aluguéis começam em cerca de US$30 por dia, não incluindo o seguro, e um cartão de crédito é exigido como garantia. Você deve receber um capacete (é a lei) e instruções sobre como travar as rodas quando estacionar. Leia as letras miúdas no verso do contrato de aluguel, quanto à responsabilidade de reparo ou substituição em caso de acidente, roubo ou vandalismo.

Código de Área O código de área de telefones é **998**.

INFORMAÇÕES ÚTEIS Cancún

Caixas Automáticos e Bancos A maioria dos bancos fica no centro, ao longo da Avenida Tulum, e normalmente abrem de segunda a sexta-feira, das 9 h às 15 h, embora alguns fiquem abertos até mais tarde e até mesmo aos sábados em meio período. Muitos possuem caixas automáticos para saques além do horário comercial. Na Zona Hoteleira, você encontrará um banco HSBC no Kukulcán Plaza, que abre de segunda a sábado das 09 h às 19 h.

Consulados O **Representante Consular** dos EUA fica no Plaza Caracol Dos, Bl. Kukulkán km 8,5, 3° andar, 320-323 (✆ **998/883-0272**; cancunagency@gmail.com); aberto de segunda a sexta-feira, das 9 h às 14 h. O **Consulado do Canadá** fica no Plaza Caracol Dos, 3° andar, Loc. 330 (✆ **998/883-3360**; cancun@canada.org.mx); aberto de segunda a sexta-feira, das 9 h às 15 h 30 min. O Reino Unido tem um escritório consular no Royal Sands Hotel (✆ **998/881-0100**; information@britishconsulatecancun.com); aberto de segunda a sexta-feira, das 9 h às 17 h. O **Consulado do Brasil** fica na Av. Garcia de La Torre, 37- A. (✆ **884-0538**). Cidadãos de outros países, como Irlanda, Austrália e Nova Zelândia, devem contactar suas embaixadas na Cidade do México.

Crime Arrombamentos de carros são basicamente o único crime frequente aqui. Acontecem sempre, principalmente nos arredores dos centros comerciais na Zona Hoteleira. Estupros também já foram relatados em Cancún. A maioria ocorreu à noite ou no início da manhã.

Câmbio Cancún possui muitas *casas de cambio*. Comerciantes do centro estão sempre dispostos a trocar dólares, mas as lojas da ilha não oferecem taxas de câmbio muito boas. Evite trocar dinheiro no aeroporto, principalmente no primeiro estande de câmbio — as tarifas são menos favoráveis do que as da cidade ou de outros estandes mais distantes, dentro do próprio aeroporto. Dólares são bastante aceitos em Cancún.

Farmácias Do outro lado da rua do Señor Frog's, na Zona Hoteleira, no Bulevar Kukulkán km 9,5, as **Farmacias del Ahorro** (✆ **998/892-7291**) ficam abertas das 7 h às 23 h. Há várias farmácias nos grandes shoppings da Zona Hoteleira, que ficam abertas até as 22 h. No centro de Cancún, a **Farmacia Cancún** fica localizada na Av. Tulum 17 (✆ **998/884-1283**). Abre de segunda a sábado das 9 h às 22 h, e domingo das 10 h às 22 h.

Emergências A **Cruz Vermelha** local (✆ **998/884-1616**) fica aberta 24 horas na Av. Yaxchilán, entre as avenidas Xcaret e Labná, junto ao edifício da Telmex.

Hospital O **Hospital Galenia** é um dos mais modernos da cidade, oferecendo emergência completa e outros serviços com excelente atendimento; fica na Av. Tulum, SM 12, na Nizuc (✆ **998/891-5200**; www.hospitalgalenia.com). **AMAT**, Av. Nader, 13, SM 2, na Avenida Uxmal (✆ **998/887-4422**), é um hospital de emergência pequeno, com alguns médicos que também falam inglês, aberto 24 horas. O atendimento na recepção pode ser limitado quanto a outras línguas. **Ambulância Aérea dos EUA** (Ambulância Global) disponibiliza seus serviços pelo telefone ✆ **800/948-1214** nos EUA, ou 01-800/305-9400 no México (www.usairambulance.net).

Acesso à Internet Em toda a **Plaza Kukulcán**, Bl. Kukulkán Km 13, há acesso gratuito à rede Wi-Fi. Você precisará solicitar uma senha no Atendimento ao Cliente, perto da entrada principal. Também na Plaza Kukulkán, o **Cyber Terrace** oferece computadores com acesso à internet por $60 a hora. Há um café aqui, que fica aberto diariamente das 10 h às 22 h. A maioria dos hotéis agora possui acesso à internet, e os hotéis cinco estrelas oferecem também centros de negócios.

Guarda e Armários de Bagagem Hotéis normalmente marcam e armazenam sua bagagem enquanto você viaja para outros lugares.

Jornais e Revistas A maioria das lojas e bancas de jornal dos hotéis oferecem revistas e jornais em inglês com edição mexicana, como o *USA Today*. A *Cancún Tips* (www.cancuntips.com.mx) é uma revista de entretenimento que oferece descrições de atividades locais, mapas e informações turísticas.

Polícia Disque ✆**066** para a polícia em caso de emergência; Cancún possui uma frota de polícia turística que fala também inglês, para auxiliar turistas. Disque ✆ **998/885-2277**. A **Procuraduría Federal del Consumidor ("Profeco") – órgão de defesa do consumidor**), Av. Cobá 9-11 (✆ **998/884-2634**), fica em frente ao Hospital da Seguridade Social, em cima da farmácia Fenix. Abre de segunda a sexta-feira, das 9 h às 15 h 30 min.

Correios O *correo* principal fica no cruzamento das avenidas Sunyaxchen e Xel-Ha (✆**998/884-1418**). Abre de segunda a sexta-feira das 9 h às 16 h, e sábado das 9 h ao meio-dia, apenas para a compra de selos.

Temporadas Tecnicamente, a alta temporada vai de 15 de dezembro a abril; a baixa temporada se estende de maio a 15 de dezembro, quando os preços caem de 10 a 30%. Alguns hotéis estão começando a cobrar taxas de alta estação nos meses de junho e julho, quando mexicanos, europeus e estudantes de férias viajam bastante, embora as taxas ainda possam ser mais baixas do que na alta temporada.

Clima É quente, mas não é insuportavelmente úmido. A estação chuvosa é de maio a outubro; agosto a novembro é a temporada de furacões, que causam instabilidade climática. De novembro a fevereiro é geralmente ensolarado, mas pode também ficar nublado, com vento, um pouco de chuva, e até mesmo um pouquinho frio.

ONDE FICAR

Hotéis na ilha — quase todos eles oferecem instalações modernas e funcionários bilíngues — alinham-se na praia como peças de dominó de concreto. Extravagância é a palavra de ordem nos hotéis mais novos. Alguns hotéis, embora maravilhosos, possuem um clima mais relaxado. As águas na extremidade superior da ilha, de frente para a Bahía de Mujeres, são calmas, enquanto as praias do lado mais alongado da ilha, de frente para o Mar do Caribe, estão sujeitas a águas mais agitadas e ondas se quebrando em dias de vento (para obter mais informações sobre a segurança na água, veja "Praias, Esportes Aquáticos e Passeios de Barco", posteriormente neste capítulo). Note que quanto mais ao sul você for na ilha, mais tempo levará (entre 20 a 30 minutos no trânsito) para voltar aos "pontos de agito", que ficam principalmente entre Plaza Flamingo e Punta Cancún na ilha, e ao longo da Avenida Tulum, no continente.

Os "dominós de concreto" da Zona Hoteleira de Cancún.

Após a devastação causada pelo furacão Wilma, a notícia que mais recebeu cobertura foi a destruição das famosas praias de areia branca de Cancún. Logo após a tempestade, toda a areia foi literalmente varrida da fronteira norte de Isla Cancún e de Punta Cancún. O governo mexicano, desde então, tem tomado uma série de medidas para bombear a areia deslocada de volta à praia; a mais recente ocorreu no fim de 2009. As praias do sul de Isla Cancún, na realidade, beneficiaram-se da tempestade e agora possuem praia especialmente largas.

Quase todas as grandes cadeias hoteleiras têm imóveis na ilha de Cancún (a "Zona Hoteleira"). A realidade é que Cancún é tão popular como **destino de pacotes** nos EUA que os preços e ofertas especiais são frequentemente o fator decisivo para os consumidores, e não a lealdade à qualquer marca de um hotel. Ciudad Cancún oferece alojamentos independentes, menores e mais baratos. Para aluguéis de apartamentos, casas e *villas*, verifique com a **Cancún Hideaways** (🕾 **817/522-4466**; www.cancun-hideaways.com), uma empresa americana especializada em imóveis de luxo e apartamentos no centro — muitos a preços bem menores do que estadias em hotéis similares. A proprietária, Maggie Rodriguez, uma ex-moradora de Cancún, fez desse nicho de mercado a sua especialidade. A lista dos hotéis neste capítulo começa em Isla Cancún e termina em Ciudad Cancún (o verdadeiro centro), onde alojamentos mais baratos estão disponíveis. A não ser que seja especificado em contrário, o estacionamento é gratuito nos hotéis de Cancún.

Isla Cancún
MUITO CARO
Aqua ★★ Reerguido após ser destruído pelo furacão Wilma em 2005, o Aqua está mais uma vez no centro das atenções dos hotéis de Cancún. O ultramoderno resort, onde música estilo New Age parece surgir de cada esquina, de trás de cada palmeira e das oito piscinas tentadoras, atrai uma clientela chique, mimada por uma equipe extremamente atenciosa. O spa é excepcional, com tratamentos internos e externos que incorporam as melhores técnicas do mundo. Todos os tranquilos quartos ficam de frente para o mar, dispondo de sistemas de som i-Home, menus

Isla Cancún (Zona Hotelera)

HOSPEDAGEM
Aqua 10
Bel Air Collection Hotel
 & Spa 22
Dreams Cancún Resort
 & Spa 5
Fiesta Americana Grand
 Coral Beach 4
Flamingo Cancún 7
Hilton Cancún Golf
 & Spa Resort 21
JW Marriott 19
Le Méridien Cancún Resort
 & Spa 18
Marriott Casa Magna 20
ME 9
Ritz-Carlton Cancún 17
Riu Palace Las Américas 3
Royal 8
Temptation Resort
 & Spa Cancún 1

RESTAURANTES
Aioli 18
Casa Rolandi 2
The Club Grill 17
Elefanta 11
El Shrimp Bucket 16
Gustino 19
Harry's 14
La Destilería 12
Laguna Grill 15
La Madonna 11
Lorenzillo's 6
Puerto Madero 13
Sasi 20
Thai 11

Cidade de Cancún

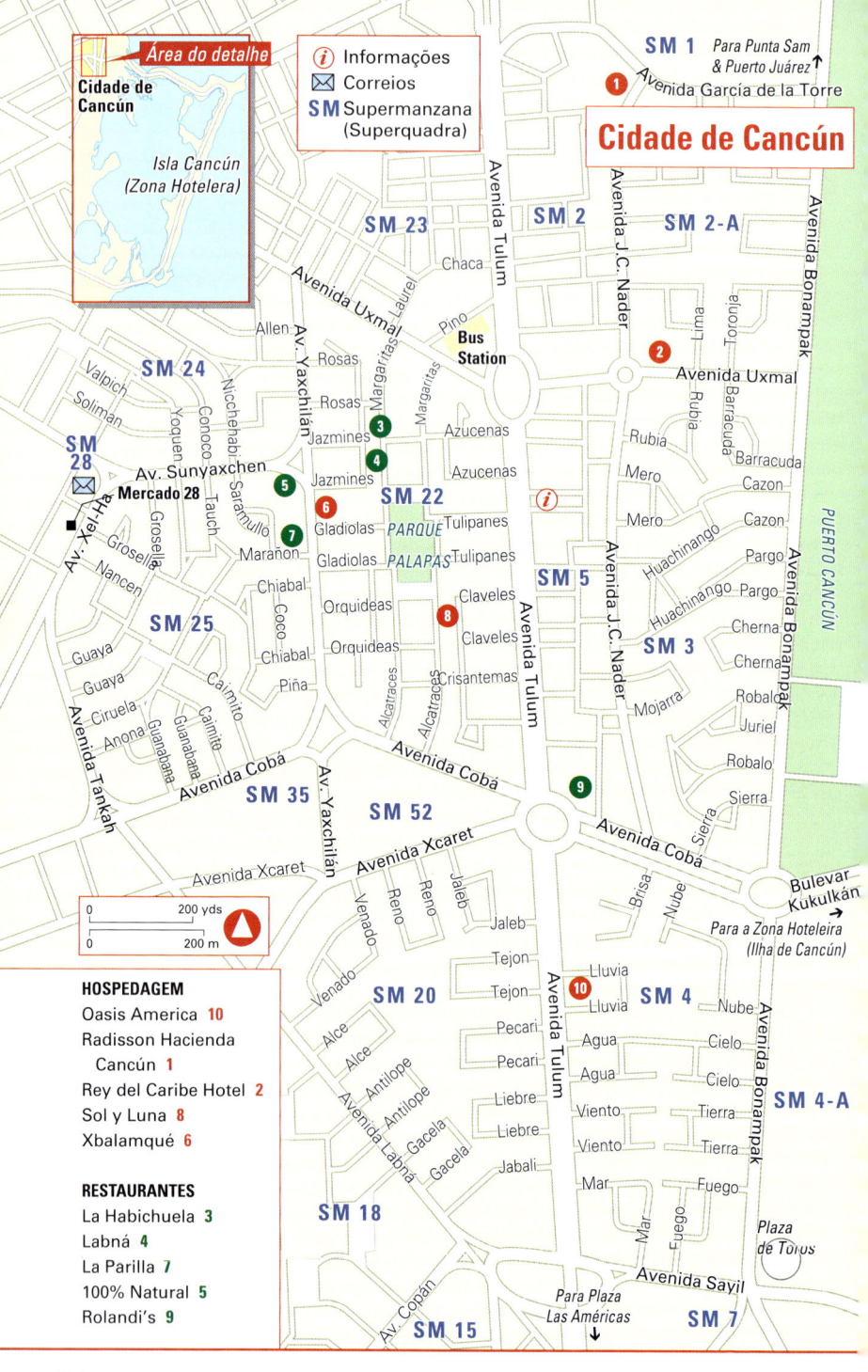

Área do detalhe
Cidade de Cancún
Isla Cancún (Zona Hotelera)

(i) Informações
✉ Correios
SM Supermanzana (Superquadra)

HOSPEDAGEM
Oasis America 10
Radisson Hacienda Cancún 1
Rey del Caribe Hotel 2
Sol y Luna 8
Xbalamqué 6

RESTAURANTES
La Habichuela 3
Labná 4
La Parilla 7
100% Natural 5
Rolandi's 9

Ruínas perto de um hotel moderno de Cancún.

de aromaterapia, além de produtos de banho e sabonetes artesanais Molton Brown. Não me lembro da última vez que dormi em uma cama tão confortável; lençóis em algodão egípcio e uma coleção luxuosa de travesseiros viscoelásticos. As únicas coisas que o convidam a sair da cama serão, provavelmente, as águas azuis-turquesa e a areia branca e brilhante do lado de fora de sua janela. Alguns dos melhores chefs do México supervisionam os restaurantes gourmet, incluindo a aclamada chef Martha Ortiz, que criou o **Siete**, cujas janelas vão do piso ao teto dando vista para o Mar do Caribe e para as piscinas do resort.

Bulevar Kukulkán Km 12,5, 77500 Cancún, Q. Roo. 📞 **800/343-7821** nos EUA, ou 998/881-7600. Fax 998/881-7635. www.feel-aqua.com. 371 quartos. Alta temporada, quarto duplo a partir de US$ 370, suíte a partir de US$ 630; baixa temporada, quarto duplo de US$ 150 a US$ 311, suíte a partir de US$ 442. AE, MC, V. **Atrativos:** 3 restaurantes gourmet; 3 bares; concierge e funcionários multilíngues; academia; 8 piscinas externas com *cabañas* luxuosas para locação; serviço de quarto; sauna; spa-butique; 2 quadras de tênis. *No quarto:* ar-condicionado, TV/DVD, i-Home, menus de aromaterapia e travesseiros, secador de cabelo, frigobar, Wi-Fi (não incluso).

Fiesta Americana Grand Coral Beach ★★★ ☺ Este magnífico resort em Punta Cancún decorado com cores de corais oferece um certo isolamento, apesar de se encontrar próximo aos principais locais de diversões da Zona Hoteleira. A maior parte do hotel foi reformada em 2009, e ele está mais magnífico do que nunca. Na frente, a praia de areia branca se transforma em águas cor de esmeralda, onde o mar é calmo e perfeito para o banho. No entanto, você pode ficar tentado a não sair das belas piscinas de vários níveis, com cascatas, chafarizes, bares molhados e um ambiente exuberante. O hotel, onde todos os quartos são suítes, é decorado com cores suaves e inclui suítes júnior com salas de estar rebaixadas, móveis com revestimento branco e banheiros em mármore, os que ficam hospedados nas suítes Grand Club têm acesso a um lounge privativo na cobertura, check-in exclusivo, café da manhã, lanches e bebidas. O serviço em todo este luxuoso hotel é cortês e atencioso, e o magnífico saguão de entrada é decorado com granito verde-escuro e flores frescas, tudo muito elegante. As atividades do Fiesta voltadas para a criançada incluem jogos, concursos e shows ininterruptos para os pequeninos, e há também atividades esportivas e sociais que duram o dia inteiro, só para os adultos.

A clientela internacional do resort inclui muitos visitantes europeus, japoneses, mexicanos e americanos. Há uma agência de viagens da American Express aqui.

Bulevar Kukulkán km 9,5, 77500 Cancún, Q. Roo. ✆ **800/343-7821** nos EUA, ou 998/881-3200. Fax 998/881-3288. www.fiestaamericanagrand.com. 602 quartos. Alta temporada, quarto duplo a partir de US$ 403, quarto duplo no andar clube a partir de US$ 571; baixa temporada, quarto duplo a partir de US$ 200, quarto duplo no nível clube a partir de US$ 350. AE, MC, V. **Atrativos:** 5 restaurantes; 4 bares; serviço de babá; clube para crianças; concierge e funcionários multilíngues; academia; piso do concierge; piscina externa com bares molhados; serviço de quarto; sauna; spa; esportes aquáticos. No quarto: ar-condicionado, TV de tela plana, i-Home, secador de cabelo, frigobar, Wi-Fi (não incluso).

Hilton Cancún Golf & Spa Resort ★★ ☺ Cheio de energia, este é um grande resort em todos os sentidos da palavra. O Hilton Cancún ocupa uma propriedade privilegiada de 100 ha à beira-mar, o que significa que todos os quartos têm vista para o mar (alguns têm tanto vista para o mar quanto para a lagoa). E há um campo de golfe de 18 buracos, par 72, do outro lado da rua. Assim como o enorme resort, os quartos são espaçosos e decorados com estilo minimalista. As *villas* Beach Club têm as acomodações mais espaçosas e mais bem localizadas, e incluem café da manhã e um coquetel à noite. É um hotel perfeito para crianças, com um dos melhores programas especiais da ilha, piscina infantil e serviço de babá. A espetacular piscina, com várias seções diferentes, estende-se até a belíssima praia. O Hilton é especialmente atraente para golfistas, pois é um dos dois únicos em Cancún com aulas no local (o outro é o Meliá). A Green fee para os hóspedes durante a alta temporada custa US$ 79 para 9 buracos e US$ 159 para 18 buracos (há descontos para baixa temporada e horários de pouca iluminação) e inclui o uso de um carrinho de golfe. O Spa dispõe de *cabañas* de massagem à beira-mar, ioga e aromaterapia. Este Hilton tem uma energia boa e um atendimento excelente.

Bulevar Kukulkán Km 17, Retorno Lacandones, 77500 Cancún, Q. Roo. ✆ **800/548-8690** nos EUA, ou 998/881-8000. Fax 998/881-8080. www.hiltoncancun.com. 426 quartos. Alta temporada, quarto duplo a partir de US$ 249, *villas* a partir de US$ 309, suítes a partir de US$ 409; baixa temporada, quarto duplo a partir de US$ 159, *villas* a partir de US$ 199, suítes a partir de US$ 279. AE, DC, MC, V. **Atrativos:** 4 restaurantes; 2 bares; serviço de babá; clube infantil; concierge; campo de golfe do outro lado da rua; aulas de golfe; 10 piscinas externas interligadas, com bar molhado; 2 piscinas com hidromassagem; serviço de quarto; spa e academia totalmente equipada; 2 quadras de tênis iluminadas; esportes aquáticos. No quarto: ar-condicionado, TV de tela plana, tocador de CD/MP3, secador de cabelo, frigobar, Wi-Fi (não incluso).

JW Marriott ★★★ Este continua sendo meu resort preferido em Cancún, um oásis sofisticado que oferece atendimento excepcional, despretensioso. Apesar de seus vários toques de elegância, o JW é amigável e até mesmo familiar, embora cada vez mais famílias se hospedem em seu vizinho mais acessível, o Marriott CasaMagna (pág.115). Da belíssima decoração em mármore e saguão repleto de flores aos

> **Como Decifrar os Preços de Hotéis**
>
> Em todas as categorias de preço, os hotéis de Cancún geralmente estabelecem suas tarifas em dólares, por isso estão imunes às variações do peso. Agentes de viagens e revendedores têm sempre pacotes aéreos com hospedagem disponíveis. Cancún também tem várias opções *all-inclusive*, que lhe permite aproveitar suas férias por um preço fixo e com tudo incluído. Observe que o preço informado no momento da reserva pode não incluir os 12% de impostos de Cancún (um imposto federal de 10% e um imposto estadual de hospedagem, de 2%). Os preços podem variar consideravelmente ao longo do ano e caíram consideravelmente durante a crise financeira global, então, vale a pena consultar um agente de viagens ou pesquisar pelos melhores preços.

luxuosos quartos com vista para o mar, o resort combina um estilo clássico e caribenho, com o atendimento caloroso, tipicamente mexicano.

Os quartos possuem requintados banheiros em mármore, com banheira e chuveiro separados, varanda privativa, TVs de tela plana, roupões e pantufas, além de serviço de limpeza duas vezes por dia. A maravilhosa piscina infinita passa por vários pontos do hotel e tem vista para o mar. Um spa espetacular de 3.252 m² inclui uma piscina interna e jacuzzi, academia de alta tecnologia e uma grande variedade de massagens, esfoliações e polimentos, tratamentos faciais e com águas medicinais. **Gustino** (pág. 120) é o excelente restaurante italiano do hotel, ao lado do lobby.

Bulevar Kukulkán Km 14,5, 77500 Cancún, Q. Roo. ✆ **800/223-6388** nos EUA, ou 998/848-9600. Fax 998/848-9601. www.jwmarriottcancun.com. 448 quartos. Alta temporada, quarto duplo a partir de US$ 449; baixa temporada, quarto duplo a partir de US$ 300. AE, DC, MC, V. **Atrativos:** 3 restaurantes; delicatessen; bar no lobby; bar na piscina; acesso ao clube infantil do Marriott CasaMagna; concierge; andar do clube com mimos especiais e drinks de cortesia; grande piscina externa; piscina de mergulho com cascatas; piscina interna; 3 piscinas de hidromassagem; serviço de quarto; sauna seca; spa completo; sauna a vapor. *No quarto:* ar-condicionado, TV de tela plana, secador de cabelo, frigobar, Wi-Fi (não incluso).

Le Méridien Cancún Resort & Spa ★★ Frequentado por europeus familiarizados com esta excelente cadeia de hotéis, o Le Méridien está entre as opções de luxo mais convidativas. O lobby elegante, com obras de arte originais, flores frescas e iluminação sutil, cria uma sensação acolhedora, que se estende por todo o hotel. Os quartos são de tamanho generoso, com pequenas varandas com vista para a piscina; devido ao projeto do hotel, eles não têm vista completa para o mar. Cada quarto tem um banheiro em mármore com banheira e chuveiro com box de vidro. O **Spa del Mar** do resort é uma das mais completas instalações de spa europeu do México, com mais de 4.570 m² de serviços dedicados ao corpo e à alma. Possui uma academia enorme, salão completo, seleção de salas de tratamento, saunas a vapor para homens e para mulheres, saunas secas, banheiras de hidromassagem e piscinas de água fria. **Aioli** (pág. 119) é um restaurante elegante e sofisticado, com acesso pelo lobby. Os funcionários do hotel oferecem um atendimento tranquilo e personalizado.

Retorno del Rey Km 14, Zona Hoteleira, 77500, Cancún, Q. Roo. ✆ **800/543-4300** nos EUA, ou 998/881-2200. Fax 998/881-2201. www.meridiencancun.com.mx. 213 quartos. Quarto duplo a partir de US$ 300, suíte a partir de US$ 400. Pergunte sobre pacotes especiais para o spa. AE, DC, MC, V. Cães pequenos são bem-vindos, mas requerem reserva. **Atrativos:** 2 restaurantes; bar; serviço de babá; programas supervisionados para crianças, com equipamento de clubinho; piscina infantil; concierge; 3 piscinas externas com cascata; piscina de hidromassagem; serviço de quarto; spa; 2 quadras oficiais de tênis iluminadas; esportes aquáticos. *No quarto:* ar-condicionado, TV de tela plana, tocador de CD, secador de cabelo, frigobar, Wi-Fi (não incluso).

Ritz-Carlton Cancún ★★★ ☺ O exclusivo Ritz-Carlton fica de frente para uma linda praia de areia branca, e ainda adicionou recentemente um considerável trecho de areia, como parte do investimento de US$ 71 milhões na recuperação das praias de Cancún. Os quartos e áreas públicas têm vista para as piscinas e praia, oferecendo uma elegância discreta, que é um marco da cadeia Ritz — pense em tapetes felpudos, lustres, flores frescas e quartos com banheiros em mármore, colchões de pena macios e roupas de cama de 400 fios. Diversos fatores enriquecem ainda mais sua estadia, incluindo um maravilhoso centro de culinária, sob a direção do aclamado Chef Executivo Rainer Zinngrebe, que oferece aulas de culinária gourmet, assim como degustação de vinho e tequila. Alguns quartos, chamados de "Itzy Bitzy Ritz Kids", especialmente projetados para os pequeninos, oferecem comodidades e conveniências para bebês. Além da colônia infantil, o Ritz oferece um programa para as crianças "dormirem fora", o que faz com que os pais possam aproveitar a noite. O Spa Kayantá baseia muitos de seus tratamentos em tradicionais rituais e terapias maias. O restaurante de frente para o mar do resort, **Casitas,** é o único restaurante à beira mar de Cancún onde você pode jantar em *cabañas* à luz de velas a preços mais atraentes. O principal restaurante do hotel, **The Club Grill**, é avaliado na seção "Onde Comer", adiante; o **Fantino** é igualmente excepcional e enfoca a cozinha mediterrânica; e o **Lobby Lounge** (pág. 135) é um espaço requintado para aproveitar a noite. O resort em si, assim como o The Grill Club e o Fantino, outro restaurante Ritz-Carlton, recebeu cinco diamantes da AAA.

Retorno del Rey 36, saindo da Bulevar Kukulkán Km 13,5, 77500 Cancún, Q. Roo. ☏ **800/241-3333** nos EUA e Canadá, ou 998/881-0808. Fax 998/881-0815. www.ritzcarlton.com. 365 quartos. De 1º de maio a 21 de dezembro, quarto duplo US$ 309 a US$ 409, andar do clube e suítes a partir de US$ 489; 21 de dezembro a 3 de janeiro, quarto duplo US$ 799 a US$ 1099, andar do clube e suítes a partir de US$ 1.679; 4 de janeiro a 30 de abril, quarto duplo US$ 549 a US$ 629, andar do clube e suítes a partir de US$ 769. Pergunte sobre golfe, spa e pacotes de fim de semana. AE, MC, V. **Atrativos:** 6 restaurantes; saguão com sushi bar; serviço de babá; Colônia Infantil; concierge; academia totalmente equipada; andares de clube; 2 piscinas externas (aquecidas no inverno); serviço de quarto; spa; centro de tênis projetado por Cliff Drysdale, com 3 quadras de tênis iluminadas. *No quarto:* ar-condicionado, TV de tela plana, tocador de CD, secador de cabelo, frigobar, Wi-Fi (não incluso).

Riu Palace Las Americas ★ ☺ O Riu Palace, com sistema *all-inclusive*, faz parte de uma família dos resorts Riu em Cancún, conhecida por seu estilo imponente. Este é o menor dos três e o mais requintado, repleto de arquitetura grega em branco-pérola. Parece mais estar situado em uma avenida de Las Vegas do que à beira-mar no Caribe, mas ninguém nunca disse que Cancún tinha um estilo coerente. A localização é privilegiada, próximo da área de compras, restaurantes e dos centros de vida noturna, e fica a apenas 5 minutos do Centro de Convenções. Todos os quartos são suítes júnior espaçosas, com vista para o mar ou para a lagoa, área de estar separada com sofá-cama ou sofá, e uma varanda ou terraço. Oito deles possuem jacuzzi. As belas piscinas centrais têm vista para o mar e para uma pequena faixa de praia. O Riu Palace oferece aos seus hóspedes praticamente 24 horas de lanches, refeições e bebidas, tudo incluído. As atividades incluem esportes aquáticos, entretenimento diurno para adultos e crianças, música ao vivo e shows durante a noite, além de acesso a outros hotéis Riu em Cancún. A opulência europeia do hotel contrasta com a informalidade da maioria de seus hóspedes norte-americanos.

Bulevar Kukulkán Km 8,5, Lote 4, 77500 Cancún, Q. Roo. ☏ **888/666-8716** nos EUA, ou 998/891-4300. Fax 998/891-4301. www.riu.com. 372 quartos. Alta temporada, quarto duplo a partir de US$ 412; baixa temporada, quarto duplo a partir de US$ 322. Os preços são *all-inclusive* e um mínimo de 2 noites pode ser exigido. AE, MC, V. **Atrativos:** 6 restaurantes; 2 bares; acesso ao campo de golf e ao centro de tênis e academia; 2 piscinas externas; serviço de quarto; spa; esportes aquáticos não motorizados, incluindo aulas introdutórias de mergulho; Wi-Fi gratuito no lobby. *No quarto:* ar-condicionado, TV, frigobar, secador de cabelo.

Royal ★★ Inaugurado no início de 2007, este hotel somente para adultos, onde todos os quartos são suítes, é o meu preferido entre os estabelecimentos *all-inclusive* de Cancún, oferecendo um nível de serviços e atrativos não encontrado em praticamente lugar algum. De piscinas infinitas deslumbrantes e uma belíssima praia, a restaurantes gourmet e um spa sofisticado, os proprietários não economizaram nos investimentos. O elegante lobby em mármore tem vista de um lado para o Caribe e do outro para a lagoa. O check-in é feito sentado e os hóspedes recebem champanhe de boas-vindas. Todas as suítes inovadoras dispõem de televisões com tocadores de CD/DVD, banheiros em mármore com duchas de luxo, jacuzzis para duas pessoas, varandas com vista para o mar e redes. As suítes master possuem acesso direto a piscinas semiprivativas de frente para a piscina do resort e para a praia; os hóspedes nas suítes de categorias mais altas têm acesso a Mini Coopers da BMW. O spa, inspirado nos maias, tem vista para o mar, sala de massagens, jacuzzi, sauna, tradicional banho de vapor *temazcal*, cachoeira para massagem e academia de última geração. Na verdade, seria difícil de acreditar na variedade de serviços, não fosse pelo preço alto que você pagará por isso. O pacote *all-inclusive* inclui refeições gourmet, bebidas premium e entretenimento noturno.

Bulevar Kukulkán Km 11,55, 77500 Cancún, Q. Roo. ✆ **800/760-0944** nos EUA, ou 998/881-7340. www.realresorts.com.mx. 288 unidades. Quarto duplo de US$ 400 a US$ 800. AE, DC, MC, V. Proibido crianças menores de 16 anos. **Atrativos:** 6 restaurantes; 8 bares; concierge; academia bem-equipada; enorme piscina externa; serviço de quarto; sauna; spa completo; sauna a vapor. *No quarto:* ar-condicionado, TV de tela plana, tocador de CD/DVD, secador de cabelo, frigobar. Wi-Fi (grátis).

CARO

Dreams Cancún Resort & Spa ☺ Administrado pelo grupo Apple Vacations, o Dreams Resort tem sistema *all-inclusive* e desfruta de um dos locais mais idílicos da ilha — são 29 ha no fim de Punta Cancún. O cenário é casual, e as crianças são bem-vindas ao hotel. Cores brilhantes e ângulos estratégicos definem o design, que agora aparenta estar um pouco obsoleto em relação aos estabelecimentos mais novos de Cancún. Escolha entre dois conjuntos de quartos: os que ficam na seção de 17 andares do clube, com vista para o mar e serviços e atrativos extras, ou os da pirâmide, com vista para a lagoa repleta de golfinhos. O conceito *all-inclusive* aqui inclui refeições, serviço de quarto 24 horas e bebidas de marcas premium, assim como a utilização de todos os atrativos, esportes aquáticos não motorizados, entretenimento de noites temáticas, e informações privilegiadas. O custo do spa é adicional. Um dos restaurantes do resort é o **Paloma Bonita,** de cozinha mexicana. Infelizmente, o atendimento do resort é inconsistente.

Bulevar Kukulkán, 77500 Punta Cancún (Apdo. Postal 14), Cancún, Q. Roo. ✆ **866/237-3267** nos EUA, ou 998/848-7000. Fax 998/848-7001. www.dreamsresorts.com. 376 quartos. Alta temporada, quarto duplo a partir de US$ 400; baixa temporada, quarto duplo a partir de US$ 285. AE, DC, MC, V. **Atrativos:** 5 restaurantes; 5 bares; serviço de babá; bicicletas; clube infantil; academia com sauna a vapor; 2 piscinas externas; lagoa privativa de água salgada, com golfinhos e peixes tropicais; quadras de tênis iluminadas; esportes aquáticos, incluindo caiaques, catamarãs, pedalinhos, equipamento de snorkel e aulas de mergulho; aulas de culinária; vôlei de praia; aulas de dança; ioga. *No quarto:* ar-condicionado, TV com tocador de CD/DVD, secador de cabelo, frigobar.

Marriott CasaMagna ★★ ☺ Este resort Marriot é perfeito. Um dos destinos mais atraentes para famílias em Cancún. Ao entrar por um semicírculo de colunas romanas, você passará por um hall de entrada em formato de cúpula, até um lobby rico em mármore, cheio de plantas e piscinas decorativas. De frente para a bela piscina e a enorme hidromassagem na beira da praia. Os quartos são decorados com móveis mexicano-caribenhos e têm varandas com vista para o mar ou para a lagoa. O Marriott atende a famílias viajantes (até duas crianças podem ficar gratuitamente com os pais), e o programa infantil supervisionado é um dos melhores de qualquer resort daqui. Por isso, o hotel nunca parece estar sobrecarregado de crianças, e casais jovens também terão uma estadia maravilhosa. Entre os muitos lugares para comer, o meu favorito é o Mikado, restaurante japonês estilo *teppanyaki* (cozinham em sua mesa). O atendimento em todo o resort é excelente.

Bulevar Kukulkán Km 14,5, 77500 Cancún, Q. Roo. ✆ **800/228-9290** nos EUA, ou 998/881-2000. Fax 998/881-2085. www.casamagnamarriott.com. 450 quartos. Quarto duplo US$ 249 a US$ 309; suíte a partir de US$ 454. Pergunte sobre pacotes. AE, MC, V. **Atrativos:** 5 restaurantes (incluindo o Sasi, pág. 124); bar no lobby com música ao vivo; serviço de babá; concierge; academia com sauna e aeróbica; piscina externa e piscina de hidromassagem; serviço de quarto; spa; 2 quadras de tênis iluminadas. *No quarto:* ar-condicionado, TV de tela plana, secador de cabelo, frigobar.

ME ★ O hotel espanhol ME, da Rede Meliá, traz para Cancún um novo nível de minimalismo chique, com um ambiente mais condizente com uma boate da moda do que com um resort de praia. Coberto por tons de bege e lilás, com mármore polido, lâmpadas ônix e obras de arte modernas, o hotel cria sua própria moda — e a clientela moderna reflete isso. O lobby moderno lembra um pouco um lounge urbano, com bares bem projetados e música para relaxar preenchendo o ambiente. Os quartos têm móveis contemporâneos distintos, TVs de plasma, tocadores de MP3 e banheiros em mármore com duchas e produtos de banho Aveda; a metade tem vista para o Mar do Caribe e a outra, para a lagoa. O superestiloso Yhi Spa, com vista para o mar, oferece hidratações e esfoliações, massagens de aromaterapia, máscaras e bandagens corporais. O restaurante Beach House fica dentro da piscina principal e se junta à praia em frente. Um defeito: o atendimento não é tão consistente quanto se espera de um resort de luxo como esse.

Bulevar Kukulkán km 12, 77500 Cancún, Q. Roo, © **877/954-8363** nos EUA, ou 998/881-2500. Fax 998/881-2501. www.mecancun.travel. 448 quartos. Quarto duplo a partir de US$ 239. AE, MC, V. **Atrativos:** 3 restaurantes; lan house; 2 bares; clube de praia; concierge; academia; andar de concierge; 3 piscinas externas; piscina de hidromassagem; spa luxuoso completo. *No quarto:* ar-condicionado, TV de tela plana, tocador de MP3, secador de cabelo, frigobar, Wi-Fi (não incluso).

MODERADO

Bel Air Collection Hotel & Spa ★ 🌶 Este moderno hotel-butique atrai os jovens bonitos e modernos — o que torna este hotel à beira-mar um lugar digno de se esperar em Miami, o que contrasta com os mega-resorts *all-inclusive* da região. Dos 156 quartos do hotel, quase metade tem vista para o mar; o resto tem vista para a lagoa e proporcionam uma vista fantástica do pôr do sol. Os quartos são modernos e espaçosos, com decoração minimalista em branco e vermelho. Há uma piscina infinita assimétrica, que parece transbordar para o mar turquesa do Caribe, com hóspedes espreguiçando-se em colchões confortáveis, ao som de música lounge ao fundo. O Collection Spa oferece uma variedade de serviços com preços moderados, incluindo uma máscara de chocolate. **Observação:** Este hotel fica a 15 minutos de carro do centro da Zona Hoteleira, e crianças menores de 12 anos não são permitidas; portanto, se você estiver à procura de privacidade e paz, este é o lugar para você.

Bulevar Kukulkán Km 20,5, 77500 Cancún, Q. Roo. © **998/193-1770.** 156 quartos. Alta temporada, quarto duplo a partir de US$ 150; baixa temporada, quarto duplo a partir de US$ 100. Planos de refeições disponíveis. AE, MC, V. Proibido crianças com 11 anos de idade ou menos. **Atrativos:** 2 restaurantes; sushi bar; 2 bares; concierge; sala de ginástica; jacuzzi; piscina infinita externa; serviço de quarto; spa; Wi-Fi gratuito no lobby. *No quarto:* ar-condicionado, TV a cabo/DVD, secador de cabelo, frigobar.

Flamingo Cancún ☺ O Flamingo, com sistema *all-inclusive*, parece ter sido inspirado na arquitetura surpreendente do Dreams Cancún, com suas inclinações, mas o Flamingo é consideravelmente menor e mais barato (os hóspedes podem optar por não fazer o pacote *all-inclusive*, que inclui três refeições e bebidas feitas no resort). Com duas piscinas e um clima casual, é também uma escolha amigável e acolhedora para famílias. O quartos claros — todos com varanda — ficam juntos de um pátio voltado para a piscina interna e o bar de *palapa* da piscina. Alguns quartos, mas não todos, foram reformados nos últimos anos. O Flamingo está localizado no coração da Zona Hoteleira da ilha, em frente ao Flamingo Shopping Center e perto de outros hotéis, centros de compras e restaurantes.

Bulevar Kukulkán Km 11, 77500 Cancún, Q. Roo. © **998/848-8870.** Fax 998/883-1029. www. flamingocancun.com. 260 quartos. Alta temporada, quarto duplo US$ 199; baixa temporada, quarto duplo US$ 112; plano *all-inclusive*, quarto duplo US$ 400 na alta temporada, quarto duplo US$ 200 na baixa temporada. AE, MC, V. **Atrativos:** 2 restaurantes; 2 bares; clube infantil; academia; 2 piscinas externas; serviço de quarto; Wi-Fi gratuito no lobby. *No quarto:* ar-condicionado, TV, secador de cabelo, frigobar.

Temptation Resort & Spa Cancún Este refúgio só para adultos (21 anos ou mais) é um espirituoso resort *all-inclusive*, preferido por aqueles que buscam bastante interação social. Apesar de não ser anunciado como tal, o hotel é muito conhecido por sua popularidade entre os praticantes de "swing". Durante o dia, a piscina é só paquera e sedução, ficando pouco convencional com brincadeiras para adultos, tais como atividades provocantes e concursos de piadas picantes. A parte de cima do biquíni é opcional nas piscinas principais. Note que topless também é permitido na praia em frente, que tem águas calmas para banho. Quando a noite chega, jantares temáticos, shows e outros entretenimentos ao vivo mantêm a festa a todo vapor. Os ambientes pequenos e levemente ultrapassados são separados em dois setores, um com ambientes calmos e outro, sensuais, com iluminação vermelha. Rodeado por hectares de jardins tropicais, este hotel de preço moderado encontra-se no extremo norte da Zona Hoteleira, perto dos principais centros de compras, restaurantes e vida noturna. Ele me lembra um cruzeiro da Carnival, porém em terra firme.

Bulevar Kukulkán Km 3,5, 77500 Cancún, Q. Roo. ☏ **877/485-8367** nos EUA, ou 998/848-7900. Fax 998/848-7994. www.temptationresort.com. 384 quartos. Alta temporada, US$ 179 por pessoa, por noite, em ocupação dupla; baixa temporada, US$ 139 por pessoa, por noite, em ocupação dupla. Os preços incluem comidas, bebidas e atividades. AE, MC, V. Os hóspedes devem ter pelo menos 21 anos de idade. **Atrativos:** 6 restaurantes; 5 bares; sala de ginástica com aulas diárias; 3 piscinas externas; 7 piscinas de hidromassagem; serviço de quarto limitado; spa; esportes aquáticos não motorizados; marina; aulas de mergulho e snorkel. *No quarto:* ar-condicionado, TV, secador de cabelo, Wi-Fi (não incluso).

Ciudad Cancún
MODERADO

Oasis America Um dos melhores hotéis do centro, o Oasis America fica na rua comercial principal, a 20 minutos de carro da Zona Hoteleira. Das duas seções do hotel, o lado "Sens" é melhor, oferecendo quartos generosamente decorados em tons suaves, camas king size, TV de tela plana, bastante espaço e banheiros com apenas chuveiros. Os quartos standard têm camas menores e móveis mais básicos. A piscina é o grande destaque do hotel, cercada por coqueiros, riachos, além de cadeiras e espreguiçadeiras. Há também um spa que oferece massagens a preços melhores do que qualquer outro spa de Cancún. O atendimento em todo o hotel é cortês, mas não é excepcional.

Av. Tulum (esquina com a Brisa), Centro, 77500 Cancún, Q. Roo. ☏ **998/848-9144** ou 848-8600. Fax 998/884-1953. www.oasishoteles.com. 177 unidades. Quartos duplos a partir de $ 1.500. AE, MC, V. **Atrativos:** 2 restaurantes; bar; academia pequena; piscina externa com área rasa separada para crianças; serviço de quarto limitado; spa; Wi-Fi gratuito no lobby. *No quarto:* ar-condicionado, TV, frigobar.

Radisson Hotel Hacienda Cancún ★ 🍴 Este é o melhor hotel no centro de Cancún e um dos melhores custo/benefício da região. O Radisson, muito adequado para negócios, oferece todos os confortos esperados da cadeia, mas se assemelha a uma *hacienda*, com a distinta hospitalidade mexicana. Os quartos cercam um lobby agradável, estilo rotunda, com um interessante bar de ônix, assim como jardins e uma piscina convidativa. Todos têm poltronas de tecido em tons coloridos; vista para o jardim, a piscina ou a rua; e uma pequena área de estar e varanda. Dá para ir andando do hotel até o centro de Cancún.

Av. Nader 1, SM2. Centro, 77500 Cancún, Q. Roo. ☏ **800/333-3333** nos EUA, ou 998/881-6500. Fax 998/684-7954. www.radissoncancun.com. 248 quartos. Quarto duplo a partir de US$ 100, suíte júnior a partir de US$ 120. AE, MC, V. **Atrativos:** restaurante; bar no lobby; academia pequena; Wi-Fi no lobby; piscina externa com bar adjacente e área rasa separada para crianças; serviço de quarto limitado; sauna; quadras de tênis iluminadas. *No quarto:* ar-condicionado, TV, secador de cabelo.

Rey del Caribe Hotel ★★ 🎁 Este hotel ecológico é um oásis único, onde todos os detalhes ajudam a criar harmonia com o meio ambiente. No jardim tropical, com orquídeas e outras plantas florescendo, você pode facilmente esquecer de que está no centro de Cancún. Os agradáveis jardins incluem estátuas de divindades maias, redes e uma piscina de ladrilhos. Há uma programação, que muda regularmente, de hatha e flow ioga, assim como aulas especiais de astrologia, tarô e outros temas. O spa local oferece tratamentos faciais e corporais. Os quartos, muitos dos quais foram reformados em 2009, são amplos e ensolarados, com uma copa e opções de uma cama king size ou duas camas de casal; alguns têm terraço. O nível de preocupação ecológica é impressionante, indo desde o aproveitamento das águas pluviais coletadas, até a compostagem de resíduos. A reciclagem é incentivada e a energia solar é usada sempre que possível.

Av. Uxmal SM 2A (esquina com a Nader), 77500 Cancún, Q. Roo. ☏ **998/884-2028.** Fax 988/884-9854. www.elreydelcaribe.com. 31 quartos. Alta temporada, quarto duplo a partir de US$ 85; baixa temporada, quarto duplo a partir de US$ 65. As tarifas incluem café da manhã. MC, V. **Atrativos:** piscina externa; jacuzzi; spa. *No quarto:* ar-condicionado, TV, copa, Wi-Fi grátis.

BARATO
Sol y Luna 💣 Este hotel simples, porém alegre, ao lado do Parque Las Palapas, tem 11 quartos decorados individualmente com pequenas varandas, e banheiros adornados com mosaico com apenas chuveiro. Uma pontezinha atravessa a pequena piscina na entrada. Venha para cá, se quiser explorar o centro da cidade e experimentar o sabor mais local de Cancún, mas não espere muito quanto ao atendimento, ou aos atrativos. O hotel situa-se acima de um bar de tapas e vinhos, após um lance de escadas.

Calle Alcatraces 33, 77500 Cancún, Q. Roo. ☏ **998/887-5579.** www.hotelsolylunacancun.com. 11 quartos. Quarto duplo de US$ 50 a US$ 70. AE, MC, V. Estacionamento na rua. **Atrativos:** restaurante/bar; piscina externa; Wi-Fi grátis. *No quarto:* ar-condicionado, TV, frigobar.

Xbalamqué ★ Criativamente projetado para se assemelhar a um templo maia, este hotel no centro possui uma única piscina com cascata, spa completo e uma autêntica cantina mexicana. À noite, há música ao vivo na livraria-café junto ao lobby. Os quartos e as dez suítes júnior dispõem de móveis rústicos, com toques regionais, azulejos coloridos e pequenos banheiros com chuveiros. Peça um quarto com vista para o pátio repleto de heras. Há um serviço de informações de passeios para ajudá-lo a planejar suas atividades de férias. O spa oferece alguns dos melhores preços de qualquer hotel em Cancún.

Av. Yaxchilán 31, Sm. 22, Mza. 18, 77500 Cancún, Q. Roo. ☏ **998/884-9690.** Fax 998/884-9690. www.xbalamque.com. 99 quartos. Quarto duplo US$ 75, suíte US$ 85. AE, MC, V. **Atrativos:** restaurante; café; cantina; bar no lobby; piscina externa; spa. *No quarto:* ar-condicionado, TV.

ONDE COMER

Mais de 300 restaurantes, abrangendo as cozinhas norte-americana, europeia e asiática, abriram em Cancún. Eles chegaram para complementar as muitas redes de franquias americanas, que dominaram por muito tempo a gastronomia de Cancún. Elas incluem o Hard Rock Café, Rainforest Café, Tony Roma's, Ruth's Chris Steak House e toda a variedade de lanchonetes de hambúrguer fast-food. Uma cadeia mexicana barata e de confiança, que serve refeições saborosas, incluindo café da manhã, é a **Vips**, em frente ao Centro de Convenções. Os estabelecimentos listados a seguir são geralmente de propriedade local, restaurantes únicos ou seleções excepcionais em hotéis da região. Muitos possuem música ao vivo. A não ser que o contrário seja informado, o estacionamento é gratuito.

Uma maneira única de combinar um jantar com a visita a pontos turísticos é à bordo do **Lobster Dinner Cruise** (☏ **998/849-4748**; www.thelobsterdinner.com). Navegando pelas tranquilas águas azuis-turquesa da lagoa, os passageiros se deliciam com carne e lagosta, acompanhados de vinho. O preço é US$ 79 por pessoa, para um cardápio que combina frutos do mar com carne vermelha. As duas partidas diárias são na Aquatours Marina (Bulevar Kukulkán 6,5). Um passeio ao pôr do sol sai às 17 h no inverno, e às 17 h 30 min no verão; e um passeio à luz do luar sai às 20 h no inverno, e às 20 h 30 min no verão. Outra opção — ainda mais animada —, de jantar lagosta é o **Captain Hook Lobster Dinner Cruise** (🕻 **998/849-4451**; www.pirateshipcancun.com), que é semelhante, mas com o atrativo adicional de um show de piratas envolvendo duas réplicas de galeões espanhóis do século XVIII, de 28 m, o que a transforma em uma escolha divertida para famílias. A opção de bife custa $1.026 por pessoa e a opção de lagosta custa $1.130 por pessoa. Ele parte às 19 h do El Embarcadero, na Playa Linda, e retorna às 22 h 30 min.

Isla Cancún
MUITO CARO

Aioli ★★ FRANCÊS O Provençal — mas certamente não provinciano — Aioli oferece especialidades gourmet requintadas das cozinhas francesa e mediterrânea, em um ambiente do interior francês, caloroso e acolhedor. Embora ofereça talvez o melhor bufê de café da manhã de Cancún (por $312), a maioria dos clientes de fora do hotel vem aqui à noite, quando a iluminação suave e o atendimento excelente proporcionam uma experiência romântica. Para começar, os medalhões de *foie gras* e figos caramelados com um molho de Brandy de cereja são a escolha óbvia. Entre os meus favoritos pratos principais estão o robalo assado com um fricassé de alcachofra e molho de creme de manjericão, e a costeleta de carneiro com molho de polenta e peito de pato grelhado. As sobremesas são irresistíveis, principalmente a especialidade da casa, o "Fifth Element", com chocolate e um delicioso molho de frutas silvestres.
No Le Méridien Cancún Resort & Spa (p.113), Retorno del Rey Km 14. 🕻 **998/881-2200**. É recomendável fazer reserva. Sandálias ou tênis não são permitidos; os homens devem usar calças compridas. Pratos principais de $324 a $540. AE, MC, V. Diariamente das 6 h 30 min às 23 h.

The Club Grill ★★★ INTERNACIONAL Sob a direção do Chef Rainer Zinngrebe, o Club Grill, com cinco diamantes, é um dos melhores restaurantes do México. Até mesmo os chefs donos de restaurantes rivais aprovam, com uma pontinha de inveja. O excelente atendimento começa ao entrar na sala de espera, com assentos elegantes e uma ótima seleção de drinks e vinhos. E continua na sala de jantar à luz de velas, com pratas e cristais impecáveis. Pratos sofisticados com cortes nobres, escargot, vieiras grelhadas, *foie gras*, trufas e pato assado, chegam em um ritmo lento e prazeroso. Não deixe de ver a estação de suflês, antes de terminar sua refeição. Há um bar de martínis ao lado, e uma banda de jazz tocando a partir das 19 h 30 min. Os hóspedes que procuram uma experiência gastronômica ainda mais rica podem se inscrever para a mesa do chef ou para uma fabulosa aula de culinária gourmet no hotel.
No Ritz Carlton Cancún (pág. 113). Retorno del Rey, 36 Bulevar Kukulkán Km 13,5. 🕻 **998/881-0808**. É necessário fazer reserva. Sandálias ou tênis não são permitidos; os homens devem usar calças compridas e camisas sociais. Pratos principais US$ 30 a US$ 46. AE, DC, MC, V. Terça a Domingo das 19 h às 23 h.

Lorenzillo's ★★ ☺ FRUTOS DO MAR Um dos favoritos de Cancún há muito tempo, este restaurante não mudou muito ao longo dos anos. A lagosta continua a ser a estrela da casa, e boa parte da graça está em selecionar o seu jantar do tanque gigante de lagosta na lagoa (o Lorenzillo's fica bem na lagoa, sob um telhado de *palapa* gigante). Um cais segue até a sala de jantar principal e um bar ao lado da plataforma recebe as pessoas que estão esperando mesa. Há um grande timão de capitão na entrada deste restaurante, que possui temas náuticos. Para começar, recomendo o *El Botin*, que consiste de dois caranguejos de casca mole empanados e fritos com perfeição. Boas opções de prato principal incluem lagosta (que vem preparada em qualquer uma das 20 maneiras diferentes), camarão recheado com queijo e embrulhado em bacon, o *Pescador* (garoupa caribenha preparada a gosto), e combinações de carne e frutos do mar. As sobremesas incluem os tentadores *crêpes* Suzette, preparados ao lado da mesa. O Lorenzillo's é tão popular com famílias quanto com casais que procuram um ar romântico ao lado da lagoa. É ligado por uma passarela ao Limoncello, o restaurante italiano à beira-mar logo ao lado.

Bulevar Kukulkán km 10,5. ✆ **998/883-1254.** www.lorenzillos.com.mx. É recomendado fazer reserva. Pratos Principais de US$ 22 a US$ 49. AE, MC, V. Aberto diariamente das 13 h à meia-noite.

CARO

Casa Rolandi ★★★ INTERNACIONAL Com treinamento em Lyon, França, a chef-proprietária Danielle Muller tomou as rédeas e refez tanto o salão quanto o menu da Casa Rolandi. Personalidades famosas, de atores internacionais a presidentes mexicanos, já jantaram aqui ao longo dos anos, e a Casa Rolandi continua sendo uma das melhores opções de Cancún. Entre as seleções artisticamente apresentadas está o ravioli caseiro recheado com cogumelos selvagens, sobre um cremoso molho de trufas de Alba, tagliolini de frutos do mar fresco coberto com tinta de lula, pargo ou robalo assado no sal, e filé de costela de 510 gramas, servido bem quente. Termine com o sublime tiramisu acompanhado por Kalhua e café. Menus internacionais especiais são oferecidos todos os meses. O atendimento continua personalizado e amigável, e um lounge sofisticado para charuto e vinho, chamado de **Very Wine**, foi adicionado no andar de cima (pág. 135).

Bulevar Kukulkán km 8,5, no Plaza Caracol. ✆ **998/883-2557.** www.rolandi.com. É recomendado fazer reserva. Pratos principais de $182 a $385. AE, MC, V. Aberto diariamente das 13 h às 23 h 30 min.

Elefanta ★★ INDIANO Inaugurado em abril de 2009 como um restaurante parceiro do Thai (pág. 124), o Elefanta é a opção mais moderna a entrar no cenário gastronômico de Cancún. O espaço exótico à beira-mar tem duas cozinhas abertas, supervisionadas por um chef indiano; uma cozinha para *tandoori* e a outra para curries. A culinária concentra-se em pratos de peixe, camarão, frango e ainda várias opções vegetarianas. Os pratos podem ser pedidos em tamanho normal ou meia porção, sendo perfeitos para compartilhar com amigos ou familiares. A música relaxante do Elefanta é coordenada com a do Thai, ao lado, e um DJ aqui oferece misturas quentes nos noites de quinta a sábado. Se você estiver a fim de um drink, experimente um dos 30 exóticos martínis.

La Isla Shopping Center, Bulevar Kukulkán 125. ✆ **998/176-8070.** É recomendado fazer reserva durante a alta temporada. Pratos principais de $200 a $400. AE, MC, V. Aberto diariamente das 16 h às 23 h 30 min.

Gustino ★★★ ITALIANO O restaurante Gustino, que é a marca registrada do JW Marriott, oferece jantares italianos românticos insuperáveis em Cancún. A requintada sala de jantar inclui um lindo adorno central com velas, janelas que vão do piso ao teto, com vista para uma tranquila lagoa artificial e para a praia mais adiante, e saxofone ao vivo. Para o antepasto, recomendo o nada convencional carpaccio de pera com nuggets de parmesão e uvas carameladas, ou o camarão ao molho de vinho branco, com alcaparras e crouton de aipo assado. A salada de espinafre quente é uma das melhores que eu já provei, coberta com *pancetta*, cogumelos, tomates secos e nozes. Os pratos principais preparados pelos experts incluem lasanha aberta com lagosta e azeitonas pretas e lombo de carne de veado assado, com um croquete de batata recheado. O cardápio, que muda sazonalmente, apresenta outras massas caseiras e bifes suculentos, além de seleções de frutos do mar. O Gustino tem uma adega de vinhos com uma excelente variedade de uvas internacionais. O atendimento é excelente.

No JW Marriott (pág. 114). Bulevar Kukulkán Km 14.5. ✆ **998/848-9600.** www.jwmarriottrestaurants.com. É necessário fazer reserva. Pratos principais de $195 a $585. AE, DC, MC, V. Aberto diariamente das 18 h às 23 h.

Harry's ★★ CARNE Situado junto à Lagoa Nichupté, esta churrascaria e bar com crustáceos vivos é uma ótima adição à gastronomia de Cancún. A sala de jantar e o terraço à beira-mar combinam pedras e madeiras locais com mármore laranja queimado e grandes áreas de vidro para criar um ambiente chique, no estilo californiano. Os garçons são atenciosos e levam à mesa uma tentadora seleção de diferentes cortes de carne bovina, assim como uma apresentação de crustáceos vivos. Os contrafilés, filés de costela e outros cortes de carne são grelhados em forno a 1.000°C, enquanto os peixes e frutos do mar são grelhados em uma *parilla*. Os pratos são servidos a la carte, e a comida é preparada com atenção especial aos detalhes. Não espere por um cardápio infantil aqui: até mesmo o hambúrguer de carne bovina Kobe é tão grande que poderia alimentar uma família. Uma seleção excelente de vinhos internacionais e mexicanos acompanha o cardápio.

Bulevar Kukulkán km 14,2. ℂ **998/840-6550.** www.harrys.com.mx. É recomendável fazer reserva. Pratos principais de $300 a $1.250. AE, MC, V. Aberto diariamente das 13 h à 1 h.

Laguna Grill ★★ VARIADO O Laguna Grill oferece aos clientes uma experiência gastronômica contemporânea em um cenário pitoresco, com vista para a lagoa. Um jardim tropical o receberá na entrada, enquanto um pequeno riacho atravessa a sala de jantar coberta por uma *palapa*, com mesas feitas de troncos de árvores tropicais. Mesmo com uma decoração mágica, a verdadeira estrela aqui é a cozinha, com sua seleção de culinária internacional contemporânea, misturada a sabores regionais. As entradas incluem um leve creme de lagosta ou o martíni *gyoza* (bolinhos cozidos) recheados com camarão e legumes. Peixes e frutos do mar dominam o cardápio. Camarão grelhado vem marinado em rum, hortelã e limão; pratos de frutos do mar com carne vermelha podem incluir lagosta grelhada, carne de boi e espetinhos de camarão. Para os apreciadores de carne, o filé de costela servido com purê de batatas e azeitonas pretas é excelente. Para a sobremesa, recomendo o *crème brûlée*, servido com um toque de Bailey's. Se gosta de jantar cedo, peça uma mesa no deck externo para uma vista espetacular do pôr do sol. Uma impressionante seleção de vinhos está à disposição.

Bulevar Kukulkán km 16,5. ℂ **998/885-0320.** www.lagunagrill.com.mx. É recomendável fazer reserva. Pratos principais de $150 a $400. AE, MC, V. Aberto diariamente das 17 h à 23 h.

La Madonna ★ SUÍÇO/ITALIANO Este restaurante-bar com arquitetura deslumbrante surge de forma inesperada no centro de compras de La Isla, como um palco da Renascença italiana, ao longo do canal. No interior, a sala de jantar se assemelha a um dos místicos Buddha Bar internacionais, com uma réplica enorme de um quadro da Mona Lisa olhando para a clientela deslumbrada. La Madonna oferece autênticas cozinhas italiana e suíça, incluindo massas, peixes grelhados, carnes e fondues. Entre os melhores pratos principais está a costeleta de vitela empanada com mussarela fresca, molho de tomate e queijo parmesão, sobre uma massa caseira feita a base de manjericão. Para a sobremesa, peça morangos flambados junto à mesa. Muitas pessoas também vêm apenas para sobremesa e bebidas (pág. 135).

La Isla Shopping Center, Bulevar Kukulkán 12,5. ℂ **998/883-2222.** É recomendável fazer reserva. Pratos principais de $150 a $800. AE, MC, V. Aberto diariamente das 12 h à 1 h.

Puerto Madero ★★ ARGENTINO/CARNES/FRUTOS DO MAR Um tributo ao famoso Puerto Madero de Buenos Aires, este restaurante da moda ganhou uma rápida reputação por suas carnes e peixes, assim como por seu ambiente vibrante. Com vista para a Lagoa Nichupté, a decoração recria um armazém de píer do século XX, semelhante ao que você encontraria no verdadeiro Puerto Madero, com madeiras escuras, tijolos aparentes e tubulações à vista. Esta churrascaria oferece uma ampla seleção de cortes de carne, massas, peixes grelhados, mariscos e crustáceos de primeiríssima qualidade, meticulosamente preparados com muito *gusto* argentino. Além do clássico carpaccio, o tartar de atum e o filé de alabote estão entre os favoritos, mas os verdadeiros destaques aqui são as suculentas carnes grelhadas (especialmente o filé de costela), servidas em porções generosas. Desfrute de um drink ou uma taça de vinho da extensa seleção, enquanto assiste ao pôr do sol no deck, ao lado da lagoa. O atendimento é excelente e o restaurante fica aberto até mais tarde.

Marina Barracuda, Bulevar Kukulkán Km 14. ✆ **998/885-2829, 885-2830.** www.puertomaderorestaurantes.com. É recomendável fazer reserva. Pratos principais de $170 a $630. AE, MC, V. Aberto diariamente das 13 h à 1 h.

Sasi ★★ TAILANDÊS Um dos dois restaurantes tailandeses de destaque em Cancún, sendo o mais "família" dos dois, o Sasi brilha sob uma série de *palapas*, iluminado por sutis lâmpadas de ônix. Para começar, recomendo o Sasi Sampler, que vem com uma seleção de camarão, carne de porco, carne bovina e bolinhos de frango, servidos em uma cesta de *Domburi*. Excelentes pratos principais incluem pratos de arroz frito com frango ou camarão, duas versões de Phad Thai e uma variedade de curries, preparados com ervas torradas e arroz de jasmim. Aqueles que buscam opções condimentadas acertarão ao escolher a sopa de camarão Tom Yang Goong ou o curry verde de frango e camarão. Os pratos são cuidadosamente preparados e artisticamente apresentados, e o *bartender* faz uma das melhores misturas de martínis que encontrei na cidade. Os atendentes são mexicanos, e o atendimento tão gracioso quanto na Tailândia.

No Marriott CasaMagna (pág. 115), Bulevar Kukulkán Km 145. ✆ **998/881-2092.** É recomendável fazer reserva. Pratos principais de $140 a $240. AE, MC, V. Aberto diariamente das 17 h 30 min às 23 h.

Thai ★★★ 📷 TAILANDÊS Este restaurante e lounge sensual parece estar no sudeste da Ásia e não ao lado de um centro comercial mexicano. O cenário deslumbrante ao ar livre inclui folhagem espessa e bambu, com *palapas* privativas (barracas ao ar livre, cada uma com sua própria mesa, sofá, e velas) construídas como pequenas ilhas ao longo da grande lagoa. Atendimento discreto, iluminação vermelha e azul suave e música asiática relaxante contribuem para o ambiente chique. Especialidades tailandesas clássicas, como a sopa de camarão picante com capim-limão e cogumelos; salada de macarrão de arroz; frango satay; curries e salteados de frango e camarão são servidos juntamente com drinks exóticos para a bela clientela. Um DJ se apresenta no elegante salão nos fins de semana. O Thai abre ao entardecer.

La Isla Shopping Center, Bulevar Kukulkán Km 12,5. ✆ **998/176-0070.** É recomendável fazer reserva durante a alta temporada. Pratos principais de $200 a $395. AE, MC, V. Aberto diariamente das 18 h à 1 h.

MODERADO

El Shrimp Bucket ☺ FRUTOS DO MAR Este restaurante festivo e familiar, situado às margens da lagoa, tem uma vasta seleção de camarões "carnudos, s e macios" para todos os gostos: com casca, à milanesa, empanado na cerveja, cozido no coco, grelhado e até mesmo assado com bacon. A cozinha só serve camarões selvagens capturados no litoral mexicano do Pacífico, que são extremamente ricos em sabor. O cardápio oferece seleções de peixes e frutos do mar, incluindo ceviches, tacos de peixe, massas de frutos do mar e sanduíches. O restaurante casual tem um divertido parque infantil, que aconselha as crianças a "ficar de olho em seus pais". As áreas internas e externas são decoradas com redes de pesca, baldes de camarão e outros enfeites náuticos. A música ambiente é a salsa, e os atendentes são tão alegres quanto o ambiente.

Bulevar Kukulkán km 15. ✆ **998/840-6466.** www.shrimpbucket.com. Pratos principais de $100 a $300. AE, MC, V. Aberto diariamente do meio-dia à meia-noite.

La Destilería MEXICANO Este é o lugar para aproveitar o produto de exportação favorito do México, em um terraço encantador com vista para a lagoa (fique atento para ver Tequila, o crocodilo da lagoa, que muitas vezes vem visitar). Reformado em 2009, La Destilería é mais do que um restaurante inspirado em tequilas; é um mini- museu em homenagem ao "espírito" do México. Serve mais de 150 marcas de tequila, incluindo alguns tesouros que nunca conseguem cruzar as fronteiras do país. Um tour de tequila é oferecido diariamente às 16 h 30 min, e os clientes podem pedir "amostras" de tequila em suas mesas. Não é surpresa que as margaritas também estejam entre as melhores da ilha. Se resolver pedir comida para acompanhar sua tequila, verá um cardápio mexicano criativo e completo, desde quesadillas com flor de abobrinha, queijo e pimenta poblano até fajitas de carne *arrachera* servidas em uma panela quente com *nopales* (cactos) torrados, salsicha mexicana e abacate.

Bulevar Kukulkán km 12,65, do outro lado da rua do Plaza Kukulkán. ⓒ **998/885-1086,** 885-1087. www.ladestileria.com.mx. Pratos principais de $150 a $470. AE, MC, V. Aberto diariamente das 13 h à meia-noite.

Ciudad Cancún

CARO

La Habichuela ★★ 📷 FRUTOS DO MAR Em um jardim com ares musicais decorado com árvores de hibisco iluminadas, este restaurante um dos favoritos há muito tempo, e possui um dos ambientes mais elegantes do centro. Para uma aventura culinária inesquecível, peça a sopa de creme de *habichuela* (vagem); camarão gigante com várias opções de molhos, incluindo tamarindo jamaicano, tequila ou gengibre e cogumelos; e um exótico café maia, preparado junto à mesa, com Xtabentun (um licor forte e doce, com anis). Os frutos do mar e carnes grelhados são excelentes, e o cardápio inclui pratos com ceviches deliciosos, lagostas do Caribe, um criativo "desfile" de frutos do mar e shish kabob flambado com camarão e lagosta, ou carne. Para uma experiência divina, experimente o *cocobichuela,* lagosta e camarão no curry doce, servidos em uma casca de coco com arroz e coberto com frutas. Termine com um dos "calibrados" crepes caramelados. La Habichuela tem agora uma segunda filial na Zona Hoteleira, chamada **La Habichuela Sunset**, que possui janelas enormes com vista para a lagoa, localizada perto do La Isla Shopping Center. Fica aberto diariamente do meio-dia à meia-noite.

Margaritas 25. ⓒ **998/884-3158.** (La Habichuela Sunset na Bulevar Kukulkán Km 126. ⓒ **998/840-6280**). www.lahabichuela.com. É recomendável fazer reserva na alta temporada. Pratos principais de $157 a $396. AE, MC, V. Aberto diariamente do meio-dia à meia-noite.

MODERADO

Labná ★★ IUCATEQUE Uma refeição no Labná é como uma viagem muito especial a uma casa iucateque, um lugar que serve comida maia deliciosa e o trata como um amigo. As especialidades incluem uma sopa de limão sublime, o *poc chuc* (porco assado marinado), frango ou *pibil* de porco (molho barbecue doce e picante, servido sobre uma carne desfiada envolta em folhas de bananeira), e aperitivos como o *papadzules* (tortillas recheadas com ovos cozidos em um molho de semente de abóbora). A especialidade do Labná é uma degustação de quatro pratos principais, tipicamente iucateques, incluindo o *poc chuc*; outra especialidade da casa é o leitão assado, servido com guacamole. A bebida iucateque refrescante *agua de chaya* — uma mistura de água adoçada com folha da planta *chaya*, abundante na região, que pode ser acrescida de licor doce Xtabentun (um tipo de anis) para um "grau" a mais — também é servida aqui. A sala de jantar com teto abobadado é decorada com um mural de um cenário iucateque pré-colombiano, assim como com fotografias em preto e branco de Mérida, a capital do Yucatán, que datam a partir de 1900. Um trio local toca nos fins de semana das 15 h às 17 h.

Margaritas 29, perto da igreja Cristo Rey e do restaurante Habichuela. ✆ **998/892-3056.** www.labna.com. É recomendado fazer reserva. Pratos principais de $78 a $198. AE, MC, V. Aberto diariamente do meio-dia às 22 h.

La Parilla ★★ MEXICANO Um estabelecimento no centro, o La Parilla é uma celebração ao folclore mexicano, com uma sala de jantar colorida ao ar livre, música Mariachi todas as noites, além de um menu rico que promete uma comida excelente. Há pratos autênticos diretos da horta, da panela e do Mar do Caribe, assim como especialidades mexicanas, como a enchilada *mole* ou a carne asteca grelhada embrulhados em folhas de cacto e recheados com cebola. Há também tacos de todos os tipos, suntuosas carnes e frutos do mar grelhados, e delícias maias, como o lombo de porco "poc-chuc". Este é o lugar para comer, beber e ficar alegre. Doses de tequila estão disponíveis para aqueles que queiram se arriscar a ficar de ressaca na manhã seguinte. Um defeito: há ventiladores, mas não há ar-condicionado, por isso, tome uma ducha fria antes de vir para cá em noites quentes e úmidas. Av. Yaxchilán 51. ✆ **998/287-8118.** www.laparilla.com.mx. Não aceita reservas. Pratos principais de $150 a $350. AE, MC, V. Aberto diariamente do meio-dia às 2 h.

BARATO

100% Natural ★ CAFÉ DA MANHÃ/ COMIDA SAUDÁVEL Se quiser fazer uma alimentação saudável depois de uma noite de exageros, ou porque simplesmente gosta de refeições frescas e naturais, este é o seu oásis. Independentemente de sua preferência, é quase uma obrigação experimentar uma tradição mexicana, o *licuado* de frutas frescas. Estas vitaminas tropicais combinam frutas frescas, gelo e água ou leite. Combinações mais criativas podem incluir iogurte, granola ou outras gulodices. O 100% Natural oferece mais do que bebidas de qualidade; há uma grande seleção de pratos mexicanos saudáveis e excelentes sanduíches no pão integral, com opções para vegetarianos. O café da manhã é delicioso, e a padaria anexa oferece alimentos assados totalmente naturais, como croissants de chocolate e bolinhos de canela e maçã. Existem várias filiais do 100% Natural na cidade, incluindo as da Praia Chac-Mool, em frente ao Señor Frog's, além da filial do centro. Av. Sunyaxchen 63. ✆ **998/884-0102.** www.100natural.com.mx. Não aceita reservas. Pratos principais de $50 a $184. AE, MC, V. Aberto diariamente das 7 h às 23 h.

Rolandi's ☺ ITALIANO Neste bar, restaurante e pizzaria em um pátio sombroso, conhecido por suas saborosas delícias italianas, você pode escolher entre uma seleção sedutora de espaguetes, calzones, frango e carnes ao estilo italiano, assim como entre quase duas dúzias de deliciosas, porém oleosas, pizzas ao forno a lenha (tamanho individual). Por que não experimentar a deliciosamente picante "Fiesta Mexicana", uma pizza com tomate, queijo, calabresa mexicana e jalapeños, ou a "Pizza del Patrone", com presunto e rúcula? Fundado em Cancún em 1979, o Rolandi's possui filiais em Cozumel e Isla Mujeres (veja o Capítulo 6). É tão popular entre os locais quanto entre os turistas. Av. Cobá 12, ✆ **998/884-4047.** Fax 998/884-4047. www.rolandi.com. É recomendável fazer reserva. Massa de $90 a $120; pizza e pratos principais de $70 a $140. AE, MC, V. Aberto diariamente das 12 h 30 min a 0 h 30 min.

PRAIAS, ESPORTES AQUÁTICOS E PASSEIOS DE BARCO

AS PRAIAS Cancún adicionou recentemente trechos significativos de areia às suas praias, como parte de um projeto de US$ 71 milhões para recuperação das praias, combatendo a erosão de areia causada por diversas tempestades nos últimos anos. Os grandes hotéis dominam os melhores trechos de praia. Assim como no Brasil, todas as praias do México são de propriedade pública. Dessa forma, você pode usar a praia de qualquer hotel, atravessando o lobby ou indo diretamente para a areia. Tenha muito cuidado nas praias viradas para o leste, de frente para o Caribe, onde a correnteza pode ser bastante forte.

Velejando pela costa de Cancún.

Em contrapartida, as águas da **Bahía de Mujeres**, no extremo norte da ilha, são normalmente calmas e ideais para banho. Familiarize-se com o sistema de avaliação do mar de Cancún e verifique a bandeira em cada praia ou hotel antes de entrar na água. É assim que funciona:

Branco Excelente

Verde Condições normais (seguro)

Amarelo Instável, incerto (tenha cuidado)

Preto ou **vermelho** Perigoso — vá para a piscina ao invés do mar!

No Caribe, tempestades podem chegar de repente, e as condições podem mudar de seguro para perigoso em questão de minutos; portanto fique alerta: se vir nuvens escuras vindo em sua direção, vá para a areia e espere que a tempestade passe.

Playa Tortuga (Praia da Tartaruga), Playa Langosta (Praia da Lagosta), Playa Linda e Playa Las Perlas (Praia das Pérolas) são algumas das praias públicas. Na maioria das praias, é possível alugar uma prancha de windsurf e fazer aulas, praticar parasail ou diversos outros esportes aquáticos. Há um pequeno,

Aprenda a mergulhar nas águas claras e vibrantes de Cancún.

Praticantes de snorkel procurando vida marinha no litoral de Cancún.

mas belíssimo, trecho de praia pública na Playa Caracol, perto do Terminal de Xcaret. Fica de frente para as águas calmas da Bahía de Mujeres e, por isso, é melhor do que as que ficam de frente para o Caribe.

ESPORTES AQUÁTICOS Muitos hotéis à beira-mar oferecem esportes aquáticos e alugam botes, caiaques e equipamentos de snorkel. Na tranquila lagoa Nichupté, pode-se alugar **veleiros, jet skis, pranchas de windsurf** e **esquis aquáticos.** Os preços variam e muitas vezes são negociáveis, portanto pesquise.

PESCA EM ALTO MAR Você pode agendar uma pesca em alto mar em grupo ou particular, em um dos muito píeres ou agências de viagens. Os preços variam muito, dependendo da duração da excursão (normalmente há um mínimo de quatro horas), número de pessoas e a qualidade do barco. As marinas, às vezes, ajudam a montar grupos. As viagens incluem um capitão, um imediato, iscas, equipamentos e bebidas. Os preços são mais baixos se você partir de Isla Mujeres ou Cozumel — e, na verdade, a pesca é melhor mais perto desses pontos de partida. **Lagoonview Marina & Fishing Club (© 998/845-0749)**, localizado na Bulevar Kukulkán Km 13,5, aluga lanchas Welcraft (máximo de 6 pessoas) de 9,6 m (32 pés), a US$ 450 por quatro horas, US$ 675 por seis horas e US$ 795 por oito horas.

MERGULHOS E SNORKEL Conhecido por seus arrecifes rasos, cores deslumbrantes e diversidade marinha, Cancún é um dos melhores lugares do mundo para começar a praticar mergulho submarino. Punta Nizuc é a extremidade norte da **Gran Arrecife Maya** (**Grande Arrecife Mesoamericano**), o maior arrecife do Ocidente e um dos maiores do mundo. Além da vida marinha deste sistema de arrecifes, vários naufrágios adicionam uma variedade de opções de mergulho. Na terra firme, diversas cavernas e cenotes (nascentes) são locais fascinantes para os mergulhadores mais experientes. O mergulho com correnteza é a regra aqui, com mergulhos populares nos arrecifes de **El Garrafón** e a **Caverna dos Tubarões Adormecidos** —, mas saiba que os famosos "tubarões adormecidos" já partiram, expulsos pelo excesso de gente assistindo-os dormir.

Vários hotéis oferecem cursos nos resorts, que ensinam as noções básicas de mergulho, o que é suficiente para fazer mergulhos em águas rasas e, aos poucos, facilitar a sua descoberta deste mundo de beleza inimaginável. Uma das operadoras de mergulho preferidas é a **Scuba Cancún**, Bulevar Kukulkán Km 5 (© **998/849-4736**; www.scubacancun.com.mx), à beira da lagoa. A certificação PADI para mar aberto leva três dias e custa US$ 410. Um curso em um resort, com duração de meio dia, incluindo teoria, treinamento na piscina e um mergulho com um tanque em um arrecife custa US$ 88. Para mergulhadores com certificado, a Scuba Cancún também oferece cursos de especialização PADI e saídas de mergulho, com tempo bom, para 18 arrecifes próximos, assim como para cenotes (9 m) e Cozumel. A profundidade média de mergulhos é de cerca de 11 m, enquanto mergulhadores experientes descem mais (até 18 m).

Mergulhos de dois tanques nos arrecifes perto do litoral de Cancún custam US$ 68, enquanto mergulhos de um tanque custam US$ 54; em destinos mais distantes, custam US$ 140. Se trouxer seu próprio equipamento, tem desconto. Os mergulhos normalmente começam por volta das 9 h 30 min e retornam até às 13 h 30 min. Passeios de snorkel custam US$ 29 e partem diariamente às 13 h 30 min e 16 h para arrecifes rasos, que ficam a cerca de 20 minutos de barco.

A maior operadora de mergulho é a **Aquaworld**, em frente ao Meliá Cancún no Bulevar Kukulkán Km 5,2 (ⓒ **998/848-8300**; www.aquaworld.com.mx). Ela oferece cursos em resorts e mergulhos em uma barreira de arrecifes, assim como snorkel, parasailing, passeios de jet-ski "na selva", pescaria, passeios de um dia para Isla Mujeres e Cozumel, além de outros esportes aquáticos. Mergulhos de um tanque custam US$ 65; mergulhos de dois tanques US$ 75. A Aquaworld possui o **Sub See Explorer**, um barco com janelas abaixo da superfície para tirar fotos. A embarcação não submerge — é uma versão atualizada de um barco com fundo de vidro —, mas oferece aos não mergulhadores uma bela olhada na vida submarina. Custa US$ 40 por pessoa.

Outra opção interessante é a **BOB Submarines** (ⓒ **998/849-7284**), localizada no El Embarcadero, próximo a Playa Linda, que aluga bolhas submarinas de observação (BOBs). Estes minissubmarinos individuais permitem que você descubra o Mar do Caribe com uma grande bolha de ar sobre sua cabeça, e funcionam como uma scooter. Os passeios incluem instrução, refrigerantes e um mergulho assistido de 30 minutos. Custa US$ 80 por pessoa e a idade mínima é 12 anos, com partidas às 09 h, 11 h 30 min e 14 h.

Além da prática de snorkel no **Parque Natural El Garrafón** (veja "Passeios de Barco", adiante), agências de viagens oferecem um passeio de um dia inteiro para o habitat natural de **Isla Contoy**, que normalmente inclui tempo para snorkel. A ilha, 90 minutos depois de Isla Mujeres, é uma importante área de nidificação de aves e um presente para os amantes da natureza. Você pode ligar para qualquer agência de viagens ou ir a qualquer balcão turístico nos hotéis para obter uma seleção de passeios de barco para Isla Contoy. Os preços variam de US$ 50 a US$ 80, dependendo da duração da viagem, e geralmente incluem bebidas e equipamento de mergulho.

O Grande Arrecife Mesoamericano também oferece excelentes oportunidades de mergulho. Em Puerto Morelos, 37 km (pág. 126) ao sul de Cancún, os arrecifes cercam o litoral por 15 km. O arrecife fica tão perto do litoral (cerca de 460 m) que forma uma barreira natural para a vila e mantém as águas tranquilas em seu interior. A água aqui é rasa, de 1,5 m a 9 m, resultando condições ideais para o mergulho. Regulamentações ambientais rigorosas implementadas pela comunidade local mantiveram o arrecife daqui intacto. Apenas um seleto grupo de empresas está autorizado a oferecer passeios de snorkel, e elas devem obedecer às orientações que garantem a conservação do arrecife.

Um pássaro fragata na Isla Contoy.

A **Cancún Mermaid** (✆ 998/843-6517; www.cancunmermaid.com), em Puerto Morelos, é considerada a melhor — é uma empresa de ecoturismo familiar que atua na região desde os anos 1970. É famosa pelo seu serviço altamente personalizado. O passeio normalmente leva praticantes de snorkel para duas seções do arrecife, ficando cerca de uma hora em cada área. Quando o tempo permite, o barco deixa os mergulhadores e depois os acompanha, com a correnteza — uma atividade conhecida como "drift snorkeling" (snorkel com correnteza), que permite que os praticantes vejam o máximo possível do arrecife. A viagem custa US$ 50 para adultos, US$ 35 para crianças, e inclui barco, snorkel, coletes salva-vidas, um almoço leve, água mineral, refrigerantes e cerveja, além do transporte de ida e volta dos hotéis de Cancún até Puerto Morelos. As partidas são de segunda a sábado, às 9 h. Para praticantes de snorkel que sempre querem mais, o passeio combo de US$ 30 acrescenta um passeio de bicicleta para destinos adicionais de snorkel. É preciso fazer reserva com pelo menos um dia de antecedência; MasterCard e Visa são aceitos.

PASSEIOS DE JET-SKI /LANCHA Várias empresas oferecem o excitante **Jungle Cruise** (passeio de barco pela selva), no qual você pilota sua própria *lancha* ou WaveRunner com velocidade pelos estuários de lagoa e manguezais de Cancún, em direção ao Mar do Caribe e a um arrecife raso. O passeio dura cerca de duas horas e custa de US$ 60 a US$ 70, incluindo o equipamento de snorkel. Muitas pessoas preferem as empresas que oferecem lanchas para duas pessoas, ao invés dos WaveRunners, pois podem sentar um do lado do outro ao invés de um atrás do outro.

Os operadores e os nomes desses passeios mudam frequentemente. Para descobrir qual está disponível, consulte um agente de viagens local, ou o balcão turístico do hotel. O famoso **Aquaworld**, Bulevar Kukulkán Km 15,2 (✆ **998/848-8300**), chama seu passeio de *Jungle Tour* e cobra US$ 66 para o passeio de duas horas e meia, que inclui 30 minutos de snorkel. Você até ganha um snorkel, e seus assentos são no estilo WaveRunner, um atrás do outro. As partidas são diárias, às 9 h, ao meio-dia e às 14 h 30 min. Se preferir se sentar ao lado do companheiro de aventura, para poder conversar ou ao menos se ver, tente a **Blue Ray**, Bulevar Kukulkán km 13,5, próxima ao Mambo Café (✆ **998/885-1108**), que cobra US$55, com partidas de hora em hora entre 9 h e 15 h. Prepare-se para se molhar e use bastante protetor solar. Se você só quiser alugar um WaveRunner, o Aquaworld os oferece por US$ 45 por meia hora.

Passeios de Barco

ISLA MUJERES Esta ilha, a apenas 13 km do continente, é um dos passeios mais agradáveis de Cancún. Em uma ponta fica o **Parque Nacional El Garrafón**, que é bom para snorkel. Na outra ponta fica uma vila cativante, com pequenas lojas, restaurantes e hotéis, além da **Playa Norte**, a melhor praia da ilha. Se você quiser relaxar e tiver tempo, vale a pena passar vários dias aqui. Para obter informações completas sobre a ilha, veja o Capítulo 6.

Há quatro formas de se chegar lá: **balsa pública** saindo de Puerto Juárez, que leva de 15 a 20 minutos; **barco de transporte** de Playa Linda ou Playa Tortuga, cerca de uma hora de duração, com serviço não regular; **táxi aquático** (mais caro, mas mais rápido), ao lado do Terminal Xcaret; e **passeios de barco de recreio** que duram o dia todo e partem, em sua maioria, do píer de Playa Linda.

As **balsas públicas** ★ de Puerto Juárez são baratas e rápidas e ficam a poucos quilômetros do centro de Cancún. Da Cidade de Cancún, pegue o ônibus Ruta 8 na Avenida Tulum para Puerto Juárez. Os barcos climatizados

Ultramar (📞 998/843-2011; www.granpuerto.com.mx) custam $70 por pessoa, em cada sentido, e levam de 15 a 20 minutos. Partem a cada meia hora, das 5 h às 20 h 30 min, e depois às 21 h 30 min, 22 h 30 min e 23 h 30 min. Ao chegar, a balsa atraca no centro de Isla Mujeres, perto de todas as lojas, restaurantes, hotéis e da praia Norte. É preciso pegar um táxi para chegar ao parque El Garrafón, na outra ponta da ilha. Você pode ficar na ilha o tempo que quiser e voltar de balsa, mas não se esqueça de confirmar a hora de partida da última balsa.

Os passeios de barco recreativos para Isla Mujeres são um dos passatempos preferidos. Iates modernos, veleiros (incluindo o catamarã "Sea Passion"), e até mesmo os antigos saveiros — mais de 25 barcos por dia — levam os banhistas, amantes do sol, praticantes de snorkel e compradores até as águas translúcidas. Alguns passeios incluem uma parada para snorkel no El Garrafón, almoço na praia e um tempinho para fazer compras no centro de Isla Mujeres. A maioria parte às 9 h 30 min ou 10 h, dura cerca de cinco ou seis horas e inclui café da manhã, almoço e aluguel de equipamento de snorkel. Outros, em especial os passeios noturnos e para assistir ao pôr do sol, seguem para praias distantes da cidade, para shows com "piratas", e incluem um jantar de lagosta ou um buffet mexicano (pág. 119). Se você quiser realmente ver Isla Mujeres, vá em um passeio matinal ou por conta própria pela balsa pública de Puerto Juárez. Os passeios diurnos custam cerca de US$ 80 por pessoa. Não é necessário fazer reserva.

Uma taxa, com tudo incluído, de US$ 69, US$ 50 para crianças, para o **Parque Natural de Arrecifes Garrafón** ★★ (📞 998/849-4748; www.garrafon.com) inclui o transporte de Playa Langosta em Cancún; refeições; open bar com bebidas locais; acesso ao arrecife; e uso de equipamento de snorkel, caiaques, boias, coletes salva-vidas, piscina, redes, e instalações e chuveiros públicos (mas toalhas não, portanto, traga a sua). Existem também trilhas naturais e vários restaurantes no local.

Outros passeios vão até os **arrecifes** em barcos com fundo de vidro, para que você possa ter uma experiência parecida com a de um mergulho submarino e ver muitos peixes coloridos. No entanto, os arrecifes ficam relativamente longe do litoral, sendo impossível chegar lá em dias de vento, quando o mar fica agitado. Eles também sofreram com saturação de visitas, e as condições estão longe de ser perfeitas. O **Atlantis Sub-marine** (📞 987/872-5671; www.atlantisadventures.com) da Nautibus leva você até o "agito" aquático. Os horários de partida variam de acordo com as condições meteorológicas. Os preços são US$ 79 para adultos e US$ 45 para crianças de 4 a 12 anos. O submarino desce a uma profundidade de 30 m. O submarino Atlantis parte diariamente às 9 h, 11 h e meio-dia; o passeio dura cerca de 40 minutos. O submarino parte de Cozumel, portanto, você precisa pegar uma balsa até lá ou comprar um pacote que inclui transporte de ida e volta de seu hotel em Cancún (US$ 103 adultos, US$ 76 crianças de 4 a 12 anos). É recomendado fazer reserva.

Um Tour de Quadriciclo

A **Cancún Mermaid** (📞 998/843-6517; www.cancunmermaid.com), a cerca de 30 minutos a sul de Cancún, oferece passeios pela selva com quadriciclo (ATV), por US$ 49 por pessoa se andar em dupla, ou US$ 66 se andar sozinho. Os passeios de quadriciclo passam pelas selvas de Cancún e surgem nas praias da Riviera Maya. O passeio de cinco horas (incluindo o tempo de transporte do hotel para o destino) inclui equipamento, instrução, serviços de um guia turístico, almoço e água mineral; saídas de segunda a sábado às 8 h e às 13 h 30 min. É preciso fazer reserva.

ATIVIDADES E ATRAÇÕES AO AR LIVRE

NADAR COM GOLFINHOS Em Isla Mujeres, você tem a oportunidade de nadar com os golfinhos no **Dolphin Discovery** ★★ (✆ **998/877-0207** ou 849-4757; www.dolphindiscovery.com). Grupos de oito pessoas nadam com dois golfinhos e um treinador. Os nadadores assistem a um vídeo educativo e passam algum tempo na água com o treinador e os golfinhos antes de curtir 15 minutos de nado livre com eles. É recomendado fazer reserva (é possível reservar online), e você deve chegar uma hora antes do horário marcado, às 10 h 30 min, meio-dia, 14 h ou 15 h 30 min. O custo é de US$ 149 por pessoa no Dolphin Royal Swim. Existem programas mais em conta que permitem a você tocar, abraçar e aprender sobre golfinhos (mas não nadar com eles), a partir de US$ 69. Há transfers de balsa da Playa Langosta em Cancún.

O La Isla Shopping Center, Bulevar Kukulkán Km 12,5, tem um imponente **Interactive Aquarium** (✆ **998/883-0411**, 883-0436, 883-0413; www.aquariumcancun.com.mx), com nado e shows com golfinhos, com a possibilidade de alimentar um tubarão estando submerso na água, dentro de uma gaiola de acrílico. Os guias, dentro do tanque principal, usam microfones subaquáticos para mostrar a vida marinha, e podem até mesmo responder às suas perguntas. Tanques de exposição abertos permitem que os visitantes toquem em uma diversidade de animais marinhos, incluindo estrelas do mar e raias. O programa educativo e o nado com golfinhos custam $1.120 e a experiência de alimentar tubarões custa $790. A taxa de entrada para o aquário é de $140 para adultos, $90 para crianças menores de 11 anos, e fica aberto diariamente das 9 h às 18 h.

GOLFE E TÊNIS O **Cancún Golf Club** em **Pok-Ta-Pok** (✆ **998/883-0871**; www.cancungolfclub.com), com campo de 18 buracos, localizado no Bulevar Kukulkán Km. 7,5, é um projeto de Robert Trent Jones II e fica na parte norte

O Hilton Cancún Golf Club.

da ilha. Green fees custam US$ 145 para 18 buracos, incluindo café da manhã ou almoço e carrinho de golfe (taxa com desconto, após as 14 h), e o aluguel de tacos custa US$ 45. Um caddy custa US$ 20 mais gorjeta. O clube fica aberto diariamente das 6 h 30 min às 17 h, e aceita American Express, MasterCard e Visa.

O **Hilton Cancún Golf & Spa Resort** (📞 998/881-8016; www.hilton-golfclub.com /golf) tem um campo oficial com 18 buracos, par 72, em volta das Ruinas Del Rey. Green fees durante a alta temporada normalmente custam US$ 199 para 18 buracos e US$ 125 para 9 buracos; os hóspedes do Hilton Cancún pagam taxas, com desconto, de US$ 159 para 18 buracos, ou US$ 79 para 9 buracos, que inclui um carro de golfe. Há descontos para baixa temporada e horários de crepúsculo. Tacos e sapatos de golfe estão disponíveis para aluguel. O clube fica aberto diariamente das 6 h às 18 h, e aceita American Express, MasterCard e Visa. O **Gran Meliá Cancún** (📞 998/881-3100) tem um campo executivo de 9 buracos; o green fee é US$ 30. O clube fica aberto diariamente das 7 h às 15 h, e aceita American Express, MasterCard e Visa.

O primeiro campo de golfe assinado por Jack Nicklaus, na área de Cancún, foi aberto no **Moon Palace Spa & Golf Club** (📞 998/881-6000; www.palaceresorts.com), ao longo da Riviera Maya. O green fee de US$ 260 inclui o carrinho, lanches e bebidas.

PASSEIOS A CAVALO O **Cancún Mermaid** (📞 998/843-6517; www.cancun-mermaid.com), a cerca de 30 minutos ao sul da cidade, no Rancho Loma Bonita, é uma opção popular para passeios a cavalo. Pacotes de cinco horas incluem duas horas a cavalo pelo mangue até a praia, onde você tem tempo para dar um mergulho e relaxar. O passeio custa US$ 66 para adultos e US$ 60 para crianças menores de 13 anos. Os passeios incluem o transporte até o rancho, passeio, refrigerantes e almoço, além de um guia e seguro. Só dinheiro ou traveler's checks são aceitos.

INDO ÀS COMPRAS

Além do esplendor natural àsua volta, Cancún é conhecida em todo o México por suas diversificadas e festivas lojas e shoppings, voltados para os turistas internacionais. As roupas em Cancún são, em geral, mais caras do que nos Estados Unidos, mas a seleção é muito mais ampla do que nos demais resorts do México. Inúmeras lojas duty-free oferecem preços excelentes por produtos europeus. A maior é a **Ultrafemme**, Av. Tulum, SM 25 (📞 998/884-1402), especializada em cosméticos e perfumes importados, além de joias e relógios. A localização no centro de Cancún oferece preços ligeiramente inferiores aos das filiais no Plaza Caracol, La Isla e Kukulkán Plaza. Abre de segunda a sábado das 9 h 30 min às 21 h, e domingo das 14 h às 21 h.

Artesanato é mais limitado e mais caro em Cancún do que em outras regiões do México, pois não é feito aqui. Mas é possível comprá-los aqui também; a melhor **feira de artesanato ao ar livre** é o Mercado 28, na Cidade de Cancún. Uma feira ao ar livre menos atrativa na Zona Hoteleira é **Coral Negro**, Bulevar Kukukán Km 9,5, próxima ao Plaza Dady'O, aberta diariamente das 7 h às 23 h. O **Plaza La Fiesta,** perto do Centro de Cancún (📞 998/883-4519), é uma enorme loja de fábrica mexicana que vende artesanato, joias, tequila, couro e acessórios. Fica aberto diariamente das 7 h à meia-noite.

Os principais pontos de Cancún são os **shoppings** — não tão grandes quanto os de outros lugares do mundo, mas quase. Todos são climatizados, elegantes e sofisticados. A maioria fica na Bulevar Kukulkán, entre o Km 7 e o Km 12. Eles

O La Isla Shopping Village à noite.

têm de tudo, desde cristais e objetos de prata finos, até roupas de grife e objetos de decoração, assim como inúmeros restaurantes e boates. As lojas normalmente ficam abertas diariamente das 10 h às 22 h.

O **Kukulcán Plaza** (© **998/885-2200**; www.kukulcanplaza.com) possui mais de 300 lojas, restaurantes e pontos de entretenimento. Possui um banco, uma pista de boliche, diversas lojas de artesanato, uma Play City com máquinas caça-níqueis, uma loja de bebidas e tabaco, diversas lojas especializadas em roupas de banho, lojas de discos, farmácias, uma loja de produtos de couro (incluindo sapatos e sandálias) e lojas especializadas em pratas de Taxco. Franquias internacionais incluem a Häagen-Dazs e a Ruth's Chris Steak House. O complexo vizinho, Luxury Avenue, dispõe de grifes como Cartier, Coach, Fendi, Louis Vuitton, Salvatore Ferragamo e Ultrafemme. O shopping fica aberto diariamente das 10 h às 22 h, durante a alta temporada. Assistência para as pessoas com necessidades especiais está disponível mediante solicitação, e cadeiras de rodas, carrinhos de bebê e armários estão disponíveis no balcão de informações.

O já tradicional **Plaza Caracol** (© **998/883-1038**; www.caracolplaza.com) é um dos shoppings menos glamourosos de Cancún, mas inclui, entre outras coisas, o restaurante Casa Rolandi (pág. 122) e seu lounge Very Wine. Vindo do centro de Cancún, fica um pouco antes de chegar ao Centro de Convenções, e permanece aberto diariamente das 10 h às 22 h.

A maioria das pessoas vem para o **Forum by the Sea**, especializado em entretenimento, Bulevar Lukulkán Km 9 (© **998/883-4425**; www.forumbythesea.com.mx), pela comida e pela diversão e escolhem entre o Hard Rock Cafe, Carlos 'n' Charlie's, Rainforest Cafe e o Coco Bongo, além de uma extensa praça de alimentação. As lojas incluem Diesel, Harley-Davidson, Massimo Dutti, Señor Frog's, Sunglass Island e Zingara Beachwear and Swimwear. O shopping fica aberto diariamente das 10 h à meia-noite (os bares permanecem abertos até mais tarde).

Um dos shoppings mais simpáticos do México é o **La Isla Shopping Village**, Bulevar Kukulkán Km 12,5 (📞 **998/883-5025**; www.laislacancun.com.mx), um complexo ao ar livre maravilhoso, à beira da lagoa. Corredores repletos de lojas e restaurantes de qualidade cruzam pequenos canais (é possível fazer até passeios de barco pelos canais), e um calçadão convidativo margeia a lagoa, assim como um local com aquário interativo e nado com golfinhos (pág. 132). As lojas incluem Bulgari, Guess, Nautica, Nine West, Puma, Tommy Hilfiger, Ultrafemme e Zara, assim como uma grande loja de artesanato mexicano chamada Casa Mexicana. Entre as opções de restaurantes estão Johnny Rockets, Chili's, Italianni's, Planet Hollywood, o romântico restaurante Thai (pág. 124) e o novo Elefanta (pág. 122). Você também encontrará um cinema, fliperama e vários bares, incluindo o La Madonna (pág. 137).

A VIDA NOTURNA DE CANCÚN

A reputação festeira de Cancún não se limita às férias de universitários — o agito aqui continua durante o ano todo. Enquanto a balada começa, muitas vezes, durante o dia na praia, a multidão bronzeada segue para um happy hour nos bares agitados, localizados na Zona Hoteleira, que muitas vezes oferecem "double-drinks" (você paga o primeiro e ganha o segundo) ao pôr do sol. Os hotéis também entram no cenário da happy hour, com preços especiais de bebidas para atrair os visitantes e convidados de outros resorts. Ao anoitecer, os pontos de balada mais quentes são também na Kukulkán, e incluem o **Plaza Dady'O**, o **Forum by the Sea** e o **La Isla Shopping Village**. Esses centros de entretenimento transformam-se em uma verdadeira festa universitária na maior parte de março e abril.

O Cenário de Boates e Música

Curtir a balada de Cancún é uma das partes preferidas das férias, podendo varar a noite até o nascer do sol no incrível mar azul. Vários dos grandes hotéis têm boates ou oferecem música ao vivo em seus bares de lobby. Nas boates, prepare-se para ficar em filas nos fins de semana, pagar uma taxa única de cerca de US$ 40 com open bar, ou de US$ 15 a US$ 25 sem open bar e ter de pagar de US$ 8 a US$ 10 por uma bebida. Algumas das boates mais caras incluem entretenimento ao vivo. Os locais listados nesta seção são climatizados e aceitam American Express, MasterCard e Visa.

Inúmeros restaurantes, como o **Carlos 'n' Charlie's, Hard Rock Cafe** e **Señor Frog's**, funcionam também como pontos de festa noturna, oferecendo diversão louca, por uma fração do preço das boates mais caras.

O **Grupo Dady** oferece um pacote atraente para que baladeiros possam curtir em todos os cinco de seus bares vizinhos, incluindo Dady'O, Terresta, UltraClub, Dady Rock, e Dos Equis Bar. Custa de US$ 45 a US$ 55 por pessoa, dependendo da noite, e inclui open bar; compre ingressos em qualquer um dos bares do Grupo Dady.

Se você tiver bebido antes de voltar para o seu hotel, use o transporte público ou leve alguém com você, ao invés de dirigir ou entrar em um táxi sozinho.

Bling ★★ Este é um dos melhores points noturnos de Cancún, com um terraço chique ao ar livre, com vista para a lagoa. Um público fashion, na faixa de 30 e poucos, reúne-se em sofás sob as estrelas, curtindo um ótimo som e drinks sem parar. Também dispõe de um bufê de sushi e sashimi, e alguns pratos mediterrâneos também estão disponíveis. Este lounge de alto padrão é muito mais sofisticado do que bares típicos de Cancún, mais juvenis, e fica aberto diariamente das 6 h às 2 h. Bl. Kukulkán Km 13,5. 📞 **998/840-6014**. www.blingcancun.com.

The City ★★ Uma das maiores e mais concorridas boates de Cancún, The City possui nove bares em três andares, com música eletrônica progressiva controlada por DJs visitantes de Nova York, Los Angeles e Cidade do México (a estação do DJ parece com uma torre de controle de aeroporto). É aqui que as celebridades vêm curtir quando estão na cidade. Você não precisa ir embora, já que The City é uma boate que funciona dia e noite. A boate de praia, Playa Cabana, abre às 10 h e possui *cabañas* de praia, uma piscina, e serviços de comida e bar com atividades frequentes, festas na piscina e concursos de biquíni. O Terra Bar, com vista para o agito da Bulevar Kukulkán, serve refeições e bebidas durante todo o dia. Para uma energia noturna relaxante, o Lounge conta com sofás confortáveis, música relaxante e um extenso cardápio de martínis, lanches e sobremesas. Aberto das 22 h 30 min às 4 h, a boate de 743 m² possui um sistema de som de 1 milhão de Watts, espetáculos de luz deslumbrantes e várias áreas VIP. Bl. Kukulkán Km 9,5. ✆ **998/848-8380**. www.thecitycancun.com. Entrada US$ 25, US$ 45 com open bar.

Coco Bongo ★★★ Mantendo a reputação de local mais cobiçado da cidade, o Coco Bongo combina uma imensa boate com shows temáticos extravagantes. Não tem nenhuma pista de dança formal, portanto, você pode dançar em qualquer lugar — e isso inclui nas mesas, no bar ou mesmo no palco, com a ocasional banda ao vivo. Este lugar recebe, com frequência, até 3 mil pessoas — você tem de experimentar para acreditar. Apesar de sua capacidade, as filas ficam longas nos fins de semana e na alta temporada. A música alterna entre caribenha, salsa, house, hip-hop, techno e clássicos dos anos 1970, 80 e 90. Aberta das 22 h 30 min às 3 h 30 min, a Coco Bongo atrai um público jovem e moderno. Forum by the Sea, Bl. Kukulkán Km 9,5. ✆ **998/883-5061**. www.cocobongo.com.mx. Taxa única de US$ 60 no fim de semana, e nos dias de semana, US$ 50, todas com open bar.

Dady'O Esta é uma rave popular entre os jovens e corajosos, onde filas longas são frequentes. O Grupo Dady oferece um pacote que inclui open bar e entrada para todos os cinco de seus bares vizinhos (veja anteriormente), e este é o grande mestre de todos. Ele abre todas as noites às 22 h, e tem uma pista de dança gigante e sistema de iluminação impressionantes. Bl. Kukulkán Km 9,5. ✆ **998/883-3333**. www.dadyo.com. Taxa única de US$ 20 a US$ 25.

Dady Rock Bar e Club Descendente do Dady'O, o Dady Rock abre às 8 h e vai até o horário das outras casas noturnas, oferecendo uma combinação de bandas de rock ao vivo e DJs agitando a noite, juntamente com um open bar, refeições completas, um buffet, e muita dança. Bl. Kukulkán Km 9,5. ✆ **998/883-1626**. www.dadyo.com. Taxa única de US$ 20 a US$ 25.

Baladeiros esperando para entrar no Coco Bongo.

La Madonna Com mais de 150 seleções de criativos martínis, acompanhados de música ambiente, o La Madonna também oferece cozinha suíça-italiana autêntica, incluindo fonduese deliciosas sobremesas (pág. 121). Aproveite um martíni de mandarim vermelho, lichia ou maçã verde, ou um copo de vinho, ao lado de pessoas bonitas de Cancún, no pátio ao ar livre. Bossa nova e a música lounge são a norma aqui. Fica aberto diariamente de meio-dia a 1 h. La Isla Shopping Village, Bl. Kukulkán Km 12,5. ✆ **998/883-2222.** www.lamadonna.com.

The Lobby Lounge ★ Este é o ponto de encontro mais refinado da noite de Cancún, com um terraço com vista para a lagoa, uma coleção especial de martínis e uma lista de mais de 80 tequilas premium para degustação ou para beber. Há também um bufê de sushi e frutos do mar, assim como uma grande coleção de charutos cubanos. Fica aberto diariamente das 17 h à meia-noite, com música ao vivo de quarta a sábado. Ritz-Carlton Cancún (pág. 113), Retorno del Rey 36, saindo da Bl. Kukulkán Km 13,5. ✆ **998/881-0808.**

Very Wine ★ Este elegante bar de vinhos fica na parte superior da Casa Rolandi (pág. 122), um lugar descontraído para tomar um drink antes de jantar ou uma saideira. O bar gourmet tem uma excelente seleção de vinhos e bebidas destiladas, e também oferece *tapas*, fondues e sobremesas, assim como charutos. Esta é uma alternativa refinada comparada aos bares e boates mais barulhentos de Cancún. Fica aberto a partir de 13 h até o último cliente. Plaza Caracol. Bl. Kukulkán Km 8,5. ✆ **998/883-1817.**

Shows

Vários hotéis realizam **noites de fiesta mexicana**, incluindo um jantar buffet e um show de dança folclórica; entradas com jantar e open bar custam cerca de US$ 50, a menos que você esteja em um resort *all-inclusive*, onde tudo isso faz parte do pacote. Confira o show no **Hacienda Sisal** (✆ **998/848-8220**), localizado na Bulevar Kukulkán Km 13,5, que é realizado nas noites de terça e quinta-feira às 20 h.

6

ISLA MUJERES & COZUMEL

por Shane Christensen

Estas duas ilhas caribenhas estão entre os destinos de praia mais descontraídos do México e são locais fáceis de visitar a partir de Cancún e da Riviera Maya. Durante a alta temporada de inverno no hemisfério norte, ambas recebem muitos turistas em excursões de um dia e visitantes de navios de cruzeiro, mas se resolver passar a noite, você poderá aproveitar o ritmo de vida relaxado da ilha. Nem Isla Mujeres, nem Cozumel são particularmente grandes, tendo ainda aquele ar de ilha — com estradas pequenas, que não levam a lugares muito distantes, muitas mobiletes, poucos (ou nenhum) caminhões e uma sensação de isolamento do resto do mundo. Ambas oferecem uma variedade de opções de hospedagem, atividades ao ar livre e um ambiente descontraído, que contrasta com boa parte da experiência no continente.

Isla Mujeres, que tem o formato de um peixe, fica 13 km ao nordeste de Cancún; uma rápida viagem de barco. Os hotéis variam de rústicos a suntuosos. Balsas de passageiros vão para Isla Mujeres saindo de Puerto Juárez, e as balsas que transportam carros partem de Punta Sam, ambos perto de Cancún. Balsas de passageiros, mais caras e com menos saídas, partem do píer de Playa Linda, na ilha de Cancún. Maior do que Isla Mujeres e mais distante do continente (19 km do litoral de Playa del Carmen), **Cozumel** tem seu próprio aeroporto internacional. A vida aqui gira em torno de duas atividades principais: mergulhos submarinos e porto de passagem de navios de cruzeiro. Cozumel permanece, de longe, o destino mais popular deste litoral para ambas as atividades, embora o turismo aqui tenha diminuído drasticamente em razão da recessão mundial e da gripe suína.

O resultado é que Cozumel parece mais descontraída do que nunca. Há apenas uma cidade, San Miguel de Cozumel; ao norte e ao sul ficam os resorts. O resto do terreno é deserto e predominantemente rochoso, com pequenos fragmentos de enseadas com areia que você pode ter somente para si. Infelizmente não há nenhuma maneira de viajar diretamente entre Cozumel e Isla Mujeres, mas você pode ir de uma para a outra através de Cancún e Playa del Carmen.

ISLA MUJERES ★★★

13 km ao Norte de Cancún

Isla Mujeres (Ilha das Mulheres) é um casual e descontraído refúgio do ritmo impetuoso de Cancún. Não fica longe do litoral e pode ser visto do resort. Assim como outras ilhas do Caribe, Isla é muito barata e uma boa opção para quem prefere a simplicidade e tranquilidade, ao invés de variedade e agito. A única cidade da ilha fica bem perto da Praia Norte, a melhor praia da ilha. Com toalha de praia em mãos, você pode andar para a praia de qualquer hotel da cidade; não há necessidade de transporte a não ser que você queira conhecer a ilha inteira; neste caso, um carrinho de golfe resolve. Isla Mujeres é pequena, a cidade é pequena, os hotéis (com algumas exceções) são pequenos, os restaurantes, os bares, os barcos de passeio — pequenos,

PÁGINA ANTERIOR: **Uma praia isolada em Cozumel.**

Isla Mujeres

Cidade de Isla Mujeres

- Zazil Ha
- Hotel Na Balam
- Secreto
- Hotel Cabañas María del Mar
- Ixchel Beach Hotel
- Playa Norte
- Carlos Lazo
- Guerrero
- Hidalgo
- Lopez Mateos
- Matamoros
- Mamma Rossa
- Hotel Francis Arlene
- MERCADO MUNICIPAL
- La Coppa
- Angelo
- Café Cito
- Abasolo
- Juárez
- Hotel Belmar/Rolandi's
- ZÓCALO
- Madero
- Morelos
- Bravo
- Palacio Municipal
- Avenida Rueda Medina
- Allende
- Hotel D'Gomar
- Cais da balsa para passageiros
- Cais da balsa para carros

Mar do Caribe

Isla Mujeres

- Golfo do México
- Mérida
- YUCATÁN
- Playa del Carmen
- Cancún
- Cozumel
- PENÍNSULA DE YUCATÁN
- CAMPECHE
- QUINTANA ROO
- Mar do Caribe

Área de destaque

- Balsa de carros para Punta Sam
- Balsa de passageiros para Puerto Juárez
- Bahia de Mujeres
- Pista do aeroporto
- Estádio de Beisebol Ariel Magaña
- Dolphin Discovery
- Hotel & Restaurant Villa Rolandi
- Laguna Makax
- Playa Pescador
- Santuário da Tartarugas
- Mundaca Fortress
- Playa Lancheros
- Rota da balsa para Cancún
- Parque Nacional El Garrafón
- Torre Panorâmica
- Playa Garrafón
- Farol

Mar do Caribe

Legenda
- Praia
- Informações *(i)*
- Correios ✉

pequenos, pequenos. Escolha entre vários hotéis de baixo custo, principalmente na cidade, e um punhado de hotéis-butique de luxo espalhados por outras partes da ilha.

O tamanho da ilha aumenta o contraste entre a alta e a baixa temporada, fazendo com que as multidões e a agitação sejam muito mais perceptíveis nas épocas de pico. Ao meio-dia, visitantes bronzeados, dos barcos de passeio de Cancún, frequentam cafés ao ar livre e passeiam pelas ruas de pedestres, com seus entusiasmados vendedores de souvenirs chamando atenção para seus produtos. O cenário ganha um tom carnavalesco durante o horário de pico do trânsito de barcos de passeios. Depois, no fim da tarde, as coisas se acalmam.

Viagens para o santuário de aves de Isla Contoy são populares, assim como mergulhos, snorkel e passeios de pescaria. Em 1998, a costa de corais da ilha se tornou parte do sistema de Parques Nacionais Marinhos do México. O arrecife sofreu danos substanciais com o furacão de 2005, mas continua a se recuperar. A claridade da água ilumina a maravilhosa variedade de corais e peixes tropicais que vivem aqui. A vida submarina que provavelmente você verá inclui peixe-anjo francês, candil rufus, peixe-trombeta, peixe-borboleta quatro olhos, peixe-anjo verde, peixe-papagaio marinho, raia-cravadora, baiacu canthigaster, peixe-cirurgião azul e a barracuda.

A ilha e vários de seus hotéis atraem grupos de praticantes regulares de ioga. À noite, a maioria das pessoas acha que o ritmo lento e tranquilo da ilha é um de seus maiores atrativos. A brisa fresca noturna é um acompanhamento perfeito para refeições e bebidas casuais ao ar livre, em pequenos restaurantes na calçada. E é assim que a vida na ilha deve ser.

Informações Básicas

CHEGANDO LÁ E PARTINDO Puerto Juárez, logo ao norte de Cancún, é o cais (✆ 998/877-0382) de balsas de passageiros para Isla Mujeres.

OS MELHORES SITES SOBRE isla mujeres e cozumel

- **Informações Turísticas de Isla Mujeres: www.isla-mujeres.net** O site oficial da Secretaria de Turismo de Isla Mujeres fornece informações completas sobre Isla, desde como chegar lá até onde se hospedar.

- **My Isla Mujeres: www.myislamujeres.com** Veja a ilha do ponto de vista dos nativos; os fóruns de mensagens são muito bons.

- **Cozumel.net: www.cozume.net** Este site está um degrau acima dos sites típicos de restaurantes/ acomodações/ atividades. Clique em "About Cozumel" para encontrar os horários de balsas e voos da ilha e para ver as últimas notícias. Há também uma lista detalhada de pousadas e casas para aluguel por temporada.

- **Planejador de Viagem a Cozumel: www.go2cozumel.com** Este é um guia bem elaborado do comércio e das atrações locais, feito por um especialista online sobre o México.

- **Associação de Hotéis de Cozumel: www.islacozumel.com.mx** Operado pelo braço de promoção turística da associação de hotéis, este site oferece mais do que apenas listagens dos hotéis membros. Há informações sobre pacotes e promoções, além de breves descrições da maioria das atrações, restaurantes e atividades recreativas da ilha.

A **Ultramar** (🕾 998/843-2011; www.granpuerto.com.mx) tem lanchas partindo a cada meia hora de "Gran Puerto" em Puerto Juárez que fazem a viagem em 15 minutos. Há espaço para armazenamento de bagagens e a tarifa custa $70 em cada sentido. Estas lanchas operam diariamente, a partir das 6 h, e normalmente encerram às 22 h 30 min (verifique os horários atuais com antecedência). Elas podem sair mais cedo caso estejam cheias, portanto chegue antes do horário. Pague na bilheteira ou a bordo, caso a lancha esteja prestes a sair.

Observação: Ao chegar de táxi ou de ônibus em Puerto Juárez, desconfie de "guias" piratas que dizem que a balsa foi cancelada ou que serão várias horas até a próxima balsa. Eles vão oferecer os serviços de uma *lancha* privada por cerca de $450 — e tudo não passa de um golpe. Pequenos barcos estão disponíveis e, através de cooperativas, cobram de $200 a $350 em cada sentido, com base no número de passageiros. Levam cerca de 50 minutos e não são recomendados em dias de mar agitado. Verifique na bilheteria, que é a única fonte segura de informações.

No seu retorno para Puerto Juárez, você verá valores de corridas de táxi anunciados na rua, portanto verifique a tarifa antes de contratar um táxi para voltar para Cancún. As tarifas normalmente giram em torno de $120 a $150, dependendo do seu destino. Mobiletes e bicicletas também estão disponíveis para locação, assim que você sair da balsa. Este pequeno complexo também possui banheiros públicos, guarda de bagagens, uma lanchonete e lojas de souvenirs.

Isla Mujeres é tão pequena que não são necessários veículos, mas se você estiver indo com um carro para a ilha, vai usar o porto de **Punta Sam,** um pouco depois de Puerto Juárez. A balsa para carros (🕾 **998/877-0065**), que leva 40 minutos, faz cinco ou seis viagens por dia, das 8 h às 20 h, durante todo o ano, exceto com mau tempo. Os horários normalmente são os seguintes: de Cancún para Isla 8 h, 11 h, 14 h 45 min, 17 h 30 min e 20 h 15 min; Isla

O Terminal de Balsa de Isla Mujeres.

Avenida Rueda Medina, ou o malecón.

para Cancún 6 h 30 min, 9 h 30 min, 12 h 45 min, 16 h 15 min e 19 h 15 min. Sempre verifique os horários com a secretaria de turismo em Cancún. Os carros devem chegar uma hora antes da partida da balsa para reservar um lugar na fila e pagar a taxa, que varia dependendo do peso e do tipo de veículo. Há uma posto de gasolina na Avenida Rueda Medina e na Calle Abasolo, ao noroeste do cais de balsas.

As balsas para Isla Mujeres também partem de **Playa Linda**, conhecida como o píer Embarcadero em Cancún, mas elas são menos frequentes e mais caras do que as de Puerto Juárez. Há de 4 a 6 partidas programadas por dia para Isla Mujeres, dependendo da temporada. As tarifas para adultos custam $150, ida e volta; crianças com idades entre 3 e 12 pagam $75; crianças menores de 3 não pagam. A **Water Táxi** (✆ **998/886-427 0**) para Isla Mujeres sai do Embarcadero (logo na saída da Kukulkán Km 4, na ponta norte da Zona Hoteleira/ Isla Cancún).

Para chegar a Puerto Juárez ou Punta Sam de **Cancún**, pegue qualquer ônibus Ruta 8 na Avenida Tulum. Do aeroporto de Cancún, pegue um ônibus fretado até o cais ($160).

INFORMAÇÃO PARA O VISITANTE O **Escritório de Turismo da Cidade** (✆/fax **998/877-0767**, 877-0307) fica na Av. Rueda Medina, 130, do outro lado da rua do cais. Abre de segunda a sexta, das 9 h às 16 h e fecha aos sábados e domingos. O *Islander* é uma publicação gratuita com informações locais, propagandas, e anúncios de eventos.

LAYOUT DA ILHA Isla Mujeres tem cerca de 8 km de comprimento e 4 km de largura, e a cidade fica na extremidade norte. O "centro" é muito pequeno, exatamente quatro quadras de largura por seis de comprimento, portanto é muito fácil de se locomover. Os **píeres de balsa para passageiros** ficam no centro da cidade, uma caminhada curta da maioria dos hotéis, restaurantes e lojas. A avenida à beira-mar, que fica em frente aos píeres de balsa, é a **Avenida Rueda Medina**, comumente chamada de *malecón* (calçadão). O **Mercado Municipal** fica próximo aos correios na **Calle Guerrero**, uma rua afastada do mar, no extremo norte da cidade, que, como a maioria das ruas da cidade, não possui sinalização.

LOCOMOÇÃO Um meio de transporte popular em Isla Mujeres é o carro de golfe elétrico, disponível para aluguel em muitos hotéis ou locadoras, por $180 a hora ou $600 por 24 horas. Os preços são iguais em todos os locais de aluguel. **El Sol Golf Cart Rental,** Av. Benito Juárez Mza 3 nº 20 (esquina com a Matamoros, ✆ 998/877-0791), é uma boa opção no centro da cidade. Os carros de golfe não ultrapassam 30 km/h, mas são divertidos. De qualquer maneira, você não está em Isla Mujeres para ter pressa. Muitas pessoas gostam de andar pela ilha de *moto* (**bicicleta motorizada ou scooter**). Modelos totalmente automáticos estão disponíveis por cerca de $450 por dia ou $100 a hora. Vêm com capacetes e assentos para duas pessoas. Há apenas uma estrada principal, com algumas estradinhas transversais; você não vai se perder. O preço do aluguel não inclui seguro, e qualquer dano a si próprio e ao veículo sairá do seu bolso. **Bicicletas** também estão disponíveis para aluguel em alguns hotéis, por cerca de $35 a hora ou $120 por dia, e normalmente incluem uma cesta e cadeado.

Táxis triciclos são o meio mais em conta e mais fácil de chegar aos hotéis que ficam na cidade. Do píer das balsas para qualquer um dos hotéis do centro, você gastará cerca de $20 a $30. Se você perguntar aos "taxistas", eles dirão "Ah, o que você puder dar". Peço que carreguem minhas malas e mostrem o caminho, enquanto eu vou caminhando.

Se preferir pegar um táxi, os custos são em torno de $25 para corridas dentro do centro da cidade ou $50 para uma corrida para a extremidade sul de Isla. Você também pode contratá-los por cerca de $100 por hora. Táxis comuns ficam sempre estacionados à direita do cais, com suas tarifas à mostra. O número de telefone para táxis é ✆ **998/877-0066**.

Playa Norte, em Isla Mujeres.

INFORMAÇÕES ÚTEIS Isla Mujeres

Código de Área O código de área local é **998**.

Caixas Automáticos e Bancos Isla tem apenas um **banco, o HSBC** (✆ 998/877-0005), em frente ao cais de balsas. Abre de segunda a sexta, das 8 h 30 min às 18 h, e sábado das 9 h às 14 h. Tem caixas eletrônicos.

Defesa do Consumidor Você pode entrar em contato com uma unidade local da agência de defesa do consumidor, **Profeco**, ligando para ✆ 998/887-3960.

Casa de Câmbio Isla Mujeres tem inúmeras *casas de cambio*, nas ruas principais. A maioria dos hotéis listados aqui trocam dinheiro para seus hóspedes, embora muitas vezes em condições menos favoráveis do que em lugares comerciais.

Farmácia A **Isla Mujeres Farmacia** (✆ 998/887-0178) tem a melhor seleção de medicamentos com receita médica e venda livre. Fica aberta diariamente das 9 h às 22 h.

Hospital O **Hospital de la Armada** fica na Avenida Rueda Medina no Ojón P. Blanco (✆ 998/877-0001). Fica a menos de 1 km ao sul do centro da cidade. Você será atendido apenas em casos de emergência. Caso contrário, você pode ir ao **Centro de Salud**, na Avenida Guerrero, uma quadra antes do início do *malecón* (✆ 998/877-0117).

Acesso à Internet **L'Argentina**, na Hidalgo e Matamoros, oferece acesso Wi-Fi e computadores por $20 a hora. Abre diariamente das 11 h às 2 h, e também serve café e comida grelhada.

Correio O *correo* fica na Calle Guerrero 12 (✆ 998/887-0085), na esquina com a López Mateos, perto do mercado. Abre de segunda a sexta-feira, das 9 h às 16 h.

Temporadas A temporada turística de Isla Mujeres (quando os preços de hotéis ficam mais altos) é um pouco diferente da de outros lugares no México. A alta temporada vai de dezembro a maio, um mês a mais do que em Cancún. Alguns hotéis aumentam seus preços em agosto, e outros, a partir de meados de novembro. A baixa temporada vai de junho a meados de novembro.

Praias e Atividades ao Ar Livre

PRAIAS E BANHO A praia mais popular da cidade, e a melhor para nadar, é a **Playa Norte** ★. É um longo trecho de praia que se estende ao redor da ponta norte da ilha. Essa talvez seja a melhor praia urbana do mundo — uma faixa larga de areia fina e branca e águas calmas azuis-turquesa, transparentes. Dá para ir andando, facilmente, da balsa e de todos os hotéis do centro até a praia. Equipamentos de esportes aquáticos, guarda-sóis e espreguiçadeiras estão disponíveis para aluguel. As áreas em frente a restaurantes costumam ser gratuitas, desde que você use o restaurante como sua base para bebidas e alimentos, e os melhores possuem redes e balanços onde você pode saborear a sua piña colada.

O **Parque Natural de Corais El Garrafón** ★★ (pág. 148) é famoso por sua área de mergulho, mas há um bom trecho de praia nos dois lados do parque. A **Playa Lancheros** fica do lado caribenho da Laguna Makax, e é provavelmente a segunda melhor para nadar. Os ônibus locais vão até Lancheros e depois dão a volta e seguem para o centro. A Playa Lancheros é agradável, com uma variedade de restaurantes descontraídos.

Não existem salva-vidas de plantão em Isla Mujeres, que não utiliza o sistema de bandeiras de avaliação de segurança da água usado em Cancún e Cozumel. A baía entre Cancún e Isla Mujeres é tranquila, com águas mornas e transparentes, o que a torna ideal para banho, prática de snorkel e mergulho. O lado leste da ilha, de frente para o mar aberto do Caribe, é normalmente mais agitado, com correntezas muito mais fortes.

PESCA Para organizar um dia de pesca, informe-se na **Sociedad Cooperativa Turística** (cooperativa de barqueiros), na Avenida Rueda Medina (✆ **998/877-1363**), ao lado da Mexico Divers e do restaurante Las Brisas. Quatro a seis pessoas podem dividir os custos, que incluem almoço e bebidas. O Capitão Tony Martínez (✆ **998/877-0274**) também organiza pescarias a bordo do **Marinonis**, e é recomendado fazer reserva antecipada. Durante o ano todo, você encontra bonito, cavala-pintada, cavala-verdadeira e charuteiro. A presença de agulhões e tubarões (martelo, cabeça-chata, lixa, limão e tigre) é grande em abril e maio. No inverno, garoupas e meros-tigres maiores predominam. Quatro horas de pescaria perto do litoral custa em torno de US$ 125; oito horas em pontos mais distantes custam US$ 250. A cooperativa abre de segunda a sábado, das 8 h às 13 h e 17 h às 20 h, e domingo das 7 h 30 min às 22 h e 18 h às 20 h.

MERGULHO SUBMARINO A maioria das operadoras da ilha oferece os mesmos mergulhos por preços semelhantes, incluindo arrecifes, mergulho com correnteza, profundos e noturnos: mergulhos de um tanque custam de US$55 a US$ 75, de dois tanques de US$ 65 a US$ 85. **Bahía Dive Shop**, Rueda Medina, 166, em frente ao cais das balsas (✆ **998/877-0340**), é uma operadora com serviço completo que oferece equipamentos para vender ou alugar. Outra operadora de mergulho respeitada é a **Carey Dive Center**, na Matamoros 13A com a Medina Rueda (✆ **998/877-0763**). Ambas oferecem passeios de mergulho de duas horas por cerca de US$ 25.

As **Cuevas de los Tiburones (Cavernas dos Tubarões Adormecidos)** é o ponto de mergulho mais famoso de Isla — mas o nome engana um pouco, já que encontrar tubarões é raro hoje em dia. Dois pontos onde você normalmente poderia ver tubarões adormecidos são Cuevas de Tiburones e **La Punta**, mas a maioria dos tubarões foi afugentada da área, e uma tempestade derrubou o arco exibido no filme de Jacques Cousteau, mas as cavernas sobreviveram. Outros locais de mergulho incluem os **naufrágio** a 15 km da costa; o arrecife **Banderas**, entre Isla Mujeres e Cancún, onde há sempre uma forte correnteza; o arrecife **Tabos** na costa leste; e o arrecife **Manchones**, a 1 km da ponta sul da ilha, onde a água tem 4,5 m de profundidade. **A Cruz da Baía** fica perto do arrecife Manchones. Uma cruz de bronze, pesando quase 1 tonelada e com 12 m de altura, foi colocada na água entre Manchones e Isla em 1994, como um memorial àqueles que perderam suas vidas no mar.

SNORKEL Um dos lugares mais populares para prática de snorkel é o **Parque Natural El Garrafón ★★** (pág. 148). **Arrecife Manchones,** próximo à costa sul, também é bom. É próximo ao litoral e acessível por barco. Você pode praticar snorkel em torno do *el faro* (farol) na **Bahía de Mujeres**, na ponta sul da ilha. A água tem cerca de 2 m de profundidade. Barqueiros o levarão por cerca de $250 por pessoa, se você tiver seu próprio equipamento de snorkel, ou $300 se usar o deles.

IOGA Cada vez mais, Isla está se tornando popular entre os entusiastas da ioga. A tendência começou no **Hotel Na Balam ★★** (pág. 151, ✆ **998/877-0279**, 877-0058; www.nabalam.com), que oferece aulas de ioga durante a semana, sob uma *palapa* grande à beira da piscina, com tapetes e apetrechos de ioga. O hotel também oferece férias com aulas de ioga, com professores respeitados e

Snorkel em Isla Mujeres.

um calendário mais extenso; as datas dos retiros de ioga ficam postadas no site. Outro centro de ioga que surgiu e está formando uma comunidade de adeptos é o **Elements of the Island** (www.elementsoftheisland.com). Fica situado na Juárez 64, entre a López Mateos e a Matamoros.

Atrações

DOLPHIN DISCOVERY ★★ Você pode nadar com golfinhos (© **998/849-4748** ou 849-4757, fax 998/849-4751; www.dolphindiscovery.com) em uma área cercada da Treasure Island, no lado de Isla Mujeres que fica de frente para Cancún. Grupos de oito pessoas nadam com dois golfinhos e um treinador. Os visitantes assistem a um vídeo educativo e passam algum tempo na água com o treinador e os golfinhos antes de aproveitar 15 minutos de nado livre com eles. É recomendado fazer reserva, e você deve chegar uma hora antes do horário marcado: 10 h 30 min, 12 h 15 min, 14 h 15 min ou 15 h 30 min. O custo é de US$ 149 por pessoa no Dolphin Royal Swim. Existem programas mais baratos que permitem que você toque, abrace e aprenda mais sobre os golfinhos, mas não poderá nadar com eles; a partir de US$ 79 (US$ 69 para crianças).

SANTUÁRIO DE TARTARUGAS ★★ Há muitos anos, os pescadores se reuniam na ilha à noite, de maio a setembro, para capturar as tartarugas que chegavam à praia para desovar. Então, um pescador preocupado, Gonzalo Chale Maldonado, começou a convencer os outros a poupar os ovos, que ficavam sob sua proteção. Foi um começo. Seguindo seu exemplo, o Ministério de Pesca fundou o **Centro de Investigaciones Pesqueras** para encontrar formas de proteger as espécies e aumentar as populações de tartaruga. Embora o governo local ofereça algum apoio, a maioria dos financiamentos é proveniente de doações do setor privado. Desde que o centro abriu, dezenas de milhares de tartarugas jovens foram libertadas, com a participação de alunos de escolas locais, o que ajudou a educar uma nova geração de ilhéus quanto a essa causa. As libertações são programadas entre maio e outubro, e os visitantes estão convidados a participar. Informe-se no centro.

Três espécies de tartarugas marinhas põem ovos em Isla Mujeres. Uma tartaruga-verde adulta, espécie mais abundante, tem entre 1 e 1,5 m de comprimento, podendo pesar até 204 kg. No centro, o visitante percorre as áreas internas e externas da piscina de tartarugas, onde essas criaturas nadam. As tartarugas são separadas por idade, desde recém-nascidas até 1 ano. As pessoas que visitam normalmente acabam ficando pelo menos uma hora, principalmente se optarem pelo tour com guia, que recomendo. Há também uma lojinha de presentes e uma lanchonete. O santuário fica em um pedaço de terra que avança sobre o mar da costa oeste da ilha. O endereço é Carretera Sac Bajo #5; é preciso pegar um táxi para chegar lá. A entrada custa $30; o abrigo fica aberto diariamente das 9 h às 17 h. Para mais informações, ligue para ℂ **998/877-0595**.

PARQUE NACIONAL EL GARRAFÓN E PUNTA SUR ★★ El Garrafón (ℂ **998/849-4748;** www.garrafon.com) fica no extremo sul da ilha. O parque é caro, porém bem-equipado, e possui dois restaurantes/bares, cadeiras de praia, uma piscina, caiaques, vestiários, armários para aluguel, chuveiros, uma loja de souvenirs e lanchonetes. O Garrafón já foi um parque nacional marinho público, mas agora é administrado pela Dolphin Discovery. As atividades incluem snorkel, caiaques e banhos (por uma taxa extra, há pacotes para nadar com golfinhos, também). Em solo, há decks para tomar sol, redes à sombra, uma torre de escalada de 12 m de altura e, é claro, uma superloja de souvenirs. A entrada custa US$ 68 (US$ 50 para crianças menores de 12 anos); o pacote completo inclui transporte de ida e volta entre Cancún e Isla Mujeres, café da manhã, open bar local, almoço estilo buffet e utilização de equipamentos de snorkel e caiaques. O parque fica aberto diariamente, na alta temporada, das 9 h às 17 h. Na baixa temporada, pode fechar em alguns dias da semana.

Próximo à torre panorâmica, você encontrará o **Parque Escultórico**, um impressionante e extenso jardim de grandes esculturas doadas para Isla Mujeres por escultores internacionais de renome, como parte da Primeira Exposição Internacional de Escultura em 2001. Entre os escultores mexicanos representados nas obras, estão José Luis Cuevas e Vladimir Cora.

Punta Sur.

Cruz de la Baía.

Perto dali fica o **Caribbean Village**, com ruelas estreitas com prédios coloridos, que têm cafés e lojas exibindo arte popular. Você pode almoçar ou lanchar aqui no quiosque e passear antes de visitar o farol e as ruínas maias.

Também nesse extremo sul da ilha e na parte das ruínas, fica o **Punta Sur**, o ponto mais extremo a sudeste do México. Os serviços estão disponíveis das 9 h às 17 h, mas você pode entrar a qualquer momento; se você chegar lá cedo o bastante para assistir ao nascer do sol, poderá dizer que foi a primeira pessoa no México a ser tocada pelos raios solares naquele dia!

ISLA CONTOY ★ Tente visitar esta intacta ilha desabitada, a 30 km de barco de Isla Mujeres. Tornou-se uma reserva nacional em 1981. A ilha, de 6 km de comprimento, é coberta por uma vegetação exuberante e abriga 70 espécies de aves, assim como uma variedade de vida marinha e animal. As espécies de aves que nidificam na ilha incluem pelicanos, atobás, fragatas, garças, gaivotas e corvos-marinhos. Os bandos de flamingos chegam em abril. A maioria das excursões circulam atrás de peixes (que serão o seu almoço), ancoram durante o percurso para praticar snorkel, circundam a ilha em um ritmo agradável para observar os pássaros de perto sem perturbar o habitat e, em seguida, vão para a praia. Enquanto o capitão prepara o almoço, os visitantes podem tomar banho, bronzear-se, seguir as trilhas naturais ou visitar o museu natural, que tem banheiros. A viagem de Isla Mujeres leva cerca de 45 minutos, em cada sentido, e pode demorar um pouco mais, caso o mar esteja agitado. Por causa da unida cooperativa de barqueiros, os preços para este passeio são os mesmos em qualquer lugar: US$ 55 para adultos; metade do preço para crianças menores de 9 anos (pagamentos em espécie). Você pode comprar uma entrada na **Cooperativa Sociedad** (✆ 998/877-1363), na Avenida Rueda Medina, próxima ao Mexico Divers e ao restaurante Las Brisas. Os passeios partem às 9 h e retornam por volta das 16 h. Capitães dos barcos devem respeitar as regras da cooperativa quanto às preocupações ecológicas e de segurança do barco, incluindo a disponibilidade de coletes salva-vidas para todos a bordo. Se você não receber um colete salva-vidas, peça um. Equipamentos de snorkel normalmente estão incluídos no preço, mas verifique novamente antes de partir.

RUÍNA MAIA ★★ Logo depois do farol, no extremo sul da ilha, ficam os restos de um pequeno templo maia. Arqueólogos acreditam que ele foi dedicado à deusa da lua e da fertilidade, Ixchel. A localização, em um grande penhasco com vista para o mar, é imperdível, sendo um ótimo lugar para tirar fotos. Acredita-se que as mulheres maias viajavam para cá em peregrinações anuais, em busca de bênçãos de fertilidade de Ixchel.

UMA FORTALEZA PIRATA Praticamente no meio da ilha fica uma grande construção, que supostamente teria sido uma fortaleza pirata. Um comerciante de es-

Ruínas maias de Isla Mujeres.

Hacienda Mundaca e a antiga fortaleza pirata.

cravos que chegou aqui no início do século XIX afirmava ser o pirata Mundaca Marecheaga. Ele montou um comércio de escravos para Cuba e Belize, e prosperou aqui. Segundo a lenda da ilha, uma charmosa menina local o encantou, apenas para trocá-lo por um nativo.

Compras

Fazer compras é uma atividade casual por aqui. Diversas lojas, mais concentradas na Avenida Hidalgo, vendem tapetes Saltillo, ônix, prata, roupas da Guatemala, vidros soprados, máscaras, arte popular, artesanato, apetrechos de praia e muitas camisetas. Os preços são mais baixos do que em Cancún ou Cozumel.

Onde Ficar

Em Isla Mujeres você encontrará muitos hotéis, em todas as faixas de preço. As tarifas listadas adiante incluem o imposto de acomodação de 12%. Essas tarifas talvez não se apliquem à época do Natal/Ano Novo, quando muitos hotéis cobram uma taxa extra. A alta temporada vai de dezembro a maio, às vezes incluindo agosto. A baixa temporada é durante o resto do ano.

Os interessados em alugar casas particulares ou em estadias de longa duração, podem entrar em contato com a **Mundaca Travel and Real Estate** em Isla Mujeres (© **866/646-0536** nos EUA, ou 998/877-0025; www.mundaca.com.mx), ou fazer reserva online com o serviço de aluguel de propriedades **Isla Beckons** (www.islabeckons.com). Outro site útil para reserva de acomodações é o www.travelyucatan.com.

MUITO CARO

Hotel Villa Rolandi Gourmet & Beach Club ★★★ O Villa Rolandi é um refúgio romântico em uma pequena enseada protegida com uma praia de areia branca e fina. Cada uma das suítes de luxo tem uma área de estar separada e um grande terraço ou varanda privativa, com banheira de hidromassagem e vista para o mar. Todos os quartos dispõem de sistemas de som, iluminação discreta e superfícies em mármore. Os banheiros têm produtos Bulgari e chuveiros convidativos, com várias duchas que se convertem em banhos a vapor. O café da manhã é servido no quarto através de uma pequena porta. O spa do hotel oferece também uma banheira de hidromassagem terapêutica, Thalasso, ao ar livre, e massagens à beira-mar. O dono é um proprietário de restaurantes suíço, que ficou conhecido por seus restaurantes em Isla Mujeres e Cancún. Você pode comer bem sem ter de sair do hotel, aonde se chega de barco (fornecido pelo hotel) ou em 20 minutos de carro, saindo da cidade.

Fracc. Lagunamar, SM 7, Mza. 75, Locs. 15 e 16, 77400 Isla Mujeres, Q. Roo. ℂ **998/999-2000.** Fax 998/877-0100. www.villarolandi.com. 35 quartos. Alta temporada, quarto duplo a partir de US$ 357, suíte júnior a partir de US$ 438; baixa temporada, quarto duplo de US$ 254 a US$ 323, suíte júnior de US$ 288 a US$ 357. Os preços incluem café da manhã. AE, MC, V. **Atrativos:** restaurante (ver "Onde Comer", adiante), transfer do aeroporto por van (não incluído) e catamarã (incluído); concierge; pequena academia, jacuzzi de água salgada; piscina infinita com cachoeira; spa; serviço de quarto. No quarto: TV, secador de cabelo, frigobar, Wi-Fi.

CARO

Hotel Na Balam ★★★ 🛏 Este hotel ecologicamente correto em Playa Norte promete um pedaço do paraíso maia na praia, e eu diria que é exatamente isso. Quartos imaculadamente brancos ficam em três seções separadas apenas por areia, coqueiros e flores; alguns têm vista para o mar e outros ficam em um ambiente com jardim e piscina. Eles são decorados individualmente com uma cama king size ou duas camas de casal, sala de estar, enfeites de arte popular e terraço ou varanda com rede. As suítes master apresentam atrativos adicionais, incluindo pequenas piscinas com hidromassagem. A parte mais antiga está bem-conservada e fica perto de um exuberante pátio interno e da Playa Norte. Praticantes de ioga aproveitam as inúmeras aulas oferecidas durante toda a semana; verifique com a recepção quanto a horários. A linda enseada azul-turquesa em frente ao hotel é perfeita para banho e prática de snorkel. À noite, tochas iluminam o jardim encantado. O restaurante **Zazil Ha** do Na Balam continua sendo um dos mais populares da ilha (veja "Onde comer", adiante), e o bar à beira-mar é um ótimo lugar para assistir ao pôr do sol.

Zazil Ha 118, 77400 Isla Mujeres, Q. Roo, ℂ **998/877-0279.** Fax 998/887-0446. www.nabalam.com. 33 quartos. Alta temporada. US$ 127 quarto standard, US$ 142 com vista para o mar, a partir de US$ 234 para suítes. Pergunte sobre tarifas semanais e mensais. Crianças menores de 12 anos podem se hospedar gratuitamente. AE, MC, V. **Atrativos:** restaurante; bar; passeios de mergulhos e snorkel disponíveis; spa; Wi-Fi; ioga. No quarto: ar-condicionado, secador de cabelo, frigobar, não tem telefone.

Secreto ★★ Este hotel-butique possui um chique toque mediterrâneo. Doze suítes têm vista para a piscina infinita, para a jacuzzi e para o mar aberto. Localizado no extremo norte da ilha, o Secreto fica a apenas uma caminhada da cidade, e ainda assim nos sentimos distantes o bastante para um retiro idílico. Jardins tropicais cercam a requintada piscina, e uma área externa dispõe de sofás grandes e pequenas áreas de jantar. Os quartos são contemporâneos, com muito espaço, design simples e arrojado, varandas individuais e atrativos generosos. Nove suítes incluem camas king size, enquanto as três restantes têm duas camas de casal. O Secreto se destaca pelo estilo e atendimento. Um spa e uma academia estavam em construção no momento da impressão deste guia.

Sección Rocas, Lote 1, 77400 Isla Mujeres, Q. Roo. ℂ **998/877-1039.** Fax 998/877-1048. www.hotelsecreto.com. 12 quartos. Quarto duplo de US$ 252 a US$ 336. Pessoa extra US$ 25. Uma criança menor de 5 anos fica de graça no quarto dos pais. Os preços incluem café da manhã. AE, MC, V. **Atrativos:** Bar; piscina externa; aluguel de equipamentos de esportes aquáticos (mergulho e snorkel). No quarto: ar-condicionado, TV/DVD, iHome, refrigerador, secador de cabelo, frigobar.

MODERADO

Hotel Cabañas María del Mar ★ Uma boa opção para acomodações praianas simples, o Cabañas María del Mar fica na popular Playa Norte. A antiga ala de dois andares, atrás da recepção e além do jardim, dispõe de quartos bem-equipados, com vista para o mar.

Todos têm duas camas de solteiro ou casal, geladeira e varandas com vista para o mar. Vinte e duas *cabañas* térreas perto da recepção são decoradas em estilo rústico mexicano. A terceira ala, **El Castillo,** fica do outro lado da rua, acima e ao lado do restaurante Buho's. Todos os quartos são *deluxe*, embora alguns sejam maiores do que outros. Os cinco quartos do térreo têm grandes varandas e camas king size. Os quartos do andar de cima dispõem de varandas pequenas e a maioria tem vista para o mar. O pátio central tem uma pequena piscina.

Av. Arq. Carlos Lazo 1 (na Playa Norte, a meio quarteirão do Hotel Na Balam), 77400 Isla Mujeres, Q. Roo. ✆ **998/877-0179.** Fax 998/877-0213. www.cabanasdelmar.com. 73 quartos. Alta temporada, quarto duplo de US$ 130 a US$ 150; baixa temporada, quarto duplo de US$ 66 a US$ 90. MC, V. **Atrativos:** restaurante; bar; piscina. *No quarto:* ar-condicionado, TV, frigobar.

Ixchel Beach Hotel ☺ Este apart-hotel de preço moderado goza de uma localização privilegiada na Playa Norte. A maioria dos elegantes quartos possui varandas com vista para o mar e piscina, assim como pequenas cozinhas. Popular, principalmente entre as famílias, o Ixchel fica bem em um trecho idílico da praia, com espreguiçadeiras e guarda-sóis, e perto do acesso para esportes aquáticos. A piscina e o bar ficam juntos da praia, e o hotel fica a menos de dez minutos a pé do cais das balsas e do centro da cidade.

Calle Guerrero em Playa Norte, 77400 Isla Mujeres, Q. Roo. ✆/fax **998/999-2010.** www.ixchelbeachhotel.com. 117 quartos. Alta temporada, quarto duplo de US$ 175 a US$ 205, suíte US$ 265; baixa temporada, quarto duplo de US$ 99 a US$ 119, suíte US$ 115. MC, V. **Atrativos:** restaurante; lanchonete; serviços de babá; piscina; Wi-Fi. *No quarto:* ar-condicionado, TV, copa.

BARATO

Hotel Belmar ★★ No centro da área de entretenimento de Isla, este charmoso hotel de três andares (sem elevador) fica acima do movimentado restaurante Rolandi's. Os quartos simples e atraentes vêm com piso de cerâmica, banheiros bem-acabados, uma cama king size, ou duas camas de solteiro ou de casal. Os quartos estão em bom estado e têm ar-condicionado silencioso. Uma suíte grande dispõe de uma área de estar, varanda ampla e banheira de hidromassagem. Os quartos têm janelas com vidros duplos. Embora eu não tenha tido problemas com o barulho do restaurante em meu quarto no terceiro andar, pessoas com sono leve talvez devam procurar outra opção.

Av. Hidalgo 110 (entre Madero e Abasoio, a três quarteirões e meio do cais das balsas de passageiros), 77400 Isla Mujeres, Q. Roo. ✆ **998/877-0430.** Fax 998/877-0429. www.rolandi.com. 11 quartos. Alta temporada, quarto duplo $985, suíte $1.495; baixa temporada, quarto duplo $695 e suíte $1.495. Café da manhã completo incluído. AE, MC, V. **Atrativos:** bar-restaurante (veja "Onde Comer", adiante); serviço de quarto. *No quarto:* ar-condicionado, ventilador, TV.

Hotel D'Gomar ✍ Este hotel simples fica na parte de baixo dos hotéis baratos; é confortável, mas não espere muito. Os quartos têm duas camas de casal e uma parede de janelas que proporcionam uma brisa suave. Os preços mais altos são para quartos com ar-condicionado e geladeira. O hotel estende-se por quatro andares sem elevador, e está convenientemente localizado junto à esquina do cais das balsas (à direita). O nome do hotel é o sinal mais visível no "horizonte".

Rueda Medina 150, 77400 Isla Mujeres, Q. Roo. ✆/fax **998/877-0541.** www.hoteldgomar--islamujeres.com. 20 quartos. Alta temporada, quarto duplo $550; baixa temporada, quarto duplo de $350 a $450. MC, V. *No quarto:* ar- condicionado, ventilador, TV e frigobar (em alguns), não tem telefone.

Hotel Francis Arlene ★ A família Magaña administra esta elegante pousada de dois andares construída em torno de um pátio com sombra. É clara, alegre e bem administrada, e possui áreas comuns encantadoras. Por essas razões, diversos hóspedes retornam, fazendo com que ela continue muito popular entre famílias e idosos. Alguns quartos têm vista para o mar, e muitos passam por reformas ou atualizações todos os anos. São confortáveis, com piso em cerâmica, banheiros em azulejos, varandas, e um ambiente muito acolhedor. Os quartos standard incluem uma cafeteira e um refrigerador; os quartos dos andares superiores têm copa e vista para o mar. Dez quartos possuem apenas um ventilador de teto e são os mais baratos entre os duplos.

Guerrero 7 (cinco quadras e meia do cais das balsas, entre Abasolo com Matamoros), 77400 Isla Mujeres, Q. Roo. ⓒ/fax **998/877-0310**, 877-0861. www.francisarlene.com.mx. 24 quartos. Alta temporada, quarto duplo de US$ 65 a US$ 75, quarto duplo no último andar US$ 90; baixa temporada, quarto duplo de US$ 45 a US$ 60, duplo no último andar a US$ 80. MC, V. *No quarto:* ar- condicionado (em alguns), refrigerador, copa (em alguns), não tem telefone.

Onde Comer

No **Mercado Municipal**, próximo à agência de correios, na Avenida Guerrero, mulheres dedicadas e trabalhadoras administram várias barracas de comida. Se estiver a fim de tomar um sorvete, pare no **La Coppa** (não tem telefone), na Hidalgo com a Abasolo, onde você pode escolher entre 18 sabores de *gelato* italiano. Fica aberto diariamente das 15 h às 23 h.

CARO

Casa Rolandi ★★ ITALIANO/FRUTOS DO MAR Este restaurante gourmet, no hotel Villa Rolandi, oferece um ambiente maravilhoso, com janelas voltadas para o litoral oeste da ilha e um terraço a céu aberto. O cardápio é mais sofisticado do que o do Rolandi do centro, com uma cozinha aberta que serve lagosta fresca, salmão grelhado, espeto de camarão, massas caseiras e outros pratos preparados com bastante criatividade. Ambos os restaurantes fazem bom uso de fogões a lenha e fazem excelentes pratos de peixe assado. E cuidado com o pão assado no forno a lenha — ele chega parecendo um baiacu e é tão divino que você corre o risco de não precisar nem jantar. Este é um ótimo lugar para apreciar o pôr do sol, e há uma seleção de vinhos internacionais e mais de 80 tequilas premium.

No cais do Vila Rolandi (pág. 150) Lagunamar SM7. ⓒ **998/999-2000.** É preciso fazer reserva. Pratos principais de $182 a $303. AE, MC, V. Diariamente das 7 h às 22 h 30 min.

MODERADO

Angelo ★ ITALIANO Um restaurante italiano no centro da cidade, o Angelo oferece uma seleção de antipasti, massas, frutos do mar grelhados e pizzas em forno a lenha. O proprietário, nascido na Sardenha, cria seu cardápio com os sabores de sua terra natal, incluindo um rico molho de tomate. Considere começar com um prato de sopa de frutos do mar ou mexilhões *au gratin*, partindo para o espeto de camarões grelhados, ou massa de frutos do mar em um molho de azeite com vinho branco. O restaurante, ao ar livre, inclui um terraço na calçada bastante convidativo, e fica em frente a um descontraído restaurante cubano, também de propriedade do Angelo.

Av. Hidalgo 14 (entre Lopez Mateos com Matamoros). ⓒ **998/877-1273.** Pratos principais de $120 a $235. MC, V. Aberto diariamente das 16 h à meia-noite.

Rolandi's ★ ITALIANO/FRUTOS DO MAR Este restaurante casual italiano em Isla é provavelmente o estabelecimento mais movimentado da cidade. As pizzas de massa fina e calzones possuem uma grande variedade de ingredientes — dos tradicionais tomate, azeitona, manjericão e salame, até ingredientes mais exóticos como frutos do mar. Um forno a lenha dá o sabor, que é a marca registrada das pizzas, assim como espetinhos de peixe, frango assado e rosbife. O extenso cardá-

Restaurantes a céu aberto se espalham pelas ruas de Isla Mujeres.

pio oferece uma variedade de saladas e aperitivos, além de uma ampla variedade de pratos de massas caseiras, carnes, peixes e sobremesas. O restaurante fica ao lado do Hotel Belmar (pág. 152), com mesas na calçada junto ao agito da Avenida Hidalgo. O Rolandi's também serve café da manhã.

Av. Hidalgo 10 (três quadras e meia do cais, entre Madero com Abasolo). ✆ **998/877-0430**. É recomendável fazer reserva. Café da manhã de $30 a $50; pratos principais de $80 a $160. AE, MC, V. Aberto diariamente das 7 h às 22 h 30 min.

Zazil Ha ★★ CARIBENHO/INTERNACIONAL Aqui você pode apreciar alguns dos melhores pratos da ilha, sentado em mesas na areia, entre coqueiros e jardins. Ao anoitecer, mesas à luz de velas reluzem debaixo da *palapa* ao ar livre. As especialidades incluem a lagosta com filé de costela, e o frango maia recheado com cogumelos e queijo de cabra. Uma seleção de sucos naturais complementa as opções vegetarianas, e há até um cardápio especial para aqueles que participam dos retiros de ioga. Os deliciosos pães são assados no local. Entre as refeições estabelecidas, você pode pedir todos os tipos de comidas bastante atraentes, como tacos e sanduíches, ceviche, nachos fantásticos e bebidas de legumes e frutas.

No Hotel Na Balam (no fim da Playa Norte, quase no fim da Calle Zazil Ha; pág. 151). ✆ **998/877-0279**. www.nabalam.com. É recomendável fazer reserva. Café da manhã de $60 a $120; pratos principais de $80 a $250. AE, MC, V. Aberto diariamente das 7 h 30 min à 22 h 30 min.

BARATO

Café Cito CAFÉ Brisa e Luis Rivera são os donos deste adorável restaurante de esquina, pintado de azul caribenho, onde você pode começar o dia com um café saboroso e um croissant com cream cheese (este é o único lugar da cidade onde você pode tomar café da manhã até às 14 h). Deliciosos crepes vêm com iogurte, sorvete, frutas frescas, ou *dulce de leche* feito com leite de cabra, assim como presunto e queijo. O Café agora serve jantar também, oferecendo pratos caribenhos, como o camarão com coco e frango recheado com um delicioso molho de champignon.

Calle Matamoros 42, em Juárez, ✆ **998/877-1470**. Não aceitam reservas. Crepes entre $30 e $60; café da manhã de $40 a $60; sanduíches de $5 a $50; jantar de $120 a $150. Não aceita cartões de crédito. Aberto diariamente das 7 h 30 min às 14 h e das 17 h às 22 h.

Mamma Rosa ★★ ITALIANO Inaugurado no início de 2009 por uma família do norte da Itália, o Mamma Rosa serve à sua feliz clientela pizzas e massas caseiras de dar água na boca, em mesas à luz de velas que ficam na calçada. A pizza mais extravagante é a Diamante, com cobertura generosa de lagosta, mussarela e tomate. Nas massas, recomendo a simples lasanha de carne ou o tortelli de ricota e espinafre. O filé de garoupa é perfeito para o prato principal, a menos que você esteja a fim de uma carne Angus com pimentão. Bastante azeite é usado na culinária leve, com influência mediterrânea. Termine com o delicioso tiramisu. Os garçons aqui falam italiano e um pouco de espanhol ou inglês.

Av. Hidalgo 10 (na Matamoros). ✆ **998/200-1969.** Pizzas e massas de $75 a $220; pratos principais de $105 a $220. MC, V. Quarta a segunda das 8 h ao meio-dia e das 17 h às 23 h. Aberto somente para o jantar na baixa temporada.

A Vida Noturna de Isla Mujeres

Aqueles em clima de festa no fim do dia podem começar no bar de praia do hotel **Na Balam**, na Playa Norte, que normalmente abriga uma multidão até por volta da meia-noite. Aos sábados e domingos, na alta temporada, tem música ao vivo entre 16 h e 19 h. **Jax Bar & Grill,** na Avenida Rueda Medina, perto do Hotel Posada del Mar, é um bar de esportes estilo texano, com música ao vivo todas as noites. O restaurante à beira-mar, **Las Palapas Chimbo's,** vira um ponto de dança com bandas ao vivo das 21 h até sabe-se lá que horas. Mais adiante, no mesmo trecho de praia, **Buho's**, o restaurante-bar de praia das Cabañas María del Mar, tem seus momentos como ponto de encontro popular, discreto, com cadeiras de balanço na areia. Se você quiser degustar uma dentre cerca de 100 marcas de tequila em um terraço tranquilo na calçada, pare no **Fayne's**, localizado na Av. Hidalgo 12, aberto diariamente das 19 h à meia-noite ou mais tarde. Oferece música ao vivo de qualidade, que geralmente vai até depois das 22 h. Perto dali, na Av. Hidalgo, 17, **El Patio** tem mesas na areia e música ao vivo todas as noites, incluindo guitarra, saxofone e reggae. Abre diariamente das 19 h à meia-noite ou mais tarde, exceto aos domingos, quando está fechado. **Om Bar and Chill Lounge,** na Calle Matamoros, serve coquetéis em um ambiente que inclui música latina com estilo jazz, e fica aberto das 18 h às 2 h.

COZUMEL ★★★

70 km ao sul de Cancún, 19 km Sudeste de Playa del Carmen.

Você pode não esperar que uma ilha tão relaxante seja um dos melhores pontos de mergulho do mundo, mas as águas claras e azuis-turquesa de Cozumel são espetaculares para snorkel e mergulhos. Arrecifes altos se alinham na costa sudoeste, criando muros muito altos que oferecem aos mergulhadores uma paisagem de conto de fadas para explorar. A ilha é muito mais tranquila do que Cancún, e não há grandes autoestradas, arranha-céus ou construções. Uma das minhas coisas favoritas de Cozumel é que a água do lado protegido (costa oeste) é tão calma quanto um aquário, a menos que tenha uma frente de ventos fortes. A ilha tem 45 km de comprimento e 18 km de largura, e fica a 19 km do continente. A maior parte do terreno é plana e coberta por uma floresta tropical baixa.

Uma forte cultura familiar e comunitária ainda prevalece aqui. Existem cerca de 80 mil pessoas na ilha das quais 2 mil são americanos e o restante, em sua maioria, são maias, iucateques e mexicanos de outras partes do país. A única cidade da ilha é San Miguel, que apesar do crescimento dos últimos 20 anos, não pode ser chamada de qualquer outra coisa, a não ser de uma cidade pequena. Não é uma cidade belíssima, mas seus habitantes são receptivos — a vida segue a um ritmo lento, e todo domingo à noite os moradores se reúnem ao redor da praça, para curtir música ao vivo e ver os amigos. Ficar na cidade pode ser divertido e conveniente. A Avenida Rafael Melgar é a principal via à beira-mar e inclui um calçadão com bancos e esculturas pelo caminho. Vários restaurantes e casas noturnas espalham-se ao longo da avenida.

Por Cozumel ser uma parada frequente no circuito de navios de cruzeiro, a orla da cidade está repleta de joalherias, lojas duty-free de souvenirs. Essa área e a que fica em torno da praça principal da cidade são o mais longe que a maioria dos passageiros de navios de cruzeiro se aventuram a visitar na cidade, e eles normalmente ficam aqui apenas por algumas horas no meio do dia.

Durante a era pré-colombiana, mulheres maias atravessavam até a ilha para fazer oferendas à deusa da fertilidade, Ixchel. Mais de 40 sítios contendo santuários permanecem ao redor da ilha, e os arqueólogos ainda encontram pequenas bonecas que eram costumeiramente parte das oferendas. Embora a ilha tenha suas próprias ruínas, elas não se comparam aos grandes sítios do continente.

Informações Básicas
CHEGANDO LÁ E PARTINDO

DE AVIÃO Durante a alta temporada, muito mais voos comerciais internacionais pousam e decolam do aeroporto de Cozumel (CZM) do que na baixa temporada, incluindo alguns voos de cidades do norte dos EUA. As companhias aéreas incluem **Aeromexico, American, Continental, Delta, Frontier**, e **US Airways**. Você também pode obter informações sobre a compra de passagem em um dos voos charter na alta temporada. Algumas empresas, como a **Fun Jet** (www.funjet.com), vendem apenas as passagens. Mas dê uma olhada em pacotes, também. Vários hotéis independentes da ilha têm acordos para fazer pacotes.

DE BALSA Balsas de passageiros fazem viagens de ida e volta para Playa del Carmen. A **Mexico Waterjets** (✆ 987/872-1508) e a **Ultramar** (✆ 998/881-5890; www.granpuerto.com.mx) oferecem partidas quase de hora em hora pela manhã, e a cada duas horas durante a tarde. Os horários variam de acordo com as temporadas, mas geralmente começam às 7 h e vão até às 21 h ou 22 h. A viagem leva de 30 a 45 minutos, dependendo das condições, custando $140 cada trecho. As balsas são climatizadas. Na Playa del Carmen, o píer das balsas fica a uma quadra e meia da praça principal. Em Cozumel, as balsas utilizam o Muelle Fiscal, o cais da cidade, a uma quadra da praça principal. A guarda de bagagem no cais de Cozumel custa $20 por dia.

A balsa para carros, que costumava utilizar Puerto Morelos, agora usa o cais Calica, ao sul da Playa del Carmen. O preço de um carro convencional é $600. A **Transcaribe** (✆ 987/872-7688; www.transcaribe.com.mx) tem seis partidas diárias; consulte o site para os horários exatos. A balsa atraca em Cozumel, no **Muelle Internacional** (o **Píer Internacional**, que fica ao sul da cidade, perto do La Ceiba Hotel).

DE ÔNIBUS Se você pretende viajar pelo continente de ônibus, compre passagens com antecedência na bilheteria dos **ônibus ADO**, chamados de **Ticket Bus**, no cais municipal (aberto nos horários de operação das balsas). Tem outro na Calle 2 Norte com a Avenida 10 (✆ 987/872-1706). O horário de funcionamento é das 8 h às 21 h. Os ônibus ADO fazem a viagem de uma hora do aeroporto de Cancún até Playa del Carmen (e a volta) durante todo o dia por $100; você pode facilmente pegar a balsa para Cozumel em Playa.

ORIENTAÇÃO

CHEGANDO O **aeroporto** de Cozumel fica no interior da ilha, em relação ao centro. A **Transportes Terrestres** oferece transporte dos hotéis em caminhonetes com ar-condicionado. Compre seu bilhete ao sair do terminal. Para hotéis do centro, a tarifa é de $70 por pessoa; para os hotéis ao longo do litoral norte, $100; e para os hotéis do litoral sul, até $150. Balsas de passageiros chegam ao Muelle Fiscal, o cais municipal, próximo à principal praça da cidade. Navios de cruzeiro aportam no cais de **Punta Langosta**, várias quadras ao sul do Muelle Fiscal, e no **Muelle Internacional**, que fica no Km 4 da estrada litorânea do sul. Um terceiro cais de navios de cruzeiro, o **Puerta Maya,** perto do Muelle Internacional Pier, também funciona.

A balsa faz o percurso entre Cozumel e Playa del Carmen.

INFORMAÇÕES TURÍSTICAS A **Secretaria Municipal de Turismo** (📞/fax **987/869-0212**; www.cozumel.gob.mx) tem postos de informação no Píer Internacional e no Píer Punta Langosta, que ficam abertos das 8 h às 15 h, de segunda a sexta-feira.

INFORMAÇÕES DA CIDADE A principal avenida à beira-mar de San Miguel é **Avenida Rafael Melgar**. Paralelas à Rafael Melgar ficam as *avenidas* numeradas em múltiplos de cinco — 5, 10, 15. A **Avenida Juárez** é transversal a elas e liga o cais das balsas ao interior da ilha. A Avenida Juárez divide a cidade em duas metades, norte e sul. As *calles* (ruas), paralelas a Juárez ao norte, possuem números pares. As que ficam ao sul possuem números ímpares, com exceção da Calle Rosado Salas, que fica entre as Calles 1 e 3. Os veículos nas *avenidas* têm a preferência no trânsito.

INFORMAÇÕES SOBRE A ILHA Uma estrada acompanha o litoral oeste da ilha, que é voltado para o interior de Yucatán. E tem nomes diferentes. Ao norte da cidade, é **Santa Pilar** ou **San Juan**; na cidade, é **Avenida Rafael Melgar**; ao sul da cidade, é **Costera Sur**. Hotéis ficam nessa estrada ao norte e ao sul da cidade. A estrada vai até a ponta sul da ilha (Punta Sur), passando pelo **Parque Nacional Chankanaab**. A **Avenida Juárez** (e sua extensão, a **Carretera Transversal**) segue a leste da cidade, cortando a ilha. Passa pelo aeroporto e pela saída para as ruínas de San Gervasio, antes de chegar à parte litorânea, não urbanizada, da ilha. Depois, vira para o sul e segue pelo litoral até a ponta sul, onde se encontra com a Costera Sur.

LOCOMOÇÃO Você pode ir andando para a maioria dos lugares da cidade, que é muito segura. É preciso ir de táxi, carro alugado ou mobilete a hotéis e praias afastados.

> **Seja Esperto**
>
> Vias norte-sul - as *avenidas* - têm a preferência, e os carros não diminuem a velocidade ou param.

FÉRIAS all-inclusive EM COZUMEL

Reservas em resorts *all-inclusive* devem ser feitas através de uma agência que faça pacotes. Fazer reservas diretamente com o hotel normalmente não faz sentido, mesmo com milhas de programas de milhagem para gastar, pois os descontos oferecidos pela maioria dos pacotes compensam. Eu incluí sites onde você encontra mais informações sobre os hotéis, mas não espere encontrar informações claras sobre preços. O jogo de fixação de preços com esses hotéis é complicado e sempre varia muito.

Há dois resorts *all-inclusive* no norte da cidade: O **El Cozumeleño** (www.elcozumeleno.com) e o **Meliá Cozumel** (www.solmelia.com). Ambos ocupam prédios de vários andares e possuem quartos charmosos. O El Cozumeleño é o maior dos dois resorts e tem a melhor piscina de hotel da ilha. É mais apropriado para pessoas mais ativas. O Meliá é mais silencioso e oferece descontos para campos de golfe próximos. A pequena praia do Cozumeleño precisa de reposição periódica de areia. A praia do Meliá é longa, estreita e bonita, mas às vezes tem algas, o que não acontece no resto da ilha. As vantagens de se hospedar nesses dois hotéis são a proximidade com a cidade, restaurantes, boates, cinemas e assim por diante, e o fato de que a maioria dos quartos contarem com vista para o mar.

O **Cozumel Palace** (www.palaceresorts.com) fica à beira-mar, na parte sul da cidade, ocupando o imóvel que costumava ser o Plaza Las Glorias. Apesar da localização, não possui uma praia. Mas isso não é tão ruim assim. O mar é geralmente tão calmo na costa oeste de Cozumel que tomar banho aqui é como estar em uma piscina, e você pode praticar snorkel pertinho do hotel.

Entre os hotéis *all-inclusive* do sul, meus favoritos são o resort **Occidental (Grand Cozumel;** www.occidentalhotels.com) e o **Iberostar Cozumel** (www.iberostar.com). Tratam-se de resorts no estilo vila, com prédios de dois e três andares, muitas vezes com telhados de palha, espalhados por uma grande área com piscina e atividades no centro. Os quartos do Grand Cozumel são maiores e mais atrativos do que os dos hotéis *all-inclusive* do sul. Assim como a cadeia Occidental, a Iberostar tem vários hotéis no Caribe mexicano. Esse é o menor. Eu gosto da comida e do atendimento, além da beleza da propriedade. Os quartos são charmosos e bem-conservados. A vantagem de ficar nesses lugares é que você estará perto de vários locais de mergulho; a desvantagem é que você fica um pouco isolado da cidade e não tem muitos quartos com vista para o mar.

Outros hotéis *all-inclusive* incluem o **Wyndham Cozumel Resort and Spa** (www.wyndham.com), que costumava ser o Reef Club, e o **Holiday Village White Sands**, que costumava ser o Allegro Cozumel, mas agora é um hotel da First Choice (www.firstchoice.com.uk). Ele provavelmente tem uma das praias mais bonitas da ilha. E, finalmente, tem o **Hotel Cozumel & Resort** (antigo Costa Club; www.hotelcozumel.com.mx), que fica no lado de dentro da estrada, em uma parte movimentada da ilha.

Embora o **Fiesta Americana Cozumel Dive Center** (www.fiestamericana.com) não se intitule um resort *all-inclusive*, ele oferece aos hóspedes a opção de um plano de refeição que inclui todas as refeições e bebidas locais. Entre outros serviços, o resort familiar oferece uma excelente variedade de atividades ao ar livre, incluindo um centro de mergulho de primeira, ao lado do maior e mais antigo arrecife de corais do ocidente.

Aluguéis de carro custam cerca de US$ 45 por um Fusca e US$ 60 por um Jeep Wrangler. A **Avis** (✆ **987/872-0099**) e a **Executive** (✆ **987/872-1308**) têm balcões no aeroporto. Outras grandes locadoras têm escritórios na cidade, incluindo a **Thrifty** (✆ **987/869-2957**) na Juárez 181, entre as Avenidas 5 e a 10 Norte. Os aluguéis são fáceis de providenciar através de seu hotel ou em qualquer um dos muitos escritórios locais das locadoras.

Aluguéis de mobiletes estão disponíveis e custam de $250 a $500 por 24 horas, dependendo da época. Se você alugar uma mobilete, tome cuidado. Andar de mobilete fazia muito mais sentido quando Cozumel tinha menos tráfego; agora envolve um certo risco, já que taxistas e outros motoristas tornaram-se mais numerosos e mais agressivos. Acidentes de mobilete estão nas estatísticas como a maior causa de ferimentos em Cozumel. Antes de alugar uma, inspecione com cuidado para ver se todos os apetrechos — buzina, farol, ignição, assento, espelho — estão em bom estado. Já me ofereceram mobiletes com rodas desbalanceadas, o que as tornavam instáveis em velocidades altas, mas o atendente trocou-a rapidamente após minha reclamação. Você é obrigado a permanecer em estradas asfaltadas. É ilegal andar de mobilete sem capacete fora da cidade (sujeito a uma multa de $300).

Cozumel tem muitos **táxis** e um sindicato de taxistas forte. As tarifas foram padronizadas — não há negociação. Aqui estão alguns exemplos de tarifa para duas pessoas (há um custo adicional para passageiros extras para a maioria dos destinos): passeios na ilha, $500; da cidade para o sul da Zona Hoteleira, de $110 a $180; da cidade para hotéis ao norte, de $50 a $70; da cidade para Chankanaab, $100 para até quatro pessoas; dentro e em torno da cidade, de $30 a $40.

INFORMAÇÕES ÚTEIS Cozumel

Código de Área O código de área é **987**. **Caixas Automáticos, Bancos e Casas de Câmbio** A ilha possui vários bancos e *casas de cambio*, assim como **caixas** automáticos. A maioria dos lugares aceita dólares, mas você normalmente consegue um preço melhor pagando em pesos.

Clima De outubro a dezembro, pode haver ventos fortes em toda Yucatán, assim como chuva. De junho a outubro é a época das chuvas.

Hospital Médica San Miguel (✆ **987/872-0103**) funciona para a maioria das coisas e inclui instalações de tratamento intensivo. Fica na Calle 6 Norte entre as Avenidas 5 e a 10. O **Centro Medico Cozumel** (✆ **987/872-3545**) é uma alternativa. Fica no cruzamento da Calle 1 Sur com a Avenida 50.

Acesso à Internet Há várias lan houses nos arredores da praça principal. Se você se afastar um pouco da Avenida Rafael Melgar e da praça principal, os preços caem. O **Modutel**, Av. Juarez 15 (com a Av. 10) oferece bons preços. O horário é de segunda a sábado, de 10 h às 20 h.

Correio O *correo* fica na Avenida Rafael Melgar com a Calle 7 Sur (✆ **987/872-0106**), no extremo sul da cidade. Abre de segunda a sexta, das 9 h às 15 h, e sábado das 9 h ao meio-dia.

Câmaras Hiperbáricas Cozumel possui quatro *cámaras de recompresión*. As melhores são **Buceo Médico Mexicano**, aberto 24 horas, na Calle 5 Sur 21-B, entre a Avenida Rafael Melgar e Avenida 5 Sur (✆ **987/872-2387, 872-1430**), e o **Centro Hiperbárico de Cozumel** (✆ **987/872-3070**), na Calle 6 Norte entre as Avenidas 5 e 10.

Temporadas A alta temporada é do Natal à Páscoa e o mês de agosto.

San Miguel de Cozumel

HOSPEDAGEM
- Hacienda San Miguel 1
- La Casona Real 9
- Suites Vima 6
- Vista del Mar 13

REFEIÇÃO
- Comida Casera Toñita 10
- El Amigo Mario 14
- Bairro Francês 11
- Guido's 4
- Kinta 8
- La Choza 12
- La Cocay 3
- Pancho's Backyard 2
- Restaurant del Museo 5
- Zermatt 7

Festividades de Carnaval.

Explorando a Ilha

Para **mergulho** e **snorkel**, você terá muitas operadoras à sua escolha. Para **passeios pela ilha e pelas ruínas** dentro e fora da ilha, **passeios noturnos de barco** e outras atividades, vá a uma agência de viagens, como a **InterMar Cozumel Viajes**, Calle 2 Norte 101-B, entre as Avenidas 5 e 10 (© **987/872- 1535**; www.intermar.com.mx). O horário de funcionamento é de segunda a sábado, de 8 h às 20 h, e domingo de 9 h às 17 h.

ESPORTES AQUÁTICOS

MERGULHO COM CILINDRO Cozumel é o destino de mergulho número um do Ocidente. Não esqueça seu cartão e livro de registro de mergulho. As empresas de mergulho alugam equipamentos, mas não o levam no barco deles se você não mostrar sua documentação. Se tiver um problema médico, traga uma carta assinada por um médico dizendo que você foi liberado para mergulhar. Um mergulho matinal, com dois tanques, custa cerca de US$ 75 a US$ 90; algumas empresas oferecem um mergulho adicional de um tanque por uma pequena taxa extra. Vários mergulhadores economizam dinheiro ao comprar pacotes de mergulho e hotel. Esses geralmente incluem dois mergulhos por dia.

O mergulho em Cozumel é com correnteza, o que pode ser um pouco perturbador para os novatos. A correnteza que passa pelos arrecifes de Cozumel, levando nutrientes aos corais e garantindo seu crescimento, também determina como você mergulha por aqui. O problema é que ela puxa a diferentes velocidades, em diferentes profundidades, e em diferentes lugares. Quando está puxando com força, pode rapidamente dispersar um grupo de mergulho. O papel do Dive Master se torna mais importante, principalmente quanto à escolha do local de mergulho. Cozumel tem vários pontos de

> **Carnaval**
>
> O *Carnaval* (semelhante ao carnaval do Rio de Janeiro) é a *fiesta* mais colorida de Cozumel. Começa na quinta-feira antes da quarta feira de cinzas, com danças de rua diurnas e desfiles noturnos na quinta-feira, sábado e segunda-feira (o melhor).

Mergulho em Cenotes no Continente

Uma atividade popular na Península de Yucatán é o mergulho em cavernas. Os **cenotes** subterrâneos da península — escoadouros ou nascentes — levam a um vasto sistema de cavernas subterrâneas. As águas com uma leve correnteza são tão claras que os mergulhadores parecem flutuar no ar, por cavernas repletas de estalactites e estalagmites. Se você quiser experimentar, mas não planejou uma viagem ao continente, entre em contato com a **Yucatech Expeditons**, Avenida 5, esquina com a Calle 3 Sur (☎/fax **987/872-5659**; www.yucatech.net), que oferece viagens cinco vezes por semana. Os cenotes ficam entre 30 e 45 minutos de Playa del Carmen, e um mergulho em cada cenote dura cerca de 45 minutos. Os mergulhos são dentro da zona com luz do dia, cerca de 40 m para dentro das cavernas, e com no máximo 18 m de profundidade. Certificação de mergulho em mar aberto, ou pelo menos cinco mergulhos registrados, são obrigatórios. Para aqueles sem certificações de mergulho, um passeio com snorkel nos cenotes também é oferecido.

mergulho. Para citar apenas alguns: o famoso **Arrecife Palancar**, com suas cavernas e cânions, peixes à vontade e corais marinhos; o monstruoso **Santa Rosa Wall**, famoso por sua profundidade, vida marinha, corais, e esponjas; o **Arrecife San Francisco**, com uma profundidade menor e vida marinha fascinante; e o **Arrecife Yucab**, com seus lindos corais.

Encontrar uma empresa de mergulho na cidade é ainda mais fácil do que encontrar uma joalheria. Cozumel tem mais de 50 operadoras de mergulho. Recomendo a **Aqua Safari**, que tem uma filial na Avenida Rafael Melgar, 429 com a Calle 5 (☎ **987/872-0101**; www.aquasafari.com). A **Liquid Blue Divers** (☎ **987/869-2812**; www.liquidbluedivers.com), na Avenida 5 entre Rosado Salas e Calle 3 Sur, oferece passeios de qualidade, com no máximo 12 mergulhadores. **Scuba Du** (☎ **987/872-9505**; www.scubadu.com), com base no resort Presidente Intercontinental (pág. 171), oferece excelentes excursões de mergulho, cursos de reciclagem e todos os níveis de certificação de mergulho.

SNORKEL A maioria dos resorts oferece equipamentos para snorkel, e muitas empresas de mergulho, também. Quando contratar uma atividade de snorkel, fique longe das empresas que atendem os navios de cruzeiro. Esses passeios são lotados e não muito divertidos. Para uma boa excursão de snorkel, entre em contato com **Victor Casanova** (☎ **987/112-2553**; boshms.angelfire.com /wild_cat_diver/). Ele fala inglês, possui alguns barcos e faz um bom passeio de cinco horas. O passeio é tranquilo e sem pressa. Mesmo que não seja possível ver muitas das formações mais delicadas, como corais de leque, você ainda verá muitas criaturas marinhas e ainda desfrutará das águas cristalinas e calmas do protegido lado oeste de Cozumel.

PASSEIOS DE BARCO Agências de viagens e hotéis podem organizar passeios de barco, um passatempo popular em Cozumel. Escolha entre cruzeiros noturnos, cruzeiros de coquetel, cruzeiros em barcos com

Pontos de mergulho submarino de Cozumel.

fundo de vidro, entre outras opções. Um novo passeio de barco é oferecido pela **Atlantis Submarines** (🕿 **987/872-5671**; www.atlantisadventures.com). Opera a quase 3 km ao sul da cidade, em frente ao hotel Casa del Mar, e custa US$ 89 para adultos e US$ 59 para crianças com idades entre 4 e 12 anos. A duração do passeio é de uma hora e meia, com 40 minutos submerso; o submarino

> ### Para Mergulhadores Experientes
> Traga um comprovante de sua certificação de mergulhador e seu livro de registros. Correntezas submarinas podem ser fortes, e muitos pontos dos arrecifes são bastante íngremes, portanto, os operadores de mergulho querem ter certeza de que os mergulhadores têm experiência.

comporta até 48 pessoas. Esta é uma experiência ainda melhor do que a do **Sub See Explorer,** oferecido pela **AquaWorld,** o que é apenas um barco com fundo de vidro. Você pode fazer reservas online e obter um pequeno desconto.

PESCARIA Os melhores meses para a pesca são de março a junho, quando marlins azuis e brancos, agulhões, tarpões e peixes-espada podem ser encontrados. A opção mais em conta seria tratar diretamente com o proprietário do barco. Tente Victor Casanova, listado anteriormente, em "Snorkel". Uma operadora de confiança, que oferece pesca em alto mar e pesca de robalo-flecha em Cozumel, é a **Aquarius Fishing** (🕿 **987/872-1092**; www.aquariusflatsfishing.com), localizada na Avenida 20 Sur, entre a Calle 3 Sur e a Calle Rosado Salas.

PARQUE NACIONAL CHANKANAAB E RESERVA ECOLÓGICA FARO CELERAIN (PUNTA SUR)

O **Parque Nacional Chankanaab** ★ é o orgulho de muitos ilhéus. Em maia, Chankanaab significa "mar pequeno", que se refere a uma bela piscina natural ligada ao mar por um túnel subaquático — uma espécie de mar em miniatura. Snorkel é proibido neste aquário natural, mas o parque em si tem uma praia para se bronzear e praticar snorkel. Chegue antes das 9 h para garantir uma cadeira e uma *palapa*, antes que a multidão dos navios chegue. O snorkel também é melhor antes do meio-dia.

ANATOMIA DOS arrecifes de coral

Os corais são pólipos, pequenos animais com corpos ocos e cilíndricos que se ligam uns aos outros, aos milhares, em superfícies duras do fundo do mar. Os pólipos extraem carbonato de cálcio da água do mar para criar esqueletos rígidos em forma de taça, que assumem uma variedade infinita de formas e tamanhos. Essas estruturas calcárias abrigam quase um quarto da vida marinha. Os pólipos suaves e delicados se recolhem dentro de seus esqueletos durante o dia, mas seus tentáculos podem ser vistos à noite quando se projetam para fora para se alimentar.

Dois tipos diferentes de formações de corais dominam as águas de Cozumel. As bases dos arrecifes de plataforma menos desenvolvidos, como a Colombia Shallows, Paraíso e Yucab, raramente estão a mais de 9 m a 15 m de profundidade. Os arrecifes em franja são estruturas mais complexas, formadas ao longo de muitos milênios, e suas estruturas em camadas são bem maiores do que suas extremidades aparentes, estendendo-se até 55 m abaixo da superfície. Estes são encontrados principalmente no sul; exemplos incluem Palancar, Colombia Deep, Punta Sur e Maracaibo.

Parque Nacional Chankanaab.

O parque conta com banheiros, armários, uma loja de presentes, várias barracas de lanches, um restaurante e uma *palapa*, que aluga equipamento de mergulho.

Você também pode nadar com golfinhos. A **Dolphin Discovery** (✆ 800/293-9698; www.dolphindiscovery.com) tem vários programas para curtir essas criaturas marinhas. Eles são concorridos, então planeje seu passeio — você deve fazer reservas com bastante antecedência. A melhor forma é através do site; certifique-se de escolher a unidade em Cozumel, já que há algumas outras nessa costa. Há três programas diferentes para nadar com golfinhos. O de maior duração custa US$ 149, e há uma interação bem próxima com esses belos nadadores. Há também programas para nadar e praticar snorkel por cerca de US$ 100, que o permite entrar na água com essas criaturas.

A entrada para o parque custa US$ 16, e crianças menores de 12 anos pagam a metade do preço. Abre diariamente das 8 h às 17 h, e está localizado ao sul da cidade, logo depois do Hotel Fiesta Americana. Táxis fazem corridas constantes entre o parque, os hotéis e a cidade ($100 da cidade, para até quatro pessoas).

A **Reserva Ecológica Faro Celerain** (entrada US$ 10), também chamada de Punta Sur, é uma reserva ecológica na ponta sul da ilha, que inclui a Lagoa de Columbia. Vários crocodilos fazem da lagoa seu lar, portanto, nadar não é apenas uma má ideia, é proibido. A única maneira prática de ir até o farol, que fica a 8 km

Crocodilos na Reserva Ecológica Faro Celerain.

da entrada, é alugar um carro ou uma scooter; não há pontos de táxi e geralmente há poucas por lá. Na entrada para Punta Sur, você vai encontrar um bar na praia, que toca reggae, e uma área de nidificação de tartarugas marinhas. As agradáveis praias logo em frente são mantidas o mais natural possível, mas tenha cuidado ao tomar banho ou praticar snorkel, dependendo dos ventos e das correntezas. O horário normal de funcionamento é diariamente das 9 h às 16 h. Se você tiver um carro alugado, chegar aqui não será problema, e esse normalmente é um ótimo lugar para ficar longe das multidões e curtir a praia com bastante tranquilidade. De vez em quando, há passeios de barco na lagoa. Pergunte no escritório de informações.

PRAIAS

Ao longo dos lados oeste e leste da ilha, você verá sinais anunciando clubes de praia. Um "clube de praia" em Cozumel pode significar apenas uma *palapa* que fica aberta ao público e serve refrigerante, cerveja e peixe frito. Também pode significar uma praia de lazer com toda uma variedade de serviços, desde passeios de banana boat até prática de parasail. Eles também costumam ter vestiários, piscina e comida. O maior deles é o **Mr. Sancho's** (✆ **987/87 1-9174**; www.mrsanchos.com), ao sul do centro de San Miguel, no Km 15, na estrada principal entre o Reef Club e o Allegro Resort. Possui um restaurante, bar, serviço de massagem e esportes aquáticos, tanto motorizados quanto não motorizados. Versões mais calmas de clubes de praia são **Playa San Francisco** (não tem telefone), **Paradise Beach** (não tem telefone; junto à Playa San Francisco), e **Playa Palancar** (não tem telefone). Todas estas praias ficam ao sul do Parque Chankanaab e são facilmente vistas da estrada. Muitas possuem piscinas com estrutura de praia, um restaurante e aluguel de equipamento de snorkel. A maioria dessas praias custa em torno de $50.

Chegando ao fim da ilha, os clubes de praia tornam-se lugares simples onde você pode comer, beber, além de se deitar na areia de graça. O **Paradise Cafe** fica na ponta sul da ilha, em frente ao Parque Natural Punta Sur, e ao seguir pelo lado leste da ilha, você passa por **Playa Bonita, Chen Río**, e **Punta Morena**. Exceto aos domingos, quando os ilhéus vão às praias, esses locais ficam praticamente desertos. A maior parte da costa leste é perigosa para tomar banho, por causa do mar agitado. As praias tendem a ser pequenas e ocupam pequenas lacunas na costa rochosa.

PASSEIOS PELA ILHA

As agências de viagens podem organizar uma variedade de passeios, incluindo a cavalo, de jipe e passeios de quadriciclos. Os taxistas cobram $700 por um passeio de três horas pela ilha, que a maioria das não consideraria tão legal, dependendo da personalidade do taxista. Os melhores passeios a cavalo são oferecidos no **Rancho Palmitas** (não tem telefone), na Autoestrada Costera Sur, em frente ao resort Cozumel Occidental. Os passeios podem ser de uma a duas horas e 30 min e custam entre $200 a $300.

OUTRAS ATRAÇÕES

RUÍNAS MAIAS Um passeio popular da ilha é **San Gervasio** (100 a.C. — 1600 d.C.). Siga a estrada transversal asfaltada e você verá a saída bem sinalizada, mais ou menos na metade do caminho entre a cidade e a costa leste. Para o que você vê, é um pouco caro. Você tem de pagar uma taxa de $70 cobrada pelo instituto local; permissões para usar câmera custam $50 a mais. Um pequeno centro turístico na entrada vende artesanato, bebidas geladas e lanches. As ruínas ficam abertas das 7 h às 16 h.

Quando se trata das ruínas maias de Cozumel, chegar lá é a maior parte da diversão — faça isso pela atmosfera mística e e pela viagem, não pelo ta-

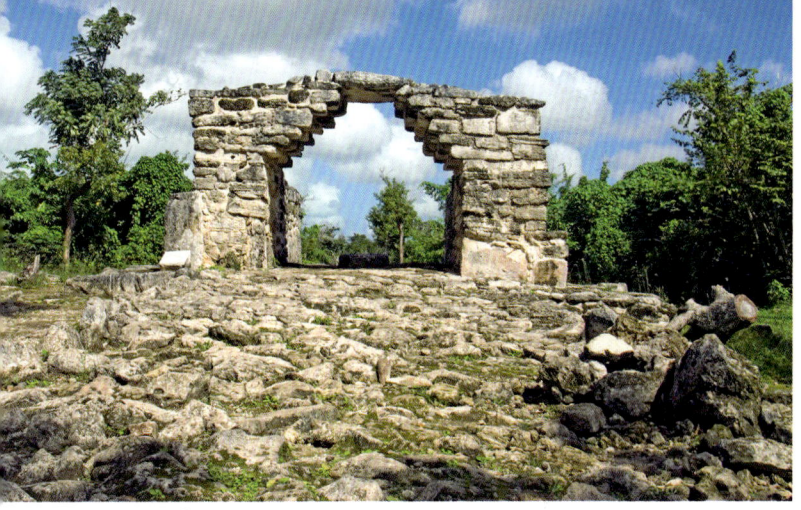

Ruínas Maias de San Gervasio.

manho ou imponência das ruínas. As construções, embora preservadas, são muito cruas e não seriam um grande atrativo turístico não fossem as principais ruínas da ilha. Mais significativo do que bonito, este sítio já foi um importante centro cerimonial onde os maias se reuniam, vindos até do continente. A divindade importante era Ixchel, a deusa da tecelagem, das mulheres, do parto, dos peregrinos, da lua e da medicina. Embora não exista representação de Ixchel em San Gervasio nos dias de hoje, Bruce Hunter, em seu livro, *Guide to Ancient Maya Ruins*, escreve que os sacerdotes se escondiam atrás de uma grande estátua de barro da deusa e se tornavam a voz dela, falando aos peregrinos e respondendo aos seus pedidos. Ixchel era a esposa de Itzamná, o deus-sol.

Guias cobram $200 por um passeio para 1 a 6 . A melhor opção é encontrar um exemplar do livreto verde de *San Gervasio*, vendido em caixas de estabelecimentos e livrarias, e passear pelo sítio por conta própria. A visita dura de 30 a 60 minutos. Taxistas oferecem transporte por cerca de $600, o que inclui o motorista esperando por você perto das ruínas.

UM MUSEU DE HISTÓRIA O **Museo de la Isla de Cozumel** ★, Av. Rafael Melgar, entre as Calles 4 e 6 Norte (✆ **987/872- 1475**), é mais do que apenas um lugar agradável para passar uma hora chuvosa. No primeiro andar, uma exposição ilustra espécies ameaçadas de extinção, a origem da ilha e sua topografia e vida vegetal e animal nos dias de hoje, incluindo uma explicação sobre a formação dos corais. As galerias do segundo andar exibem a história da cidade, artefatos de sítios pré-colombianos da ilha, canhões, espadas e paraférnalia de navios da era colonial. Fica aberto diariamente das 9 h às 17 h (mas fecha às 16 h aos domingos). A entrada custa $36. Há também uma loja de presentes e um café pitoresco na cobertura que serve café da manhã e almoço (pág. 175; você não precisa pagar entrada para comer aqui, a menos que você também queira visitar o museu).

GOLFE Cozumel tem um campo de 18 buracos, projetado por Jack Nicklaus. Fica no **Cozumel Country Club** (✆ **987/872-9570**; www.cozumelcountryclub.com.mx), ao norte de San Miguel. *Green fees* custam US$ 169 para saídas pela manhã, incluindo o aluguel do carrinho e impostos. Saídas na parte da tarde custam US$ 105. As partidas podem ser reservadas com três dias de antecedência. Alguns hotéis oferecem condições especiais, com descontos para os hóspedes e saídas marcadas com antecedência; os hóspedes do Playa Azul Golf & Beach Club não pagam *green fees*, mas o carrinho custa US$ 25.

Passeios para o Continente

CHICHEN ITZÁ, TULUM E COBÁ Agências de viagens organizam passeios para as ruínas de **Chichén Itzá** ★★★. As ruínas de **Tulum** ★, com vista para o Caribe, e **Cobá** ★, em uma selva densa, ficam mais perto e custam menos. Essas duas últimas cidades contrastam bastante de Chichén Itzá. Cobá é uma cidade grande, quase não restaurada, de frente para um lago, em uma remota selva, enquanto Tulum é menor, mais compacta e em frente a praia. É ainda mais intacta do que Cobá. Um passeio para Cobá e Tulum sai às 8 h e retorna por volta das 18 h. Há um passeio mais curto e relaxante vai a Tulum e ao parque natural de Xel-Ha, próximo de lá.

PLAYA DEL CARMEN E XCARET Visitar, por conta própria, a cidade litorânea de **Playa del Carmen** e o parque natural de **Xcaret** é tão fácil quanto um rápido passeio de balsa de Cozumel (para informações sobre balsas, consulte "Chegando Lá e Partindo", anteriormente neste capítulo). Para mais informações sobre Playa e Xcaret, veja o Capítulo 7. As agências de viagem de Cozumel oferecem um passeio a Xcaret que inclui a balsa, transporte para o parque e entrada.

Compras

Se você estiver procurando por joias de prata ou outras lembrancinhas, não precisa ir além da avenida litorânea da cidade, Rafael Melgar. Ao longo dessa rua, você verá uma loja depois da outra que vendem joias, artesanato mexicano e outras lembranças e produtos duty-free. Há também algumas lojas de importação/exportação no Punta Langosta Shopping Center, na parte sul da cidade, em frente ao cais de

Lojas de souvenir ao longo da Avenida Rafael Melgar.

navios de cruzeiro. Os preços de *serapes* (espécie de poncho mexicano), camisas e afins são menores nas ruas laterais da Avenida Melgar.

Onde Ficar

Agrupei os hotéis de Cozumel pela localização — **norte** da cidade, **na cidade,** e **sul** da cidade. Os preços mostrados são as tarifas de balcão e incluem o imposto de 12%. A alta temporada é de dezembro até a Páscoa. Espere preços entre o Natal o Ano Novo ainda maiores do que os preços normais de alta temporada citados aqui. A baixa temporada é o resto do ano, embora alguns hotéis elevem seus preços em agosto, quando as famílias mexicanas entram de férias.

Todos os hotéis de praia de Cozumel, mesmo os menores, têm promoções para pacotes de férias. Tenha em mente que alguns pacotes promocionais para Cozumel são oferecidos de última hora com descontos grandes; se você for do tipo "flexível", fique de olhos abertos para essas promoções.

A maioria dos hotéis tem acordo com empresas de mergulho e oferece pacotes que incluem mergulhos. Podem ser um bom negócio, mas se você não comprar um pacote incluindo mergulho, não terá dificuldade em ficar em um hotel e mergulhar com uma operadora terceirizada — qualquer embarcação de mergulho pode parar em qualquer cais do hotel, para pegar os clientes. A maioria das empresas de mergulho não pega hóspedes em hotéis ao norte da cidade.

Além dos hotéis listados a seguir, outra opção confiável é o **Fiesta Americana** (✆ **987/872-9600**; www.fiestaamericana.com), localizado na Carretera Chankanaab km 7,5, que é popular entre famílias e tem o seu próprio centro de mergulho. Como alternativa ao hotel, você pode experimentar o **Cozumel Vacation Villas and Condos**, Av. Rafael Melgar 685 (entre Calles 3 e 5 Sur; ✆ 800/224-5751 nos EUA ou 987/872-0729; www.cozumel-villas.com), que oferece hospedagem por preços semanais.

NORTE DA CIDADE

Carretera Santa Pilar, ou San Juan, é o nome da extensão norte da Avenida Rafael Melgar. Todos os hotéis ficam próximos um do outro, no lado da praia da estrada, a uma curta distância da cidade e do aeroporto.

Muito Caro

PlayAzul Golf-Scuba-Spa ★★ Este tranquilo hotel talvez seja o mais relaxante da ilha. É menor do que os outros e é uma opção excelente para golfistas; os hóspedes não pagam *green fee*, só o aluguel do carrinho. A bonita prainha do hotel, com *palapas,* tem um barzinho de praia tranquilo. Todas as três categorias de quartos têm vista para o mar. Os quartos na ala original são suítes muito grandes, com banheiros enormes com chuveiros. A nova ala possui em sua maioria quartos standard, que são confortáveis e grandes. Os quartos dos cantos são suítes master com varandas grandes e jacuzzis com vista para o mar. Se você preferir muito espaço a ter uma jacuzzi, escolha uma suíte no prédio original. Os quartos têm uma cama king size ou duas camas de casal; algumas suítes oferecem dois sofás-cama na sala de estar separada. O hotel também oferece passeios com pesca em alto mar e pesca com mosca.

Carretera San Juan km 4, 77600 Cozumel, Q. Roo. ✆ **987/869-5160**. Fax 987/869-517. www.playa-azul.com. 51 quartos. Alta temporada, quarto duplo de US$ 210 a US$ 272, suíte de US$ 255 a US$ 390; baixa temporada, quarto duplo de US$ 185 a US$ 255, suíte de US$ 230 a US$ 340. Tarifas incluem golfe ilimitado e café da manhã completo. Há pacotes promocionais de internet disponíveis. AE, MC, V. Estacionamento gratuito e vigiado. **Atrativos:** 2 restaurantes; 3 bares; serviço de babá; golfe ilimitado no Cozumel Country Club; piscina de tamanho médio; serviço de quarto; empresa de mergulho; equipamento de snorkel; spa. *No quarto:* ar-condicionado, TV, refrigerador, secador de cabelo, Wi-Fi.

CARO

Condumel Condobeach Apartments 💣 Se você preferir ficar longe da multidão, pense em se hospedar aqui. Não é um hotel com serviços completos, mas, de certa forma, é mais conveniente. Os apartamentos de um quarto com vista para o mar foram projetados e decorados de forma prática; são arejados, com portas de vidro deslizantes que ficam de frente para o mar e permitem uma boa ventilação (principalmente nos apartamentos mais altos). Eles também têm ventiladores de teto, ar-condicionado e duas camas de solteiro ou uma cama king size. Cada apartamento possui uma sala de estar separada e uma cozinha completa, com um refrigerador parcialmente abastecido, para que você não precise ir fazer compras no primeiro dia. Há uma pequena área de praia bem-cuidada (com *palapas* e uma churrasqueira para uso dos hóspedes) que leva a um ponto baixo, rochoso, com descida para o mar.

Carretera Hotelera Norte s/n, 77600 Cozumel, Q. Roo. ✆ **987/872-0892**. Fax 987/872-0861. www.condumel.com. 10 quartos. Alta temporada, quarto duplo US$ 142; baixa temporada, quarto duplo US$ 120. Pacotes de mergulho disponíveis. Não aceita cartões de crédito. *No quarto:* ar-condicionado, cozinha, não tem telefone, Wi-Fi.

NA CIDADE

Hospedar-se na cidade de Cozumel não é o mesmo que ficar na cidade de Isla Mujeres, onde você pode caminhar até a praia. A orla da cidade é movimentada demais para banho, e não há praia, apenas o *malecón*. Os preços são consideravelmente mais baixos, mas você terá de dirigir ou pegar um táxi até a praia; é muito fácil. Fala-se inglês em quase todos os hotéis.

Moderado

Hacienda San Miguel ★ 💣 Este é um hotel tranquilo, construído em estilo colonial mexicano, em torno de um pátio grande com jardim. É bem-conservado e o atendimento é bom. Fica situado à meia quadra da orla, na zona norte da cidade. Os quartos são grandes e dispõem de móveis mexicanos rústicos e cozinhas totalmente equipadas. A maioria dos estúdios possui uma cama queen size ou duas de casal, enquanto as suítes júnior têm mais área de estar e uma cama queen size e duas camas de solteiro. A suíte de dois quartos vem com quatro camas de casal. Para esse hotel, a alta temporada vai de janeiro a agosto; a baixa temporada vai de setembro a dezembro, excluindo a temporada de fim de ano.

Calle 10 Norte, 500 (entre a Rafael Melgar e a Av. 5), 77600 Cozumel, Q. Roo. ✆ **866/712-6387** nos EUA, ou 987/872-1986. Fax 987/872-7043. www.haciendasanmiguel.com. 11 quartos. Alta temporada: estúdio $1.222, suíte júnior $1.313, suíte de 2 quartos $2.002; baixa temporada: estúdio $1.027, suíte júnior $1.222, suíte de 2 quartos $1.586. Os preços incluem café da manhã continental e acesso gratuito ao clube de praia Mr. Sancho's. MC, V. Estacionamento vigiado na rua. *No quarto:* ar-condicionado, TV, secador de cabelo, cozinha, não tem telefone, Wi-Fi.

Vista del Mar ★ Este hotel fica localizado na avenida beira-mar da cidade. Os quartos foram reformados e são claros, com decoração alegre e móveis em bambu. Os banheiros são de tamanho médio, ou um pouco menores, e têm chuveiros. Os quartos da frente têm vista para o mar, com varandas de ferro forjado. Os quartos de fundo custam $100 a menos do que os com vista para o mar, e têm vista para uma pequena piscina e uma grande jacuzzi. Este hotel é administrado pelas mesmas que gerenciam o Hacienda San Miguel, e segue a mesma divisão de alta e baixa temporada, com preços mais elevados no Carnaval e no Natal.

Av. Rafael Melgar 45 (entre Calles 5 e 7 Sur) 77600 Cozumel, Q. Roo. ✆ **888/309-9788** nos EUA, ou 987/872-0545. Fax 987/872-7036. www.hotelvistadelmar.com. 20 quartos. Alta temporada, quarto duplo US$ 110; baixa temporada, de US$ 78 a US$ 90. Às vezes há descontos. AE, MC, V. Estacionamento limitado na rua. **Atrativos:** bar; jacuzzi; piscina externa. *No quarto:* ar-condicionado, TV, refrigerador, secador de cabelo, chamadas locais gratuitas, Wi-Fi.

Barato

La Casona Real ✦ A cinco quadras do mar, este animado hotel de dois andares é uma pechincha para aqueles que querem um hotel com piscina. Os quartos são simples, de tamanhos pequeno e médio, com uma cama king size ou duas camas de casal, ar-condicionado bom e decoração mexicana colorida. Um pátio com uma piscina oval fica no lado oeste do prédio, alguns quartos têm vista para a piscina, e outros, para a cidade (e são um pouco mais barulhentos). Para as famílias, a suíte de um quarto são uma boa opção, que tem um sofá-cama na sala, cozinha completa e TV a cabo com tocador de DVD.

Av. Juárez 501, 77600 Cozumel, Q. Roo. ℂ **987/872-5471.** www.hotel-la-casona-real-cozumel.com. 15 quartos. Quarto duplo de US$ 45 a US$ 55, suíte US$ 80. Não aceita cartões de crédito. Estacionamento limitado na rua. **Atrativos:** Piscina externa de tamanho médio. *No quarto:* ar-condicionado, TV, não tem telefone.

Suites Vilma ✦ Este hotel de três andares fica a quatro quadras da praça principal. Oferece quartos amplos e mobiliados com simplicidade, por um bom preço. A iluminação é boa, os chuveiros são bons, e cada quarto tem seu próprio refrigerador, que pode ser muito útil. Os quartos são bastante silenciosos. Escolha entre duas camas de casal ou uma king size. Não há restaurante, mas há uma piscina e um lounge. Como acontece em outros hotéis pequenos da ilha, o pessoal da recepção não fala inglês. Pode-se fazer reservas por e-mail. Este é um dos poucos hotéis da cidade que não utiliza o sistema de preços de alta e baixa temporada.

Av. 10 Norte entre Calles 4 e 6. 77600 Cozumel, Q. Roo. ℂ **987/872-5118.** 12 quartos. Quarto duplo $550. Não aceita cartões de crédito. Estacionamento limitado na rua. **Atrativos:** piscina minúscula. *No quarto:* ar-condicionado, refrigerador.

SUL DA CIDADE

Os hotéis desta área tendem a ser mais espalhados e mais distantes da cidade do que os hotéis do norte. Alguns ficam no lado de dentro da estrada; outros ficam no lado da praia, o que significa uma diferença no preço. Aqueles mais distantes da cidade são hotéis *all-inclusive*. As praias tendem a ser ligeiramente melhores do que as do norte, mas todos os hotéis têm piscinas e píer de onde você pode praticar snorkel; todos eles acomodam mergulhadores. Siga em direção ao sul, na Avenida Rafael Melgar, que se transforma na estrada **Costera Sur** (também chamada de Carretera Chankanaab).

Muito Caro

Presidente Intercontinental Cozumel ★★★ Considerado por muitos o melhor resort de Cozumel, o Presidente se estende por uma longa extensão de litoral, com apenas hotéis distantes na vizinhança. Os quartos são de sete categorias, com vista para a piscina, o mar ou de frente para a praia, sendo separados por corredores tranquilos que exibem obras de arte alegres e originais. Mesmo que a arquitetura do resort possa parecer um tanto ultrapassada, os quartos não são: os hóspedes dispõem de lençóis de algodão egípcios, banheiros em mármore, obras de arte mexicanas e lâmpadas de ônix, serviço de abertura de cama com inspiração maia e chá ou café como cortesia pela manhã. Quartos e suítes com vista para o mar ocupam a parte mais exclusiva do resort e incluem redes e mordomo 24 horas. Há um spa completo e uma pirâmide de iguanas à beira da piscina, que é um barato para as crianças. A empresa de mergulho junto da piscina (**Scuba Du**, pág. 163) oferece mergulhos introdutórios e de um ou dois tanques, assim como programas de certificação. Um longo trecho de praia com bastante areia, com várias palapas e coqueiros, estende-se ao longo de todo o hotel, e os pores do sol são incríveis. O atendimento aqui é cinco estrelas.

Costera Sur km 6,5, 77600 Cozumel, Q. Roo. ℂ **800/327-0200** nos EUA, ou 987/872-9500. Fax 987/872-0892. www.intercontinentalcozumel.com. 220 quartos. Alta temporada, quarto com vista para a piscina US$ 330, quarto com vista para o mar US$ 398, à beira-mar e suítes a partir de US$ 582; baixa temporada, quarto com vista para a piscina de US$ 257 a US$ 291, quarto com vista para o mar, de US$ 302 a US$ 358, à beira-mar e suítes de US$ 370 a US$ 504. Pacotes promocionais de internet às vezes disponíveis. AE, MC, V. Estacionamento gratuito com manobrista. **Atrativos:** 3 restaurantes; 4 bares; serviço de babá; mordomo 24 h nas alas com vista para o arrecife; clube infantil; concierge; empresa de mergulho; acesso ao clube de golfe; *putting green*; 2 piscinas externas, incluindo um piscina só para adultos; passeios com pesca em alto mar; spa completo com salão e academia toda equipada; serviço de quarto; 2 quadras de tênis iluminadas; aulas de tênis; esportes aquáticos; ioga. *No quarto:* ar-condicionado, TV de tela plana com filmes pay-per-view, iHome, secador de cabelo, frigobar, Wi-Fi.

Onde Comer

A ilha oferece uma série de restaurantes com comida deliciosa. Os taxistas, muitas vezes, tentarão lhe seduzir para alguns restaurantes que lhes pagam comissões; não siga o conselho deles.

Zermatt (✆ **987/872-1384**), uma padaria pequena e agradável, fica na Avenida 5 com a Calle 4 Norte. Abre de segunda a sábado, das 7 h às 21 h. Para uma comida mais em conta durante o dia, gosto do **Comida Casera Toñita** (✆ **987/872-0401**), na Calle Rosado Salas 265, entre as Avenidas 10 e 15. Abre das 8 h às 18 h. Para tacos matinais de *cochinita pibil* (um item tradicional de café da manhã), vá ao **El Amigo Mario** (✆ **987/872-0742**), na Calle 5 Sur, entre a Francisco Mujica e a Avenida 35. As portas fecham às 12 h 30 min.

CARO

Cabaña del Pescador (Lobster House) ★★ LAGOSTA A história é um pouco estranha, mas os irmãos Fernando e Enrique, que não se falam mais devido a uma disputa comercial, administram restaurantes adjacentes, ambos chamados de Lobster House. Eles têm pequenas diferenças na decoração, mas ambos os restaurantes são excelentes. A lagosta fresca é pesada, depois grelhada ou cozida com uma pitada de temperos, e servida com manteiga derretida ou alho, acompanhada de arroz, legumes e pão. E lagosta precisa de mais alguma coisa? Lagosta é a única coisa no cardápio do restaurante de Fernando, mas Enrique também prepara carnes, camarões ou peixes. O ambiente é bastante tropical — bangalôs de palha às margens de um lago com lírios d'água e taboa, com uma pequena passarela. Os ambientes ao ar livre são suavemente iluminados com velas e mobiliados com mesas e cadeiras rústicas. Os restaurantes têm vários cantos diferentes, portanto explore até encontrar o ponto que mais gosta. Termine com a torta de limão, que é especialidade da casa.

Carretera Santa Pilar Km 4 (em frente ao Playa Azul Hotel). Não tem telefone. Não aceita reserva. Lagosta (por peso) de US$ 13 a US$ 40. Não aceita cartões de crédito. Aberto diariamente das 6 h às 22 h 30 min.

French Quarter ★★ DO SUL DOS EUA O proprietário, Mike Slaughter, traz as suas raízes da Louisiana para este restaurante no centro, onde você pode pedir clássicos crioulos e do sul dos EUA, como o jambalaya e o *étouffée*, ou a pesca do dia enegrecidas, grelhadas ou recheadas. O restaurante também serve carne de angus (boi) preto e um filé mignon com marmelada de cebola vermelha, que é deliciosa. Eu gosto da exclusividade do cardápio, mas os pratos são caros para esta região. O bar no andar de baixo é um ponto de encontro popular para os locais, especialmente para eventos esportivos.

Av. 5 Sur 18. ✆ **987/872-6321**. É recomendável fazer reserva durante o Carnaval. Pratos principais entre US$ 15 e US$ 36. AE, MC, V. Quarta a segunda-feira, das 17 h às 22 h 30 min.

Guido's ★★ MEDITERRÂNEO O convidativo terraço, com cadeiras de lona e mesas de madeira rústica, faz deste um lugar de descanso de dia e um local romântico à noite. As especialidades são as pizzas de forno e massas caseiras, incluindo lasanha à bolonhesa com molho bechamel, ravióli recheado com espinafre e carne,

Um restaurante descontraído ao ar livre, em Cozumel.

e espaguete com camarão, alho, azeite e parmesão. Meus pratos principais preferidos incluem o refogado de camarão grelhado e peito de frango recheado com espinafre. Outro prato que todos adoram é o *pan de ajo* — criação da casa, com pão fresco preparado com azeite, alho e alecrim. Além de uma impressionante carta de vinhos, há também jarros de sangria.

Av. Rafael Meigar, entre Calles 6 e 8 Norte. ℂ 987/872-0946. Aceita reservas. Pratos principais entre $162 e $312; pizzas entre $150 e $174. AE, MC, V. Segunda a sábado, das 11 h às 23 h 00.

La Cocay ★★★ MEDITERRÂNEO/FRUTOS DO MAR O La Cocay, que significa "vaga-lume" em maia, possui a cozinha mais original da ilha. A sala de jantar e o pátio ao ar livre são aconchegantes, iluminados por luzes brancas em volta de uma grande palmeira, criando um ambiente sedutor. Como aperitivo, as empanadas com queijo de cabra e maçãs carameladas são excelentes *tapas*, assim como os figos com presunto. Como prato principal, experimente o filé mignon de 227 g, peito de frango assado recheado, ou a mistura de frutos do mar grelhados, acompanhada de arroz espanhol. Dê atenção especial às promoções diárias e à maravilhosa torta de chocolate. A torta demora um pouco mais para ficar pronto, portanto faça o pedido cedo. A carta de vinhos oferece excelentes opções da América do Sul.

Calle 8 Norte 208 (entre as Avenidas 10 e 15) ℂ 987/872-5533. www.lacocay.com. É recomendável fazer reserva. Pratos principais entre $130 e $340. AE, MC, V. Segunda a sábado, das 17 h 30 min às 23 h.

MODERADO

Coconuts ★★ 🍴 FRUTOS DO MAR Este restaurante-bar de praia, repleto de diversão, fica no ponto mais alto de Cozumel, o que realmente não quer dizer muito. Mas mesmo assim, oferece uma magnífica vista do Mar do Caribe. O Coconuts fica aberto apenas durante o dia e não tem eletricidade, funcionando apenas com gerador diurno que usa energia solar. Pegue uma mesa de plástico na areia ou um assento sob a *palapa* ao ar livre, e confira os provérbios à sua volta. Um diz: "cerveja, muito mais do que apenas uma bebida de café da manhã", enquanto outro informa: "sexo é como o ar: não é tão importante assim, até que você fique sem". Mesmo que você não faça mais nada aqui, por favor, peça o *ceviche* de vários frutos do mar. É simplesmente delicioso demais. Há também suntuosas quesadillas de camarão, o guacamole mais fresco, além de todos os tipos de tacos e fajitas que você possa imaginar.

Carratera Oriente km 43,5 ✆ **987/105-7622**. Não aceita reservas. Pratos principais de $100 a $180. Não aceita cartões de crédito. Aberto diariamente das 10 h às 18 h.

El Moro ★ 🍴 REGIONAL El Moro é um lugar escondidinho, que existe há muito tempo, sendo sempre muito popular entre os locais que vêm pela comida, pelo atendimento e pelos preços — mas não pela decoração, que é laranja, laranja, laranja e em fórmica. Vá de táxi, que custará alguns dólares. As porções são generosas. Qualquer um dos pratos de camarão utiliza o verdadeiro tamanho gigante, sempre que disponível. Para algo diferente, experimente o *pollo Ticuleño*, especialidade da cidade de Ticul, que é um prato em camadas com molho de tomate, purê de batatas, tortillas de milho assadas e crocantes, e peito de frango frito, coberto com queijo ralado e ervilhas verdes. Outras especialidades incluem enchiladas e frutos do mar preparados de muitas maneiras, além de bifes grelhados e sanduíches.

75 bis Norte 124 (entre as Calles 2 e 4 Norte). ✆ **987/872-3029.** Não aceita reservas. Pratos principais de $50 a $150. MC, V. Sexta a quarta-feira, das 13 h às 23 h.

Kinta ★★ CARIBENHO Um excelente exemplo da criatividade mexicana, este restaurante chique mistura uma decoração tropical com um estilo urbano moderno. Música relaxante preenche o ambiente do terraço com exuberante jardim, decorado com palmeiras, pequenas luzes brancas, ornamentos de pedra e madeira, e um lago. A Chef Kris Wallenta, que já trabalhou no Guido's e foi treinada no French Culinary Institute de Nova York, criou um cardápio que celebra a culinária mexicana contemporânea. Recomendo o "Mexikanissimo" para começar — queijo quente crocante de panela sobre um molho de tomate verde com ervas. Depois, peça o *chile relleno* — uma pimenta *poblano* com ratatouille de legumes e queijo, assados e cozidos em molho vermelho com um creme *chipotle*. O filé mignon com *huitlacoche* (cogumelo do milho), purê de batatas e molho de pimenta *poblano* também é fantástico. O atendimento é um pouco lento em noites movimentadas, portanto venha para uma noite sem pressa.

5 Av. 148B (entre as Calles 2 e 4 Norte), ✆ **987/869-0544**. Não aceita reservas. Pratos principais de $120 a $195. MC, V. Terça a domingo, das 17 h 30 min às 23 h 30 min; fecha às segundas.

La Choza ★ IUCATEQUE/MEXICANO Um dos preferidos entre os locais, o La Choza é um restaurante ao ar livre com mesas bem espaçadas sob um telhado de palha alto. As travessas de chiles *poblano* recheados com camarão, *brochetas* grelhadas (espetinhos) e *pollo en relleno negro* (frango ao molho de chiles enegrecidos) são todas deliciosas. Lembre-se de acrescentar alguns dos molhos picantes e guacamole à sua refeição. Os cafés da manhã daqui também são saborosos.

Rosado Salas 198 (na Av. 10 Sur). ✆ **987/872-0958.** Aceita reservas para grupos com 6 pessoas ou mais. Café da manhã a $45; pratos principais entre $100 e $160. AE, MC, V. Aberto diariamente das 7 h às 22 h.

Pancho's Backyard ★★★ MEXICANO Apesar de sua popularidade entre os visitantes, o número de moradores que também come aqui atesta a autenticidade do Pancho's. De propriedade de um dueto de pai e filho, Pancho e Panchito, este restaurante encantador ao ar livre, rodeado por palmeiras, bananeiras e chafarizes, ocupa um dos imóveis originais da cidade. A culinária aqui enfoca pratos mexicanos tradicionais — milho, feijão, legumes e arroz — com uma seleção saudável de pratos de frango e peixe. Meu favorito é o filé de dourado coberto com um *pico de gallo* de amêndoa, manga, laranja e abacaxi. Chips de tortillas caseiras são servidas com molho de tomate e cebola preparada na hora, assim como uma tigela com um

O Centro de San Miguel de Cozumel.

extraordinário molho *habanero picante*. Garçons bem-educados e vestidos com *guayaberas* brancas e bandanas azuis proporcionam um atendimento amigável e eficiente. Há também uma excelente loja de artesanato que vende produtos de qualidade.

Av. Melgar 27 na Calle 8 Norte. **987/872-2141.** www.panchosbackyard.com. Almoço de US$ 6 a US$ 16; jantar de US$ 12 a US$ 18. AE, MC, V. Segunda a sábado, das 10 h às 23 h, domingo das 18 h às 23 h.

BARATO

Restaurant del Museo CAFÉ DA MANHÃ/MEXICANO O restaurante-café na cobertura do museu continua a ser o meu lugar favorito em San Miguel para tomar café ou almoçar (se o tempo permitir). Oferece uma vista tranquila do mar, afastada do barulho do tráfego abaixo e protegida do sol acima. Os cafés da manhã incluem *huevos rancheros* com tortillas de milho, ovos fritos e salsa; omeletes mexicanas e americanas; travessas com frutas frescas e panquecas. O cardápio em espanhol oferece ainda mais opções do que o em inglês (incluindo os pratos com *nopales* ou cactos). Pratos de almoço simples incluem sanduíches e enchiladas.

Av. Rafael Melgar (esquina com a Calle 6 Norte). **987/872-0838.** Não aceita reservas. Café da manhã de $55 a $75; pratos principais de almoço entre $64 e $110. Não aceita cartões de crédito. Aberto diariamente das 7 h às 14 h.

Cozumel ao Anoitecer

A maioria dos locais de música e dança fica na Avenida Rafael Melgar. O **Carlos 'n' Charlie's** (**987/869-164 8**), que fica no Punta Langosta Shopping Center, é praticamente colado ao **Señor Frog's** (**987/869-1650**). O Punta Langosta fica logo ao sul da Calle 7 Sur. O **Hard Rock Cafe** (**987/872-5271**) também fica na Avenida Rafael Melgar, no número 2, logo ao norte do píer municipal, e fica aberto até 2 h ou mais, com música ao vivo nos fins de semana.

Na cidade, há algumas boates com música latina. Essas abrem e fecham a cada alta temporada, prosperando quando as pessoas têm dinheiro no bolso, mas fechando quando o fluxo do turismo para de trazer dinheiro. A Calle 1 Sur, entre a Avenida 5 Sur e a Avenida 10 Sur, é uma rua de pedestres com uma série de bares locais, alguns deles com música ao vivo.

Para eventos esportivos, o melhor bar é o do **French Quarter** (pág. 172), aberto de quarta a segunda-feira, das 17 h à meia-noite. Nas noites de domingo, o lugar é a praça principal, onde normalmente há um concerto gratuito e muita gente passeando e visitando amigos. Há vários cafés e bares ao redor da praça.

O **cinema** de San Miguel é o Cinépolis, um moderno multicinema do Chedraui Plaza Shopping Center, no extremo sul da cidade. Exibe principalmente filmes de Hollywood. A maioria é em inglês, com legendas em espanhol (*película subtitulada*); antes de comprar seus ingressos, verifique se o filme não é dublado (*doblada*).

7

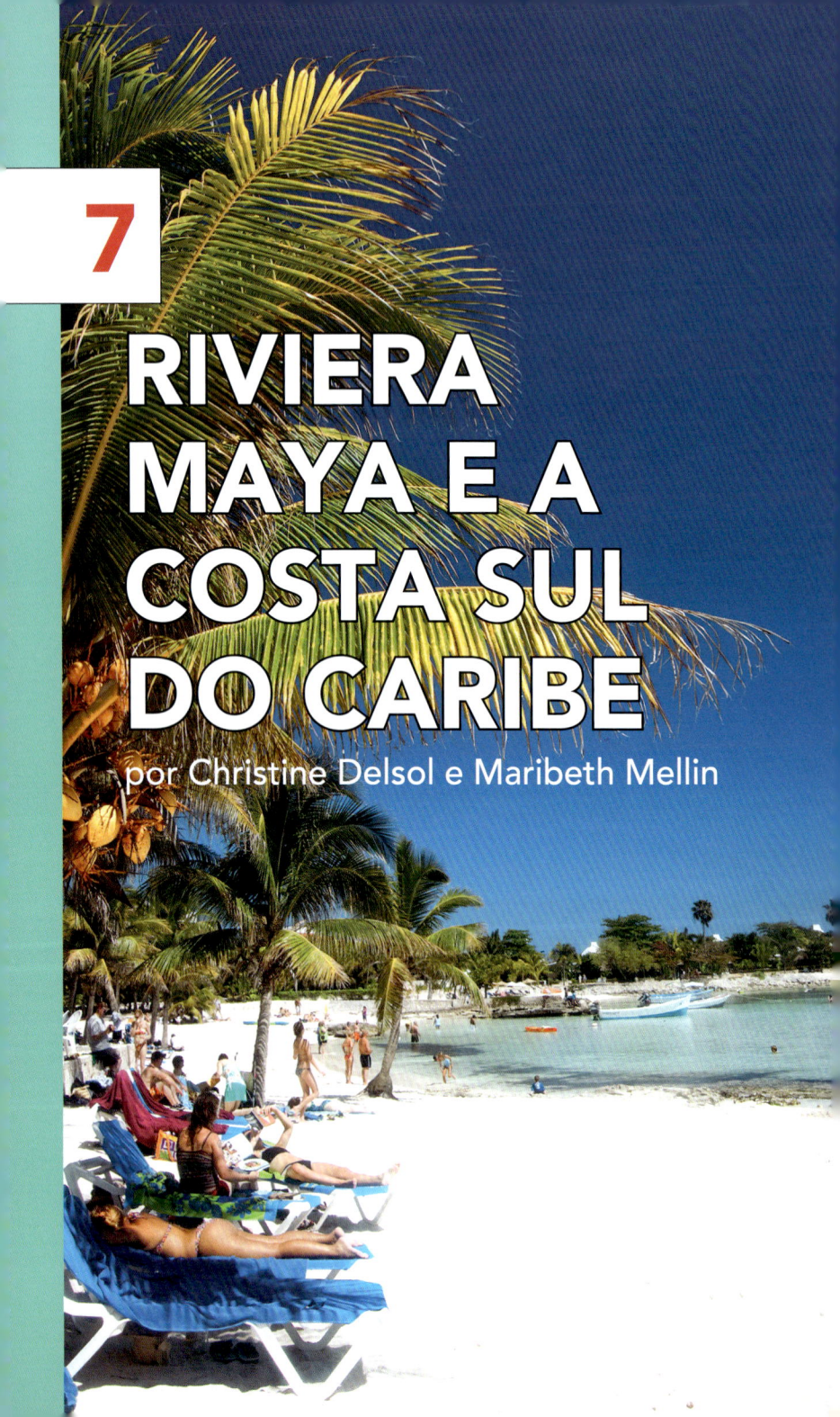

RIVIERA MAYA E A COSTA SUL DO CARIBE

por Christine Delsol e Maribeth Mellin

Você já deve ter ouvido muitas vezes coisas tipo: "Costa do Caribe", "quilômetros de praias virgens", "ondas azuis-turquesa tocando delicadamente a areia branca"... Então vamos pular a prosa e tratar do que você realmente precisa saber. A costa caribenha do Yucatán estende-se por 380 km de Cancún a Chetumal, na fronteira com Belize. O litoral norte, de Cancún a Tulum, foi apelidado de Riviera Maya; a metade sul, de Costa Maya. Entre eles fica a imensa Reserva da Biosfera Sian Ka'an.

O Grande Arrecife Mesoamericano, a segunda maior formação de corais do mundo, protege grande parte do litoral. Normalmente as melhores praias ficam em locais onde o arrecife é longe da costa, como em Playa del Carmen, Xpu-Ha e Tulum. No entanto, a febre da construção ao longo do litoral tem prejudicado muitas praias, e as correntes levam consigo grande parte da areia. Alguns resorts estão usando sacos de areia, nada bonitos de se ver, como arrecifes artificiais, no intuito de proteger suas praias. Outros criaram terraços com areia acima da orla.

Mas a areia fica em segundo plano quando comparada às deslumbrantes águas azuis-esverdeadas do Caribe, sendo fácil encontrar lugares para prática de snorkel e mergulho, com muitos peixes e outras criaturas marinhas. Manguezais crescendo no continente agora são protegidos pelo governo federal, que lentamente ajuda o litoral a voltar a seu estado natural. Você também encontrará selva, cavernas, rios subterrâneos e os famosos cenotes da península (piscinas naturais de água-doce) no continente — e os ainda mais famosos sítios arqueológicos maias. Paisagens e atividades não faltam.

E o mesmo acontece com opções de hospedagem. Nessa costa, você poderá ficar em uma série de comunidades ou afastar-se de todas elas. Você pode se hospedar em chalés rústicos, resorts com spa isolados, hotéis-butique, megaresorts *all-inclusive*, pousadas e pensões familiares. Você tem algumas decisões a tomar. Espero que este capítulo o ajude.

Uma única estrada, a Autoestrada 307, segue o litoral por 380 km, de Cancún a Chetumal; uma viagem de quatro horas e meia de carro. O caminho entre o aeroporto de Cancún e Tulum é agora uma estrada dividida em quatro faixas, com os limites de velocidade de até 110 km/hora. Viadutos substituíram semáforos e zonas de velocidade reduzida em Puerto Morelos, Playa del Carmen e em Tulum. O trajeto de 130 km do aeroporto de Cancún a Tulum demora cerca de uma hora e meia de carro.

De Tulum, a estrada vira em direção ao interior, margeando Sian Ka'an. A estrada é de duas pistas, mas o governo também tem trabalhado bastante aqui, desviando a estrada de parte significativa das aldeiras pelo caminho e construindo acostamentos quase tão largos quanto as pistas, tornando as ultrapassagens mais fáceis e seguras. Dirigir de Tulum a Chetumal leva três horas.

PUERTO MORELOS E ARREDORES
Entre Cancún e Playa del Carmen

O litoral imediatamente a sul do aeroporto de Cancún tem diversas atrações à beira da estrada, resorts *all-inclusive*, pequenos hotéis estilo *cabaña* e alguns resorts com spa. Grande parte dos empreendimentos mais recentes visa atender os viajantes

PÁGINA ANTERIOR: **Banhistas na praia da Baía de Akumal em Akumal.**

A Costa Norte Caribenha da Península

mais abastados — hotéis boutique pequenos e resorts all-inclusive surpreendentemente luxuosos. A agradável cidade de **Puerto Morelos** fica na metade do caminho deste trecho de 51 km de costa entre o aeroporto e Playa del Carmen.

ATRAÇÕES À BEIRA DA ESTRADA

O Rancho Loma Bonita, perto da saída de Puerto Morelos, oferece passeios a cavalo e de quadriciclo, mas eu prefiro o **Rancho Punta Venado** (pág. 200), ao sul de Playa. Há também o **Jardín Botánico Dr. Alfredo Barrera** (✆ **998/206-9223**; www.ecosur.mx/jb/YaaxChe). Inaugurado em 1990, este jardim botânico recebeu o nome em homenagem a um biólogo que estudava florestas tropicais. É a maior faixa de terra inexplorada ao longo da costa, só perdendo para a Reserva da Biosfera Sian Ka'an (pág. 224). Samaumeiras, árvores sagradas para os maias, erguem-se entre bromélias, samambaias, orquídeas e pequenos sítios arqueológicos. Os estudantes de biologia que trabalham aqui adoram falar sobre o local (falar espanhol ajuda um pouco). Macacos-aranha, quase extintos em todo o litoral, brincam aqui junto a aves tropicais. O parque abre de segunda a sábado, das 9 h às 17 h. A entrada custa $70. Use repelente de insetos!

Crianças provavelmente gostarão mais do jardim zoológico interativo. O **CrocoCun ★** (✆ **998/850-3719**; www.crococunzoo.com) fica a 1,5 km ao norte de Puerto Morelos. Antigamente era uma fazenda de crocodilos, mas agora abriga um programa de reprodução em cativeiro, que ajudou a restabelecer a população desses

dirigindo pela RIVIERA MAYA

Dirigir pelo litoral não é difícil, mas é preciso ter bastante atenção, principalmente se essa for a sua primeira vez. Com apenas uma estrada, não dá para se perder muito, a menos que você não veja as placas de indicação para o seu hotel. As saídas da via podem ser pela pista da direita ou da esquerda; se você passar direto da sua, siga um pouco adiante e faça o retorno. Parar na estrada para virar à esquerda não é permitido, mas existem várias faixas de conversão à esquerda em muitos pontos em frente dos grandes resorts. Em alguns lugares, a saída leva você para a direita, onde deverá parar, antes de atravessar a estrada até o outro lado. É importante enfatizar quanto essa estrada pode ser perigosa, principalmente durante a alta temporada, quando os moradores têm pressa para chegar aos locais de trabalho, ônibus de turismo entopem as ruas, caminhões e motoristas de ônibus voam na estrada e turistas confusos ou distraídos mudam de faixa sem qualquer motivo aparente. Os limites de velocidade são bem demarcados, mas mudam constantemente. Fique atento a placas de velocidade, principalmente nos arredores de cidades e resorts. Muitos motoristas ignoram os limites de velocidade, muitas vezes por distração. A polícia tem se tornado cada vez mais sofisticada na emissão de multas, estando mais atenta perto de semáforos e ruas de mão única.

Apesar disso, eu não me imagino viajando pela Riviera Maya sem alugar um carro. São tantos lugares maravilhosos para explorar bem ao lado da estrada, e há tantas estradas para a praia e selva. Postos de gasolina de primeira com pequenos mercados e fast-foods têm se tornado comuns. Frentistas abastecem o tanque (certifique-se de que eles não encham demais o tanque) e verificam o óleo. Confira o troco e fique à vontade para dar gorjetas a frentistas que prestarem serviços extras. Contanto que você estude os seus mapas com antecedência e preste atenção, dirigir permite a liberdade das descobertas acidentais.

As crianças adorarão ver os répteis no CrocoCun.

répteis na Lagoa Nichupté, em Cancún. Atualmente, ele protege todos os animais nativos do Yucatán; abriga iguanas, macacos-aranha, uma jiboia e tarântulas gigantescas. Uma visita guiada com um dos apaixonados estudantes de veterinária voluntários dura uma hora. Mais uma vez, não se esqueça do repelente. Aberto diariamente das 9 h às 17 h. A entrada é cara, o que acontece com a maioria das atrações à beira da estrada neste litoral: US$ 20 adultos, US$ 12 crianças de 6 a 12 anos, grátis para crianças menores de 6.

RESORTS COM SPA ★★★

Vários resorts com spas de primeira linha se aglomeram entre Puerto Morelos e o aeroporto de Cancún. Eles são realmente mais convenientes para escapadas rápidas do que aqueles ao longo da Zona Hoteleira de Cancún, e todos oferecem transfer do aeroporto para o trecho de 15 a 20 minutos. As tarifas citadas abaixo são para alta temporada, mas não incluem o período de festas, que muitas vezes tem preços exorbitantes. Estes hotéis são em sua maioria *all-inclusive* (há poucas outras opções de restaurantes na redondeza). Alguns acrescentam uma taxa de serviço de 10% ou 15%.

Ceiba del Mar ★★ Mais próximo à cidade de Puerto Morelos, este resort tranquilo é composto por sete prédios de três andares, distribuídos por uma paisagem de jardins, lagos e piscinas. Os quartos são amplos, com terraço ou varanda decorados com redes. Os banheiros têm chuveiros e banheiras; alguns têm vista para o mar. O serviço é atencioso e discreto — um exemplo é a entrega de café e suco pela manhã, discretamente colocado em um nicho ao lado da porta. Os excelentes funcionários do spa avaliam rapidamente as necessidades de cada cliente, além de suas preferências. Eu tento passar pelo menos uma noite aqui depois de minhas viagens pela Riviera Maya, para receber uma massagem antes do voo.

Av. Niños Héroes s/n, 77580 Puerto Morelos, Q. Roo. ✆ **998/872-8060**. Fax 998/872-8061. www.ceibadelmar.com. 88 quartos. Alta temporada de US$ 316 a US$ 445 para suítes luxo e júnior, e a partir de US$ 445 para suíte master; baixa temporada de US$ 133 a US$ 257 suítes luxo e júnior, e a partir de US$ 468 para suíte master. Pacotes de spa e refeições disponíveis. AE, MC, V. Estacionamento gratuito. **Atrativos:** 2 restaurantes; 2 bares; serviços de babá; bicicletas; concierge; loja de mergulho e de esportes aquáticos; academia completa com sauna seca, sauna a vapor, piscina de hidromassagem e chuveiros suíços; 2 piscinas externas (1 aquecida); serviço de quarto; quartos para não fumantes; spa. *No quarto:* ar-condicionado, TV/Vídeo-Cassete, tocador de CD, secador de cabelo, frigobar, Wi-Fi.

Zoëtry Paraíso de la Bonita ★★ Este resort, que é um luxuoso hotel *all-inclusive* e também um centro de bem-estar com um completo spa de talassoterapia, oferece um pouco de tudo. Araras grasnam e periquitos arrulham em um viveiro interno. Bebidas são servidas na biblioteca em meio a fotos de celebridades, computadores para uso dos hóspedes e sofás aveludados. Os quartos são decorados com temas internacionais — os hóspedes se sentem em Bali, na Índia, ou na África. O projeto exagerado mescla banheiras de mármore rebaixadas, camas tão altas que pessoas mais baixas têm de pular para subir, e esculturas em pedra projetando-se das vigas sobre as portas. Os quartos térreos têm uma piscina; os quartos do piso superior têm varandas. Esculturas de dragões chineses e divindades maias, artisticamente dispostas, estão espalhadas por corredores e jardins entre os dois restaurantes, a piscina e salão de coquetel externo. Casamentos e congressos motivacionais são muito populares por aqui.

Carretera Cancún-Chetumal Km 328, Bahia Petempich, 77710, Q. Roo. ⓒ **998/881-8000**. Fax 998/872-8301. www.zoetryparaisodelabonita.com. 90 quartos. Alta temporada, suíte a partir de US$ 1.000; baixa temporada, a partir de US$ 800. As tarifas incluem transfer por terra, refeições e bebidas, além de algumas atividades. AE, MC, V. Estacionamento gratuito com manobrista. Somente crianças a partir de 12 anos de idade serão aceitas. **Atrativos:** 2 restaurantes; 2 bares; concierge; 2 jacuzzis; 4 piscinas externas; serviço de quarto; quartos para não fumantes; spa; quadra de tênis iluminada; esportes aquáticos. *No quarto:* ar-condicionado, TV/DVD, secador de cabelo, frigobar, Wi-Fi.

Puerto Morelos

Puerto Morelos continua sendo uma vila de pescadores tranquila, perfeita para se deitar na areia branca e ler, com pausas ocasionais para praticar snorkel, mergulho, windsurf ou passeios de caiaque. Esta era a cidade próspera do litoral há 100 anos, quando seu porto exportava madeira e *chicle* para os EUA e Europa. Hoje, sua maior atração é o clima de cidade pequena e idílica, e o ritmo descontraído.

A parte do Grande Arrecife Mesoamericano que fica em Puerto Morelos tem sido protegida como parque nacional. O arrecife é próximo à superfície, o que torna fácil a prática de snorkel além de servir de proteção do litoral contra tempestades. As praias mantidas pelo governo são ótimas, a água é rasa, calma e transparente, com grama do mar crescendo no fundo.

Puerto Morelos fica lotado de turistas estrangeiros em algumas épocas da alta temporada, mas a baixa temporada é tão parada que parte do comércio fecha durante o período, o que fez surgir o apelido carinhoso de Muerto Morelos.

INFORMAÇÕES BÁSICAS

CHEGANDO LÁ De Carro Puerto Morelos fica no Km 31, a aproximadamente 30 minutos de Cancún. Você precisará sair da estrada para pegar a via lateral; em seguida, vire à esquerda passando por baixo do viaduto novo.

DE ÔNIBUS Os ônibus de Cancún a Tulum e Playa del Carmen geralmente param aqui, mas não se esqueça de perguntar em Cancún se o ônibus faz parada em Puerto Morelos.

EXPLORANDO PUERTO MORELOS E OS ARREDORES

A maior atração é o **arrecife de corais** ★★★ que se ergue em frente à vila, ficando apenas alguns centímetros abaixo da superfície da água. Aqui os mergulhadores não tem nenhuma vantagem em relação aos praticantes de snorkel; todo mundo fica bem perto das passagens complicadas e grandes cavernas repletas de peixes e flora marinha. Restrições à pesca e navegação fazem dessa a área de corais mais intacta do litoral. Várias lojas de mergulho na cidade oferecem passeios para prática de snorkel e aluguel de equipamento, mas a minha escolha é a **cooperativa local de pesca** ★ (𝒞 **998/121-1524**), bem embaixo do cais. Seus 22 membros são guias com certificação para parques nacionais, que oferecem passeios como forma de complementar a renda. O valor fixo é de $300 para um passeio de duas horas, que visita duas áreas de snorkel. Passeios partem a cada meia hora, de segunda a sábado, das 9 h às 15 h. Durante a temporada de tubarão-baleia, o gerente, Paco González, aproveita o dia de folga para organizar passeios para Isla Holbox (pág. 319).

Lojas de mergulho pela cidade cobram de US$ 45 a US$ 50 para mergulhos de um tanque; a certificação PADI custa entre US$ 350 e US$ 400. Uma das melhores é **Almost Heaven Adventures** (𝒞/fax 998/871-0230; www.almostheavenadventures.com), na Javier Rojo Gómez, um quarteirão ao norte da praça. Enrique Juárez, no negócio há 15 anos, forma grupos de até cinco mergulhadores e é conhecido por suas instruções minuciosas e tripulação de barco atenciosa. Também recomendo: **Dive in Puerto Morelos** (𝒞 **998/206-9084**; www.diveinpuertomorelos.com) e **Wet Set Diving Adventure** (𝒞 **998/871-0198**; www.wetset.com).

Praticantes de snorkel entrando na água em Puerto Morelos.

A pequena e moderna **praça central** é menos sedutora do que a caminhada à beira-mar, mas é o ponto de encontro local (e onde muitos restaurantes ficam). No lado sul, o **Alma Libre** (𝒞 **998/871-0713**; www.almalibrebooks.com) vende mais livros em inglês do que qualquer outra livraria na Península de Yucatán. Os proprietários, os canadenses Joanne e Rob Birce, têm em estoque livros de leitura fácil para a praia, clássicos ingleses, livros de receitas, e até volumes sobre a cultura maia, assim como mapas regionais. A loja também serve como local para troca de livros, centro de informações turísticas e imobiliária de propriedades para veraneio. Este ano ela aumentou seu horário de funcionamento para sete dias por semana, das 10 h às 15 h e das 18 h às 21 h.

A cerca de um quarteirão da praça, na Javier Rojo Gómez, a cooperativa local de artesãos organiza o **mercado Hunab Kú**, uma coleção de barracas de palapa vendendo redes, roupas bordadas à mão, joias, cobertores, cerâmicas e outros artesanatos. As mercadorias são de alta qualidade, e você encontrará algumas pechinchas. Os vendedores não forçam você a nada, então vale a pena dar uma volta apenas pelo clima de parque. O mercado abre diariamente das 9 h às 20 h.

Às quartas e sextas-feiras, você poderá receber uma boa massagem, além de outros tratamentos, no **Jungle Spa** ★★ (𝒞 **998/208-9148**; www.mayaecho.com), bem perto da Autoestrada 307. Este é um esforço em conjunto de mulheres maias que foram treinadas em técnicas de spa. As massagens custam US$ 40 por uma hora e US$ 60 por uma hora e meia — uma fração do que cobram os hotéis com spa —, e o dinheiro sustenta diretamente as famílias maias locais. O mesmo grupo organiza uma feira aos domingos, para vender artesanato típico.

A **Selvática** (𝒞 **998/847-4581**; www.selvatica.com.mx), que opera de escritórios em Cancún, oferece aos hóspedes um pouco de aventura na selva, com arvorismo por 2,5 km, a 19 km oeste de Puerto Morelos. O programa inclui também passeios de bicicleta e nado nos cenotes. Na alta temporada, você deve fazer reservas com um mês de antecedência. A tarifa (de US$ 90 a US$ 120) inclui transporte, atividades, um almoço leve, armário e todo o equipamento.

ONDE FICAR

Para aluguel de apartamentos, consulte o site da livraria Alma Libre (acima).

Clube Marviya ★ Os quartos no original Club Marviya ocupam o segundo andar de uma mansão reformada, na principal rua da cidade, onde pequenas varandas oferecem vistas maravilhosas e uma brisa refrescante. O estilo e as cores mexicanas são a inspiração dos quartos arejados e contemporâneos, com camas firmes e piso de cerâmica. Uma grande cozinha comunitária e um salão incentivam a socialização; os proprietários, que são do Canadá e do México, são muito hospitaleiros e muitas vezes batem papo com os hóspedes no pátio coberto, durante a noite. Bem na esquina, os mesmos proprietários oferecem nove recém-renovados studios, destinados a estadias mais longas (mas também disponíveis por noite). Nenhuma das propriedades tem ar-condicionado, mas a brisa do mar é suficiente na maior parte do ano. Fica a três quarteirões da praça principal, mas a apenas um da melhor praia da cidade.

Av. Javier Rojo Gómez (com Ejército), SM2, 77580 Puerto Morelos, Q. Roo. ✆ **998/871-0049.** www.marviya.com. 15 quartos. Alta temporada US$ 110; baixa temporada entre US$ 60 e US$ 75. Tarifas de alta temporada incluem café da manhã. Studios por US$ 80 a US$ 110 por noite (sem café da manhã). Tarifas semanais / mensais disponíveis. MC, V. **Atrativos:** cozinha/lounge comunitários; bicicletas; massagista no local; aluguel de caiaques e barcos à vela; Wi-Fi no lobby. *No quarto:* Ventiladores de teto, refrigerador.

Hotel Ojo de Agua ☺ Este hotel de administração familiar fica no melhor trecho de praia da cidade, a duas quadras da praça principal, o que já seria suficiente para recomendá-lo; mas ele também tem uma boa loja de mergulho, esportes aquáticos e um restaurante de praia bastante popular. Os quartos funcionais são realçados por móveis de ratan e pintura arrojada. Os studios vêm com pequenos jardins e uma cama king size ou uma de casal e duas de solteiro, têm ventiladores de teto, mas não ar-condicionado, e são ideais para famílias. A praia oferece excelente local para a prática de snorkel, que inclui um cenote submarino que dá nome ao hotel.

Beira-mar de Puerto Morelos.

Av. Javier Rojo Gómez 16, SM2, M 2, 77580 Puerto Morelos, Q. Roo. ℂ **998/840-3942**. www.ojo-de-agua.com. 36 quartos. Alta temporada, quarto duplo de US$ 70 a US$ 80, studio US$ 90; baixa temporada, quarto duplo de US$ 60 a US$ 70, studio US$ 80. AE, MC, V. **Atrativos:** restaurante; loja de mergulho; piscina externa. *No quarto:* ar-condicionado (em alguns), cozinha (em alguns).

Posada El Moro ★★★ ☺ Um dos hotéis mais atraentes da cidade, e também tem ótimos preços. A escolha de um quarto parece mais com a montagem de um sanduíche: acrescente US$ 5 por noite por ar-condicionado, mais US$ 5 para TV, e outros US$ 5 para uma quitinete. Portas e janelas em estilo francês enchem os quartos de luz do dia; os banheiros em azulejos são novos e bastante limpos. Móveis simples e alegres incluem camas queen size com colchões quase perfeitos, além de um sofá-cama. As suítes júnior têm também uma cama de solteiro; suítes completas têm duas camas de casal, um sofá-cama e uma pequena cozinha. Os hóspedes podem utilizar a cozinha ao lado do lobby. O pequeno jardim é lindo e tem uma piscina pequena perfeita para as crianças. A adorável família que cuida do local cria um ambiente acolhedor. O hotel fica a alguns metros da praça da cidade.

Av. Rojo Gómez, SM2, M 5, Lote 17 (ao norte de José Morelos), 77580 Puerto Morelos, Q. Roo. ℂ /fax **998/871-0519.** www.posadaelmoro.com. 31 quartos. Alta temporada, quarto duplo de US$ 60 a US$ 80, suíte US$ 90; baixa temporada, quarto duplo de US$ 50 a US$ 70, suíte US$ 80. As tarifas incluem um generoso café da manhã. MC, V. Estacionamento limitado gratuito. **Atrativos:** pequena piscina externa. *No quarto:* ar-condicionado (em alguns), TV (em alguns), Wi-Fi.

ONDE COMER

A maioria dos restaurantes de Puerto Morelos está na praça principal ou nos arredores dela. Dentre eles o **Doña Triny's,** de comidas mexicanas e iucateques; **Los Pelícanos**, que serve frutos do mar; **David Lau's,** de comida asiática; **Hola Asia**, sucesso há tempos, que serve culinária chinesa, japonesa e tailandesa; **El Pirata**, bom para crianças pela grande variedade no cardápio; e **Le Café d'Amancia**, que serve café, doces e vitaminas simplesmente viciantes.

John Gray's Kitchen ★★★ FRUTOS DO MAR Se eu tivesse apenas uma chance de esbanjar um pouco durante a minha estada na Riviera Maya, este seria o lugar. Depois de deixar o Grill Club no Ritz-Carlton de Cancún, o qual elevou a ícone da cidade, o chef John Gray cozinhou em vários lugares do mundo antes de se estabelecer em Puerto Morelos, em 2002. A partir daí, abriu restaurantes em Playa del Carmen e em Cancún, mas foi em Puerto Morales onde tudo começou, e onde ele ainda comanda a cozinha quase todas as noites. O cardápio muda de acordo com o humor de Gray, e com o que tem de mais fresco no mercado; a primeira vez que comi lá, ele saiu correndo da cozinha para acrescentar as opções de peixe-espada e mariscos frescos aos cardápios que já estavam nas mãos dos clientes. Escolha três dos petiscos, como bolinhos de siri com um toque mexicano ou a divina couve-flor assada com chili vermelho, e divida com mais uma pessoa para ter uma refeição de alto nível a um preço muito convidativo. O recém-aberto **La Suegra**, ao norte da praça e perto do farol, é de propriedade da sogra de Gray. A comida é boa, apesar de um pouco cara, e tem um bar completo. Mas a sua maior virtude é o deque de dois andares, com vista para o mar.

Av. Niños Heroes Lote 6 (norte da Av. José Morelos). ℂ **998/871-0665.** É recomendável fazer reserva. Pratos principais entre US$ 12 e US$ 29. MC, V. Aberto de segunda a sábado, das 18 h às 22 h.

Posada Amor ★ CAFÉ DA MANHÃ/COZINHA IUCATEQUE É o restaurante mais antigo de Puerto Morelos, agora administrado pelo filho do fundador; tem clientes fiéis há quase 30 anos. O restaurante com telhado de *palapa*, a poucos metros ao sul da praça, é um ótimo lugar para um café da manhã completo ou em estilo buffet mais barato aos domingos. Umas poucas mesas na calçada são perfeitas para a noite. O cardápio do jantar se concentra em frutos do mar frescos e pratos de influência iucateque.

Avs. Javier Rojo Gómez e Tulum. ✆ **998/871-0033.** Pratos principais entre $48 e $200; café da manhã entre $45 e $70. AE, MC, V. Aberto diariamente das 7 h às 22 h.

Sul de Puerto Morelos

As praias, baías, lagoas de manguezais e matas entre Puerto Morelos e Playa del Carmen estão constantemente sofrendo transformações. Punta Maroma, o primeiro refúgio exclusivo do litoral, está sendo cercado por vários resorts e complexos residenciais. Resorts *all-inclusive* enormes são construídos nas praias onde antes prevaleciam os acampamentos. Mayakobá, um resort espetacular logo ao norte de Playa del Carmen, é um excelente exemplo de desenvolvimento ecologicamente responsável, embora muitos outros resorts estejam apenas usando a terra como querem, sem pensar muito na conservação. Esta área é repleta de aventuras e atrações, e novos locais de diversão abrem a todo momento.

Grand Velas ★★★ Resorts *all-inclusive*, alguns com cerca de mil quartos, ocupam grande parte do litoral da Riviera Maya. Eu os ignoro, na maior parte das vezes. Mas não pude resistir ao Grand Velas, ao sul de Mayacobá. De longe parece enorme e imponente. Mas descobri rapidamente que esta pequena cadeia de hotéis uniu o conceito *all-inclusive* ao luxo dos melhores hotéis da região. As suítes são agrupadas em três categorias: Grand Class, somente para adultos, a Ambassador Family Ambience e a Jungle Suite Ambience. Nas duas primeiras categorias todas as suítes têm vista para o mar; as *jungle* estão localizadas ao lado do spa e do centro de convenções, e têm mais atrativos para viajantes a negócios, incluindo escrivaninha de frente para o canal e a selva. Os móveis elegantes marrom-escuros e as paredes, teto e pisos em tons de creme dão uma sensação de ar livre a todas as suítes. Os restaurantes são de primeira: o Cocina de Autor ganhou inúmeros prêmios graças a seus criativos chefs espanhóis; assim como o restaurante francês Piaf. Eu poderia facilmente passar horas na área de hidroterapia do spa (US$ 50 para um dia inteiro ou grátis com os tratamentos do spa), com seus jatos borbulhantes, duchas, saunas e poltronas aconchegantes. Tudo é um exagero, no bom sentido; não é nenhuma surpresa que hóspedes passem várias noites e se casem aqui.

Carretera 307 Km 62, Playa del Carmen, 77710, Q. Roo. ✆ **984/877-4414.** http://riviera-maya.grandvelas.com. 481 suítes. Suítes duplas a partir de US$ 450. Tarifas incluem refeições (uma em cada um dos 3 restaurantes gourmet, ilimitadas nos outros), bebidas e gorjetas. AE, MC, V. Estacionamento gratuito com manobrista. **Atrativos:** 8 restaurantes; 3 bares; programas infantis; concierge; serviço de mordomo; academia; 2 piscinas externas; serviço de quarto; spa; esportes aquáticos. *No quarto:* ar-condicionado, TV/CD/DVD, ventilador, secador de cabelo, internet (não inclusa), estação de MP3.

Maroma ★★ Este resort é o mais antigo, possui uma grande área que o protege de novas construções, tem uma praia linda e jardins deslumbrantes. Prédios de dois e três andares abrigam quartos grandes, a maioria com camas kingsize. A propriedade é linda e a praia é de areia fina e branca. O hotel também tem se engajado e investido muito na atualização dos quartos. Nove novas suítes são escandalosamente extravagantes. O bar da praia é um lugar agradável para passar a noite. Uma réplica da pirâmide de Uxmal fica na entrada do elegante spa.

Carretera 307 km 51, Riviera Maya (Solidaridad), 77710, Q. Roo. ✆ **998/872-8200.** www.maromahotel.com. 65 quartos. Quarto duplo e suítes júnior a partir de US$ 765, suíte master a partir de US$ 1.520. Tarifas incluem transfer terrestre, café da manhã completo e passeio para prática de snorkel. AE, MC, V. Estacionamento gratuito com manobrista. Não são permitidas crianças de até 15 anos. **Atrativos:** restaurante; 3 bares; concierge; academia; jacuzzi, 3 piscinas de água natural externas; serviço de quarto; spa; sauna a vapor; esportes aquáticos. *No quarto:* ar-condicionado, secador de cabelo, internet.

Petit Lafitte Hotel ★ Um quilômetro ao sul da antiga Posada Lafitte, este novo hotel tem o mesmo clima tranquilo que se tornou característica do primeiro. Apesar de ser relativamente isolado, você ainda terá todo o conforto de férias relaxantes. O prédio de três andares, com 30 quartos, é cercado por 13 bangalôs. Quartos espaçosos e charmosos são maiores do que os do mais antigo, mas têm a mesma simplicidade de hotel praiano. A equipe veio da antiga propriedade, com isso o serviço ainda é personalizado e atencioso.

Carretera Cancún-Tulum Km 63 (Punta Bete), 77710, Playa del Carmen, Q. Roo. ⓒ **984/877-4000**. www.petitlafitte.com. 43 quartos. Alta temporada, quarto duplo de US$ 200 a US$ 375; baixa temporada, quarto duplo de US$ 175 a US$ 350. Mínimo de 2 a 4 noites. Tarifas incluem café da manhã e jantar. MC, V. Estacionamento gratuito e vigiado. **Atrativos:** restaurante; bar; piscina externa. *No quarto:* ar-condicionado, minibar, TV, Wi-Fi.

Campo de golfe El Camaleón.

The Tides Riviera Maya ★★ O menor resort nesta área, reinou absoluto na aparentemente interminável praia de areia branca. Hoje, novos hotéis e bairros estão surgindo à sua volta, mas o Tides (anteriormente chamado de Ikal del Mar) ainda se resume a privacidade e tranquilidade. Trinta bangalôs bem separados — cada um com seu próprio pedaço de mata, uma pequena piscina e um chuveiro ao ar livre — são interligados por vias pouco iluminadas, por entre a vegetação. Os bangalôs são amplos e projetados para se mesclar com o ambiente, com persianas, redes em crochê e pouca decoração, em um estilo moderno e minimalista. Os banheiros têm dois chuveiros (apesar de as piscinas privativas serem perfeitas para banhos relaxantes). Mordomos ficam de plantão para algumas *villas*, e o serviço em todos os níveis é discreto e profissional. O bar e o restaurante, de frente para uma piscina bastante convidativa, são áreas comuns encantadoras. E, é claro, tem ainda o eco-spa, cercado pela selva.

Playa Xcalacoco, Carretera Cancún-Tulum (Playa Xcalacoco), 77710, Q. Roo. ⓒ **984/877-3000**. Fax 713/528-3697. www.tidesrivieramaya.com. 30 quartos. Alta temporada, quarto duplo a partir de US$ 700; baixa temporada, quarto duplo a partir de US$ 585. As tarifas incluem café da manhã completo. AE, MC, V. Estacionamento vigiado gratuito. Não aceita menores de até 17 anos, exceto durante alguns feriados. **Atrativos:** restaurante; 2 bares; concierge; 2 jacuzzis; piscina grande externa; serviço de quarto; transporte gratuito para Playa; spa; sauna a vapor; esportes aquáticos. *No quarto:* ar-condicionado, TV/DVD, secador de cabelo, frigobar, Wi-Fi.

Mayakobá Residential Golf & Spa Resort

Um dos projetos mais impressionantes e ecologicamente corretos que já vi, o **Mayakobá** (www.mayakoba.com) incorpora três hotéis de luxo, incluindo a primeira propriedade da Banyan Tree no México, e um campo de golfe oficial com 607 ha de vigorosos mangues, lagoas, cenotes e praias. Menos de 243 ha foram utilizados até o momento, todos no lado do mar da Autoestrada 307. O conceito é diferente — é um resort na praia, com poucos (e preciosos) quartos com vista para o mar. Em vez disso, os hotéis ficam de frente para uma série de canais de água-doce. Leva algum tempo para se acostumar, mas a ideia funciona.

Hóspedes se locomovem por barcos elétricos e carrinhos de golfe, e podem usar os restaurantes, spas e outras instalações de todos os três hotéis. Alguns hóspedes têm problemas com o cenário de selva — repelente é indispensável, principalmente ao entardecer; nadar nos canais é proibido. Já vi pequenos crocodilos nos canais; funcionários me juraram que eles são removidos para "lares" mais adequados, na parte selvagem de Mayakobá. O clube de golfe **El Camaleón**, projetado por Greg Norman, é uma reserva de pássaros certificada pela sociedade Audubon — e também um desafio para os profissionais que participam do único torneio do PGA no México, normalmente programado para o fim de fevereiro/início de março. O primeiro *fairway* fica ao lado de um grande cenote. A propriedade é extremamente privativa, e você precisará fazer reserva ou ter um compromisso agendado se quiser entrar. Considere fazer reserva em um dos maravilhosos restaurantes ou spas, para conhecer o local.

Fairmont Mayakobá ☺ A configuração e as instalações muito bem planejadas deste resort, o primeiro de Mayakobá, agrada a famílias, grupos e pessoas em busca de um refúgio. Pessoas ativas vão para a praia, ilha da piscina (com uma piscina em formato irregular de 929 m²), academia de ginástica aberta 24 horas, ou para o clube de golfe El Camaleón. Aqueles que buscam prazer passam horas no Willow Stream Spa, alternando entre tratamentos e uma tranquila piscina na cobertura. As opções gastronômicas vão desde uma delicatessen gourmet, bufês de café da manhã ao lado da lagoa, até dois excelentes restaurantes formais. Os quartos possuem 13 categorias, incluindo uma suíte em uma ilha privativa. Todos ficam de frente para jardins, lagoas ou o Mar do Caribe. Portas de madeira isolam as áreas de banho e de dormir, ou podem ficar abertas para maior contato com a natureza. Mantendo o ambiente ecológico, os quartos têm latas de lixo para materiais recicláveis, e o spa usa sabonetes e loções feitos em cooperativas da comunidade local.

Carretera Cancún-Tulum Km 298, 77710, Playa del Carmen, Q. Roo. ☏ **984/206-3000**. www.fairmont.com/mayakoba. 401 quartos. Alta temporada entre US$ 409 e US$ 659 para *casitas*, e a partir de US$ 809 para *casitas* especiais; baixa temporada entre US$ 219 e US$ 469 para *casitas*, e a partir de US$ 299 para *casitas* especiais. AE, MC, V. Estacionamento gratuito e vigiado. **Atrativos:** 3 restaurantes; 3 bares; academia; 5 piscinas externas; spa; esportes aquáticos. *No quarto:* ar-condicionado, ventilador, TV/CD, secador de cabelo, internet, frigobar.

A propriedade Mayakobá é cercada por mangues e lagoas vigorosos.

Rosewood Mayakoba ★★★ A privacidade é a marca registrada deste resort caro, projetado com telhados em forma de vela em espaços ao ar livre que aproveitam ao máximo o ambiente natural. Suítes de luxo de dois andares ficam de frente para várias lagoas e manguezais, com uma vista deslumbrante do mar, que pode ser admirada das piscinas e deques na cobertura — um belo local para curtir lindas noites estreladas, também. Os deques sobre a água e as piscinas são quase totalmente escondidos, embora as vezes seja possível avistar os barcos motorizados transportando novos hóspedes pela propriedade. As suítes à beira-mar são um pouco menos isoladas — não há como impedir que pessoas caminhem pelo longo trecho de areia macia. O interior tem estilo fresco e arejado, com portas de correr com venezianas, ligando os quartos e closets espaçosos a chuveiros ao ar livre e banheiras escondidas na folhagem. Mordomos e arrumadeiras privativos se antecipam às suas necessidades. Os hóspedes leem jornais durante o café da manhã relaxante na Casa del Lago, degustam tequila e ceviches no bar Agua Azul, e culinária mexicana no Punta Bonita.

Carretera Cancún-Tulum Km 298, 77710 Playa del Carmen, Q. Roo. ⓒ **984/875-8000**. www.rosewoodmayakoba.com. 128 suítes. Alta temporada a partir de US$ 790 para suítes com vista para a lagoa; a partir de US$ 1.350 para suites com vista para o mar; baixa temporada entre US$ 590 e US$ 850 para suítes com vista para a lagoa, e a partir de US$ 1.050 para suítes com vista para o mar. AE, MC, V. Estacionamento gratuito e vigiado. **Atrativos:** 3 restaurantes; 3 bares; academia; 3 piscinas externas; spa; esportes aquáticos. *No quarto:* ar-condicionado, ventilador, TV/CD/DVD, secador de cabelo, internet, frigobar.

PLAYA DEL CARMEN ★★★

32 km ao sul de Puerto Morelos; 70 km ao sul de Cancún; 10 km ao norte de Xcaret; 13 km ao norte de Puerto Calica

Embora já tenha perdido a atmosfera de aldeia, Playa ainda possui uma combinação de simplicidade (na verdade, continua sendo principalmente uma cidade de praia) e variedade (hotéis, restaurantes e lojas ímpares). A arquitetura local adotou elementos de construção indígena, tais como paredes de tábuas rústicas, estuque, telhados de palha, madeira talhada, e em muitas estruturas, uma aparência desorganizada, não planejada. Uma arquitetura mais comercial de aparência barata tem surgido na região, e cadeias de restaurantes e lojas diminuíram a originalidade local, mas Playa ainda preserva a atmosfera de refúgio cosmopolita, com um toque de contracultura. A forte influência europeia fez do topless (ilegal no México) uma prática aceita em praias ao norte e ao sul da cidade (longe de famílias). A praia varia de tamanho, de larga e arenosa a mais estreita e rochosa, dependendo das correntes e do vento. Quando isso acontecer, vá para as praias de Playa Norte.

Informações Básicas
CHEGANDO LÁ E PARTINDO

DE AVIÃO Voe para Cancún e pegue um ônibus direto do aeroporto (veja "De Ônibus", abaixo), ou voe até Cozumel e pegue a balsa de passageiros.

DE CARRO A **Autoestrada 307** é a única estrada que atravessa Playa. Ela se divide à medida que você se aproxima de Cancún. As duas principais vias para a cidade são a Avenida Constituyentes, que funciona bem para destinos ao norte de Playa, e a Avenida Juárez, que leva à praça principal da cidade. Mantenha-se nas faixas da esquerda para que possa virar à esquerda em qualquer um dos semáforos; caso contrário, terá que seguir adiante de Playa, até pegar o retorno, mantendo-se à direita.

HOSPEDAGEM

Deseo Hotel + Lounge **4**
Jardín de Marieta **7**
La Tortuga **1**
Hotel Lab Nah **9**
Hotel Lunata **6**
Playa Maya **8**

REFEIÇÕES

Casa Mediterranea **10**
Los Carboncitos **12**
La Casa del Agua **13**
Las Mañanitas **11**
Media Luna **3**
El Oasis **2**
Super Carnes H C de Monterrey **15**
La Tarraya Restaurant/Bar **14**
Yaxché **5**

Playa del Carmen

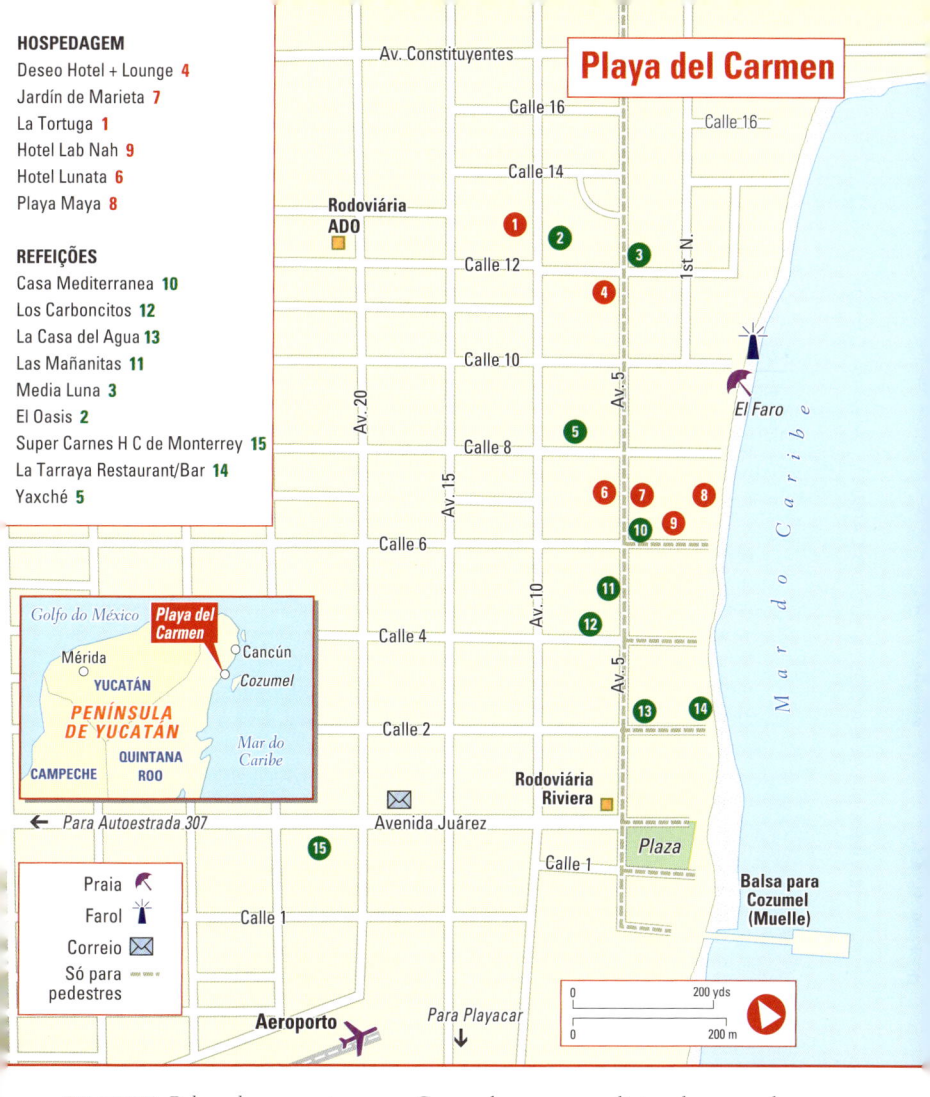

Praia
Farol
Correio
Só para pedestres

DE BALSA Balsas de passageiros para Cozumel, com ar-condicionado, saem do píer, que fica a um quarteirão da praça principal. Há também uma balsa para carros até Cozumel saindo do píer Calica, ao sul de Playacar. Os horários das balsas de passageiros mudam de acordo com a demanda. Geralmente, as partidas são a cada hora pela manhã e no fim da tarde — horários de pico. As balsas normalmente partem a cada duas horas no meio do dia. Para mais informações sobre ambas as balsas, consulte "Chegando Lá e Partindo", na parte de Cozumel, no Capítulo 6.

DE TÁXI As tarifas de táxi do aeroporto de Cancún custam aproximadamente $650 a $750, cada sentido.

DE ÔNIBUS A **Autobuses Riviera** oferece serviço saindo do aeroporto de Cancún cerca de dez vezes ao dia, entre 8 h e 20 h. Custa $106 cada sentido. Se chegar no Terminal 2, verá um balcão de bilhetes no corredor à sua direita, perto das portas do lado externo do terminal. Os ônibus saem do fim do estacionamento, à direita depois da saída. Do Terminal 3, vá para o lado de fora após passar pela aduana / imigração, e o ônibus estará à direita. Em qualquer terminal, você também poderá pagar o motorista em pesos ou em dólares americanos. Por um valor um pouco maior (US$ 10 para Playa, US$ 4 para Cancún), também pode reservar seu lugar através do site www.cancun-airport.com/public-buses.htm; um funcionário do aeroporto irá encontrá-lo do lado de fora do terminal e levá-lo até o ônibus. Da estação de ônibus do centro de Cancún, os ônibus partem quase a cada 30 minutos e a tarifa custa $40.

ORIENTAÇÃO

CHEGANDO Playa tem dois terminais de **ônibus.** Os que partem de Cancún e de outros lugares do litoral, como Tulum, chegam à rodoviária Riviera, na esquina da Avenida Quinta com a Juárez, perto da praça da cidade. Os ônibus que partem do interior chegam à nova rodoviária ADO na Avenida 20, entre as Calles 12 e 14.

Um aviso: A maioria dos quiosques de "informação" na Avenida Quinta diz respeito à venda de propriedades compartilhadas e de veraneio. Os vendedores normalmente são generosos nas informações, na esperança de que você concorde em visitar as propriedades que eles representam. Alguns turistas aproveitam essa oportunidade e voluntariamente abrem mão de uma manhã de férias, em troca de aluguel de carros, passeios, ou outras regalias de cortesia. Se o tempo estiver curto, no entanto, fique longe dessas ofertas.

LAYOUT DA CIDADE A rua principal, **Avenida Juárez**, leva à praça da cidade pela Autoestrada 307. No caminho, cruza diversas avenidas paralelas à praia, todas numeradas com múltiplos de 5. As ruas no sentido leste-oeste, paralelas à Juárez, são numeradas por múltiplos de 2. Uma maravilhosa ciclovia pela Avenida 10 oferece uma passagem razoavelmente segura para *triciclos* (táxis de bicicleta) e ciclistas.

A **Avenida Quinta**, muitas vezes chamada simplesmente de "La Quinta", estende-se por um ou dois quarteirões da praia, em direção à cidade, sendo a rua mais popular da Riviera Maya. É fechada para carros da Avenida Juárez até a Calle 12 (e alguns quarteirões depois, à noite). No entanto, táxis e motoristas podem acessar hotéis por ruas laterais. Hotéis, restaurantes, lojas, clubes e cadeias, como Starbucks e Dairy Queen, se espalham ao longo da Avenida Quinta e suas ruas laterais. A **Avenida Constituyentes** delineia a nova área de Playa que não para de crescer. Vários restaurantes da moda e condomínios caros estão localizados aqui.

Playacar, um clube de golfe projetado com residências e vários resorts, está localizado ao sul da Avenida Juárez.

Terminal de balsas de Playa del Carmen.

INFORMAÇÕES ÚTEIS
Playa Del Carmen

Código de Área O código de área é **984**.

Caixas Automáticos e Bancos Playa tem vários bancos e caixas automáticos.

Casas de Câmbio Muitas *casas de cambio* ficam próximas do cais, ou ao longo da Avenida Quinta com a Calle 8.

Médico Para atendimento de emergência, vá para o **Hospiten** (✆ **984/803-1002**), na Autoestrada 307, na segunda saída para Playacar, logo depois do Sam's Club. O **Dr. G. Ambriz** também fala inglês e fez cursos nos EUA e na Europa. O consultório dele fica na esquina da Avenida 30 com a Calle 14 (✆ **984/109-1245**).

Farmácia A **Farmacía del Carmen**, na Avenida Juárez, entre as Avenidas 5 e 10 (✆ **984/873-2330**), fica aberto 24 horas por dia.

Acesso à Internet Lan Houses estão espalhadas por toda a cidade; a maioria tem conexão rápida. A maioria dos hotéis tem Wi-Fi, pelo menos nas áreas públicas.

Estacionamento Estacionar na rua em Playa é complicado, já que vagas são difíceis de conseguir e policiais são rápidos em multar infratores. O **Estacionamiento México**, nas avenidas Juárez e 10 (onde fica a entrada), fica aberto 24 horas por dia, e cobra $20 por hora ou $120 por dia. Há também outro que funciona 24 horas, a poucos quarteirões do cais, na Avenida 10 e Calle 3 Sur. Poucos hotéis têm estacionamento próprio, mas alguns oferecem descontos em estacionamentos próximos.

Correio O *correo*, na Avenida Juárez, a três quarteirões da praça, está à direita após o Hotel Playa del Carmen e a lavanderia.

Temporadas A alta temporada principal vai de meados de dezembro até a Páscoa. Tem também uma "pequena" alta temporada em agosto e perto do feriado de Ação de Graças. A baixa temporada compreende todos os outros meses, embora muitos hotéis ainda dividam esse período em várias outras temporadas menores.

Conhecendo Playa del Carmen

Playa del Carmen é melhor aproveitada em uma cadeira de praia na areia ou em um passeio noturno pela **Avenida Quinta** ★★, paralela à praia ao longo de 20 quarteirões, do cais das balsas até o norte. A área perto do terminal da balsa, previsivelmente, possui inúmeras lojas de bugigangas, ambulantes e cadeias de restaurantes, mas a avenida se enche de bistrôs, bares da moda, lojas de roupas legais e restaurantes sofisticados à medida que você segue para o norte.

As atividades mais frequentes em Playa giram em torno de curtir a boa vida. As melhores **praias** para nado e banho de sol ficam a norte da Avenida Constituyentes; grande parte da praia central de Playa é cheia de rochas calcárias pontiagudas, sendo melhor para jantar, curtir ou praticar esportes aquáticos. O melhor trecho de areia nesta área, um refúgios dos hotéis que invadem a orla, é a Playa El Faro, entre as Calles 8 e 10. Outro trecho muito bom fica entre o cais e Las Ruinas Beach Club, na Calle 2. Porém, a praia mais bonita e, infelizmente, a mais movimentada se estende por cinco quarteirões ao norte da Constituyentes, até os clubes de praia Las Mamitas e Kool, entre as Calles 28 e 30. O mar vai ficando mais fundo gradualmente e as ondas quebram mais longe, o que significa bastante espaço para curtir a água. A maravilhosa areia mais ao norte está cada vez mais sendo espremida pela construção de condomínios.

Inúmeros fornecedores de esportes aquáticos pela praia.

Os arrecifes longe da costa de Playa oferecem bons **mergulhos**, embora não se comparem à Cozumel (pág. 155) ou Puerto Morelos (pág. 181). Sua principal qualidade, que fez com que conquistasse as lojas de mergulho, é o acesso a Cozumel e a uma série de cenotes no continente. Mergulhos nos arrecifes geralmente custam de US$ 45 a US$ 50 para um tanque, e de US$ 70 a US$ 75 para dois; mergulhos de dois tanques em cenotes ficam entre US$ 110 e US$ 120 (mergulhos em Cozumel quase sempre requerem que você pegue a balsa sozinho, para se juntar ao barco de mergulho na ilha). Mergulhadores mais aficionados devem procurar por ofertas de pacotes com diversos mergulhos, e pacotes de hotel/mergulho oferecidos por muitas lojas. A **Buceo Cyan Ha** (✆ 984/803-2517; www.cyanha.com), a primeira loja em Playa e ainda uma das mais respeitadas, abriu recentemente uma filial no Petite Lafitte Hotel (pág. 186). A **Tank-Ha Dive Center** (✆ 984/873-0302; www.tankha.com) é a única operadora que leva mergulhadores para Cozumel diretamente de Playa. A **Yucatek Divers** (✆ 984/803-2836; www.yucatek-divers.com) é especializada em mergulho em cenotes e para pessoas com necessidades especiais. O **Abyss Dive Center** (✆ 984/873-2164; www.abyssdiveshop.com) tem o seu próprio hotel. Não tem como errar com nenhum desses.

Os melhores pontos de **snorkel** não ficam no litoral de Playa, mas sim no arrecife Moché, ao norte, e no arrecife Inna, ao sul. A maioria dos operadores de snorkel oferece passeios guiados por cerca de US$ 35 a US$ 45, ou de US$ 55 a US$ 65 para snorkel em cenotes. Antes de agendar, pergunte se os equipamentos estão incluídos, o tamanho do seu grupo, quanto tempo o passeio dura e quantos arrecifes ou cenotes você irá visitar. Pequenos barcos por toda a praia também oferecem excursões para prática de snorkel, cobrando um pouco menos do que as loja de mergulho e partem assim que você chegar.

Inúmeros prestadores de serviços de **esportes aquáticos** podem ser encontrados na praia e em La Quinta, oferecendo passeios para cenotes, ruínas e parques de aventura. Passeio em banana boats, tubing (espécie de boia gigante puxada por um barco) e jet skis são apenas alguns dos esportes aquáticos (caros) que você poderá aproveitar nas águas calmas de Playa.

Playa é uma excelente base para excursões pela Riviera Maya. É fácil ir para Cozumel de balsa, dirigir até os parques naturais no sul e até as ruínas de Tulum e Cobá,

Aproveite para comprar lembrancinhas em diversas lojas na Avenida Quinta.

ou dirigir até Cancún, no norte. Ao sul da cidade fica o complexo Playacar, que tem um clube de golfe, vários grandes resorts *all-inclusive*, além de uma área residencial. Meu fornecedor favorito para viagens fora do comum é o **Alltournative** (✆ 984/803-9999; www.alltournative.com; pág. 79), na La Quinta, entre as Calles 12 e 14.

Compras

Playa é o coração das compras na costa do Caribe, e passear pela Avenida Quinta e suas ruas laterais para descobrir as novidades nas boutiques e lojas é uma ótima diversão para o fim de tarde. Depois de passar pela área do terminal de balsas, lojas locais discretas competem pelo seu dinheiro, oferecendo roupas de marca, charutos cubanos, tequilas de qualidade, artesanato, joias e moda praia. Cartões de crédito são aceitos na maioria das lojas. O melhor da arte popular e de butiques está concentrado entre as Calles 4 e 10; a Calle Corazón, uma área arborizada de pedestres entre as Calles 12 e 14, tem galerias de arte, restaurantes, um spa e ainda mais butiques.

Algumas das lojas preferidas ao longo da La Quinta, do sul ao norte: **Colors Collection Boutique**, Calle 2, oeste da Avenida Quinta (✆ **984/879-3272**), uma desconhecida lojinha na rua lateral, vende roupas para mulheres em *manta* (algodão mexicano) feitas na região, e algumas para homens (também disponíveis na maior, porém menos tranquila, De Beatriz Boutique, na praia); **Caracol,** entre as Calles 6 and 8 (✆ **984/803-1504**), com tecidos, artesanatos e roupas originais e de bom gosto, fabricados em todo o México; **La Calaca**, entre as Calles 12 e 14 (✆ **984/873-017 4**), por sua extraordinária variedade de máscaras de madeira, peculiares esculturas de anjos, demônios e esqueletos, e *alebrijes* (as famosas esculturas de animais do estado de Oaxaca, com suas pinturas estravagantes); **Casa Tequila**, na Calle 16 (✆ **984/873-0195**), por sua impressionante variedade de joias finas de prata, assim como os 100 tipos de tequilas de qualidade (você pode provar antes de comprar); e a **Ah Cacao**, na Constituyentes (✆ **984/803-5748**; www.ahcacao.com), por seu intenso e raro chocolate *criollo*, o "alimento dos deuses" dos maias, encontrado em barras, pó ou em grãos torrados.

Paseo del Carmen, no extremo sul da Avenida Quinta, conseguiu se destacar dentre a enorme quantidade de shoppings de Playa por sua coleção de lojas, galerias e restaurantes interessantes. A **InArt** (📞 **984/803-3968**; inartmexico.com), uma galeria de joias que também vende lindas peças de prata exclusivas, incrustadas com pedras semipreciosas mexicanas, merece também uma visita.

Onde Ficar

Playa tem um monte de pequenos hotéis, a preços mais acessíveis, que permitem uma melhor visão da cidade, quando comparados a estadia em um dos resorts em Playacar. Não hesite em reservar um hotel que não fique na praia. A vida na cidade aqui é muito divertida, e ficar na praia em Playa também tem as suas desvantagens — a principal delas é o barulho de alguns bares de praia. As praias são públicas no México, e você pode colocar a sua toalha em qualquer lugar que desejar. Há alguns clubes de praia no norte de Playa onde você tem acesso a cadeiras, toalhas, comidas e bebidas, pagando apenas uma pequena taxa ou o valor de uma refeição.

Quando o turismo está em baixa, você pode conseguir grandes descontos. Tarifas e pacotes promocionais aparecem online também. Reservas são obrigatórias em época de festas. As tarifas listadas abaixo incluem o imposto de acomodação de 12%. Eu não incluí tarifas para Natal e Ano Novo, que são ainda mais altas do que as tarifas padrão da alta temporada.

CARO

Deseo Hotel + Lounge ★★ O salão serve como lobby, restaurante, bar e área de piscina, de uma só vez. É uma plataforma elevada e ao ar livre com bar, piscina, cozinha para uso dos hóspedes, e grandes espreguiçadeiras para banhos de sol ou para saborear uma bebida à noite, quando a festa ainda está a pleno vapor. Fica lotado de uma clientela chique da Cidade do México durante os feriados nacionais, sendo popular entre grupos de 20 a 50 anos. Os quartos são confortáveis, originais e surpreendentes, mas não são muito sedutores — não têm televisão, nem uma poltrona confortável. A simplicidade lhes confere um ar quase asiático, reforçado por detalhes como portas de madeira e vidro jateado. Há uma pequena gaveta em-baixo de cada cama, que contém um kit para a noite com incenso, protetores de ouvido e preservativos.

Os proprietários também operam o criativo **Hotel Básico** (📞 **984/879-4448**; www.hotelbasico.com). Ele é uma divertida mistura de estilos industrial e dos anos 50, construído com concreto, madeira e plásticos. Assim como acontece no Deseo, as áreas comuns não são um espaço desperdiçado.

Av. 5 (na Calle 12), 77710 Playa del Carmen, Q. Roo. 📞 **984/879-3620**. Fax 984/879-3621. www.hoteldeseo.com. 15 quartos. Entre US$ 199 e US$ 233 para quartos com vista para o lounge; US$ 222 a US$ 255 com varanda; US$ 278 a US$ 311 para suítes. As tarifas incluem café da manhã. AE, MC, V. Sem estacionamento. Só para maiores de 18 anos. **Atrativos:** Bar; jacuzzi; piscina pequena na cobertura; serviço de quarto. *No quarto:* ar-condicionado, secador de cabelo (à disposição), frigobar.

MODERADO

Hotel Lunata ★★ 🔑 No centro de Playa, não existe um lugar mais confortável ou mais atraente para ficar do que este pequeno hotel na Avenida Quinta. Os quartos têm qualidade e aparência boa e refinada. Os poucos quartos standard são de tamanho médio e contam com uma cama queen size ou uma cama de casal. Os espaçosos quartos deluxe vêm com uma cama king size e frigobar; suítes júnior vêm com duas camas de casal. Os banheiros bem projetados têm bons chuveiros. Eu fiquei em um quarto de frente para a rua, com portas de vidro duplas que davam para a varanda. Gostei de olhar para a La Quinta e, com as portas fechadas, o barulho não incomodou. Ainda assim, pessoas com sono leve devem pedir um quarto com vista para o jardim.

Av. 5 (entre as Calles 6 e 8), 77710 Playa del Carmen, Q. Roo. ✆ **984/873-0884.** Fax 984/873-1240. www.lunata.com. 10 quartos. Alta temporada, quarto duplo a partir de US$ 129, quarto deluxe e suíte júnior entre US$ 159 e US$ 179; baixa temporada, quarto duplo US$ 110, quarto deluxe e suíte júnior entre US$ 125 e US$ 145. As tarifas incluem café da manhã continental. AE, MC, V. Estacionamento seguro por US$ 5. Crianças até 12 anos não são permitidas. **Atrativos:** bicicletas; quartos para não fumantes; esportes aquáticos. *No quarto:* ar-condicionado, ventilador, TV, refrigerador (em alguns), secador de cabelo (à disposição), Wi-Fi (em alguns).

La Tortuga ★★★ Você terá dificuldade em se hospedar em qualquer outro lugar, quando pode receber neste hotel um serviço amável, uma variedade de quartos e todos os atrativos dos quais precisa. A fama se espalha, e hóspedes lotam o hotel — embora em geral tenha um bom pacote para hóspedes fiéis. Alguns quartos beiram a piscina sinuosa; outros têm varandas com vista sobre os telhados. As suítes têm banheiras de hidromassagem, varandas e alguns extras, como ferros de passar e roupões. Todos os quartos têm muitas prateleiras e mesas para guardar seus pertences, cafeteiras e despertadores (uma benção para os viajantes a negócios). O espaço aconchegante da sala de estar à beira da piscina tem um bar, uma área para troca de livros e sofás confortáveis, e o restaurante está sempre melhorando. Os hóspedes têm uma entrada privativa para o Zen Eco Spa, bem ao lado.

Avenida 10 (entre as Calles 12 e 14), 77710 Playa del Carmen, Q. Roo. ✆ **984/873-1484.** www.hotellatortuga.com. 51 quartos. Quartos duplos entre US$ 160 e US$ 269, suítes entre US$ 266 e US$ 306. Tarifas incluem valor reduzido em um estacionamento interno, café da manhã e passes para a praia. MC, V. **Atrativos:** restaurante; bar; piscina externa; Wi-Fi. *No quarto:* ar-condicionado, ventilador, TV, jacuzzi (na suíte), frigobar, estação para MP3 (na suíte).

Playa Maya ★ ❦ Há muitas razões para escolher este dentre tantos outros hotéis de praia no centro de Playa: boa localização, bom preço, quartos confortáveis e administração simpática e prestativa, para citar apenas algumas. Mas o que realmente o diferencia é que a entrada do hotel é pela praia. Este detalhe aparentemente insignificante define o humor de quem chega, e cria um certo distanciamento da rua movimentada. Além disso, a forma como foi projetado bloqueia o ruído de bares próximos e hotéis vizinhos. Os quartos são amplos, com banheiros de tamanho médio. Alguns têm terraços privativos com jardim e jacuzzi; outros têm varandas de frente para a praia. Tarifas de alta temporada aqui vão do Natal até agosto, e há uma quantidade mínima de estadias.

Zona FMT (entre as Calles 6 e 8 Norte), 77710, Playa del Carmen, Q. Roo. ✆ **984/803-2022.** www.playa-maya.com. 20 quartos. Alta temporada, quarto duplo de US$ 145 a US$ 195; baixa temporada, quarto duplo de US$ 112 a US$ 180. As tarifas incluem café da manhã. MC, V. Estacionamento limitado na rua. **Atrativos:** restaurante; bar; jacuzzi; piscina externa; serviço de quarto. *No quarto:* ar-condicionado, TV, refrigerador, secador de cabelo, Wi-Fi.

BARATO

Hotel Lab Nah ❦ Bons quartos e localização central por um bom preço são as principais atrações deste hotel econômico, no coração de Playa. Os quartos mais baratos têm janelas com vista para a Avenida Quinta, o que os torna um pouco barulhentos — principalmente por causa dos frequentadores de bar, tarde da noite. Isso não me incomodou muito, mas acho que vale a pena pagar por um dos quartos standard com varanda e vista parcial do mar, no terceiro andar. Eles são maiores e mais silenciosos. Os quartos com vista para o jardim, diretamente abaixo dos com vista para o mar, são tão grandes e tranquilos quanto, mas não foram reformados. E a diferença de preço é pequena. O maior quarto, uma *palapa* na cobertura, é ideal para 3 ou 4 pessoas.

Calle 6 (com Av. 5), 77710, Playa del Carmen, Q. Roo. ✆ **984/873-2099.** www.labnah.com. 33 quartos. Alta temporada, quartos duplos entre $550 e $750, $1.050 para a *palapa* na cobertura; baixa temporada, quartos duplos entre $490 e $650, $860 para a *palapa* na cobertura. As tarifas incluem café da manhã. MC, V. Estacionamento limitado na rua. **Atrativos:** piscina pequena externa. *No quarto:* ar- condicionado, secadores de cabelo (em alguns), não possui telefone.

Jardín de Marieta ✦ 🏠 Além das tarifas razoáveis, gosto deste lugar agradável e peculiar devido à sua localização central e ao mesmo tempo escondida em uma pequena propriedade calma, sem qualquer fachada de rua na La Quinta. Os quartos variam bastante, mas a maioria é grande, iluminada e alegre. Quatro quartos têm copas, perfeitas para refeições simples. A maioria dos quartos fica em volta de um pátio arborizado, com algumas lojas e um restaurante.

Av. 5 Norte 173 (entre as Calles 6 e 8), 77710, Playa del Carmen, Q. Roo. 📞 **984/873-0224.** www.jardindemarieta.com. 10 quartos. Alta temporada, quartos duplos de US$ 60 a US$ 100; baixa temporada, quartos duplos de US$ 50 a US$ 90. Não aceita cartões de crédito. Estacionamento limitado na rua. **Atrativos:** restaurante. *No quarto:* ar-condicionado, TV, refrigerador, copa (em alguns), não tem telefone, Wi-Fi.

Onde Comer

Para um delicioso café da manhã ao estilo Veracruz em um ambiente agradável e arejado, experimente o restaurante na parte de cima do **Hotel Básico**, na Avenida Quinta com a Calle 12 Norte. Para saborear tacos de peixe e frutos do mar baratos, experimente o **EL Oasis**, na Calle 12, entre as Avenidas 5 e 10 (não tem telefone). Para tacos de *arrachera* (fajita), vá ao **Super Carnes H C de Monterrey** (📞 **984/803-0488**), na Calle 1 Sul, entre as Avenidas 20 e 25.

CARO

La Casa del Aqua ★★ EUROPEU/MEXICANO Excelente comida mexicana em um ambiente convidativo. Ao invés de uma importuna música de fundo, você ouve o som de água caindo. Os proprietários alemães oferecem o que mais gostam, do velho e do novo mundo. Fazem um bom trabalho com frutos do mar — experimente o peixe grelhado para duas pessoas. Para um prato leve, experimente o frango em molho de ervas finas, acompanhado de fettuccine; para algo mais encorpado, há uma sopa de tortilla chamada "Mexican soup". Vários pratos frios e leves são apetitosos para o almoço ou uma refeição à tarde, como o abacate recheado com camarão e temperado com um sutil molho de raiz forte sobre brotos de alfafa e cenoura à Juliene — uma boa mistura de sabores e texturas. Para sobremesa, experimente o musse de chocolate. Este restaurante fica no andar superior, sob um grande e arejado telhado de *palapa*.

Av. 5 (na Calle 2). 📞 **984/803-0232.** É recomendável fazer reserva na alta temporada. Pratos principais entre $165 a $280. MC, V. Aberto diariamente das 10 h à meia-noite.

Yaxché ★★★ IUCATEQUE O menu aqui traz muitas comidas e especiarias nativas, apresentando uma culinária mais elaborada do que a normalmente oferecida por restaurantes iucateques. Exemplos excelentes são o creme de *chaya* (um vegetal folhoso nativo) e o chili *xcatic* recheado com *cochinita pibil*. Eu também gosto da salada de frutas ao estilo clássico mexicano, com suco de limão e chili seco em pó. Frutos do mar são frescos e bem elaborados.

Calle 8 (entre as Avenidas 5 e 10) 📞 **984/873-2502**. É recomendável fazer reserva na alta temporada. Pratos principais entre $119 e $230. AE, MC, V. Aberto diariamente do meio-dia à meia-noite.

MODERADO

Casa Mediterránea ★ ITALIANO Escondido em um pequeno pátio saindo da Avenida Quinta, este restaurante pequeno e acolhedor possui uma excelente culinária italiana. Maurizio Gabrielli e Maria Michelon têm por hábito cumprimentar os clientes e fazer recomendações. Maurizio veio para ao México para curtir a vida simples, e isso fica óbvio no restaurante acolhedor, com um ambiente tranquilo. O cardápio é principalmente do norte da Itália, com vários pratos de outras partes da Itália. A lagosta é preparada de forma brilhante. Há pratos do dia também. Massas (exceto penne e espaguete) são feitas na casa, e nenhuma é pré-cozida. Experimente o ravioli de peixe e camarão, ou o penne alla Veneta. Há uma boa variedade de vinhos, principalmente italianos, para escolher.

Av. 5 (entre as Calles 6 e 8; procure a placa do Hotel Marieta). ✆ **984/876-3926**. É recomendável fazer reserva na alta temporada. Pratos principais entre $120 e $220. Não aceita cartões de crédito. Aberto de quarta a segunda, das 14 h às 23 h.

La Cueva del Chango ★★ MEXICANO/COMIDA SAUDÁVEL Comida boa em um ambiente original e descontraído fazem com que este lugar peculiar seja sempre popular (prepare-se para esperar nos fins de semana pela manhã). Fiel ao seu nome (A Caverna do Macaco), o local parece uma caverna, com pequenos riachos correndo pelo salão, e é decorado com macacos de vime e tecidos pendurados. Você encontrará excelentes sucos, batidas de frutas, saladas, sopas, especialidades mexicanas com um toque natural e tortillas feitas à mão. O peixe é fresco e delicioso, e o queijo quente em *panella* com tortillas é divino. Os mosquitos podem ser um problema durante a noite, mas a gerência tem repelentes para os clientes.

Calle 38 (entre a Av. 5 e a praia). ✆ **984/116-3179**. Pratos principais entre $80 e $140. Não aceita cartões de crédito. Aberto de segunda a sábado de 8 h às 23 h, e domingo das 8 h às 14 h.

La Vagabunda ✆ ITALIANO/MEXICANO Este lugar tem o charme do antigo estilo de Playa. Uma grande *palapa* abriga várias mesas de madeira simples sobre um piso de cascalho. É discreto e silencioso — um bom lugar para o café da manhã, com muitas opções, incluindo deliciosas bebidas de frutas, waffles e omeletes. Os pratos do dia valem a pena. Na parte da tarde e à noite, serve pratos leves, como paninis, massas e ceviches.

Av. 5 (entre as Calles 24 e 26). ✆ **984/873-3753**. Não aceita reservas. Café da manhã entre $40 e $60; pratos principais entre $70 e $120. MC, V. Alta temporada, aberto diariamente das 7 h às 23 h 30 min; baixa temporada, aberto diariamente das 7 h às 15 h 30 min.

Media Luna ★★ VARIADO O cardápio criativo daqui dá preferência a frutos do mar grelhados, sautés e massas. Tudo é fresco e muito bem elaborado. Experimente os deliciosos bolinhos de peixe fritos com molho de hoisin com mel e manga, ou o peixe gratinado com pimenta-do-reino. E fique de olho nos pratos do dia. Para o almoço, você pode pedir sanduíches e saladas, assim como quesadillas e crepes de feijão-preto.

Av. 5 (entre as Calles 2 e 14). ✆ **984/873-0526**. Café da manhã entre $40 e $60; sanduíche com salada de $50 a $70; pratos principais entre $80 e $150. Não aceita cartões de crédito. Aberto diariamente das 8 h às 23 h 30 min.

BARATO

Las Mañanitas ✆ MEXICANO O café da manhã com preço fixo é uma pechincha — em torno de US$5 por ovos mexidos com tomate, chilis e cebolas, com torradas, café e suco de laranja. De manhã cedo, as mesas ficam cheias de funcionários de hotéis e lojas. Os visitantes começam a chegar por volta das 9 h e continuam ocupando as mesas sob as *piñatas* até depois do almoço. À noite, clientes observam o agito em mesas na calçada, enquanto se deliciam com peixe fresco, generosos pratos de frutos do mar, massas e carnes. O ambiente é discreto e os garçons, amigáveis.

Av. 5 entre as Calles 4 e 6. ✆ **984/873-0114**. Pratos principais entre $50 e $120. MC, V. Aberto diariamente das 7 h às 22 h.

La Tarraya Restaurant/Bar ✆ FRUTOS DO MAR/IUCATEQUE Uma placa informa: o restaurante que nasceu com a cidade. Fica bem na praia e os proprietários são pescadores. A pesca do dia é tão fresca que praticamente ainda está viva. A barraca de madeira não parece ser muita coisa, mas eles também têm mesas na praia. Seu peixe pode ser preparado de várias maneiras. Se você ainda não experimentou a especialidade iucateque, *tik-in-xic* — peixe com molho de *achiote* e laranja amarga, cozido em folha de bananeira — este é um bom lugar para começar. Também recomendo o ceviche e a cerveja.

Calle 2 Norte. 984/873-2040. Não aceita reservas. Pratos principais entre $50 e $100; peixes inteiros são cobrados por quilo, que custa $100. Não aceita cartões de crédito. Aberto diariamente do meio-dia às 21 h.

Los Carboncitos ★ MEXICANO O cardápio é simples, mas não há praticamente nada que deva ser evitado. Uma das melhores opções é o taco, com recheios de carne grelhada, como de fajitas (*arrachera*) ou *al pastor*. Estes são servidos com uma grande seleção de molhos. Também recomendo as sopas, principalmente a sopa de frango ao estilo mexicano (*caldo xochitl*) e o tradicional *pozole*. Quanto aos frutos do mar, experimente o camarão al chipotle ou o espetinho de camarão. A grande variedade de acompanhamentos inclui queijo frito crocante (*chicarrón de queso*) e guacamole.

Calle 4 (entre as Avenidas 5 e l0). 984/873-1382. Não aceita reservas. Pratos principais entre $60 e $110; porção de tacos entre $40 e $60. Não aceita cartões de crédito. Aberto diariamente das 9 h à 1 h.

A Vida Noturna de Playa Del Carmen

Parece que todo mundo na cidade resolve passear na La Quinta até a meia-noite; as caminhadas e as opções de jantar e de beber disponíveis em quaisquer estabelecimentos são muito agradáveis. Aqui está uma breve lista dos bares que você *não* encontrará na Avenida Quinta. O bar de praia ícone em Playa é o **Blue Parrot** (984/873-0083). Ele oferece apresentações ao vivo, principalmente rock, e atrai um público diversificado. Fica entre as Calles 12 e 14. Próximo dele está o **Om** (não tem telefone), que recebe um público mais jovem, com apresentações musicais mais barulhentas.

O **Alux** (984/110-5050) é uma boate única, que fica em uma grande caverna com duas câmaras com iluminação elaborada e vários recantos e áreas para relaxar. O grupo de conservação local aprovou todo o trabalho. A boate reserva atrações musicais e geralmente não cobra entrada. O bar só aceita pagamento em espécie, e fica aberto de terça a domingo das 19 h 00 às 2 h. Pegue a Avenida Juárez passando para o outro lado da autoestrada — duas quadras à sua esquerda.

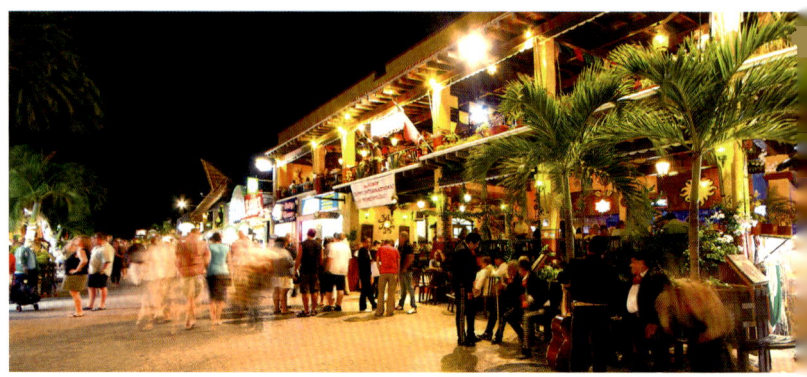

A Avenida Quinta é sempre agitada durante a noite.

ESCOLHENDO um hotel all-inclusive
NA RIVIERA MAYA

Quartos em resorts *all-inclusive* superam de longe, em número, os que ficam em hotéis normais na Riviera Maya. E essa tendência continua a dominar as novas construções, juntamente com imóveis de propriedade compartilhada. A maioria das pessoas está familiarizada com o conceito AI (abreviação de *all-inclusive*) — grandes hotéis que trabalham com economia de escala para oferecer hospedagem, alimentação e bebidas, tudo por uma tarifa única. Alguns também oferecem comodidade e economia, principalmente para famílias com muitas bocas para alimentar. Por serem áreas fechadas, torna-se fácil para os pais vigiarem seus filhos. Esse sistema facilita reencontros familiares com várias gerações e reuniões de grupo. As temporadas de promoções oferecem viagens incrivelmente baratas.

Resorts *all-inclusive* não são para todo mundo, pense neles como um navio de cruzeiro, só que em terra. Uma certa mesmice permeia esses hotéis. Pulseiras coloridas designam vários planos AI, que geralmente incluem todas as refeições em estilo bufê, bebidas de qualidade variada, restaurantes de especialidades (alguns por um custo adicional), áreas de piscina repletas de atividades, entretenimento noturno, e assim por diante. Alguns cobram taxas extras para o uso de campos de golfe, spas e academias.

Se optar pelo *all-inclusive*, escolha um resort cujos atrativos satisfaçam seus desejos. Para este tipo de *all-inclusive*, é melhor fazer reserva através de um agente de viagens. Esses pacotes combinando voos e AI normalmente são imbatíveis se comparados com as reservas de voo e hospedagem por conta própria, mesmo que você tenha milhas a gastar.

Passei a entender e e apreciar esse tipo de programação de férias quando me hospedei no complexo **Iberostar** (www.iberostar.com), na Praia Paraíso, ao norte de Playa del Carmen. Esse enorme complexo inclui cinco hotéis com todas as faixas de preço, um campo de golfe, shopping center, boates, praia espaçosa e um spa fantástico. Um bonde circula entre os resorts (os hóspedes dos hotéis mais sofisticados podem utilizar as comodidades de todos os hotéis). Apesar do tamanho, não me senti saturada e gostei de ver as famílias brincando juntas ou cada um a seu modo.

Com vários resorts de qualidade e estilo variados, o **Palace Resorts** (www.palaceresorts.com) também merece atenção, embora os vendedores de propriedades compartilhada sejam bastante agressivos. A Wyndham Hotels assumiu o controle de alguns hotéis Palace, o que pode significar mudanças a caminho.

Um novo conceito *all-inclusive* vai totalmente em outra direção, com resorts luxuosos que oferecem suítes fabulosas, spas, piscinas e praias, assim como refeições gourmet excepcionais. Diárias podem ir além dos US$ 1,000 por pessoa. Mas cada vez mais administradoras de resorts estão seguindo essa direção, e os consumidores mais abastados têm maravilhosas opções. O **Grand Velas Riviera Maia** (pág. 185) se destaca nessa categoria. O caro **Royal Hideaway Playacar** (www.royalhideaway.com) é aclamado como um lugar idílico para casamentos e luas-de-mel. Os resorts exclusivos às vezes têm algumas regras estranhas. Por exemplo, eu e meu marido não pudemos aproveitar os restaurantes especializados em um resort, porque os homens eram obrigados a usar sapatos sociais fechados — nem sandálias de couro bem chiques foram permitidas. Procure saber dessas coisas antes de ir.

Embora teoricamente fechem perto do pôr do sol, vários clubes de praia ao norte da Avenida Constituyentes oferecem shows ao vivo de vez em quando. Procure o agito no começo das Calles 30 a 36.

7 SUL DE PLAYA DEL CARMEN

Uma sequência de pequenas comunidades, resorts e parques naturais ocupam um trecho de 56 km da autoestrada que leva ao sul de Playa del Carmen. Este tópico vai mostrá-los de norte a sul.

Alugar um carro é a melhor maneira de se locomover por aqui. O máximo que os ônibus podem fazer é deixá-lo próximo a seu destino; da autoestrada, pode ser uma caminhada quente até o litoral. Outra opção é alugar um carro com motorista.

Depois de Paamul, você verá placas para este ou aquele cenote ou caverna. A Península de Yucatán tem milhares de cenotes, e cada um é ligeiramente diferente (pág. 200). Estes locais são menos visitadas do que a maioria das atrações, e podem ser um passeio agradável.

Punta Venado: Passeio a Cavalo

Alguns lugares ao longo da autoestrada oferecem passeios a cavalo. O melhor deles, **Rancho Punta Venado**, fica logo ao sul de Playa, após o Píer Calica. Este rancho é o menos turístico, e o proprietário cuida bem dos seus cavalos. Possui um trecho litorâneo bem agradável, com uma baía protegida, e oferece passeios de caiaque e snorkel. Acerte o passeio com antecedência para que possam agendá-lo em um dia com menos clientes. E-mail (ptavenado@yahoo.com) é a melhor maneira de contactá-los, pois às vezes eles não atendem o telefone do escritório, ✆ **984/803-5224**. Outra opção é ligar do México para o celular do rancho (✆ **984/116-3213**); a ligação não é gratuita. Fale com Gabriela ou Francisco, ambos também falam inglês, ou dê uma passada por lá. A saída para o rancho fica 2 km ao sul do viaduto Calica, próximo ao Km 279.

Río Secreto: Uma caverna magnífica

Mais espiritual do que comercial, este parque ecológico, com base na comunidade, ensina aos visitantes sobre as crenças maias relacionadas ao "submundo", enquanto exploram uma caverna com 600 m de comprimento, que ficou escondida por séculos. A história conta que um *campesino* local estava perseguindo um grande lagarto no meio do mato e sob as rochas. O *campesino* seguiu, cavando entre rochas, até que ouviu um barulho. O lagarto, aparentemente, tinha descoberto um esconderijo. Cavando um pouco mais, o homem encontrou a entrada de uma caverna cheia de estalactites e estalagmites. Naturalistas locais ouviram falar do achado e descobriram uma estonteante cadeia de câmaras com formações rochosas de até 2,5 milhões de anos . A área foi declarada uma reserva natural, sendo aberta ao público em abril de 2008.

Os visitantes devem ser acompanhados por guias e vestir trajes de banho apropriados e capacetes, enquanto andam e nadam pela caverna. Às vezes fica tão escuro que você se sente como se estivesse totalmente cego (ao desligar sua lanterna). Outras vezes, raios solares atravessam os buracos no teto, iluminando as árvores verdes acima do solo e o azul e rosa das superfícies estriadas pela água rica em minerais que pinga sobre a rocha em tons de terra. Um banho na piscina verde--esmeralda aumenta a diversão, assim como a camaradagem e o conhecimento do guia. O passeio completo, desde o momento de vestir os trajes de banho até se saciar no almoço, depois de um passeio subterrâneo de 90 minutos, leva cerca de

Maravilhe-se com as estalactites e estalagmites do Río Secreto.

três horas. Chuveiros de água quente e armários estão disponíveis. O passeio básico sem incluir o transporte custa US$ 49. Ligue antecipadamente para fazer sua reserva. Río Secreto fica situado numa saída da Autoestrada 307, cinco minutos ao sul de Playa del Carmen (entre Xcaret e o Porto de Calica). Para mais informações, ligue para ✆ **984/877-2377**, ou acesse www.riosecretotours.com.

Xcaret: Um tributo ao Yucatán

Um outdoor no aeroporto da distante Guadalajara anuncia em espanhol:"E quando for visitar Xcaret, não se esqueça de aproveitar os prazeres da Riviera Maya, também". Um exagero, é claro, mas não deixa de ter um pinguinho de razão: Xcaret é a maior atração destes arredores e ainda tem o seu próprio resort. Milhares de pessoas visitam todas as semanas; fique longe dele se gosta de sossego. Xcaret é uma amostra de tudo o que o Yucatán — e o resto do México — tem para oferecer, e viciados em ação aproveitam ao máximo o valor do ingresso, um pouco caro.

A infinidade de atividades inclui mergulho e snorkel; mergulho em caverna; caminhadas em florestas tropicais; passeios a cavalo; um passeio de rio subaquático; balançar-se em uma rede debaixo de coqueiros; e conhecer nativos maias. As exposições incluem o melhor museu de arte popular fora da Cidade do México; uma caverna de morcegos; um pavilhão de borboletas; viveiros de orquídeas e cogumelos; e um aquário onde é possível afagar os animais. Onças nativas, peixes-boi, tartarugas marinhas, macacos, araras e flamingos também estão em exposição. O show noturno celebra o México com música e dança; os figurinos e a coreografia são inigualáveis aos de qualquer outro lugar do México. Eu não sou a maior fã de Xcaret, prefiro minhas aventuras selvagens, mas este show é um espetáculo realmente fascinante. Ele mostra tantos aspectos da nação mexicana, que no momento que os artistas agradecem você tem a sensação de ter viajado por todo o país.

Xcaret fica 10 km ao sul de Playa del Carmen; você saberá quando chegar ao ponto de saída da estrada. Fica aberto diariamente das 8 h 30 min às 21 h. As entradas básicas custam

Um dançarino fantasiado se apresenta em Xcaret.

AVENTURAS subterrâneas

A superfície terrestre da Península de Yucatán é uma plataforma de calcário fina, que se projeta como uma pegada entre o Golfo do México e o Mar do Caribe. A água da chuva se infiltra na superfície até cenotes, sumidouros de água-doce espalhados pelo mundo subterrâneo. Alguns cenotes são como pequenos poços. Outros são como lagoas verdes gigantes, com paredes rochosas altas — lugares tentadores para candidatos a Tarzan. Os cenotes geralmente dão acesso a grutas mágicas, onde a luz solar que adentra pelos buracos na superfície da terra reflete nas estalactites e estalagmites que parecem pingentes de gelo. A Riviera Maya é repleta dessas formações, e quase todos os fazendeiros e proprietários de terra na região anunciam, em placas, passeios às suas piscinas e cavernas por alguns pesos. Parques mais elaborados incluem rios subterrâneos e cenotes, entre as muitas atrações. Vários, incluindo Xcaret, Hidden Worlds, Río Secreto e Aktun Chen, são descritos neste capítulo. Dezenas de cenotes e cavernas menores merecem a sua atenção também, e as entradas custam muito menos do que nos grandes parques. Pessoas aventureiras devem procurar os sítios recém-abertos, indicados por placas rústicas de madeira. Abaixo estão alguns cenotes acessíveis pela Autoestrada 307. A maioria possui banheiros, abrem por volta das 8 h ou 9 h e fecham às 17 h ou 18 h, e cobram entre $30 e $50.

Cenote Azul (cerca de 2 km ao sul de Puerto Aventuras, logo ao sul do Ecopark Kantum Chi): Situado próximo da autoestrada, com várias piscinas grandes, o Cenote Azul tem uma divertida plataforma de saltos em uma área de rochas suspensas, e um deque de madeira que se projeta sobre a água. Passarelas ao longo da margem facilitam a entrada nas piscinas, onde é possível nadar com muitos peixes-gato.

Gran Cenote (cerca de 3 km a oeste de Tulum na estrada para Cobá): Os mergulhadores têm carinho especial por este Cenote de águas cristalinas e aparentemente sem fundo, que leva a cavernas que parecem não ter fim. Os praticantes de snorkel podem seguir as lanternas de mergulho caverna adentro, perto da superfície, e ver fantásticas formações rochosas. Como fica afastado da autoestrada principal, este fabuloso cenote é menos popular e parece estar enterrado no meio da selva.

Jardín del Edén (1,6 km ao norte de Xpu-Há, logo ao sul do Cenote Azul): "El Edén" é um dos meus cenotes favoritos, pois é administrado por uma família acolhedora e tem muitos afloramentos rochosos, onde você pode curtir o sol quente depois de sair da água gelada. Há espaço de sobra ao longo das margens do cenote, que parece uma enorme piscina. A todo momento, é possível ouvir os gritos dos intrépidos aventureiros que se arriscam a mergulhar de um ponto de salto bem alto. Praticantes de snorkel e mergulhadores encontram peixes tropicais e enguias em abundância.

US$ 69 para adultos e US$ 34 para crianças de 5 a 12 anos; muitas atividades e instalações são pagas separadamente. O ingresso para o "Xcaret at Night" custa US$ 49 para adultos e US$ 30 para crianças e vale a pena. Você entra no parque depois das 15 h e tem tempo de sobra para se divertir e explorar antes do show da noite. Para mais informações, ligue para © **998/883-0470** ou acesse www.xcaret.net.

As mesmas pessoas que criaram o Xcaret recentemente inauguraram o **Xplor** (© **998/849-5275** www.xplor.travel), logo ao lado. O parque de aventuras tem uma tirolesa, trilhas para veículos 4x4 e um passeio no rio subterrâneo. A entrada custa US$ 109 para adultos, US$ 55 para crianças (de 8 ou mais anos); você recebe um desconto de 10% nas reservas online com três dias de antecedência.

Xunaan ha (saindo de Chemuyil, 12 km ao sul de Akumal): O local está se tornando bastante popular por causa da atmosfera de autenticidade. O acesso é feito por um caminho sinuoso, que passa por uma aldeia maia e uma cidade em desenvolvimento cujos moradores trabalham na região de Akumal. Placas indicam o caminho para o pequeno cenote, quase escondido na selva, onde se pode tomar banho, flutuar ou praticar snorkel com cardumes de peixes e, às vezes, tartarugas de águadoce. Previna-se: não há banheiros aqui.

A maioria das empresas de mergulho, ao longo da Riviera Maya, oferece mergulhos em cenotes, assim como em arrecifes. As empresas especializadas em mergulhos em cenotes que recomendo incluem **Yukatek Divers** (✆ 984/803-2836; www.yucatek-divers.com) e **Go Cenotes** (✆ 984/803-3924; www.gocenotes.com), ambas em Playa del Carmen, e **Cenote Dive Center** (✆ 984/871-2232; www.cenotedive.com) e **Xibalba Dive Center** (✆ 984/871-2953; www.xibalbadivecenter.com) em Tulum. Todos cobram US$ 120 por mergulhos de caverna de dois cilindros, que são realizados em cenotes abertos, onde você está sempre ao alcance de ar e luz natural; mergulhos em caverna exigem formação técnica avançada e equipamentos especializados e são mais caros.

Manatí (Tankhah, a leste da autoestrada, 10 km ao norte de Tulum): A lagoa grande e aberta, perto do restaurante Casa Cenote, faz parte de um longo sistema de cavernas submarinas, que termina no mar. O encontro da água-doce com água do mar cria correntezas consideráveis, mas não perigosas, que atraem uma grande diversidade de peixes de água-doce e água salgada. O cenote recebeu seu nome dos peixes-boi que costumavam aparecer por aqui; essas criaturas tímidas desapareceram quando a região se tornou popular.

Quatro quilômetros ao sul da entrada de Xcaret fica a saída para **Puerto Calica**, o cais de navios de cruzeiro. Os passageiros desembarcam aqui para passeios por Playa, Xcaret, pelas ruínas e por outras atrações do litoral.

Paamul: Refúgio Litorâneo ★

A cerca de 15 km depois de Xcaret e 25 km de Playa del Carmen fica Paamul (também escrito Pamul) 🎁, que significa em maia "uma ruína destruída". A saída é bem sinalizada. Aqui, você pode aproveitar o Mar do Caribe com relativa tranquilidade. O mar da praia afastada é maravilhoso, mas a costa é rochosa. Há quatro quartos

Veículos recreacionais (RVs) estacionam em Paamul.

para alugar, um restaurante e várias vagas para trailers e veículos recreacionais (RVs) com conexões, disponíveis por dia ou por mês.

A **Scuba-Mex** (✆ **984/875-1066**, fax 984/874- 1729; www.scubamex.com) é uma empresa de mergulho totalmente equipada, com certificações PADI e SSI, junto às *cabañas*. Usando dois barcos, a equipe leva os hóspedes para mergulhos a 8 km em qualquer direção. Quando o mar está muito agitado, os arrecifes em frente ao hotel também são uma boa opção. O custo de um mergulho de um cilindro com locação de equipamento é de US$ 39. Eles também oferecem pacotes de vários mergulhos e instrução para certificações.

Cabañas Paamul ★ Paamul trabalha principalmente com o público dos trailers, mas há também 12 "suítes júnior" modernas perto ou às margens da água. Os quartos são espaçosos e confortáveis e contam com uma copa e duas camas queen size. Ligeiramente mais baratas, porém mais limitadas em tamanho e conforto, são as "eco-cabañas". Os hóspedes em trailers têm acesso a 12 chuveiros e banheiros separados para homens e mulheres. Há serviço de lavanderia por perto. O grande e arejado restaurante em uma *palapa* fica aberto ao público, e os clientes podem utilizar a praia, que é rochosa neste trecho do litoral. Os preços variam de acordo com a temporada.

Carretera Cancún-Tulum Km 85. ✆ **984/875-1051.** www.paamul.com. 22 quartos; 190 vagas para trailers (todos com conexões completas). US$ 100 a US$ 150 pela suíte júnior; US$ 80 a US$ 120 pela *cabaña*. Vagas para veículos recreacionais (RVs) com conexões custam US$ 30 por dia, ou US$ 600 por mês. Não aceita cartões de crédito. Pergunte sobre descontos para estadias superiores a uma semana. Estacionamento gratuito. **Atrativos:** restaurante; bar; piscina externa; empresa de mergulho. *No quarto:* ar-condicionado, TV, copa.

Puerto Aventuras: Golfinhos e Naufrágios

A 5 km ao sul de Paamul e a 104 km de Cancún, Puerto Aventuras é um imponente complexo de condomínio/marina, com um campo de golfe de 9 buracos na Baía Chakalal. Em seu centro fica uma série de restaurantes, às margens de uma piscina de golfinhos, que oferecem comida mexicana e italiana, carnes e aperitivos. A atração principal é nadar com os golfinhos em um programa altamente interativo; reserve com bastante antecedência com a

> **Evite as multidões dos navios de cruzeiro**
>
> Menos navios chegam no fim de semana do que durante a semana, o que torna o fim de semana uma boa hora para visitar as principais atrações litorâneas.

Dolphin Discovery (✆ 998/849-4757; www.dolphindiscovery.com). A melhor forma é através do site.

Puerto Aventuras tem o único museu marítimo da região, o **Museo Sub-Acuatico CEDAM** ★ (✆ 984/873-5000; www.puertoaventuras.com/services.html). É uma atrativa exposição de moedas, armas, dentaduras de ouro, pratos de barro e outros itens de naufrágios da era colonial. Tudo foi recuperado por membros do "Clube de Explorações e Esportes Aquáticos do México" (CEDAM), um grupo de ex-mergulhadores da Segunda Guerra Mundial. A maioria dos artefatos veio de um navio cubano que naufragou próximo a Akumal, em 1741. Outras exibições incluem oferendas maias dragadas de cenotes da península, achados de sítios arqueológicos, equipamentos de mergulho antigos e fotos de explorações de cenote. O museu fica no segundo andar de um edifício rosa perto da entrada.

Puerto Aventuras também é conhecido pelos passeios de barco e pesca em alto mar. O **Capt. Rick's Sportsfishing Center** (✆ 984/873-5195; www.fishyucatan.com) tem passeios que combinam pescaria com snorkel, que resultam em um belo dia de lazer. A melhor temporada de pescaria nesse litoral vai de março a agosto.

Apesar das razões para visitar Puerto Aventuras, nunca fiquei tentada a passar a noite lá. Há alguns hotéis, mas a maioria dos imóveis residenciais é de condomínios de luxo e casas de veraneio. O hotel mais proeminente, o **Omni Puerto Aventuras** (✆ 984/873-5101), é agradável, mas mesmo com as promoções surgidas com a recessão, que baixaram o preço inicial para US$ 200, este hotel reservado e de tons harmoniosos não é suficientemente interessante para me convencer a gastar tanto por uma hospedagem.

Xpu-Ha: Praia Sublime

Três quilômetros depois de Puerto Aventuras fica **Xpu-Ha** ★★★, uma larga baía com uma ampla e bela praia de areia. Grande parte do litoral é repleto de casas e condomínios privativos, assim como alguns resorts *all-inclusive*. A praia é uma das melhores de todo o litoral e é grande o suficiente para acomodar os hóspedes do hotel, os moradores e excursionistas, sem parecer lotada.

Uma exposição no Museo Sub-Acuatico CEDAM.

Além dos hotéis analisados a seguir, alguns outros oferecem alojamento básico — duas camas, piso de cimento e um pequeno banheiro privativo. São alugados por ordem de chegada, por $500 a $800 por noite, dependendo do movimento. Akumal, perto dali, tem opções melhores; se você tiver alugado um carro, poderá passar o dia na praia.

> **Em Caso de Emergência**
>
> A Riviera Maya, ao sul de Puerto Aventuras, é suscetível a quedas de energia que podem durar horas. Bombas de gasolina e caixas automáticos ficam fora de serviço quando isso acontece, e quando a energia volta, surgem longas filas. É uma boa ideia manter uma reserva de gasolina e de dinheiro.

Al Cielo ★ Esta é uma boa opção para quem busca um pequeno hotel na praia, onde poderá se sentir como um nativo. Os quatro quartos (dois em cima, dois em baixo) ficam em um grande prédio, com telhado de palha, bem na praia. O restaurante é popular, mas os quartos são rústicos e simples, o que às vezes atrai clientes interessados na vida praiana como um refúgio do mundo moderno. Se procura mais atrativos, esse não é o local para você.

Carretera Cancún-Tulum Km. 118, 77710, Xpu-Ha, Q. Roo. ✆ **984/840-9012.** www.alcielohotel.com. 4 quartos. Quarto duplo entre US$ 212 e US$ 258. MC, V. Não permite crianças. As tarifas incluem café da manhã. Estacionamento gratuito e seguro. **Atrativos:** restaurante; bar; velas hobie cat; serviço de quarto. *No quarto:* ventilador, secador de cabelo, não tem telefone, Wi-Fi.

Esencia ★★★ Nenhum outro hotel deste litoral reúne lazer e refúgio melhor do que o Esencia. Originalmente construído como uma *villa* privada para uma duquesa italiana, o hotel inclui alguns quartos na *vila* e casa de hóspedes originais. Adoraria passar algumas noites românticas em quartos da *villa* com vista para o mar — um daqueles sonhos de loteria. Famílias se espalham pelos chalés de dois andares, cercados por plantas e jardins exuberantes. Todos os quartos do hotel dispõe de muito espaço, beleza, privacidade e de um certo ar de serenidade (a decoração é minimalistas, de muito bom gosto, como três laranjas em uma bandeja de madeira). Logicamente, a magnífica praia inclui espreguiçadeiras privativas debaixo de coberturas de palha em formato de A. O serviço é pessoal e discreto (uma taxa de serviço é adicionada à tarifa do quarto) e a comida é excelente. Se o spa fosse mais relaxante, seria uma experiência extracorpórea. O hotel dispõe de duas horas de serviço de babá gratuito, por dia, para os clientes do spa ou do restaurante.

Predio Rústico Xpu Ha, Fracc. 16 y 18, L. 18, 19 (saída Xpu-Ha-2), 77710, Xpu-Ha, Q. Roo. ✆ **984/873-4830.** www.hotelesencia.com. 29 quartos. Alta temporada, quarto duplo ou suíte a partir de US$ 569; baixa temporada, quarto duplo ou suíte a partir de US$ 479. As tarifas incluem café da manhã completo. Pacotes de internet às vezes disponíveis. AE, MC, V. Estacionamento gratuito com manobrista. **Atrativos:** restaurante; 2 bares; serviço de babá; concierge; jacuzzi; 2 piscinas externas; serviço de quarto; quartos para não fumantes; spa. *No quarto:* ar- condicionado, TV/DVD, secador de cabelo, internet, frigobar.

Akumal: Belas Baías e Mergulhos em Caverna

Seguindo na direção sul por 2 km pela Autoestrada 307 você verá a saída para Akumal ("Lugar das Tartarugas") sinalizada por um semáforo. A comunidade turística ecologicamente orientada é distribuída entre quatro baías, com duas entradas pela estrada marginal à autoestrada. A entrada principal, com indicação para Akumal, leva a hotéis, condomínios e casas de veraneio. Pegue a entrada do Akumal Aventuras até o Grand Oasis, hotel *all-inclusive*, e mais condomínios e residências. Nenhuma estrada à beira-mar liga os dois, então você precisa saber qual saída pegar.

Akumal abriga tartarugas marinhas de maio a julho.

Mergulho submarino em Akumal.

Um arco branco delimita a entrada principal para a comunidade turística (há anos, os habitantes originais foram transferidos para o outro lado da autoestrada, para uma cidade separada, em rápida expansão, onde muitos trabalhadores e empresários residem). Um pouco antes do arco, ficam alguns mercados e uma lavanderia. Logo depois do arco, à direita, fica o Hotel Akumal Caribe. Se seguir a estrada para a esquerda e continuar à esquerda, você chegará ao Half Moon Bay, ao lado de apartamentos de dois e três andares e, mais à frente, à Lagoa Yal-ku, um parque de snorkel. Para alugar um apartamento, entre em contato com **Akumal Vacations** (www.akumalvacations.com) ou **Loco Gringo** (www.locogringo.com).

Ambas as baías têm praias com fundo rochoso ou com algas. Esta é uma área popular para mergulhos e abriga o primeiro clube de mergulho do México. Há três empresas de mergulho na cidade, e pelo menos 30 pontos de mergulho são em mar aberto. O **Akumal Dive Shop** (℡ 984/875-9032; www.akumal.com), uma das melhores e mais antigas empresas de mergulho do litoral, oferece mergulhos em cavernas e cursos de mergulho técnico. O simpático proprietário e *dive master* conhece todos os locais secretos da região e pode oferecer todos os tipos de dicas. A **Akumal Dive Adventures** (℡ 984/875-9157), no hotel Vista del Mar, na Half Moon Bay, oferece cursos em resorts, assim como certificações completas em mar aberto.

O parque de snorkel **Yal-ku Lagoon** 😊 parece uma miniatura de Xel-Ha, mas sem todas aquelas atrações caras. Esculturas modernas se espalham pelos jardins ao lado da límpida lagoa, que tem cerca de 700 m de comprimento e 200 m na parte mais larga. Você pode nadar confortavelmente em águas protegidas e ver peixes e algumas outras criaturas. É um lugar perfeito para aprender a praticar snorkel e para deixar as crianças livres para nadar em segurança. Claro, há muitos pontos ao longo das baías onde você pode praticar snorkel gratuitamente, mas este pequeno parque é um passeio tranquilo e relaxante. Fica aberto diariamente das 8 h às 17 h 30 min. A entrada custa $80 para adultos e $45 para crianças de 3 a 14 anos.

A suave maré de **Akumal Bay** banha uma praia larga, de areia fina, sombreada por coqueiros. É um dos poucos lugares onde é comum ser surpreendido por uma tartaruga nadando a seu lado. Durante a época de nidificação (maio a julho), visite o **Centro Ecológico Akumal** ★★★ (℡ 984/875-9005; www.ceakumal.org) pela manhã, para se inscrever no passeio das tartarugas, que acontece todas as noites às 21 h (de segunda a sexta-feira). Você ajudará a equipe a encontrar novos ninhos, proteger as mães exauridas, que fazem o caminho de volta para o mar, e transferir os ovos para as chocadeiras, onde podem ficar incubados em segurança.

ONDE FICAR

Os preços abaixo são para duas pessoas e incluem os impostos. Durante as festas, a maioria dos hotéis e condomínios cobra tarifas mais elevadas do que as informadas.

Hotel Akumal Caribe ★★ ☺ As primeiras acomodações na Baía de Akumal eram simples *cabañas* com telhados de palha ao lado de uma praia deslumbrante. Quando me hospedei aqui nos anos 1980, senti que tinha descoberto o melhor refúgio do litoral. Desde então, o hotel se transformou em um grande resort com 40 bangalôs com telhado de cerâmica, espalhados por jardins densos. Mobiliados com simplicidade e conforto, com copas, chuveiros espaçosos e jarras de água purificada, os bangalôs ainda são um ótimo lugar para se hospedar por uma noite ou uma semana (como muitas famílias fazem). Os 21 quartos do hotel de três andares, à beira-mar, possuem uma cama king size ou duas camas queen size, copa e móveis mais sofisticados do que os dos bangalôs. O hotel também dispõe de uma piscina de água natural (aberta a todos os hóspedes), mas ainda prefiro os aconchegantes bangalôs. O hotel também dispõe de apartamentos e *villas* charmosos na Half Moon Bay. As quatro *villas*, que compartilham uma piscina, têm dois ou três quartos, sala de estar, sala de jantar e cozinha grandes, assim como agradáveis pátios mobiliadas a poucos metros da areia. O melhor atrativo da propriedade é sua localização à beira da bela Baía de Akumal. Para visitar os restaurantes e lojas você terá de passar pelos seguranças, que normalmente vetam a entrada de quem não é hóspede.

Carretera Cancún-Tulum (Autoestrada 307) Km 104. ℂ **984/206-3600.** www.hotelakumalcaribe.com. (Reservas ℂ **915/584-3552**). 70 quartos. Alta temporada, bangalôs entre US$ 110 e US$ 119, quarto duplo entre US$ 139 e US$ 149, *villa* ou apartamento entre US$ 255 e US$ 375; baixa temporada, bangalôs US$ 89, quarto duplo US$ 109, *villa* ou apartamento entre US$ 137 e US$ 190. Reservas com pagamento adiantado somente com cheque. AE, MC, V. Estacionamento gratuito. Pacotes de baixa temporada disponíveis. **Atrativos:** 2 restaurantes; bar; serviço de babá; atividades infantis sazonais; empresa de mergulho; piscina grande externa. *No quarto:* ar-condicionado, internet (em alguns), copa (em alguns), não tem telefone (em alguns).

Vista del Mar Hotel and Condos ★ 🦐 Este hotel à beira-mar oferece quartos com bons preços e apartamentos grandes e totalmente equipados, que você pode alugar por dia ou por semana. A praia, linda e bem-cuidada, em frente ao hotel, dispõe de cadeiras e guarda-sóis. A empresa de mergulho do local acaba com sua preocupação para organizar os passeios de mergulho. Os quartos do hotel são pequenos e possuem uma cama queen size ou uma de casal e uma cama de solteiro. Eles dispõem de uma cozinha bem-equipada, uma sala de estar, dois ou três quartos e até três banheiros. Todos têm varandas ou terraços voltados para o mar e possuem redes. Vários quartos possuem banheiras de hidromassagem.

Half Moon Bay, 77760 Akumal, Q. Roo. ℂ **877/425-8625** nos EUA. Fax 505/988-3882. www.akumalinfo.com. 27 quartos. Alta temporada, quarto duplo US$ 102, apartamento entre US$ 207 e US$ 325; baixa temporada, quarto duplo US$ 84, apartamento entre US$ 124 e US$ 196. MC, V. Estacionamento gratuito limitado. **Atrativos:** restaurante; bar; empresa de mergulho; piscina externa pequena; esportes aquáticos. *No quarto:* ar-condicionado, TV, tocador de CD, refrigerador, copa, não tem telefone.

ONDE COMER

Akumal tem cerca de dez lugares onde comer e também um prático supermercado, o **Super Chomak** (com um caixa eletrônico), próximo ao arco. Logo depois do arco, uma área comercial inclui uma padaria e um café. No Hotel Akumal Caribe, o **Lol-Ha** serve bons cafés da manhã e jantares e tem Wi-Fi gratuito, e o bar **Palapa Snack** oferece desde casquinhas de sorvete, até hambúrgueres com chilis poblano e abacate. Informe aos seguranças na entrada do hotel que você está lá para fazer uma refeição, e eles vão direcioná-lo às áreas especiais de estacionamento — e não se importam se você levar algum tempo passeando pela bela praia do hotel.

La Buena Vida FRUTOS DO MAR/REGIONAL Este restaurante de praia é pura diversão. Onde mais você pode escalar um *mirador* (cesto da gávea) para jantar, enquanto aprecia a melhor vista do litoral de Half Moon Bay? O cardápio é variado e o preço excelente, especialmente o frango maia, peixe *tik-in-xic* (grelhado depois de marinado em *achiote* e laranja azeda), e outras iguarias regionais. Depois é só relaxar no bar com piso de areia, que cria coquetéis exclusivos, além de oferecer uma diversidade de tequilas especiais.

Praia de Half Moon Bay (entre Akumal e a Lagoa Yal-ku). © **984/875-9061**. www.akumalinfo.com/restaurant.html. Pratos principais entre $80 e $285. A, MC, V. Aberto diariamente das 11 h à 1 h.

Turtle Bay Cafe & Bakery ★ AMERICANO Panquecas deliciosas com xarope de bordo de noz-pecã, ovos fritos com batata rosti e ovos beneditinos com bacon canadense satisfazem os turistas americanos que se deliciam sob as palmeiras. Os mais intrépidos escolhem os *huevos rancheros* ou um burrito matinal com ovos, milho e cogumelos. Os almoços são igualmente tentadores — tem até hambúrguer de lentilha — e vitaminas refrescantes e doces são servidas durante o dia todo. O jantar pode começar com camarão no coco e passar para os bolinhos de siri sobre purê de batata, ou um delicioso sanduíche de filé com cebolas carameladas. Há Wi-Fi gratuito e muita gente simpática conversando com os turistas.

Plaza Ukana. © **984/875-9138**. Pratos principais entre $88 e $180. V, MC. Aberto diariamente das 7 h às 15 h, terça a sexta-feira das 18 h às 21 h.

Xel-Ha: Snorkel e Banhos ★★

Cerca de 3 Km ao sul de Akumal, você verá a saída para **Aktun Chen** ★★ (© **984/109-2061**; www.aktunchen.com). Esta é uma das melhores cavernas do Yucatán, com várias características geológicas, boa iluminação, várias piscinas subterrâneas e grandes câmaras, tudo cuidadosamente preservado. Sob administração da comunidade local, ao invés de empresas de turismo de fora, o local prosperou. O passeio na caverna dura cerca de 90 minutos e requer uma caminhada longa, mas a trilha é boa. Custa US$ 25 para adultos e US$ 13 para crianças. Você também pode praticar snorkel em um cenote (adultos e crianças US$ 20) ou voar sobre a selva em tirolesas (adultos e crianças US$ 36). Há também um zoológico com macacos-aranha e outros animais da fauna local; algumas criaturas correm livremente. O Aktun Chen fica aberto diariamente das 9 h às 16 h (fechado nos dias de Natal e Ano Novo). A saída fica à direita e a caverna fica cerca de 4 km da estrada.

Treze quilômetros ao sul de Akumal fica **Xel-Ha** ☺ (© **998/884-9422** em Cancún, 984/873-3588 em Playa, ou 984/875-6000 no parque; www.xelha.com.mx). A atração central é uma lagoa grande e bonita, onde as águas doce

Prática de snorkel na lagoa de Xel-Ha.

e salgada se encontram. Você pode tomar banho, boiar e praticar snorkel em uma água maravilhosamente clara, cercada pela selva. Um trenzinho o leva até um ponto na parte alta do rio, de onde você boia rio abaixo seguindo a tranquila correnteza em direção ao mar. Sem ondas ou correntezas para puxá-lo, a prática do snorkel aqui é mais tranquila do que em mar aberto, e a água tem várias espécies de peixes, incluindo arraias.

Dentro do parque, você pode alugar equipamento de snorkel e uma câmera subaquática. Plataformas permitem que os que não quiserem fazer snorkel vejam os peixes. Melhor ainda é usar o equipamento de Snuba do parque — uma engenhoca que permite que você respire através de tubos de 6 m conectados a cilindros de mergulho que flutuam na superfície. O aluguel custa aproximadamente US$45 por uma hora. O sea-trek, parecido com o Snuba, porém ainda mais envolvente, é um elaborado capacete de plástico com mangueiras de ar que permitem a você caminhar pelo fundo respirando normalmente e, quem sabe, até alimentar as arraias.

A área de golfinhos oferece diversos programas interativos. Custa US$ 134 por uma hora, mais a entrada do parque; um programa mais curto custa US$ 100. Faça sua reserva com pelo menos 24 horas de antecedência, ligando para ✆ 998/883-0524.

Outras atrações incluem um viveiro de plantas; um apiário de abelhas nativas sem ferrão; e um lindo caminho pela floresta tropical à beira da lagoa. A entrada inclui o uso de boias, colete salva-vidas, trem até o rio, vestiários e chuveiros (apesar de não estar informado no site, o parque muitas vezes oferece descontos nos fins de semana). Xel-Ha fica aberto diariamente das 8 h 30 min às 18 h. O estacionamento é gra-

DE CIMA: **Alugue equipamento de Snuba em Xel-Ha; Um cenote no Hidden Worlds.**

tuito. A entrada custa US$ 40 para adultos e US$ 30 para crianças de 5 a 11 anos; crianças menores de 5 não pagam entrada. A opção *all-inclusive* inclui todos os aluguéis, além de comida e bebidas: adultos US$ 79, crianças US$ 39 (estes preços não têm desconto). O parque tem cinco restaurantes, duas sorveterias, uma loja e um caixa eletrônico. Traga protetor solar biodegradável.

Há indicação clara da saída para Xel-Ha, perto das ruínas de Tulum. Um passeio diurno popular de Cancún ou Playa combina os dois. Se você estiver viajando por conta própria, a melhor época para aproveitar Xel-Ha, sem as multidões, é nos fins de semana, das 9 h às 14 h.

Cerca de 2 km ao sul de Xel-Ha fica o **Hidden Worlds Cenotes** ★★★ (*©* **984/877-8535;** www.hiddenworlds.com.mx), que oferece uma excelente oportunidade para praticar snorkel ou mergulhar em algumas cavernas da região. As cavernas são parte de uma vasta rede que compõe um único sistema de rio subterrâneo. A água é cristalina (e fria), e as formações rochosas impressionantes. Estas cavernas foram filmadas para a produção da IMAX, *Journey into Amazing Caves*. O passeio para prática de snorkel custa US$ 30 e leva você a duas cavernas distintas (meio passeio custa US$ 20). O principal meio de transporte é o "jungle mobile", com um guia passando informações e lendas sobre as plantas selvagens a seu redor. Você andará um pouco, portanto leve sapato ou sandália. Visitei várias cavernas, mas flutuar por uma me deu uma perspectiva totalmente diferente. Para mergulhadores, um mergulho de um cilindro custa US$ 100. Os proprietários também instalaram uma tirolesa de 180 m.

Baía de Tankah: Cenote Borbulhante

A Baía de Tankah (a cerca de 3 km do Hidden World Cenotes) tem muitas *villas* particulares e algumas casas e apartamentos de aluguel. O hotel mais interessante é o **Casa Cenote** (*©* **998/874-5170**; www.casacenote.com). Seu rio subterrâneo emerge em um cenote nos fundos da propriedade, em seguida, volta a ficar subterrâneo e emerge no mar, a poucos metros da costa. Casa Cenote tem sete bangalôs de praia. A tarifa para um quarto duplo custa entre US$ 125 e US$ 175, dependendo da temporada (excluindo feriados) e inclui café da manhã. O proprietário americano oferece caiaques e equipamento de snorkel, e pode organizar mergulhos, pescarias e passeios de veleiro.

TULUM ★★★

Tulum (a 130km de Cancún) é conhecida por seu sítio arqueológico, uma cidade maia fortificada da era pós-Clássica, localizada num cenário estonteante sobre um penhasco rochoso, com vista para o Caribe. O litoral ao sul do sítio é repleto de hotéis de *palapa* e resorts de alto nível para um público endinheirado em busca de um refúgio "rústico".

Esse trecho de incríveis praias de areia branca tornou-se o centro não oficial da Zona Hoteleira de Tulum — uma série de cerca de 30 hotéis de *palapa*, que vão das ruínas de Tulum ao sul até a entrada da Reserva da Biosfera de Sian Ka'an. Os hotéis aqui dependem de cisternas e de provisões de água-doce, e precisam gerar sua própria eletricidade para disponibilizar energia por algumas horas após o pôr do sol (embora alguém, com os contatos certos, tenha conseguido construir um hotel maior e conectá-lo à rede elétrica da cidade). As tomadas do escritório central geralmente são disponibilizadas para os hóspedes carregarem seus equipamentos, e Wi-Fi às vezes está disponibilizado nas áreas públicas. A chegada demorada da tecnologia não intimidou os empresários; novos hotéis se espremem entre os mais antigos do litoral, e o trânsito pode ser um tanto chato. Enquanto isso, diversas agências federais estão fechando os hotéis que não possuem as autorizações necessárias.

A centro oficial de Tulum é dividido pela Autoestrada 307, onde ela cruza com a estrada para Cobá. O centro comercial se estende por ambos os lados da Autoestrada 307 por cerca de 20 quadras repletas de postos de gasolina, oficinas mecânicas, *farmacias*, bancos, mercados, escritórios de turismo e restaurantes. Duas *glorietas* (rotatórias) diminuem a velocidade do trânsito dentro da cidade; as estradas marginais dão acesso a vagas de estacionamento e entradas de estabelecimentos e casas. Restaurantes e hotéis pipocam ao longo das ruas laterais, nos arredores do prédio da prefeitura e da praça. Quem pensa em Tulum como um vilarejo encantador não vem aqui há alguns anos. O crescimento é impressionante e não mostra sinais de desaceleração.

> ### Chegando à Praia
>
> Se você estiver hospedado em outro lugar, mas quiser passar algum tempo na praia de Tulum, o carro é a melhor forma de chegar ao El Paraíso Beach Club, a cerca de 1 km ao sul das ruínas (vire à esquerda no entroncamento em T). Este é um ótimo lugar — há uma praia longa e larga que é areia pura, e o acesso é gratuito. Os proprietários ganham dinheiro com a venda de comida e bebida, por isso pedem que as pessoas não levem nada do gênero. Se você quiser ficar isolado, pegue a estrada de terra em direção a Punta Allen. Depois de passar pelo último hotel na praia, há alguns lugares onde é possível avistar a praia. Você pode estacionar e esticar sua toalha de praia.

ORIENTAÇÃO Para visitar a área de Tulum, alugue um carro; tudo ficará muito mais fácil. Do norte, passe pela entrada das ruínas antes de entrar na cidade. Chegando ao cruzamento com semáforo, a autoestrada à direita leva às ruínas de Cobá (pág. 219); à esquerda fica a Zona Hoteleira de praia de Tulum, começando a cerca de 2 km de distância. A placa diz BOCA PAILA. Quando chegar ao entroncamento em T, haverá hotéis em ambos os sentidos. Se virar à esquerda (norte), estará seguindo em direção a entrada dos fundos para as ruínas. Se virar à direita, passará por uma longa fileira de hotéis de *palapa*, até chegar à entrada de Sian Ka'an.

As ruínas de Tulum têm vista para uma praia de areia branca e para o Mar do Caribe.

Uma praia de Tulum.

Na cidade de Tulum, a Autoestrada 307 se alarga e passa a ser chamada de Avenida Tulum. Um lugar que achei útil é um centro com agência de viagens/comunicações/pacotes chamado **Savana** (✆ **984/871-2081**), no lado leste da Avenida Tulum, entre as Calles Orion e Beta. A maioria dos funcionários também fala inglês, e pode informar sobre passeios e como fazer ligações internacionais.

Explorando as Ruínas de Tulum

A 13 km ao sul de Xel-Ha ficam as ruínas de Tulum, uma cidade maia fortificada que fica em um penhasco sobre o mar. Abre diariamente das 7 h às 17 h no inverno e das 8 h às 18 h no verão. É melhor chegar cedo, antes que as multidões comecem a aparecer (por volta de 9 h 30 min). Na entrada, há estandes de artesãos, uma livraria, um museu, um restaurante, vários banheiros grandes e uma bilheteria. É uma caminhada de cerca de 5 minutos da entrada até o sítio arqueológico. A entrada custa $51. Se preferir pegar o ônibus do centro de visitantes até as ruínas, pagará $15 adicionais. O estacionamento custa $30. Licença para filmagens custa $45. Guias licenciados, no estande junto do caminho para as ruínas, cobram $200 por um passeio de 45 minutos, em inglês, francês ou espanhol, para até quatro pessoas. Em alguns aspectos, os guias são verdadeiros artistas que adaptam suas apresentações às respostas que recebem de você. Alguns vão tentar fazer conexões entre as teologias maia e ocidental, e apontarão detalhes arquitetônicos que você poderia nem notar.

Em 900 d.C., no fim do período Clássico, o declínio da civilização maia já tinha começado, e as grandes cidades do sul foram abandonadas. Tulum é uma das pequenas cidades-estado que surgiram para preencher o vazio. Ela ganhou destaque no século XIII, como um porto marítimo, controlando o comércio marítimo desta parte da costa e permaneceu habitada bem depois da chegada dos espanhóis. O deus principal daqui era o deus do mergulho, ilustrado em várias construções como uma figura de cabeça para baixo acima dos portais. Visto no Palácio de Sayil e Cobá, esta figura curiosa, quase cômica, também é conhecida como o deus das abelhas.

A construção mais imponente de Tulum é uma grande estrutura de pedra acima do penhasco, chamada de **Castillo** (castelo). Um templo e também uma fortaleza que já foi um dia coberto com estuque e tinta.

Ruínas de Tulum

- Muralha
- Torre da Guarda
- CASA DO NOROESTE
- CASA DO CENOTE
- Muralha
- GRANDE PLATAFORMA
- TEMPLO DO VENTO
- TEMPLO DO DEUS DESCENDENTE
- Praia
- Bilheteria
- Para a Autoestrada ← 307
- CASA DO HALACH UINIC
- Entrada
- CASA DAS COLUNAS
- PLATAFORMA CERIMONIAL
- EL CASTILLO
- CASA DO CHULTUN
- TEMPLO DOS FRESCOS
- TEMPLO DAS SÉRIES INICIAIS
- Mar do Caribe
- TEMPLO DO MAR
- Back Entrance
- Para a Zona Hoteleira ↓

0 — 50 yds
0 — 50 m

   Em frente ao Castillo, há vários edifícios não restaurados parecidos com palácios, parcialmente cobertos com estuque. Os turistas tomam banho de mar e de sol na **praia**, onde os maias um dia chegaram à terra firme.
   O **Templo dos Frescos**, bem em frente do Castillo, contém interessantes pinturas em parede do século XIII, embora a entrada agora seja proibida. Nitidamente maias, eles representam Chaac, deus da chuva, e Ixchel, deusa da tecelagem, das mulheres, da lua, e da medicina. A cornija deste templo tem a cabeça de Chaac em relevo; de perto é possível ver os olhos, o nariz, a boca e o queixo. Observe os restos do estuque pintado de vermelho — todas as construções de Tulum já foram pintadas de vermelho vibrante.
   Muito do que sabemos sobre Tulum durante a conquista espanhola vem das escrituras de Diego de Landa, terceiro bispo do Yucatán. Ele escreveu que Tulum era uma pequena cidade habitada por cerca de 600 pessoas, que viviam em mo-

radias sobre plataformas ao longo de uma rua, e que supervisionavam o comércio entre Honduras e o Yucatán.

Apesar de ter sido uma cidade fortificada, a maioria dos habitantes provavelmente morava do lado de fora das muralhas, deixando o interior para as edificações cerimoniais e residências de governadores e sacerdotes. Tulum sobreviveu por cerca de 70 anos após a conquista, antes de ser finalmente abandonada. Devido ao grande número de visitantes que este sítio recebe, já não é possível escalar todas as ruínas. Em alguns casos, os visitantes são convidados a ficar atrás de cordas que cercam certas áreas.

Onde Ficar

Se puder se dar ao luxo de ficar em um dos pequenos hotéis de praia em Tulum, terá uma experiência agradável e relaxante. Mas a popularidade da praia entre os viajantes mais abastados, porém "eco-conscientes", tem lançado os preços à beira-mar para a estratosfera. A última opção para os viajantes com orçamento limitado, uma série de bangalôs básicos de concreto, apreciados por sua localização privilegiada, na mesma bela praia onde o Ana y Jose, logo ao lado, cobra US$ 300 por noite, mudou de proprietários e se juntou à alta sociedade. Ainda podemos recomendar o **Cabañas Tulum**, Carretera Punta Allen Km 7 (© **984/115-9912**; www.hotelstulum.com), mas se estiver voltando, depois de ter se hospedado aqui no ano passado por US$ 60 a US$ 70 por noite, fique preparado para agora pagar mais de US$ 157 a US$218, dependendo da localização e da temporada, pelos 16 quartos redecorados e coloridos (a metade dos quartos originais fechou), novas camas e um novo restaurante e clube de praia.

Mesmo com esses preços, os hotéis de praia oferecem poucos atrativos. A maioria não aceita cartões de crédito (embora agora tenha um caixa eletrônico na estrada da praia), e ar-condicionado ainda é uma raridade. A procura é grande, a oferta é limitada e os hotéis devem gerar sua própria eletricidade (traga uma lanterna). Com quarto à beira-mar por menos de US$ 100 por noite entrando em extinção, os viajantes com orçamento limitado são aconselhados a ficar na cidade e fazer passeios diurnos para a praia. A boa notícia é que as opções de hotéis confortáveis e cada vez mais sofisticados na cidade estão crescendo constantemente.

Cochilo na rede em uma praia tranquila de Tulum.

Relaxando em uma praia de Tulum.

NA PRAIA
Muito Caro
Ana y José ★★ Este hotel de *palapa* virou "boutique", com um spa, suítes e reformas drásticas nos quartos. Está muito distante do que costumava ser — um simples conjunto de chalés e um restaurante na praia. Agora, há bancadas e piso de mármore e terraços de madeira com mesa e cadeira. Os quartos vão desde duplos com vista para o jardim e para a piscina, com tetos altos de *palapa*, até caras suítes com vista para o mar, com piscina privativa. Todos têm redes balançando perto da porta. Os atrativos incluem um spa e cerimonialistas (cerimônias de casamento na excelente praia de areia branca são muito populares). Ana y José fica a 6,5 km ao sul das ruínas de Tulum.

Carretera Punta Allen Km 7 (Apdo. Postal 15), 77780 Tulum, Q. Roo. ✆ **998/880-5629.** Fax 998/880-6021. www.anayjose.com. 23 quartos. Quarto duplo entre US$ 303 e US$ 447. AE, MC, V. Estacionamento gratuito. **Atrativos:** restaurante; piscina externa; spa. *No quarto:* ar-condicionado, ventilador.

Moderado
Posada Dos Ceibas ★ De todos os lugares ao longo da costa, este é o mais próximo daquilo que os hotéis de Tulum costumavam ser: simples, tranquilo e ecológico, sem ser pretensioso. Essa é uma boa opção para férias de praia longe do burburinho. Chalés amarelos, azuis e rosas, de um ou dois andares, ficam espalhados pela vegetação densa. Os quartos com móveis simples vêm com ventiladores de teto e muitos têm pátios privativos ou varandas com redes. Tarifas variam com o tamanho do quarto, e são elevadas para o que oferecem. Os arredores são bem-cuidados. A energia solar gerada é acionada às 18 h. O hotel fica próximo à entrada de Sian Ka'an e é mais reservado do que os situados ao norte, que são próximos uns dos outros.

Carretera Tulum-Boca Palia Km 10, 77780, Tulum, Q. Roo. ✆ **984/877-6024.** www.dosceibas.com. 8 quartos. Alta temporada, quarto duplo entre US$ 75 e US$ 170; baixa temporada, quarto duplo entre US$ 60 e US$ 110. MC, V. **Atrativos:** restaurante; Wi-Fi (no restaurante); ioga. *No quarto:* não tem telefone.

Zamas ★★ Um casal de São Francisco fez deste rústico refúgio um lugar mais agradável, concentrando-se no essencial: conforto, privacidade e boa comida. As *cabañas* são simples, charmosas e estrategicamente posicionadas para receber a agradável brisa. Os quartos que ficam bem na praia eram cabanas simples, mas as tempestades e as marés altas os derrubaram várias vezes. Agora são de concreto, com telhados de *palapa* e redes sobre a areia. A maioria dos quartos são construções independentes; as suítes e os quartos maiores ficam em prédios de dois andares. Alguns ficam na beira da praia e outros ficam escondidos entre a selva densa, do outro lado da rua. Pelo preço, prefiro as *palapas* do jardim, que são charmosas, espaçosas e confortáveis, com cama queen size e uma de solteiro, ou uma cama king size e uma queen size. Os quartos mais caros são os de cima com vista para o mar, que dispõem de um grande terraço e muita brisa marítima. Eles vêm com uma cama king size e uma queen size, ou duas camas queen size. O restaurante serve os frutos do mar mais frescos, muitas vezes diretamente dos barcos de pesca. Uma praia de areia branca se curva em uma enseada pitoresca entre áreas rochosas.

Carretera Punta Allen Km 5, 77780 Tulum, Q. Roo. ✆ **415/387-9806** in the USA. www.zamas.com. 20 quartos. Alta temporada, quarto duplo à beira-mar US$ 165, quarto duplo no jardim entre US$ 135 e US$ 165, quarto duplo com vista para o mar US$ 200; baixa temporada, quarto duplo à beira-mar entre US$ 125 e US$ 150, quarto duplo no jardim entre US$ 100 e US$ 125, quarto duplo com vista para o mar US$ 155. Não aceita cartões de crédito. Estacionamento limitado. **Atrativos:** restaurante. *No quarto:* ventilador, não tem telefone.

Barato
Don Diego de la Playa ★ Uma ramificação do famoso Don Diego de la Selva, na cidade, este pequeno e simples hotel ecológico fica escondido entre palmeiras, ao

Tulum Pueblo e Zona Hoteleira

HOSPEDAGEM
Ana y José **8**
Cabañas Tulum **9**
Don Diego de la Playa **7**
Don Diego de la Selva **1**
Posada Dos Ceibas **10**
Posada Luna del Sur **2**
Zamas **6**

REFEIÇÃO
Cetli **3**
Dolci Sapori **5**
Con Cafeto's **4**
¡Que Fresco! **6**

lado de uma silenciosa faixa de areia. As acomodações mais em conta são nas tendas beduínas, com piso de madeira. Suas pequenas janelas com tela recebem alguma brisa, mas não o suficiente para mantê-lo refrescado em noites de verão escaldante. As duas *cabañas* de cimento com telhados de palha são mais confortáveis. Todos os quartos compartilham banheiros comunitários com chuveiros com água quente.

Carretera Punta Allen Km 4,5, 77780 Tulum, Q. Roo. ☏ **984/114-9744** na cidade. www.dtulum.com. Alta temporada, tenda entre US$ 75 e US$ 95, *cabaña* entre US$ 95 e US$ 125; baixa temporada, tenda entre US$ 60 e US$ 75, *cabaña* entre US$ 76 e US$ 95. Não aceita cartões de crédito. Estacionamento limitado. **Atrativos:** restaurante. *No quarto:* ventilador; não tem telefone.

NA CIDADE

Don Diego de la Selva ★★ A combinação de um cenário de jardim selvagem e acesso fácil à cidade e à praia faz com que os hóspedes sempre voltem para este estiloso hotel e restaurante. Você se sente na selva, mas com todos os confortos da civilização — eletricidade ininterrupta; quartos perfeitos; uma grande e cristalina piscina; e um enorme restaurante de *palapa*, que atrai clientes da cidade e da praia. Os gregários proprietários franceses servem bebidas e se misturam com os clientes todas as noites, e o concierge lhe cobre de mimos, como uma babá carinhosa. Oito espaçosos quartos climatizados se abrem para pátios no jardim com cadeiras e redes. Os quartos têm uma cama king size ou duas camas de casal com colchões ortopédicos, duchas quentes com claraboias, toalhas felpudas e móveis simples e elegantes. Dois grandes bangalôs contam com camas queen size e são refrescados por ventiladores de teto. Os preços dos quartos incluem um café da manhã repleto de frutas frescas e um bolo diferente a cada manhã.

Av. Tulum, Mza. 24 Lote 3 (1 km ao sul da rodoviária ADO), 77780, Tulum, Q. Roo. ✆ **984/114-9724.** www.dtulum.com. 10 quartos. Alta temporada, quarto com ar-condicionado entre US$ 95 e US$ 145, com ventilador entre US$ 75 e US$ 120; baixa temporada, quarto com ar-condicionado entre US$ 76 e US$ 195, com ventilador entre US$ 60 e US$ 75. As tarifas incluem café da manhã. MC, V. Estacionamento. **Atrativos:** restaurante; bar; refrigerador comunitário; piscina externa. *No quarto:* ar-condicionado (em alguns), ventilador, Wi-Fi.

Posada Luna del Sur ★★ 🍴 Os hóspedes desta conveniente e confortável pousada costumam estender suas estadas além da data prevista. Jarras de água purificada, chaleiras de café, utensílios e refrigeradores fazem com que você se sinta em casa em cada um dos quartos. Os hóspedes compram comes e bebes em barracas de frutas e verduras e em supermercados, ao longo da Avenida Tulum, e preparam refeições baratas em seus quartos ou compartilham lanchinhos no terraço. Os quartos se abrem para os jardins, buganvílias e bananeiras; os do segundo andar têm varandas. Os proprietários estão gradualmente reformando os cofortáveis quartos, combinando pias e móveis modernos com azulejos e arte popular mexicanos. Dezenas de restaurantes podem ser visitados a pé, e a praia fica a 10 minutos de carro.

Calle Luna Sur 5, 77780 Tulum, Q. Roo. ✆ **984/871-2984.** www.posadalunadelsur.com. Alta temporada, quarto duplo US$ 80; baixa temporada, quarto duplo US$ 70. As tarifas incluem café da manhã. Não aceita cartões de crédito. Estacionamento coberto. Proibido crianças menores de 16 anos. **Atrativos:** Wi-Fi. *No quarto:* ar-condicionado, ventilador, TV, copa.

Onde Comer

A gastronomia de Tulum é surpreendentemente sofisticada, dado o seu ar descontraído de praia. A variedade é melhor na cidade, onde restaurantes elegantes, bares barulhentos e estandes de tacos se aglomeram ao longo da Avenida Tulum e das ruas laterais. Muitos hotéis de praia têm comida boa também, embora os preços sejam muitas vezes assustadoramente altos. Diversos mercados e supermercados vendem produtos para que você mesmo cozinhe.

Cetli ★★★ 🍴 MEXICANO É possível imaginar a Chef Claudia Pérez Rívas como estrela da culinária na Cidade do México ou em Nova York, mas ela está usando seu talento para criar a *alta cocina mexicana* (cozinha gourmet mexicana) em uma linda casa antiga no centro de Tulum. Ela tritura condimentos e ervas em *metates* de pedra para fazer autênticos *moles* (molhos com ingredientes diversos), serve camarão grelhado sobre uma base de *huitlacoche* (um cogumelo de milho salgado), e recheia peitos de frango com *chaya* (vegetal folhosos semelhante ao espinafre). As mesas com toalhas de linho são separadas o suficiente para uma conversa tranquila, apesar de os clientes quererem compartilhar opiniões e fazer recomendações. Comer aqui é um prazer e uma aventura culinária.

Calle Polar Poniente na Calle Orion Norte, no centro de Tulum. ✆ **984/108-0681.** Pratos principais entre $170 e $210. Não aceita cartões de crédito. Aberto de quinta a terça-feira, das 17 h às 22 h.

Dolci Sapori ★★ ITALIANO É difícil um lasanha ficar melhor do que as porções de quase 8 cm de altura deste minúsculo café, com meia dúzia de mesas ao ar livre e, na parte interna, uma cozinha aberta com caixas de vidro exibindo tiramisu e doces irresistíveis. Massas caseiras, lulas suculentas e focaccia crocante caem bem com os Chiantis importados, e o proprietário Roberto Deligios tem prazer em ajudar os clientes a escolherem entre o linguini com pesto e camarão ou a incrível lasanha. Croissants frescos, suco de laranja e café expresso são a melhor pedida pela manhã — todas as refeições daqui são um prazer.

Calla Centauro Sur, entre a Av. Tulum e a Andromeda Oriente, no centro de Tulum, ℂ **984/111-3147**. Pratos principais entre $75 e $130. Não aceita cartões de crédito. Aberto diariamente das 8 h às 23 h.

Don Cafeto's ★ MEXICANO O primeiro lugar que vou para comer *huevos rancheros* caseiros ou *camarones mojo de ajo* (camarão grelhado com azeite e alho) é neste café por vezes barulhento, mas sempre interessante. O café é forte, as margaritas são misturadas com perfeição e os molhos vão de leve a *muy picante*. A música de fundo varia de marimbas a mariachis até violão romântico, e os garçons são sempre muito simpáticos e pacientes com as pessoas que não falam espanhol. É um restaurante com boa relação custo-benefício, mas com uma culinária muito mais interessante.

Av. Tulum entre as Calles Centauro e Orion, no centro de Tulum. ℂ **984/871-2207**. Pratos principais entre US$ 8 e US$ 15. MC, V. Aberto diariamente das 7 h às 23 h.

¡Que Fresco! ★★ AMERICANO/MEXICANO Comece o dia com um café aromático de Chiapas, pão caseiro com marmelada, e iogurte com papaia, tudo servido em uma mesa amarela na areia, ao lado de uma praia deslumbrante. Saboreie batatinhas crocantes e molhos com uma margarita no meio da tarde, e para o jantar, camarão grelhado ou filé mignon. Para que ir embora? Elogios bem merecidos cobrem as paredes do café informal do hotel Zamas, e ainda não vi um cliente insatisfeito, mesmo quando o lugar fica lotado.

Carretera Punta Allen Km 5 na praia. Pratos principais US$ 7 15. Não aceita cartões de crédito. Aberto diariamente das 7 h às 22 h.

RUÍNAS DE COBÁ ★★★

168 km ao sudoeste de Cancún

Mais antiga do que a maior parte de Chichén Itzá e muito maior do que Tulum, Cobá era a cidade dominante do leste do Yucatán antes de 1000 d.C. O sítio é bem espalhado, com uma densa floresta crescendo entre os templos. Erguendo-se além da copa da floresta surgem as altas e íngremes pirâmides de estilo maia clássico. Entre os principais sítios, este é o que foi menos reconstruído, com montes que são certamente construções adicionais ainda cobertos por trepadeiras e raízes. Como foram deixadas no estado em que foram encontradas, a maioria das esculturas de pedra está desgastada e é impossível de ser decifrada. Mas as próprias construções, a floresta circundante e os lagos gêmeos são

Passeios de bicicleta por trilhas arborizadas, em Cobá.

impressionantes e agradáveis. A copa da floresta é mais alta do que na parte norte da península, e a cidade de Cobá é muito parecida com as do interior do Yucatán.

Cobá é o meu refúgio rápido preferido do agito do litoral. Passar uma noite aqui dá a oportunidade de passear pelo sítio arqueológico de manhã cedo, quando pássaros cantam, borboletas pairam sobre flores e árvores fazem sombra sobre as trilhas solitárias. À noite é fácil avistar tartarugas e crocodilos no lago e graciosas garças brancas pescando seus jantares. Os moradores caminham ao longo do lago e se reúnem do lado de fora de suas casas simples, conversando e vendo as crianças correrem. Muitas vezes, desejo poder passar várias noites neste tranquilo refúgio.

Informações Básicas

CHEGANDO LÁ E PARTINDO De carro A estrada para Cobá começa em Tulum e continua por 65 km. Cuidado com os *topes* (lombadas) e buracos. A estrada foi alargada e repavimentada e deve estar em bom estado. Próximo à vila de Cobá, você chegará a um triângulo; certifique-se de pegar a estrada para Cobá e não para Nuevo Xcan ou Valladolid. A entrada das ruínas fica a uma curta distância pela estrada, passado por alguns restaurantes pequenos e o grande lago.

De Ônibus Vários ônibus partem por dia de Tulum e Playa del Carmen com destino a Cobá. Várias empresas oferecem tours de ônibus.

Explorando as Ruínas de Cobá

Os maias construíram várias cidades intrigantes no Yucatán, mas poucas são tão grandiosas quanto Cobá ("água agitada pelo vento"). Grande parte do sítio de 67 km² ainda não foi escavada. Estudiosos acreditam que Cobá foi um elo de comércio importante entre a costa do Caribe e as cidades do interior. Um *sacbé* (estrada elevada) de 100 km, que passa pela selva, ligava-a à Yaxuná, que já foi um importante centro maia a 50 km ao sul de Chichén Itzá. Este é o maior *sacbé* conhecido dos maias e pelo menos outros 50 menores partem daqui. Uma importante cidade-

Visitantes escalam as ruínas de Cobá.

-estado, Cobá prosperou a partir de 632 d.C. (o registro de data mais antigo encontrado aqui) até depois da ascensão de Chichén Itzá, em torno de 800. Depois, Cobá caiu em importância e população, até ser finalmente abandonada.

Uma vez no sítio, preste atenção — você pode se perder no labirinto de estradas de terra da selva. Saindo de cada caminho demarcado, você verá caminhos alternativos estreitos mata adentro, utilizados como atalhos pelos habitantes locais. Estes são bons para observação de pássaros, mas tenha cuidado para se lembrar do caminho de volta.

O **Grupo Cobá** possui uma impressionante pirâmide, a **La Iglesia** (**a Igreja**). Pegue o caminho à direita, após a entrada. Resista à tentação de escalar o templo; a vista é melhor em El Castillo, no grupo Nohoch Mul mais atrás.

Retorne para o caminho principal e vire à direita, passando por uma placa que indica o restaurado *juego de pelota* (**jogo de bola**). Continuando por 5 a 10 minutos, você chegará a uma bifurcação na estrada, onde verá pirâmides não escavadas, cobertas de mata, à esquerda e à direita. Em um ponto, uma parte elevada do *saché* para Yaxuná fica visível, cruzando sobre o caminho. Por toda a parte, estelas esculpidas erguem-se ao longo do caminho ou surgem caídas no meio do mato. Embora protegidas por telhados de palha rústicos, a maioria foi desgastada pelo tempo, o suficiente para não serem identificadas.

A esquerda da bifurcação leva a **Grupo Mul Nohoch**, que contém o **El Castillo**. Exceto pela Estrutura 2 em Calakmul, esta é a pirâmide mais alta do Yucatán, superando El Castillo em Chichén Itzá e a Pirâmide do Adivinho em Uxmal. Desde o início do caminho é possível ver pirâmides não escavadas, escondidas na selva, surgindo entre a floresta por todos os lados. Escalar o Castillo foi proibido por um curto tempo, até que os arqueólogos determinaram que o movimento todo não danificaria os templos dentro das pirâmides. As escaladas foram retomadas no fim de 2009.

A direita na bifurcação (praticamente à frente) leva até o **Conjunto Las Pinturas**, cuja atração principal é a **Pirâmide do Lintel Pintado**, uma pequena estrutura com traços de suas vibrantes cores originais acima da porta. Você pode escalar para dar uma olhada mais de perto.

A entrada custa $51 e é grátis para crianças menores de 12 anos. O estacionamento custa $50 e a permissão para filmagem $35 . O sítio fica aberto diariamente das 8 h às 17 h, às vezes até mais tarde. **Observação:** Visite Cobá na parte da manhã ou depois do horário de mais calor. Repelente de insetos, água para beber e sapatos confortáveis são indispensáveis. As bicicletas estão disponíveis para aluguel a US$ 3 por hora, em um estande logo após a entrada. Você também pode contratar um *triciclo* com motorista para levá-lo para passear pelo sítio; os preços começam em US$ 10. Motoristas de *triciclo* espertos também estacionam no Nohuch Mul para pegar passageiros cansados e com calor, e levá-los de volta para a entrada.

Onde Ficar e Comer

Cobá oferece alguns hotéis, restaurantes e mercados, e as opções para comer são abundantes em barracas próximas da entrada, quando o sítio arqueológico está aberto. Os preços são agradavelmente realistas, e os moradores gostam de conversar com os viajantes. Algumas hospedarias verdadeiramente rústicas oferecem colchões duros e chuveiros de água fria para os viajantes com orçamento apertado; alguns hotéis ficam na estrada para Tulum. Fazer reservas é difícil, já que os serviços de telefone e internet são irregulares, mas é aconselhável tentar durante a alta temporada.

El Bocadito Este hotel de Cobá é administrado por uma família há muito tempo e está sempre mudando, com a adição de ar-condicionado e televisões em alguns quartos, enquanto outros são mantidos totalmente básicos. O grande restaurante ao lado (populares entre grupos no almoço) fica na estrada principal que atravessa a cidade, bem de onde os ônibus para Playa del Carmen partem. Os banheiros dos quartos mais baratos são tão pequenos que o vaso, sem assento, fica praticamente dentro do box, que tem chuveiro de água fria, e as camas de solteiro ocupam quase todo o espaço. O tamanho e os níveis de conforto aumentam gradativamente com os preços, chegando até os quatro quartos com televisão e um com ar-condicionado. Os hóspedes se reúnem em mesas de piquenique sob bananeiras e laranjeiras em um estreito pátio, ou na Lan House onde há vários computadores comunitários. É difícil fazer reservas, já que os serviços de telefone e internet não são confiáveis.

Lago Serene Cobá.

Um Dia na Vida de uma Aldeia Maia

Na floresta tropical próxima a Cobá, uma vila com 27 famílias vive da mesma forma que seus longínquos ancestrais. Moram em cabanas redondas de palha sem eletricidade, água encanada ou ruas asfaltadas. Colhem plantas na floresta para uso medicinal, entre outros usos, nas trilhas para cenotes escondidos, clamando aos deuses por uma boa colheita. E todos os dias, o povo de Pac Chen abre suas casas para cerca de 80 turistas que queiram conhecer a vida em uma aldeia maia em pleno século XXI.

A única maneira de visitar Pac Chen é nos passeios com a **Alltournative** (© 800/507-1092; www.alltournative.com), uma empresa de ecoturismo que ajuda os moradores da vila a se tornarem autossustentáveis. A agricultura continua, mas a renda do turismo lhes permite sobreviver sem exaurir suas terras extraindo os últimos recursos.

A proposta é muito boa para os turistas, também. Por conta própria, seria impossível entrar em uma aldeia maia e ser conduzido pela selva para visitar um cenote ou para deslizar sobre a copa das árvores em uma tirolesa. Além de passear de caiaque em uma lagoa cheia de macacos guaribas, almoçar uma deliciosa comida feita por uma mulher do vilarejo e receber a bênção com incenso de copal de um dos membros mais velhos da aldeia para uma boa viagem de volta para casa.

O passeio Maya Encounter custa US$ 119 para adultos e US$ 95 para crianças.

> ### Anatomia de uma Reserva da Biosfera
>
> Ao contrário de seus parques nacionais, que enfocam as características históricas e estéticas, as reservas da biosfera do México foram criadas exclusivamente para proteger seus últimos ecossistemas naturais. O reconhecimento pela UNESCO (Organização das Nações Unidas para a Educação, a Ciência e a Cultura), exige que a biosfera conte com pelo menos 10 mil ha, pelo menos uma área intocada de diversidade biológica e espécies ameaçadas ou em perigo de extinção.
>
> O México é pioneiro no sistema de zoneamento que permite um pouco de turismo, administrado com cautela.
>
> A área principal — o coração da reserva — é limitada à pesquisa científica e é cercada por uma zona tampão que permite apenas atividades relacionadas à conservação.
>
> Na periferia, uma zona de transição permite o uso sustentável dos recursos naturais em benefício das comunidades locais, como os passeios do CESiaK. As reservas da biosfera possibilitam a permanência dos moradores originais; moradores locais, na verdade, são recrutados para pesquisar, monitorar e gerenciar o ecossistema, enquanto desenvolvem atividades sustentáveis como o ecoturismo.

Na estrada principal de Cobá. ☎ **985/852-0052** ou 984/876-3738. www.cancunsouth.com/bocadito; bocadito@hotmail.com. 9 quartos. Quarto duplo entre $100 e $350. MC, V. (10% de taxa). **Atrativos:** restaurante. *No quarto:* ar-condicionado (em um), ventilador (em alguns), internet (não inclusa).

Villas Arqueológicas Cobá ★★ 🎁 Administrado com carinho por várias décadas, este tranquilo complexo, de frente para o lago, fica afastado da cidade em uma estrada particular. Sua piscina azul, seu bom restaurante, o atendimento atencioso dos fiéis trabalhadores locais e uma biblioteca excelente fazem deste a melhor opção da redondeza. Os quartos dispõem de uma cama de casal e uma de solteiro e ficam em áreas semiprivativas, têm um pequeno banheiro com chuveiro de água quente, uma pia na parte de fora do banheiro, e iluminação ruim. Buganvílias, palmeiras e samambaias florescem no jardim central, fazendo sombra na piscina e nos terraços de jantar. A comida mexicana/continental do restaurante é muito boa, embora um pouco cara (traga água ou pague $10 por cada garrafinha). Uma excelente biblioteca contém diversos livros sobre os maias, arqueologia e arte mexicana — e uma mesa de sinuca, para os hóspedes entediados pela falta de atividades após o anoitecer.

Oeste das ruínas, ao lado do lago, ☎ **984/206-7001**, www.villasarqueologicas.com.mx. 43 quartos. Quarto duplo entre US$ 65 e US$ 125. MC, V. Estacionamento. **Atrativos:** restaurante; bar; piscina externa; serviço de quarto; quadra de tênis; Wi-Fi (em áreas públicas). *No quarto:* ar-condicionado, secador de cabelo.

SIAN KA'AN E A PENÍNSULA PUNTA ALLEN ★★★

Logo depois do último hotel de *cabañas* de Tulum fica o arco de entrada para a vasta (526 ha) **Reserva Biológica de Sian Ka'an**. Esta terra selvagem, indescritivelmente linda, é dominada por macacos guaribas, jaguatiricas, crocodilos, onças, antas, tartarugas marinhas e milhares de espécies de plantas. O governo mexicano criou esta reserva em 1986; no ano seguinte, as Nações Unidas a declarou Patrimônio Mundial. Sian Ka'an protege 10% da área de Quintana Roo contra o desenvolvimento, incluindo quase um terço da costa do Caribe.

A entrada para a Península Punta Allen, um pequeno pedaço da reserva, é uma das duas principais entradas da reserva; a outra entrada é pela comunidade Muyil,

Um manguezal na Reserva da Biosfera de Sian Ka'an.

saindo da Autoestrada 307, ao sul de Tulum (você pega um barco pelos canais, construídos pelos maias, que levam à lagoa Boca Paila).

Lendas ainda contam sobre a viagem de carro, de quatro horas, pelos 50 km da estrada que leva até a cidade de Punta Allen, passando por buracos, barrancos e riachos. Na verdade, a estrada melhorou muito, embora ainda seja de terra e tenha buracos de diferentes tamanhos e esteja sujeita às condições meteorológicas. Seguranças no portão de entrada se orgulham de dizer que agora a viagem leva apenas uma hora, e, sem dúvida, esse é o tempo que levam os moradores que passaram por mim em meu sedan compacto alugado. Dirigindo com cuidado, após um tempo chuvoso, levei um pouco menos de duas horas. Aqueles dirigindo veículos 4x4 ou outros veículos robustos devem estimar cerca de uma hora e meia de estrada.

Se não se considera um aventureiro de estradas, passe pelo arco de entrada em Tulum (a entrada custa $25 por pessoa) e pegue o caminho que fica no posto de vigilância até o fresco e límpido cenote Ben-Ha, para um bom banho — ou continue no sentido sul por um percurso curto até chegar a várias praias ao longo do caminho. Estacione e estique sua toalha de praia.

A Península Punta Allen

Ao dirigir pela estreita península, que separa a Lagoa Boca Paila do mar, você não encontrará trilhas que levam para a selva, mas pode tomar banho ou praticar snorkel nas praias que surgem à frente. Passeios guiados são a única maneira de visitar a maior parte da reserva. Caso contrário, não há nenhuma maneira prática de se visitar Sian Ka'an, exceto de carro.

A RESERVA DA BIOSFERA DE SIAN KA'AN ★★★

A vida dos maias na antiguidade permanece um mistério, mas não há dúvidas quanto ao motivo de terem chamado esta terra de Sian Ka'an (si-an-caan), que em maia significa "onde o céu começa". Assistir ao nascer do sol daqui realmente é como testemunhar o nascimento de um dia.

A reserva abrange a maioria dos ecossistemas que existem por toda a Península de Yucatán: selvas de crescimentos médio e baixo, praias, savanas, pântanos, lagoas de água-doce e salobra, cenotes, rios subterrâneos e arrecifes de corais intactos. Diversos sítios arqueológicos também foram encontrados dentro da reserva.

Mais de 2 mil pessoas, em sua maioria maia, vivem em Sian Ka'an. Todos são moradores originais da área ou seus descendentes. Passeios pela reserva são muitas vezes guiados pelos nativos, que cresceram nas proximidades em habitações ocupadas por incontáveis gerações. Eles quase nunca consultam um guia de campo; os seus conhecimentos sobre os pássaros, as plantas, a água e as ruínas são simplesmente parte de suas vidas.

Para acessar a reserva além da estrada, reserve o passeio em Tulum. Duas organizações em especial formam grupos pequenos e operam apenas com a ajuda dos nativos.

O **Centro Ecológico Sian Ka'an**, ou CESiaK, Autoestrada 307, logo ao sul da saída para as ruínas de Tulum (© **984/871-2499**; www.cesiak.org), que administra o Sian Ka'an Visitor Center, é um grupo sem fins lucrativos que apoia a reserva com programas de desenvolvimento e educação da comunidade. Seu famoso passeio de um dia inteiro pelo canal (US$ 77 por pessoa, incluindo almoço e impostos) inclui um passeio guiado pelas dunas e selvas costeiras, seguido por um passeio de barco por duas lagoas salobras, onde cenotes de água-doce emergem debaixo da terra. Os barcos seguem por um canal estreito, por manguezais e savanas herbáceas, até um pequeno templo onde comerciantes maias paravam para fazer oferendas e pedir sucesso em seus negócios. Vestindo coletes salva-vidas, você vai boiar por parte do percurso nas correntezas de uma lagoa de água-doce e praticar snorkel em um cenote antes de o dia terminar. Outros passeios incluem observação de aves no pôr do sol e pacotes de pescaria com mosca de um ou vários dias.

Community Tours Sian Ka'an, Av. Tulum, entre as Calles Centauro e Orión (© **984/114-0750;** www.siankaantours.org), é uma cooperativa de guias locais que oferece passeios para prática de snorkel, observação de pássaros e de aventura

Visitantes boiam canal abaixo em Sian Ka'an.

> ### DORMINDO onde o céu começa
>
> Para ver o nascer do sol em Sian Ka'an, como os maias faziam, você pode se hospedar no **Boca Paila Camps** ★★ do CESiaK, 4 km depois do arco de entrada. As tendas desta pousada ecológica ficam escondidas à beira da selva, em uma praia limpa e branca, erguidas sobre plataformas para evitar que interfiram com os processos naturais da areia. O linho fino e os móveis de madeira maciça não lembram em nada um acampamento, mas quando a noite cai e você tem que tatear à luz de velas, o ambiente se torna muito rústico. Os hóspedes compartilham banheiros de compostagem minuciosamente limpos, em construções cujos telhados oferecem maravilhosas vistas para o mar e para a lagoa, que dão um novo significado à palavra "panorâmico" — é possível ver até a curvatura da terra. Cabanas com uma cama de casal e uma de solteiro ustam US$ 65, enquanto cabanas de luxo com uma cama queen size e vista para o mar ou lagoa custam US$ 80. Refeições são cobradas à parte. O acampamento não tem energia elétrica — os hóspedes recebem lampiões à bateria — mas energias eólica e solar fornecem água quente. As coisas nem sempre funcionam perfeitamente bem: o restaurante, que possui preços razoáveis e oferece refeições melhores do que o esperado nesta região remota, às vezes, fica sem ingredientes para um item popular do cardápio, e já aconteceu de me darem uma tenda que já estava ocupada (o que foi rapidamente resolvido). Mas este lugar faz com que as belas areias de Tulum pareçam com a Praia da Cidade do Panamá na primavera — e seus funcionários conhecem as plantas e os animais da reserva e a cultura local de trás para frente.

biosfera adentro. Seus passeios pelo canal "Florest and Float" (US$ 99 por adulto, US$ 70 criança) começam com uma visita ao sítio arqueológico de Muyil e entram na reserva por aquele lado.

A ESTRADA PARA PUNTA ALLEN

Cerca de 11 km após o arco está **Boca Paila Fishing Lodge** (www.bocapaila. com). Destinado a um público específico e não para o viajante comum, é especializado em pacotes *all-inclusive* de uma semana para pescaria com mosca. A península é tão estreita aqui que é possível ver a lagoa Boca Paila de um lado e o mar do outro. Seguindo por mais 3 km, você ficará cheio de falsas esperanças ao chegar a uma pista de concreto lisinha — este é o pé da Ponte Boca Paila, que cobre a entrada entre o mar e a lagoa, mas a pista de concreto desaparece do mesmo jeito que apareceu. É comum ver pessoas pescando dos acostamentos. Esse é um bom lugar para parar e esticar as pernas, curtindo a divinal vista da água de ambos os lados.

Depois da ponte, é basicamente litoral deserto até chegar a Punta Allen. Cerca de 8 km antes de chegar, você verá o **Rancho Sol Caribe** (www.solcaribe-mexico. com), com quatro *cabañas* confortáveis e uma praia deslumbrante todinha do rancho.

Punta Allen

Punta Allen, a única cidade da península, é uma vila de pescadores de lagosta em uma praia cheia de coqueiros, situada entre a Baía Ascension e o Mar do Caribe. Cerca de 100 famílias sobrevivem da pesca de lagosta e, cada vez mais, do turismo; muitos dos jovens rapazes agora são guias especializados em pesca com mosca.

Isolada e rústica, é basicamente o fim da estrada. A cidade tem uma cooperativa de lagosta, algumas ruas de areia com casas modestas e um farol. O gerador, quando está funcionando, é ligado por algumas horas pela manhã e mais algumas à noite. Seu celular não vai funcionar aqui, e ninguém aceita cartões de crédito. Sem a ajuda de um simpático morador, é um desafio descobrir os horários do comércio.

Mas isso está, aos poucos, começando a mudar. Os poucos alojamentos que corajosamente se estabeleceram aqui há 10 ou 15 anos adquiriram novos vizinhos, e mais 80 quartos de hóspedes foram aprovados (quem sabe quanto tempo vai demorar para que saiam do papel). Por ora, a não ser que você seja um entusiasta de pescaria, não há muito o que fazer em Punta Allen, exceto relaxar, praticar um pouco de snorkel e comer bastantes frutos do mar frescos.

Casa de Ascensión ★ Dos novos lugares da cidade, esta casa administrada por um casal suíço-argentino é a mais impressionante da cidade. Situada entre a praia e a baía— cada uma a 100 m —, oferece três quartos limpos e frescos com móveis e decoração inspirados no estilo mexicano. Os quartos se situam ao redor de uma sala de estar comum, com local para troca de livros, computador com internet e televisão por satélite. A energia solar proporciona eletricidade 24 horas por dia. Os solícitos proprietários moram no andar de cima, atrás do restaurante, que oferece uma série impressionante de pratos internacionais, pizza e especialidades de peixe fresco. Pacotes *all-inclusive* de pescaria com mosca também estão disponíveis.

Uma quadra a oeste da entrada da cidade. ✆ **984/801-0034.** www.casadeascension.com. 3 quartos. Alta temporada, quarto duplo entre US$ 65 e US$ 80; baixa temporada, quarto duplo entre US$ 60 e US$ 80. Não aceita cartões de crédito. *No quarto:* não tem telefone.

Cuzan Guesthouse Um dos alojamentos de pesca originais da cidade, este conjunto de *cabañas* de madeira com telhados de *palapa* na areia da praia também tem um dos melhores restaurantes da cidade e um bar completo. Apesar do aumento da concorrência, possui uma clientela fiel. O ganha-pão do Cuzan são seus pacotes de pesca *all-inclusive*, mas eles alugam *cabañas* para qualquer pessoa interessada em passar um tempo em Punta Allen. A pousada também oferece uma variedade de passeios com observação de pássaros, snorkel e barco.

Apartado 24, Felipe Carrillo Puerto, 77200 Q. Roo. ✆ **983/834-0358.** www.flyfishmx.com. 12 quartos. Cabañas entre US$ 50 e US$ 110. Não aceita cartões de crédito. *No quarto:* não tem telefone.

Serenidad Shardon Neste refúgio na estrada costeira, ao sul da cidade — cerca de 3 ou 4 quadras — você pode escolher entre uma casa de praia com três quartos ou uma das duas simpáticas *cabañas* privativas, todas com banheiros privativos, decoração contemporânea e vista para o Caribe, dos deques ou janelas. Na alta temporada, a proprietária, Niki Allen, monta quatro tendas equipadas com luzes e ventiladores, para acomodar mais hóspedes. Ela também o ajuda a encon-

Barcos de pesca em Punta Allen.

trar passeios, se quiser, e pensa dezenas de outras maneiras de deixá-lo satisfeito.

Estrada da praia ao sul da praça da cidade. ☎ **984/876-1827**. www.shardon.com. 3 quartos (7 na alta temporada). *Cabañas* entre US$ 150 e US$ 200, casa de praia a US$ 350 (US$ 250 somente no piso inferior), tendas $200 por pessoa. Não aceita cartões de crédito. *No quarto:* não tem telefone.

A Caminho da Costa Inferior do Caribe

Cerca de 25 km ao sul de Tulum, na Autoestrada 307, uma placa indica as pequenas, mas interessantes, ruínas de **Muyil** (não esqueça o repelente), na extremidade oeste de Sian Ka'an. As principais ruínas são um pequeno grupo de construções e uma praça dominada pelo Castillo. É uma das estruturas mais altas da costa do Caribe, mas é mais interessante pela peculiar torre de alvenaria, no topo. Daqui, um canal escavado pelos maias entra na reserva da biosfera e deságua em um lago, com outros canais partindo daqui para o estuário de água salgada, Boca Paila. A comunidade local oferece um passeio de barco por estes canais e lagos. O passeio de três horas e meia inclui a observação de algumas ruínas inacessíveis, prática de snorkel pelo canal e flutuação na correnteza.

As ruínas de Muyil.

Felipe Carrillo Puerto (população: 60 mil) é a primeira cidade grande no caminho para Ciudad Chetumal. A cidade era um reduto de rebeldes durante a Guerra das Castas e é o berço do culto milenar da "Cruz Falante". Uma grande comunidade de crentes do culto ainda pratica seu próprio tipo de religião e é respeitada por toda a cidade. De interesse primordial para os viajantes, no entanto, são os dois postos de gasolina de Carrillo Puerto, um mercado, uma rodoviária e um banco, ao lado do posto de gasolina no centro da cidade, que tem um caixa eletrônico. De Carrillo Puerto, a Autoestrada 184 segue para o interior da península e, eventualmente, Mérida, tornando-se um ponto de retorno do "circuito curto" da Península de Yucatán.

MAHAHUAL, XCALAK E O ARRECIFE CHINCHORRO

O turismo demorou a chegar na tranquila parte sul da costa do Caribe. A recém-nominada Costa Maya fica escondida sob a Reserva da Biosfera de Sian Ka'an, em uma península que se projeta para fora do continente. Ela permaneceu praticamente despercebida — exceto pelos praticantes de pesca com mosca — enquanto resorts devoraram as praias de Cancún e da Riviera Maya nas últimas décadas.

Localizada a 354 km do aeroporto de Cancún e mais de 48 km da autoestrada, as praias da Costa Maya podem nunca vivenciar o desenvolvimento nas mesmas proporções que a Riviera Maya, mas mudanças já começaram a ocorrer desde que a Carnival Cruise Line e os órgãos de turismo do governo trouxeram um enorme porto para cruzeiros para a pequena vila de pescadores de Mahahual (que também aparece como Majahual), em 2001. Estradas novas construídas para melhorar o trajeto dos ônibus de turismo dos passageiros de cruzeiros diminuíram o tempo

A Costa Inferior do Caribe na Península de Yucatán

de viagem de quatro para menos de uma hora, para a ainda menor e mais remota vila de Xcalak (ich-ca-lac) — o assentamento mais ao sul do Caribe mexicano. Os rumores afirmam que há luxuosos empreendimentos em fase de projeto, mas os órgãos oficiais de turismo prometem abandonar o modelo de Cancún/Riviera Maya, integrando a população local ao desenvolvimento limitado a pequenos hotéis ecológicos e passeios naturais.

Até agora, a Costa Maya permanece uma paisagem de manguezais, mata baixa e longos trechos de praia com coqueiros e areia branca. A preços acessíveis, bangalôs e pequenos restaurantes que servem peixe fresco aguardam os visitantes atraídos pelos cenotes da região, vilas antigas, ruínas maias e pontos de snorkel e mergulho incomparáveis.

ORIENTAÇÃO A cerca de 45 minutos ao sul de Felipe Carrillo Puerto, poucos quilômetros depois da cidade de Limones, em um lugar chamado El Cafetal (há um posto de gasolina antes da saída), você chega à saída bem sinalizada para Mahahual e Xcalak. São 50 km de estrada bem asfaltada até a costa, em Mahahual. A saída para a estrada nova até Xcalak fica a 2 km de Mahahual, em um posto militar. Xcalak fica 55 km ao sul, a menos de uma hora.

Mahahual

O cais de navios de cruzeiro (ao norte da estrada que entra na cidade) dá a Mahahual uma dupla personalidade. O porto se transformou em uma zona turística de pequeno porte, com um clube de praia, shopping center e companhias de

> ### MERGULHO no arrecife chinchorro
>
> O **Parque Nacional Submarino de Chinchorro**, a cerca de 30 km do litoral, é considerado o maior atol de corais do hemisfério norte, com 38 km de comprimento e 13 km de largura. Suas formações de corais, esponjas maciças e vida marinha abundante estão certamente entre as mais espetaculares. Moradores afirmam que este é o último sistema de arrecifes virgem do Caribe. O arrecife oval está a cerca de 1 m de profundidade na parte interna e se estende a 900 m em sua parte externa. É invisível pelo lado do oceano e condenou diversos navios. Contrariamente à crença popular, os cerca de 30 **naufrágios**, que decoram a paisagem submarina, não podem receber mergulhadores — são protegidos pela Biosfera Banco Chinchorro. No entanto, o arrecife oferece pelo menos uma dúzia de locais de mergulho de primeira. E a maioria dos naufrágios, incluindo o famoso **40 Canhões** no lado noroeste, é bem raso e pode ser explorada com snorkel. O lado oeste do arrecife é um paraíso de paredes e jardins de corais.
>
> Os diversos mergulhadores que tentaram mergulhar no Arrecife Chinchorro mas nunca chegaram lá viraram uma espécie de piada na Costa Maya. Pode ser um desafio chegar ao arrecife, parte pelas condições instáveis do mar e parte pelo limite restrito de autorizações. O **XTC Dive Center** (✆ **983/839-8865;** www.xtcdivecenter.com) em Xcalak é especializado em passeios para Chinchorro — o nome da empresa significa "Xcalak para Chinchorro". O XTC também oferece diversos mergulhos nos arrecifes e cenotes locais.

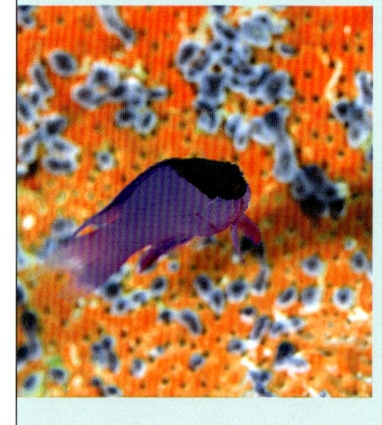

turismo que oferecem dezenas de excursões, fazendo surgir uma pequena cidade com seu próprio subúrbio de casas e apartamentos. Nos dias de movimento no porto, a rua principal, de areia, fica repleta de passageiros um tanto "alegres" e queimados de sol, que preferem a praia aos passeios de ônibus. A noite, a rua volta à sua calmaria habitual.

O melhor a fazer é manter distância do cais e ficar na zona inferior de Mahahual (ou dirigir-se a Xcalak). Mesmo quando está lotada de passageiros de cruzeiros, não acho que Mahahual seja uma cidade particularmente atraente, embora seu novo *malecón* (calçadão) proporcione uma agradável caminhada ao longo da praia branca de areia fina. As praias ao norte e ao sul da cidade, porém, são simplesmente paradisíacas. A maioria de seus hotéis e serviços fica na estrada de areia que passa pela cidade e segue na direção sul, pelo litoral.

Balamkú Inn on the Beach ★★★ Este lugar confortável e acolhedor, na estrada litorânea ao sul da cidade, aluga quartos em estilosos bangalôs de palha, de um e dois andares, distribuídos por 110 m de areia branca deslumbrante. São grandes e arejados, com colchões confortáveis, banheiros grandes e charmosos e janelas com persianas, que permitem controlar a brisa. Todos têm terraços com vista para a praia. Os simpáticos proprietários canadenses preocupam-se com o meio ambiente ao extremo. Toda energia da pousada vem do vento e do sol — o suficiente para fornecer energia 24 horas por dia, sem o uso de um gerador a diesel. Ainda mais impressionante é o fato de possuírem um grande sistema coletor de águas pluviais e de reaproveitamento da água residual dos chuveiros e pias para alimentar as zonas úmidas, e usam um sistema de compostagem em vez de fossas sépticas poluidoras — o descarte de papel higiênico através da descarga não é apenas permitido, mas altamente recomendado aos hóspedes. Para viajantes com quaisquer inclinações ecológicas, esses cuidados aumentam a sensação de relaxamento, para que curtam o ambiente extremamente confortável e bonito.

Carretera Costera km 5,7. Mahahual, Q. Roo, ℂ **983/839-5332.** www.balamku.com. 10 quartos. Alta temporada, quarto duplo US$ 90; média temporada, quarto duplo US$ 85; baixa temporada, quarto duplo US$ 80. Tarifas incluem café da manhã completo. AE, MC, V como garantia; não aceita cartões de crédito no hotel. Estacionamento vigiado gratuito. **Atrativos:** restaurante (café da manhã e almoço); bar (à tarde); transfer para o aeroporto; quartos para não fumantes; esportes aquáticos. *No quarto:* não tem telefone, Wi-Fi.

Xcalak

O último ponto de Quintana Roo, antes do canal que demarca a fronteira do México com Belize, **Xcalak** (ich-ca-lac) é uma vila de pescadores quase despovoada, maltratada pelo clima, com poucos lugares confortáveis para se hospedar e alguns restaurantes. Antigo posto militar avançado, já teve uma população de cerca de 1.200 pessoas antes de o furacão de 1958 destruir a maior parte da cidade; agora tem cerca de 600 residentes permanentes. Praticantes de pesca com mosca começaram a vir nos anos 1980 e ainda extraem suas recompensas da água. A cidade tem um certo charme simplório, mas a verdadeira atração são as pousadas logo depois da cidade, que oferecem um pequeno pedaço do paraíso, longe de qualquer sinal de aglomeração.

Costa de Cocos Dive & Fly-Fishing Resort ★★ *Cabañas* independentes ficam em volta de uma grande e bela praia de areia, agraciada por coqueiros. A coproprietária Ilana Randal é o perfeito exemplo da filosofia de que a "vida é muito curta" e faz você sentir que o mundo é perfeito. As *cabañas* confortáveis dispõem de uma cama king size ou queen size, ou ainda duas de casal; uma *cabaña* possui dois quartos e dois banheiros. Foram reformadas recentemente e são muito bem ventiladas, além de ter ventiladores de teto, água quente e colchões confortáveis. Energias eólica e solar fornecem eletricidade 24 horas por dia. As atividades incluem passeios de caiaque, snorkel, mergulho e pesca com mosca. O resort dispõe de um instrutor de mergulho e guias de pesca experientes, que também falam inglês. O descontraído restaurante e bar oferece uma boa comida caseira e fica aberto até tarde.

Carretera Mahahual-Xcalak Km 52, Q. Roo. ℂ **983/839-8537.** www.costadecocos.com. 16 *cabañas*. Alta temporada, quarto duplo US$ 90; baixa temporada, quarto duplo US$ 85. Pacotes de mergulho e pesca com mosca disponíveis, mediante solicitação por e-mail. As tarifas incluem café da manhã em estilo bufê. AE, MC, V. Estacionamento gratuito. **Atrativos:** restaurante; bar; empresa de mergulho; esportes aquáticos. *No quarto:* WiFi, não tem telefone.

Hotel Tierra Maya ★ Este é um hotel confortável e de estilo moderno na praia. Os quartos do prédio de dois andares são espaçosos e foram feitos para ter uma boa ventilação. Possuem ventiladores de teto. Cada um tem um terraço ou uma varanda privativa com vista para o mar, redes e água de garrafa purificada. Geradores solares fornecem eletricidade 24 horas por dia. Os banheiros são amplos e as camas são de solteiro ou queen size. Os proprietários organizam passeios de mergulho, pesca e snorkel para os hóspedes, que ainda podem usufruir de bicicletas e caiaques.

Carretera Mahahual-Xcalak Km 54, Q. Roo. ℂ Fax **987/872-0892.** www.tierramaya.net. 7 quartos. Alta temporada, quarto duplo entre US$ 85 e US$ 150; baixa temporada, quarto duplo entre US$ 75 e US$ 135. As tarifas incluem café da manhã. MC, V para pagamento adiantado; somente pagamento em espécie no hotel. Estacionamento gratuito limitado. **Atrativos:** restaurante; bar; bicicletas; caiaques. *No quarto:* WiFi, não tem telefone.

Laguna Bacalar.

LAGUNA BACALAR ★★★

104 km ao sudoeste de Felipe Carrillo Puerto; 37 km ao noroeste de Chetumal

Em um dia ensolarado, você verá porque Laguna Bacalar é chamada de *Lago de los Siete Colores* (Lago das Sete Cores): o fundo de areia branca faz a água cristalina ficar turquesa-pálido nas áreas rasas, transformando-se em turquesa-vívido e depois índigo-escuro no centro, mais profundo. As cores mudam ao longo do dia, construindo um cenário fascinante para um ou dois dias de passeios.

Considerado o segundo maior lago do México, Bacalar é, na verdade, uma lagoa com uma série de canais que chegam ao mar. Alimentada por cenotes subterrâneos e não pelo escoamento de superfície, tem quase 50 km de comprimento. É possível avistar as águas deslumbrantes muito antes de chegar à cidade de Bacalar, a cerca de dois terços do percurso. Não deixe de nadar ou andar de caiaque nesta joia.

A cidade de Bacalar é calma e tradicional, embora pareça atrair todos os anos um novo quadro de expatriados em busca de um estilo de vida diferente. Não há muito agito na cidade, mas você não pode perder o **Fuerte San Felipe Bacalar**, construído em 1733 para proteger os espanhóis dos piratas e dos rebeldes maias, que sempre invadiam a área. A entrada custa $52. Com vista para o lago, na extremidade leste da praça central, o forte abriga um excelente museu, dedicado à história regional e a especial atenção aos piratas que repetidamente desembarcavam nestas praias.

Como para provar que os deuses da água sorriem para Bacalar, o maior e mais profundo cenote do México fica cerca de 1,5 km ao sul da cidade, no Km 15. Com 185 m, o **Cenote Azul** é rodeado por flores e árvores exuberantes e repleto de água tão clara que é possível enxergar até 60 m dos seus quase 91 m de profundidade.

Algumas pousadas encantadoras pipocam pela costa oeste da lagoa, o que torna Bacalar uma alternativa à Chetumal como base para exploração das ruínas maias na área de Río Bec, nos arredores.

ORIENTAÇÃO No sentido sul na Autoestrada 307, a cidade de Bacalar fica uma hora e meia depois de Felipe Carrillo Puerto e é bem sinalizada por placas. Se você estiver seguindo para o norte, de Chetumal, o trajeto leva cerca de meia hora. Os ônibus que seguem para o sul de Cancún e Playa del Carmen param aqui, e há ônibus frequentes partindo de Chetumal. Existem agora alguns postos de gasolina na autoestrada, na cidade.

Onde Ficar

É possível se hospedar em Bacalar com bastante conforto e por muito pouco dinheiro. Minha pousada preferida é a **Amigos B & B Laguna Bacalar** ★★ (© **987/872-3868**; www.bacalar.net), com cinco quartos de vários tamanhos e configurações, com vista para a água na Avenida Costera, cerca de 1 km ao sul da praça. Quartos duplos custam entre $600 e $700, incluindo café da manhã, e $500 e $600 sem. Um pouco mais perto do centro da cidade, na mesma estrada, também gosto muito da peculiar e cativante **Casita Carolina** (© **983/834-2334**; www.casitacarolina.com), uma casa de família transformada, com três quartos que compartilham a sala de estar e a cozinha comunitárias, e três *casitas* separadas e espalhadas pelo grande gramado que seguem em declive até a beira do lago. O proprietário, que mora no local, recepciona um retiro de artistas todo mês de fevereiro. Os preços variam entre $300 e $600, o que faz dele uma excelente opção. Se você quiser realmente ficar longe de tudo, a **Villas Ecotucán** (© **983/834-2516**; www.villasecotucan.info) possui uma área de cerca de 40 ha, em grande parte inexplorada, e seu foco é a vida ao ar livre; suas cinco *cabañas* espaçosas com telhado de *palapa* (construídas com material retirado da propriedade) e duas suítes possuem salas de estar separadas, e são alugadas por $550; por $850, você pode ter seu próprio barco no lago. Também oferece mais atividades, como caminhadas pela selva, banhos na lagoa e passeios de caiaque, do que você poderia fazer em uma semana. A Ecotucán fica 5 km ao norte da cidade e a 1 km da Autoestrada 307; procure pela árvore alta com as cores do arco-íris, bandeiras e placa de boas vindas.

Se aumentar um pouco a escala de preços, você fica no luxo total. O **Villas Bakalar** ★ (© **983/835-1400**; www.villasbakalar.com), na Avenida 3, algumas quadras ao norte da praça, tem 15 suítes novas e modernas de um e dois quartos, por $1.130 e $1.780, respectivamente, em um verdadeiro jardim botânico de flora nativa — a paixão do proprietário. Fica a uma quadra da praia, mas tem ampla vista para o lago. E o famoso **Rancho Encantado** ★ (©/fax **983/101-3358**; www.encantado.com), perto da Autoestrada 307 ao norte da cidade, aluga 13 grandes chalés de estuque branco espalhados por um gramado com sombra ao lado do lago e cercado por árvores nativas, orquídeas e bromélias. Cobra entre US$ 130 e US$ 150 na alta temporada e entre US$ 65 e US$ 85 na baixa temporada.

Cenote Azul em Bacalar.

Fuerte San Felipe Bacalar.

Onde Comer

Fiz refeições simples e boas no **Laguna de Bacalar,** na praça central, e tive grandes jantares no mais luxuoso **Los Aluxes,** na Avenida Costera, ao sul do Amigos B&B. E o **Restaurante Cenote Azul** (📞 **983/834-2460**; www.cenoteazul.com.mx), com seu mirante com vista para o cenote, não precisaria nem mesmo servir boa comida para atrair a clientela, mas o faz mesmo assim. Enquanto estiver lá, você pode dar um mergulho no cenote, contanto que não esteja usando loções ou desodorantes.

CHETUMAL

251 km ao sul de Tulum, 37 km ao sul do Lago Bacalar

A capital de Quintana Roo e segunda maior cidade (depois de Cancún), Chetumal (população: 210 mil), é um destino turístico apenas por ser a porta de entrada para Belize, Tikal (Guatemala) e as ruínas do Río Bec (pág. 234). Tem pouco a oferecer ao turista, com uma grande exceção: o museu dedicado à cultura maia, talvez o melhor fora da Cidade do México. A parte antiga da cidade, próxima ao Río Hondo, tem um intrigante clima caribenho, mas fora isso, não há muito para prendê-lo aqui.

Informações Básicas

CHEGANDO LÁ E PARTINDO

DE AVIÃO A operadora regional da companhia aérea Mexicana, **Click** (📞 **01-800/112-5425** ou 983/832-6675; www.mexicana.com), faz o voo entre Chetumal (código do aeroporto CTM) e Cidade do México. O aeroporto fica a oeste da cidade, logo ao norte da entrada da autoestrada.

DE CARRO Chetumal fica a um pouco mais de três horas de Tulum. Se você estiver indo para Belize, saiba que as locadoras não permitem que seus carros sejam levados para o outro lado da fronteira. Para chegar às ruínas de Tikal, na Guatemala, você deve passar por Belize pela fronteira com a Ciudad Melchor de Mencos.

DE ÔNIBUS A rodoviária principal (📞 **983/832-5110**) fica a 20 quadras do centro da cidade, na Insurgentes com a Avenida Héroes. Os ônibus vão para Cancún, Tulum, Playa del Carmen, Puerto Morelos, Mérida, Campeche, Villahermosa, e Tikal, na Guatemala.

Para Belize: Os ônibus saem do mercado Lázaro Cárdenas, normalmente chamado de Nuevo Mercado (Héroes e Circuito). Pegunte sobre **Autobuses Novelo**, que tem serviço local a cada 45 minutos ($140) e quatro ônibus expressos por dia ($145).

INFORMAÇÕES AO TURISTA

O **Escritório de Turismo do Estado** (📞 **983/835-0860**, ext. 1811) fica na Calzada del Centenario 622, entre Comonfort e Ciricote. Abre de segunda a sexta-feira, das 9 h às 18 h.

ORIENTAÇÃO

O **código de área** do telefone é **983**.

O trânsito entra na cidade pelo oeste, na Autoestrada 186, e segue para a Avenida Obregón cidade adentro. Fique na Obregón e não pegue a saída virando à esquerda para a Avenida Insurgentes. Você vai atravessar a Avenida Héroes, a principal rua norte-sul.

Um Museu Que Não Se Pode Perder

Museo de la Cultura Maya ★★★ Este sofisticado museu desvenda o complexo mundo dos maias, através de exposições interativas e artefatos originais. Aperte um botão e uma descrição ilustrada aparece, explicando os usos medicinais e domésticos de plantas, com seus nomes científicos e maias; outra exposição descreve as classes sociais dos maias através de suas maneiras de se vestir. Uma das exposições mais fascinantes descreve o ideal maia de beleza pessoal, que os levou a deformar crânios, fazer cicatrizes no rosto e no corpo, e induzir o estrabismo.

Uma enorme tela exibe imagens aéreas de mais de uma dúzia de sítios maias do México a Honduras. Outra grande televisão mostra a variedade arquitetônica das pirâmides maias e como elas provavelmente foram construídas. Em seguida, uma caminhada em um piso de vidro faz com que você passe por cima de uma representação de ruínas do mundo maia. No centro do museu, fica a estilizada árvore sagrada Ceiba, de três andares, que os maias acreditavam conectar Xibalba (o submundo), Terra e os céus. Tente ir ao museu antes de visitar as ruínas de Río Bec. O museu agora fecha às 14 h, devido a cortes no orçamento.

Av. Héroes s/n (entre a Colón e a Gandhi, oito quadras da Av. Obregón, logo após o Holiday Inn). ✆ **983/832-6838.** A entrada custa $52. Aberto de terça a domingo, das 9 h às 14 h.

Onde Ficar

Prefiro Bacalar (veja acima), a apenas 30 minutos, como base para exploração desta região. Se precisar ficar na capital, alguns hotéis se sobressaem.

Hotel Holiday Inn Chetumal Puerta Maya Este hotel moderno é uma opção confiável e até inspiradora. Tem o melhor ar-condicionado da cidade e fica a apenas uma quadra do Museo de la Cultura Maya. A maioria dos quartos é de tamanho médio e conta com uma cama king size ou duas camas de casal. Os banheiros são espaçosos e bem iluminados.

Av. Héroes 171, 77000 Chetumal, Q. Roo. ✆ **983/835-0400**. Fax 983/832-1676. 85 quartos. Quarto duplo $865. AE, MC, V. Estacionamento seguro gratuito. Pela Av. Obregón, vire à esquerda na Av. Héroes, siga por seis quadras e procure pelo hotel à direita. **Atrativos:** restaurante; bar; academia; piscina externa de tamanho médio; serviço de quarto. *No quarto:* ar-condicionado, TV, Wi-Fi.

Hotel Los Cocos Os quartos reformados são bem elegantes, os banheiros são minuciosamente limpos e a pequena mas convidativa piscina fica no meio de um jardim exuberante. Peça um quarto com vista para o pátio — a vista é melhor. O restaurante ao ar livre, popular entre os visitantes do museu, serve bons pratos típicos do México. Este hotel de três andares fica duas quadras ao sul do museu.

Uma exposição no Museo de la Cultura Maya.

Av. Héroes 134 (esquina com a Chapultepec), 77000 Chetumal, Q. Roo. ✆ **983/832-3232.** 176 quartos. Quarto duplo $300. AE, MC, V. Estacionamento. **Atrativos:** restaurante; bar; terminal de internet; 2 piscinas externas; serviço de quarto. *No quarto:* ar-condicionado, TV, frigobar.

Onde Comer

Para uma refeição econômica, com um toque do clima local, experimente o **Restaurante Pantoja**, na esquina das Calles Gandhi e 16 de Septiembre (✆ **983/832-3957**), duas quadras a leste do Museo de la Cultura Maya. Oferece um especial do dia barato, boas enchiladas verdes e especialidades iucateques. Abre de segunda a sábado, das 7 h às 19 h. Para degustar excelentes *antojitos*, a supercomida local, experimente o **El Buen Gusto**, na Calzada de Veracruz, em frente ao mercado (não tem telefone). Um marco de Chetumal, o restaurante serve excelentes *salbutes* e *panuchos*, tacos, e sanduíches. Abre pela manhã até às 14 h e novamente por volta de 19 h até a meia-noite. Outra alternativa é o vizinho **La Ideal**, que muitos moradores acreditam ser o melhor das duas opções para jantar. Tem deliciosos *tacos de pierna* (tacos macios com paleta de porco em fatias finas) e *agua de horchata* (água aromatizada com arroz, baunilha e semente de abóbora torrada).

Depois de Chetumal

As ruínas maias de Lamanai, em Belize, são um fácil passeio de um dia, desde que tenha um meio de transporte (não um carro alugado). Você pode explorar a rota de Río Bec (veja abaixo) logo a oeste da cidade, ao pegar a Autoestrada 186.

PASSEIOS ÀS RUÍNAS MAIAS DE CHETUMAL

A alguns quilômetros a oeste de Bacalar e Chetumal começa um povoado maia, conhecido pelos arqueólogos como a região de Río Bec. Uma série de ruínas vai desde perto de Bacalar até o interior do estado de Campeche. São intrigantes pela arquitetura bastante estilizada e extravagantemente adornada. Com as escavações começaram as restaurações, mas essas cidades não foram reconstruídas com a mesma intensidade como ocorreu em Uxmal e Chichén Itzá. As construções por vezes estavam em tão bom estado que a reconstrução não foi necessária.

O crescimento da mata também não foi removido nesses sítios, como nas ruínas mencionadas acima. Árvores e trepadeiras crescem sem controle em torno das construções, dando aos sítios a sensação de cidades abandonadas. Ao visitá-las, você pode imaginar o que John Lloyd Stephens e Frederick Catherwood devem ter sentido quando exploravam o Yucatán no século XIX. E preste atenção à vida selvagem; a fauna durante todo o percurso é extremamente rica. É possível avistar tucanos, mutuns e araras vagando por ali; papa-figos, garças e diversas aves de rapina são extremamente comuns. Raposas cinzentas, perus selvagens, *tesquintles* (um roedor herbívoro com rabo felpudo), quatis e tatus povoam a área. Vários grupos de macacos-aranha e macacos guaribas circulam por Calakmul e pela selva ao seu redor.

A ROTA Na metade do caminho entre Bacalar e Chetumal fica a saída bem sinalizada para a Autoestrada 186 para Escárcega (cerca de 20 km das duas cidades). Esta mesma estrada leva a Campeche, Palenque e Villahermosa. Há alguns postos de gasolina no caminho, incluindo um na cidade de Xpujil. Ande com bastante dinheiro, já que cartões de crédito raramente são aceitos na área.

Os sítios de Río Bec ficam a diferentes distâncias desta autoestrada. Você passa por um posto policial na fronteira com o estado de Campeche. Os guardas

> **Horário de Funcionamento**
>
> Os sítios arqueológicos ao longo do Río Bec (exceto Calakmul, que tem seu próprio horário) abrem diariamente, das 8 h às 17 h.

podem pedir seus documentos de viagem ou simplesmente perguntar onde você esteve e para onde está indo, antes de permitir que siga viagem. Você pode dividir passeios turísticos em várias viagens diurnas, saindo de Bacalar ou Chetumal, ou pode passar a noite nesta área e explorar mais no dia seguinte. Se começar cedo, pode facilmente visitar alguns dos sites mencionados aqui em apenas um dia.

Os vestígios, especialmente de Becán, mostram que estas ruínas fizeram parte da **rota comercial,** ligando a costa caribenha de Cobá a Edzná e à costa do golfo, e para Lamanai em Belize, e mais além. Na mesma época, diversas cidades daqui prosperaram; boa parte das terras foi dedicada ao cultivo de milho. Hoje, está tudo escondido em uma mata densa, que cobre a terra de horizonte a horizonte.

Os seguintes sítios estão listados na ordem leste-oeste, na sequência que são encontrados seguindo de carro a partir da costa do Caribe. Se decidir passear por estas ruínas, separe um tempo para visitar primeiro o Museo de la Cultura Maya (pág. 235) em Chetumal. Ele ajuda a dar o contexto para tudo que você irá ver. Se quiser um guia para mostrar-lhe a área, não há melhor opção do que **Luis Tellez** (✆ **983/832-3496**; www.mayaruinsandbirds.com), em Chetumal. Ele é muito bem informado, fala também inglês e dirige bem e com segurança. Mais importante, ele está familiarizado com a maioria dos arqueólogos que escavam as ruínas, estando sempre por dentro das recentes descobertas. Ele também conhece a vida selvagem local e guia muitos passeios para observadores de aves.

A entrada para cada sítio custa de $31 a $49. As placas informativas em cada construção estão em maia, espanhol e em inglês. A oferta de comes e bebes nas ruínas é limitada, portanto traga água e comida. Todos os principais sítios têm banheiro.

ALIMENTAÇÃO E HOSPEDAGEM A única cidade da região de Río Bec que oferece atendimentos básicos para os turistas é Xpujil, que fora isso não tem muito o que oferecer. Entre os hotéis básicos e baratos da cidade, as melhores opções de alimentação e hospedagem são as do **Restaurante y Hotel Calakmul** (✆ **983/871-6029**), que aluga quartos duplos climatizados, com TV, com preços entre $550 e $600. Eles dispõem de pisos de cerâmica, banheiros privativos com água quente e camas boas. O restaurante é confiável e fica aberto diariamente das 6 h à meia-noite. Pratos principais entre $45 e $120.

Se estiver com um carro alugado, sugiro que fique fora da cidade. Logo depois de Xpujil, em frente às ruínas de mesmo nome, fica o **Chicanná Eco Village,** na Carretera Escárcega Km 296 (✆ **981/811-9191** para reservas em Campeche; www.hoteldelmar.com.mx). Os seus 42 quartos confortáveis e bem mobilados são distribuídos entre vários bangalôs de palha de dois andares. Oferecem camas de casal ou uma cama king size, ventilador de teto, um banheiro grande e janelas com tela. Os gramados e canteiros de flores são encantadores e muito bem-cuidados, com caminhos que interligam os bangalôs, além de ligar ao restaurante e à piscina. Quartos duplos custam $1.200.

O **Río Bec Dreams** ★★ (✆ **983/871-6057;** www.riobecdreams.com), 11 km a oeste de Xpujil, logo depois de passar pelo Becán, aluga "selvalôs" — chalés pequenos de madeira sobre palafitas — espalhados no meio de uma floresta tropical.

Árvores tomam conta das ruínas de Kinichna.

Os chalés têm telas boas e alguns pequenos detalhes, como cortinas, balcões de azulejo, pias pintadas à mão, varandas e camas muito confortáveis com mosquiteiros (que eu não precisei), por $500 por noite. Cada chalé tem um lavatório, mas os hóspedes compartilham banheiros impecáveis (a única unidade com seu próprio banheiro, a Orchida maior, custa $575). Ainda melhores são as *cabañas*, que possuem varandas com tela e banheiros privativos; estas *cabañas* custam entre $878 e $990 , com estadia mínima de duas noites. No próximo ano, mais *selvalôs* serão ampliados e equipados com banheiros próprios. Mesmo com toda a rusticidade, o hotel dispõe de Wi-Fi. Os proprietários canadenses moram na região há muito tempo, e são dedicados estudantes da arquitetura de Río Bec, guiando passeios pelas ruínas; os passeios vão de pequenas excursões para as ruínas menores, por $250, até caminhadas por Calakmul, que duram o dia todo, por $1.500. Os proprietários são uma excelente fonte de informação para os hóspedes e bons companheiros no bar ao ar livre. O restaurante é o melhor na região.

Dzibanche e Kinichna

A saída, a 37 km do cruzamento da autoestrada, é bem sinalizada; siga por mais 23 km para chegar às ruínas. Pergunte sobre o estado da estrada antes de partir. Essas estradas de terra podem ir de boa a ruim muito rapidamente, mas este é um sítio importante o suficiente para as estradas serem normalmente bem mantidas. Dzibanché (ou Tzibanché) significa "lugar onde escrevem em madeira" — obviamente não é o nome original, que permanece desconhecido. Data do período Clássico (300 a 900 d.C.) e foi ocupado por cerca de 700 anos. As explorações começaram aqui em 1993, e o local foi aberto ao público no fim de 1994. Há diversos agrupamentos de construções e praças espalhados por 42 km²; apenas uma pequena parte foi escavada.

TEMPLOS E PRAÇAS Duas grandes praças adjacentes foram liberadas. A estrutura mais importante já escavada é o **Templo da Coruja**, na praça principal, Plaza Xibalba. Os arqueólogos encontraram uma escada que desce do topo da estrutura pirâmide adentro, até um sepulcro (não aberto ao público), onde descobriram alguns belos vasos policromáticos com tampa, sendo que um deles tem uma coruja pintada na alça superior com as asas abertas se estendendo até a tampa. Corujas brancas eram mensageiras dos deuses do submundo na religião maia. Também foram descobertos restos mortais de uma vítima sacrificada, e o que parece ser os restos de uma rainha maia, que é uma raridade na arqueologia maia.

> **Leitura Recomendada**
>
> Para obter mais informações e aproveitar ao máximo sua visita, leia o livro *A Forest of Kings: The Untold Story of the Ancient Maya*, de Linda Schele e David Freidel; *The Blood of Kings: Dynasty and Ritual in Maya Art*, de Linda Schele e Mary Ellen Miller; e *The Maya Cosmos*, de David Freidel e Linda Schele. O melhor livro para trazer como companhia é o de Joyce Kelly, *An Archeological Guide to Mexico's Yucatán Peninsula*, embora não disponha de informações históricas e culturais e muitos sítios tenham aumentado desde que foi escrito.

Do outro lado do Templo da Coruja fica o **Templo do Corvo-marinho**, em homenagem ao pássaro retratado em um recipiente de bebida policromado encontrado aqui. Os arqueólogos também encontraram evidências de um túmulo interno semelhante ao do Templo da Coruja, mas as escavações ainda não começaram. Outras peças de cerâmica magnificamente preservadas encontradas durante as escavações incluem um incensário com uma pintura quase tridimensional do deus do mergulho na parte externa e outro incensário com uma peça representando o deus Itzamná em ricas vestimentas.

Posicionada de forma isolada, a **Estrutura VI** é uma versão em miniatura da arquitetura *tablero* e *talud* no estilo de Teotihuacán. Cada degrau da pirâmide é feito em *talud* (superfície inclinada) e coroado por um *tablero* (frente de pedra vertical). Teotihuacán fica perto da atual Cidade do México, mas sua influência se estendia até a Guatemala. No topo da pirâmide, uma porta com uma viga de madeira ainda está intacta, depois de séculos de intempéries. Este detalhe deu ao sítio seu nome. Hieróglifos datados de 733 d.C. estão esculpidos em madeira.

Outra cidade próxima, **Kinichná** (Qui-nitch-ná) fica a cerca de 2,5 km ao norte. A estrada que leva até lá não é muito segura durante a estação chuvosa. Lá foi encontrada uma figura de jade de estilo olmeca. A cidade tem uma grande acrópole, com cinco construções em três níveis, que foram restauradas e estão em bom estado. Fragmentos do estuque original são visíveis.

Kohunlich ★

Kohunlich (Co-run-litch), a 42 km da saída para Autoestrada 186, é datada por volta de 100 a 900 d.C. Vire à esquerda na estrada e a entrada fica 9 km mais adiante. Entre no grande sítio, estilo parque, atravesse uma grande área cerimonial com sombra, flanqueada por quatro grandes pirâmides conservados, e continue seguindo em frente.

Logo depois deste grupo, você chegará à famosa **Pirâmide das Máscaras**, de Kohunlich, embaixo de uma cobertura de palha. Estes enormes rostos de gesso, na fachada, datam por volta de 500 d.C. Cada face alongada usa um cocar com uma máscara no topo e uma na queixeira — basicamente máscaras dentro de máscaras.

Um enorme rosto de gesso da famosa Pirâmide das Máscaras de Kohunlich.

A gravura entalhada nas pupilas da estátua sugere uma conexão solar, possivelmente com o sol da noite, que iluminava o submundo. Isso pode significar que a pessoa tinha uma visão xamânica. Especula-se que máscaras cobriam a maior parte da fachada desta construção, que foi construída no estilo de Río Bec, com cantos arredondados, uma escadaria falsa e um falso templo no topo. Pelo menos uma teoria afirma que as máscaras são uma composição de vários líderes de Kohunlich.

Nas construções imediatamente à esquerda, depois de entrar no sítio, foram descobertos em escavações recentes dois esqueletos pré-colombianos intactos e cinco cabeças decapitadas, que provavelmente eram usadas em um ritual cerimonial. À direita, siga o caminho sob a sombra da selva até outra praça recentemente escavada. A requintada arquitetura dos ambientes e a alta qualidade da cerâmica encontradas lá sugerem que este complexo abrigou sacerdotes ou líderes. Estudiosos acreditam que a superpopulação levou Kohunlich ao declínio.

Xpujil

Xpujil (ich-pu-riu; também escrito Xpuhil), que significa tanto "taboa" quanto "floresta de paineiras", floresceu entre 400 e 900 d. C. Este pequeno mas bem- preservado sítio é fácil de achar; procure por uma placa azul na autoestrada, com indicação para a direita. A entrada é logo depois da saída da autoestrada. Depois de comprar um ingresso, você tem de andar 180 m até a estrutura principal. Ao longo do caminho, há algumas árvores *chechén* reconhecidas por suas cascas manchadas. Não toque; são venenosas e um simples graveto provocará bolhas. À direita, você verá uma plataforma de apoio a uma construção restaurada, de dois andares, com uma escadaria central no lado leste. Os resquícios de um molde decorativo e duas galerias são conectados por uma porta. Cerca de 90 m mais adiante, você chegará à **Estrutura I**, estrutura principal do sítio — uma plataforma cerimonial retangular de 2 m de altura e 50 m de comprimento, que serve de suporte para o palácio, decorado com três torres altas, parecendo miniaturas das pirâmides de Tikal, na Guatemala. Estas torres são meramente decorativas, com escadarias falsas e templos pequenos demais para serem reais. O efeito é lindo. A parte principal da construção tem 12 ambientes, que agora estão em ruínas.

Becán ★★★

Becán fica a cerca de 7 km depois de Xpujil e pode ser avistada do lado direito da autoestrada. Becán significa "fosso cheio de água" e, na verdade, era protegida por um fosso com pontes. O extenso sítio data do início da era Clássica ao fim da pós-Clássica (600 a.C. a 1200 d.C.). Apesar de ter sido abandonada antes de 850 d.C., restos de cerâmica indicam que pode ter havido um ressurgimento da população entre 900 e 1000 d.C, e ainda era usada como um local cerimonial até o ano de 1200 d.C. Becán era um centro administrativo e cerimonial, com influência política sobre, pelo menos, sete outras cidades da região, incluindo Chicanná, Hormiguero e Payán.

O primeiro grupo de praças que você vê logo depois de entrar era um centro de cerimônias grandiosas. Da autoestrada, você pode ver a parte de trás da **Estrutura I**, uma pirâmide com dois templos no topo. Depois e entre os dois templos, você pode ver o Templo no topo da **Estrutura IV**, que fica do outro lado da Estrutura I. Quando o sacerdote supremo aparecia saindo da boca do monstro da terra, no centro do templo (ao qual chegava por uma escadaria lateral escondida, que agora está parcialmente exposta), ele poderia ser visto de bem mais longe do que da praça logo em frente. Acredita-se que os plebeus tinham de assistir às cerimônias de fora da praça — portanto, a posição do sítio garantia boa visibilidade. Acredita-se que a parte de trás da Estrutura IV era uma praça cívica, onde os líderes se sentavam em bancos de pedra. O segundo grupo de praças é de cerca de 850 d.C., e tem torres idênticas no topo. Sob a plataforma que apoia as torres, há dez ambientes que são aparentemente relacionados a Xibalba, o submundo. O Furacão Isidore os danificou e ainda estão fechados. Faces de monstros da terra provavelmente cobriam esta construção (e apareciam em outras construções também). Restos de pelo menos um campo de jogo de bola foram desencavados. Próximo ao campo fica uma figura

As ruínas de Xpujil.

bem-preservada usando um cocar elaborado, por trás de um vidro. Ele foi escavado perto de onde agora é exibido. As marcações estão bem definidas, exibindo uma série de detalhes.

Chicanná

Um pouco mais de 1,5 km depois de Becán, no lado esquerdo da autoestrada, fica Chicanná, que significa "casa da boca das cobras". Árvores repletas de bromélias fazem sombra na praça central, rodeada por cinco construções. A **Estrutura II,** notável construção do sítio, possui uma porta com formato da boca de um monstro e uma fachada de pedra ornamentada com mais máscaras superpostas. Ao entrar na boca do monstro da terra, observe que você está caminhando sobre uma plataforma moldada como a mandíbula aberta do monstro, com dentes de pedra de ambos os lados. Mais uma vez, você encontra um belo exemplo de uma construção alongada, com pirâmides ornamentais em miniatura em cada extremidade.

Calakmul ★★★

Esta área é tanto uma gigantesca zona arqueológica maia, com pelo menos 60 sítios, quanto um floresta tropical de 70 mil ha, designada em 1989 como a Reserva da Biosfera de Calakmul, cujo território se estende pelo México e Guatemala. A melhor maneira de ver Calakmul é passar a noite em Xpujil ou Chicanná e sair de manhã cedo para Calakmul. Se for o primeiro a seguir pela estreita estrada de acesso às ruínas (uma hora e meia da autoestrada), provavelmente você verá bastante vida selvagem. Na minha última viagem às ruínas, vi dois grupos de macacos-aranha se balançando pelas árvores, nos arredores da cidade, e um grupo de macacos guaribas dormindo nas árvores em frente à Estrutura II. Também vi alguns animais que não pude identificar e ouvi o rugido de um gato-da-selva que não consegui ver.

O local fica aberto de terça a domingo, das 7 h às 17 h, mas fica tão molhado durante a estação chuvosa, de junho a outubro, que é melhor evitá-lo nessa época.

As ruínas de Becán.

Observe a porta em forma de boca de monstro da Estrutura II das ruínas de Chicanná.

A ZONA ARQUEOLÓGICA Desde 1982, arqueólogos vêm escavando as ruínas de Calakmul, que datam de 100 a.C. até 900 d.C. É o maior dos 60 sítios conhecidos da área. Cerca de 7 mil construções foram descobertas e mapeadas. No seu apogeu, pelo menos 60 mil pessoas podem ter morado em torno do sítio, mas na época da conquista espanhola, em 1519, havia menos de mil habitantes. Os visitantes chegam a uma grande praça, com uma floresta de árvores. Você vê imediatamente várias estelas; Calakmul contém mais delas do que qualquer outro sítio, mas estão muito mais desgastadas e indistinguíveis do que as estelas de Palenque ou Copán, em Honduras. Em uma delas, é possível ver o vestígio do "trabalho" de saqueadores que usaram, com todo cautela, algum tipo de serra para cortar a pedra, arrancando o rosto do monumento. Junto à Estrutura XIII fica uma estela de uma mulher, que teria sido uma líder, datada de 652 d.C.

Algumas estruturas daqui foram construídas no estilo Petén e outras no estilo Río Bec. A **Estrutura III** deve ter sido a residência de uma família nobre. Seu design é único e muito bonito; conseguiu manter a sua forma original e nunca foi reformada. Oferendas de conchas, contas e cerâmica policromada foram encontradas no seu interior. A **Estrutura II** é a pirâmide mais alta do Yucatán, com 54 m. Do topo, é possível ver o contorno das ruínas de El Mirador, a 50 km, do outro lado da floresta, na Guatemala. Observe as duas escadas, que sobem ao longo das laterais da face principal da pirâmide, nos níveis superiores, e como as máscaras se sobressaem da face frontal.

O **Templo IV** traz um gráfico da linha do sol de 21 de junho, quando está no canto esquerdo (norte); até 21 de setembro e 21 de março, quando se alinha ao leste por trás do templo do meio no topo da construção; até 21 de dezembro, quando está no canto direito (sul).

> **Cuidado ao Volante**
>
> Inúmeras curvas na estrada tiram a visibilidade do trânsito (o pouco que há).

Uma orquídea amarela da Reserva da Biosfera de Calakmul.

Inúmeras peças de jade, incluindo máscaras espetaculares, foram descobertas aqui, e a maioria delas está em exposição no Museo de la Cultura Maya, em Campeche (pág. 295). A **Estrutura VII** praticamente não foi escavada, exceto pelo topo onde, em 1984, a máscara de jade mais espetacular já encontrada em Calakmul foi descoberta. Em seu livro A Forest of Kings, Linda Schele e David Freidel falam sobre guerras entre Calakmul, Tikal e Naranjo (os dois últimos na Guatemala), e como Ah-Cacaw, rei de Tikal (120 km ao sul de Calakmul), capturou o Rei Pata-de-Onça, em 695 d.C., e mais tarde, o Senhor Ox-Ha-Te Ixil Ahau, ambos de Calakmul.

RESERVA DA BIOSFERA DE CALAKMUL Estabelecida em 1989, esta é a única floresta alta da península, uma floresta tropical que registra todos os anos até 5 m de chuva. A copa das árvores é mais alta aqui do que na floresta de Quintana Roo. Fica muito perto da fronteira com a Guatemala, mas, naturalmente, não há como se chegar lá. Entre as plantas há cactos, bromélias e orquídeas. Animais em extinção incluem o pecari de lábio branco, a onça-pintada e a onça-parda. Até agora, mais de 250 espécies de aves já foram registradas. Atualmente não é permitido pernoitar ou acampar. Se quiser fazer um passeio em uma pequena parte da floresta, e souber falar espanhol, pode pedir a um guia por um passeio em um dos dois *ejidos* (cooperativas) da redondeza. Alguns velhos *chicleros* locais (homens que fazem chiclete com sapotis) têm conhecimento especializado da flora e da fauna e podem levá-lo em algumas trilhas.

A saída à esquerda para Calakmul fica localizada a 53 km de Xpujil, um pouco antes da vila de Conhuas. Há um posto de guarda lá, onde é preciso pagar $40 por carro. Da saída, é uma viagem de uma hora de carro, em uma estrada asfaltada de faixa única. A entrada para o sítio custa $41.

É aconselhável levar consigo comida e bebida e, claro, repelente.

Balamkú ★★

Balamkú é fácil de chegar e vale a pena visitar. Algumas construções do complexo foram tão bem preservadas que exigiram praticamente nenhuma reconstrução. No lado de dentro há três impressionantes figuras de homens sentados em bocas escancaradas de jacarés e sapos, que descem para o submundo. O conceito por trás desta construção, com sua fachada de estuque moldado, é a vida e a morte. Na cabeça de cada figura de estuque estão os olhos, o nariz e a boca de uma onça-pintada, em seguida um rosto completo de uma figura humana, depois um pescoço formado pelos olhos e nariz de outra onça-pintada, e um rosto no estilo olmeca usando um colar no pescoço, desenhado na barriga. Estas figuras foram recuperadas de saqueadores que conseguiram fugir com uma quarta figura. Agora elas ficam sob a proteção de um zelador, que mantém o ambiente trancado com chave e cadeado. Se fala espanhol, peça ao zelador para explicar um pouco sobre as figuras e seu complexo simbolismo. Um belo jardim e outro conjunto de construções ficam adjacentes ao grupo principal.

Entalhes elaborados de Balamkú.

MÉRIDA, O INTERIOR MAIA E CHICHÉN ITZÁ

por Christine Delsol

8

Muito antes de Cancún sequer ser cogitada como parte do planejamento turístico, todos os caminhos levavam a **Mérida**. A grande "Cidade Branca" — que continua sendo o centro cultural da região — liderava a península, rica em legados das civilizações em conflito. O tesouro das cidades antigas, deixado por esse cataclismo, tem atraído visitantes desde que o escritor nova iorquino John Lloyd Stephens e o ilustrador Frederick Catherwood aventuram-se no México para investigar rumores de cidades perdidas na selva.

O esplendor do antigo mundo maia ainda é a maior atração de Yucatán fora da costa do Caribe. **Chichén Itzá**, tão maravilhosa quanto sugere sua coroação como uma das "novas" Maravilhas do Mundo, tem muitas companheiras à altura. **Uxmal, Edzná, Cobá, Calakmul** e várias pequenas cidades antigas são todas tomadas por um espírito centenário que sobrevive, com dificuldade, ao status de celebridade de Chichén Itzá.

Mas o visitante mais atento aprenderá rapidamente que o legado maia é muito mais do que um museu revelando uma cultura extraordinária — é a evolução dessa civilização. Independente de se hospedar em uma *hacienda* restaurada e curtir uma massagem da neta de um xamã maia, assistir à *Vaquería* semanal de Mérida, com músicas e danças típicas dos cowboys de Yucatán ou visitar uma vila, cujos habitantes vivem em cabanas com telhado de palha e ainda falam a língua maia iucateque, você perceberá que o passado e o presente se mesclam como em nenhum outro lugar.

A melhor maneira de conhecer o Yucatán é de carro. O terreno é plano, as autoestradas são bem-conservadas e hipnoticamente retas, e o trânsito fora das cidades é tranquilo. As estradas secundárias são estreitas e, às vezes, ruins, mas uma enxurrada de projetos de melhoria recuperou boa parte delas nos últimos anos. Acrescente cerca de 30% ao tempo que normalmente levaria para cada viagem — você não só vai deixar de ver muita coisa por se apressar, como também passará batido por inúmeros *topes*, ou quebra-molas. Eles podem ser cordas atravessadas na estrada, uma ilha de concreto ou até mesmo uma fileira de meias esferas de metal, que acabam com a suspensão do carro (isso se não fizerem seu carro capotar). A maioria tem placas de alerta, mas às vezes aparecem de repente — outras vezes existem placas, mas não os *topes*. Você *vai ter* de ir mais devagar, seja para passar com suavidade pelos *topes* ou para procurar uma oficina mecânica.

Alugar um carro (pág. 67) não é barato, mas às vezes há promoções, principalmente na baixa temporada. E algumas de suas experiências mais memoráveis serão em lugares de difícil acesso de ônibus. Diversos ônibus atendem às principais cidades e ruínas, mas são mais escassos em cidades, ruínas e *haciendas* menores. A Autobuses del Oriente (ADO) controla a maioria dos ônibus de primeira classe e é eficiente em atender os principais destinos. Ônibus de segunda classe vão a alguns lugares fora das rotas normais, mas fazem inúmeras paradas e muitas vezes não dispõem de ar-condicionado; são melhores para distâncias curtas. Se não quiser alugar um carro, algumas operadoras de turismo transportam pequenos grupos às ruínas, cenotes e vilas mais remotas. Como alternativa, a contratação de um táxi por meio dia ou por um dia inteiro, pode sair mais barato do que alugar um carro.

PÁGINA ANTERIOR: **A praça principal, em Valladolid.**

O Yucatán é **tierra caliente** (terras quentes); viaje sempre com um chapéu, protetor solar, repelente e água. Novembro a fevereiro são os meses mais frescos, abril a junho, os mais quentes. Tempestades amenizam as temperaturas de julho a outubro. Mais turistas visitam o interior no inverno, mas a distinção de alta e baixa temporada é muito menos clara do que na costa do Caribe.

Entre vagar por ruínas, tomar banho nas águas frias e cristalinas de um cenote (piscinas naturais subterrâneas), conquistar sua própria praia privativa ou visitar flamingos no estuário, diversão é o que não falta. Mas o maior prazer de todos está em relaxar, espreguiçar-se na praça da cidade, comer comida regional preparada com técnicas seculares e conversar com o povo orgulhoso e gentil, cujos antepassados criaram os impérios antigos que hoje admiramos.

MÉRIDA: A PORTA DE ENTRADA PARA O LEGADO MAIA ★★★

1.440 km a leste da Cidade do México; 320 km a oeste de Cancún

Mérida, capital do estado de Yucatán, é a estrela-guia da península desde a conquista espanhola, mas muitos visitantes ainda a tratam apenas como base para excursões às ruínas vizinhas. Apesar de "A Cidade Branca" (em homenagem a suas construções de pedra calcária) tenha de suportar o tráfego e o barulho comuns a muitas das cidades coloniais do México, sua vitalidade, arquitetura fenomenal e povo gentil e honrado são as coisas das quais você se lembrará. A verdadeira mistura entre antigo e moderno chega a seu auge nesse movimentado e genial centro histórico, e o culto às celebrações é contagioso. Esse também é o melhor lugar para comprar produtos regionais, tais como redes, chapéus Panamá, camisas *guayabera* e *huipiles* bordadas, as coloridas camisas típicas daqui. Nesses últimos anos, expa-

os melhores sites sobre A PENÍNSULA DE YUCATÁN

- **Yucatán Today: www.yucatantoday.com** Um dos sites privados menos comerciais, com observações culturais, mapas detalhados, sugestões de transporte, história e listas de hotéis, restaurantes e eventos no estado de Yucatán, e também em outros estados, feito pelos editores de uma revista turística mensal extremamente útil.

- **Yucatán Living: www.yucatanliving.com** Artigos culturais e sobre destinos, e análises detalhadas dos restaurantes e atrações, são escritos por e para expatriados, mas também dão aos visitantes informações privilegiadas sobre a vida no Yucatán, com ênfase em Mérida.

- **TravelYucatan.com** Repleto de dicas práticas e artigos detalhados feitos por viajantes e moradores, resumos trimestrais de notícias, com gráficos bastante úteis, tais como táxis autorizados e mapas de locais de mergulho, em vez de só fotos glamourosas. Você pode não perceber que também é um site de reservas, mas basta clicar no link "accommodations" (hospedagem).

- **Yucatán Travel Guide: www.mayayucatan.com** Site do Ministério do Turismo de Yucatán tem uma seção atualizada e boas informações gerais sobre os destinos dentro do estado.

Estado de Yucatán

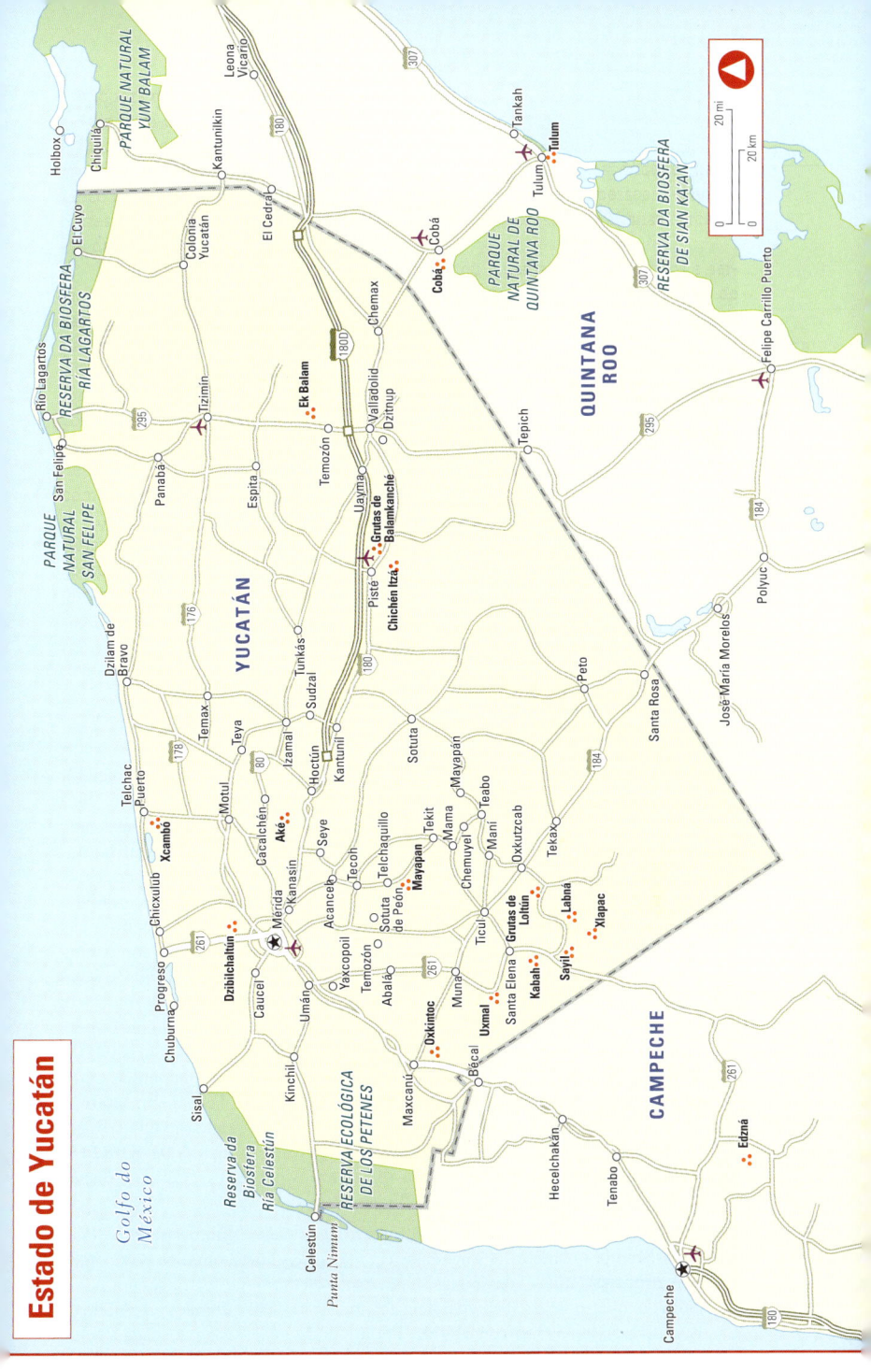

A movimentada Plaza Grande de Mérida.

triados não param de chegar à cidade, não apenas aposentados, mas também jovens casais com energia de sobra para explorar e exibir sua terra adotiva. Tudo isso gera uma explosão cultural; você não precisa ir muito longe para encontrar um festival, um concerto, uma produção teatral ou uma exposição de arte. Também possibilitou a existência de hotéis notáveis e de casas coloniais lindamente restauradas, muitas das quais são alugadas por uma parte do ano.

Informações Básicas

CHEGANDO LÁ E PARTINDO

DE AVIÃO Aeroméxico (© **01-800/021-400** no México; www.aeromexico.com), opera voos sem escalas de ida e volta para Miami e Cidade do México. **Mexicana** (© **01-800/801-2010** no México ou 877/801-2010; www.mexicana.com.mx), opera voos sem escalas, de e para a Cidade do México. **Continental** (© **999/946- 1888**, 946-1900; www.continental.com), opera voos sem escalas de ida e volta para Houston (American, Delta e Alaska também atendem Mérida através de parcerias, geralmente com tarifas significativamente mais elevadas). **Click** (© **01-800/112-5425**; www.mexicana.com), companhia aérea econômica Mexicana, que dispõe de voos sem escalas de ida e volta para Cidade do México e Veracruz. Companhia aérea regional da Aeroméxico, a **Aerolitoral** (© **01-800/021-400** no México; www.aerolitoral.com) opera voos de ida e volta para Cidade do México e Villahermosa. A **Volaris** (© **01-800/122-8000** no México; www.volaris.com.mx) é uma companhia aérea econômica nacional, que opera voos de ida e volta para Toluca. Em 2009, a companhia adicionou voos de conexão partindo de São Francisco e Los Angeles. Outra companhia econômica mexicana, a **VivaAerobus** (© **01-81/8215-0150**; www.vivaaerobus.com) opera voos entre Monterrey e Mérida e dispõe de voos de conexão de Austin e Las Vegas.

DE CARRO A **Autoestrada 180** é a antiga *carretera federal* (autoestrada federal) entre Mérida e Cancún. A viagem leva cerca de seis horas, em uma boa estrada que atravessa muitas vilas maias. Uma *cuota* ou *autopista* (estrada com pedágio) com quatro faixas segue paralela à Autoestrada 180 e começa na cidade de Kantunil, 56 km ao leste de Mérida. Por um pedágio de $338 para cada trecho, você evita pequenas vilas, com seus não tão pequenos quebra-molas. Vindo de Cancún, a Autoestrada 180 desemboca na Calle 65 de Mérida, que passa um quarteirão ao sul da praça principal.

Vindo do sul (de Campeche ou Uxmal), você entra na cidade pela Avenida Itzáes. Para chegar ao centro da cidade, vire à direita na Calle 59 (a primeira rua após o zoológico).

Um *periférico* (anel viário) circula Mérida, o que permite evitar a cidade. Placas indicativas dentro da cidade normalmente são boas, mas contornar a cidade pelo anel viário requer atenção.

DE ÔNIBUS Mérida é o centro de transportes de Yucatán. Entre suas cinco rodoviárias, duas oferecem ônibus de primeira classe e as outras três operam rotas locais para destinos próximos. A maior rodoviária de primeira classe, **CAME**, fica na Calle 70, entre as Calles 69 e 71 (veja "Configuração da Cidade" abaixo). A companhia de ônibus ADO e suas afiliadas operam a rodoviária, que também é utilizada pela Clase Elite e outras companhias de longa distância. Na fileira de guichês que o recepcionam, todos, exceto os últimos à direita, vendem passagens de primeira classe. Os dois últimos vendem passagens deluxe da ADO. A ADO-GL é um nível um pouco acima da primeira classe, enquanto a UNO tem assentos bem largos, com muito espaço para as pernas. A menos que seja uma viagem longa, pegue o ônibus com o horário de saída mais conveniente. As passagens podem ser compradas com antecedência; pergunte ao agente sobre as opções e horários de partida para a rota que você precisa.

Ida e volta para Cancún: É possível pegar um ônibus quase de hora em hora, pela CAME, para viagem de 3 a 4 horas de duração. Algumas empresas também pegam os passageiros no Hotel Fiesta Americana, na Calle 60 com a Av. Colón, em frente ao Hyatt; você também pode comprar uma passagem no shopping do hotel, na agência **Ticket Bus** (que também faz reservas pelo site www.ticketbus.com.mx) ou na agência Elite. Cancún fica a quatro horas de distância; alguns ônibus param em **Valladolid**. Se estiver no centro, você poderá comprar passagens na agência do Pasaje Picheta, um shopping ao lado do Palacio de Gobierno, na praça principal.

Ida e volta para Chichén Itzá: Três ônibus por dia (viagem de duas horas e meia) partem da CAME. Operadores de turismo nos hotéis de Mérida também oferecem passeios de um dia.

Ida e volta para Playa del Carmen, Tulum e Chetumal: Pela CAME, há pelo menos dez partidas por dia para Playa del Carmen (cinco horas de distância), seis para Tulum (seis horas) e oito para Chetumal (sete horas).

Ida e volta para Campeche: A rodoviária CAME tem cerca de 40 partidas por dia. É uma viagem de duas horas e meia.

Ida e volta para Palenque e San Cristóbal de las Casas: Há três partidas por dia da CAME para San Cristóbal e quatro para Palenque. Pequenos furtos já foram relatados em ônibus para Palenque, portanto, não pegue ônibus de segunda classe; verifique se sua bagagem está sendo armazenada no compartimento de carga e coloque sua bagagem de mão no bagageiro, não no chão.

O principal **terminal de segunda classe** fica depois de dobrar a esquina da CAME, na Calle 69, entre as Calles 68 e 70.

Ida e volta para Uxmal: Há quatro ônibus por dia. Você também pode pegar um tour na maioria dos hotéis, ou em qualquer agência de viagens ou operador de turismo da cidade. A ATS oferece uma viagem diária de ida e volta para Ruta Puuc, que combina Uxmal com os outros sítios ao sul (Kabah,

Sayil, Labná e Xlapak). Leva o dia todo, parando por duas horas em Uxmal e 30 minutos em cada um dos outros sítios.

Ida e volta para Progreso e Dzibilchaltún: A Transportes Auto-Progreso oferece serviço de ida e volta para a rodoviária no centro, na Calle 62, nº 524, entre as Calles 65 e 67. A viagem para Progreso leva uma hora em um ônibus de segunda classe.

Ida e volta para Celestún: Os ônibus partem dez vezes por dia da rodoviária de segunda classe, Noreste, na Calle 50 entre as Calles 65 e 67. A viagem leva entre 1 e 2 horas, dependendo do número de paradas do ônibus. Outros destinos incluem **Izamal** (20 ônibus por dia), Río Lagartos e Chiquilá (terminal de balsa para Isla Holbox).

ORIENTAÇÃO

CHEGANDO DE AVIÃO O aeroporto de Mérida fica a 13 km do centro da cidade, na periferia sudoeste da cidade, perto da entrada para a Autoestrada 180. O aeroporto dispõe de balcões para aluguel de carros, reservas de hotel e informações turísticas. Passagens de táxi para a cidade ($150) são vendidas do lado de fora do aeroporto, sob a passarela coberta.

INFORMAÇÕES AO TURISTA Os escritórios de turismo municipais e estaduais têm recursos diferentes; se você não conseguir obter a informação que procura em um deles, vá para o outro. Eu tenho mais sorte com o **escritório de informações ao turista** municipal (✆ **999/942-0000**, ramal 80119), que fica no térreo do edifício Ayuntamiento, de frente para a praça principal, na Calle 62. Procure por uma porta de vidro embaixo dos arcos. O horário é de segunda a sábado das 8 h às 20 h, e domingo da 8 h às 14 h. Os funcionários oferecem um passeio a pé pela área em volta da praça principal, de segunda a sábado às 9 h 30 min. O estado administra dois escritórios turísticos no centro: um no **Teatro Peón Contreras**, de frente para o Parque de la Madre (✆ **999/924-9290**), e o outro na praça principal, no **Palacio de Gobierno** (✆ **999/930-3101**, ramal 10001), imediatamente à esquerda, ao entrar. Esses escritórios

A grande avenida com calçadão de Mérida, Paseo de Montejo.

ficam abertos diariamente, das 8 h às 21 h. Também têm postos de informações no aeroporto e na rodoviária CAME. Fique de olho na revista mensal *Yucatán Today*; ela é repleta de informações sobre Mérida e o resto da região.

LAYOUT DA CIDADE A cidade de Mérida tem uma configuração típica das cidades do Yucatán: ruas com número par vão de norte a sul; ruas com números ímpares vão de leste a oeste. A numeração começa no norte e no leste da cidade, portanto, se você estiver andando em uma rua ímpar e os números pares das ruas transversais estiverem aumentando, você está seguindo para o oeste; da mesma forma, se você estiver em uma rua par e os números ímpares das ruas transversais estiverem aumentando, você está seguindo para o sul. A maioria das ruas do centro são de mão única.

> **Em Busca de uma Casa**
>
> Os números dos endereço têm pouca relação com a localização física de um imóvel, portanto, endereços incluem quase sempre as ruas transversais. Em "Calle 60 nº 549 x 71 y 73", por exemplo, o "x" é a abreviação de *por* (neste caso, "entre") e *y* significa "e". Portanto, esse endereço fica na Calle 60, entre as Calles 71 e 73. Esse organizado sistema desaparece ao sair da cidade, onde a numeração fica sem sentido (para não dizer outra coisa). É importante saber o nome da *colonia* (bairro) onde se está indo. Essa é a primeira coisa que os taxistas perguntam.

A praça principal de Mérida é a movimentada **Plaza Grande**, cercada pelas Calles 60, 61, 62 e 63. A Calle 60, a principal via do centro, passa em frente à catedral e interliga a praça principal a várias praças menores, alguns teatros e igrejas, e à Universidade de Yucatán, logo ao norte. Lojas de artesanato, restaurantes e hotéis concentram-se aqui. Em volta da Plaza Mayor ficam a catedral, o Palacio de Gobierno, o Ayuntamiento (prefeitura) e o Palacio Montejo. A praça tem sempre muita gente, e fica lotada aos domingos, quando as ruas nos arredores fecham para uma enorme feira (veja "Festivais e Eventos em Mérida", abaixo). A poucas quadras, há várias praças menores e a movimentada região do mercado.

A área mais elegante de Mérida é a arborizada avenida de três faixas, **Paseo de Montejo,** e seus arredores. A Paseo de Montejo fica paralela à Calle 60 e começa a sete quadras ao norte, um pouco a leste da praça principal. Embora tenha restaurantes elegantes, hotéis modernos, bancos, escritórios de companhias aéreas e algumas boates, a avenida é conhecida principalmente por suas mansões imponentes, construídas durante a época do aquecimento da indústria de *henequén*. Próximo ao cruzamento da Paseo com a Avenida Colón, você encontrará o Hyatt e os hotéis Fiesta Americana.

CONHECENDO OS ARREDORES De carro Como regra geral, reserve seu carro com antecedência, antes da viagem, para obter os melhores preços semanais durante a alta temporada (novembro a fevereiro); na baixa temporada, alugar um carro depois de chegar a Mérida normalmente traz ofertas melhores. Locadoras locais são competitivas e fazem ofertas promocionais que você só consegue se estiver lá. Compare apenas preços de carros equivalentes; pergunte se a cotação de preços inclui o IVA e o seguro. Praticamente todo mundo oferece quilometragem livre. Para obter dicas sobre como economizar dinheiro no aluguel de carros, veja "Chegando Lá e Dando uma Volta Aqui e Ali", no Capítulo 3. Carros de aluguel são um pouco mais caros (a não ser que você consiga um preço promocional) do que em outros lugares, embora sejam mais baratos do que em Cancún. Se o seu destino principal é Mérida, com alguns passeios de um dia, é melhor alugar o carro por apenas um ou dois dias, o que também evita o alto custo dos estacionamentos de Mérida. Esses *estacionamientos* normalmente cobram um preço pelo pernoite e o dobro se você deixar o seu carro no dia seguinte. Muitos hotéis oferecem estacionamento gratuito, mas certifique-se de que inclui horas durante o dia.

De Táxi Os táxis são fáceis de encontrar e muito mais baratos do que em Cancún, normalmente de $30 a $60 dentro da cidade.

De Ônibus Ônibus municipais são um pouco complicados de entender, mas não são necessários com frequência, porque dá para ir andando da praça principal até quase todos os pontos de interesse. Os melhores ônibus fazem o percurso entre o centro e a Paseo Montejo, que é uma caminhada bem longa saindo da praça. Pegue um ônibus "Itzimná" na Calle 59, entre as Calles 56 e 58, para visitar os pontos ao longo da avenida. Você também pode pegar um miniônibus, ou *colectivo*, no sentido norte, na Calle 60. A maioria o deixa a poucas quadras da Paseo de Montejo. Os *colectivos* ou *combis* (normalmente pintadas de branco) se alinham pelas ruas laterais, ao lado da praça, e seguem da praça principal em vários sentidos, por rotas simples.

INFORMAÇÕES ÚTEIS MÉRIDA

Código de Área O código de área é **999**.

Horário Comercial Normalmente, o comércio abre de segunda a sábado, das 10 h às 14 h e das 16 h às 20 h.

Câmbio Eu prefiro *casas de cambio* a bancos. Mérida tem várias: uma chamada **Cambios Portales**, na Calle 61 n° 500 (✆ **999/923-8709**), fica no lado norte da praça principal, no meio do quarteirão. Abre diariamente das 8 h 30 min às 20 h 30 min. Há também vários caixas eletrônicos; um deles fica no lado sul da mesma praça.

Farmácia Farmacia Yza, Calle 63 n° 502-A, entre as Calles 60 e 62 (✆ **999/924-9510**), no lado sul da praça, fica aberta 24 horas.

Hospitais O melhor hospital é o **Centro Médico de las Américas**, Calle 54 n° 365, entre 33-A e a Avenida Pérez Ponce. O número de telefone principal é ✆ **999/926-2611**; para emergências, ligue para ✆ **999/927-3199**. Você também pode ligar para **Cruz Roja (Cruz Vermelha)** — ✆ **999/924-9813**.

Acesso à Internet Você dificilmente terá de andar mais do que algumas quadras para encontrar uma lan house; os preços giram em torno de $15 por hora. A maioria dos hotéis oferece acesso Wi-Fi gratuito, e desde 2007 a cidade vem instalando Wi-Fi gratuito em parques da cidade. Plaza Grande, Parque San Juan, Parque de las Américas e Parque Zoológico del Centenario são alguns dos parques atualmente conectados.

Polícia Mérida tem um grupo especial de polícia que fala também inglês, para dar assistência aos turistas. Eles patrulham a região do centro da cidade e Paseo de Montejo, vestindo camisas brancas com um escudo onde se lê POLICIA TURISTICA na manga. O número de telefone é ✆ **999/942-0060**.

Agência dos Correios O *correo* fica perto do mercado, na esquina das Calles 65 e 56, e tem uma entrada própria separada do novo museu municipal. Abre de segunda a sexta, das 8 h às 19 h e sábado das 9 h às 13 h.

Temporadas Mérida tem duas altas temporadas, mas não tão nítidas quanto na costa do Caribe. Uma é de julho a agosto, quando os mexicanos entram de férias, e a outra é entre 15 de novembro e o Domingo de Páscoa, quando os canadenses e norte-americanos migram para o Yucatán para escapar do inverno.

Clima De novembro a fevereiro, o tempo pode ficar agradavelmente fresco e arejado. Nos outros meses, é simplesmente quente, principalmente durante o dia. Pode chover em qualquer época do ano, principalmente durante a estação chuvosa (julho a outubro), e geralmente na forma de chuvas tropicais à tarde.

festivais e eventos EM MÉRIDA

Muitas cidades mexicanas oferecem concertos de fim de semana em parques e praças, mas Mérida supera todas elas, oferecendo performances todos os dias da semana. Salvo indicação do contrário, a entrada é gratuita.

Domingo Das 9 h às 21 h, o *centro* abriga uma feira chamada *Mérida en Domingo*. A praça e uma parte da Calle 6 que se estende até o Parque Santa Lucía fecham para o trânsito. Os pais passeiam com seus filhos e aproveitam os estandes de comida e bebida, a animada feira livre e de livros usados, aulas de arte para crianças e estandes educativos. Às 11 h, músicos tocam de tudo, desde jazz até músicas clássica e popular, em frente ao Palacio del Gobierno, enquanto a orquestra da polícia toca músicas iucateques no parque Santa Lucía. Às 11 h 30 min, você verá apresentações de comédia desbocada no Parque Hidalgo, na Calle 60 com a Calle 59. Após um intervalo no meio da tarde, a praça fica cheia novamente, com pessoas caminhando e encontrando os amigos. Por volta das 19 h, em frente ao Ayuntamiento, uma banda grande começa a tocar mambos, rumbas e chachas, com grande entusiasmo; é possível presenciar cerca de mil pessoas dançando na rua. Depois disso, bailarinos populares encenam um típico casamento iucateque, no lado de dentro.

Segunda Às 21 h, em frente ao *Palacio Municipal*, artistas dançam e tocam *Vaquería regional* (música sertaneja tradicional) para celebrar a festa Vaquerías. Artistas incluem dançarinos com bandejas de garrafas de vidros cheias, equilibradas sobre a cabeça — vale a pena assistir.

Terça Às 21 h, no Parque Santiago, Calle 59 com a Calle 72, a Orquestra Municipal toca música no estilo big-bang latina e americana, da década de 1940.

Quarta Às 21 h, no Teatro Peón Contreras, Calle 60 com a Calle 57, o Ballet Folklórico da Universidade de Yucatán apresenta *Yucatán and Its Roots (Yucatán e Suas Raízes)*. A entrada custa $50. O Auditorio Olimpio, no lado da praça da Calle 62, apresenta *trovas* de violão (boleros e baladas) e outras músicas ao vivo, além de apresentações teatrais, gratuitamente.

Quinta Às 21 h, no Parque Santa Lucía, a Serenata Yucateca apresenta música, dança e performances teatrais da região.

Sexta Às 21 h, no pátio da Universidade de Yucatán, Calle 60 com a Calle 57, o Ballet Folklórico da Universidade de Yucatán apresenta danças regionais típicas do Yucatán.

Sábado Às 20 h, no parque, na Paseo de Montejo com a Calle 47, a Noche Mexicana apresenta música e dança mexicanas tradicionais, com estandes de artesanato e comida, que vendem fantásticos *antojitos* (petiscos), bebidas e sorvetes. Às 21 h, a Calle 60 fecha entre a Plaza Grande e a Calle 53 para o En El Corazón de Mérida, um festival com várias bandas ao vivo, acompanhadas por andarilhos de pernas-de-pau, mariachis e estandes de artesanato e comida.

Onde Ficar

Mérida dá uma trégua ao orçamento, principalmente se você estiver vindo dos resorts do Caribe. Embora o inverno seja a época mais popular, o fluxo de visitantes é mais estável do que no litoral, portanto, muitos hotéis não têm preços de alta e baixa temporadas. Os preços promocionais são mais comuns durante a baixa temporada. Grandes feiras e congressos podem lotar os hotéis, então é uma boa ideia fazer reserva. Os preços citados aqui incluem o imposto de 17% (sempre pergunte se o preço inclui impostos). A maioria dos hotéis em Mérida oferece pelo menos alguns quartos com ar-condicionado, e alguns também têm piscinas. Mas muitos lugares baratos ainda não descobriram como fornecer uma cama confortável; ou os colchões são duros, ou o lençol de baixo é pequeno demais para ficar preso ao colchão. Uma última observação: sem exceção, todo hotel em Mérida que não tem seu próprio estacionamento tem acordo com algum estacionamento próximo, permitindo que você estacione pagando uma taxa. Se conseguir encontrar uma vaga na rua, normalmente não há problema no que diz respeito a vandalismo. Alguns hotéis oferecem estacionamento gratuito, mas às vezes só é gratuito à noite, com uma cobrança durante o dia.

MUITO CARO

Hacienda Xcanatún ★★★ Este magnífico exemplo de *hacienda* iucateque transformada foi construído em meados do século XVIII nas margens de onde hoje é a atual Mérida, e mais tarde tornou-se uma das plantações de *henequén* (sisal) mais importantes da região. A restauração com madeira artesanal local, ferro forjado, mármore e pedra ressuscitou seu brilho original e um pouco mais: os *hacendados* provavelmente não tinham banheiros espaçosos com enormes banheiras com cascata esculpida em pedra, e certamente não tinham o Casa de Piedra, um dos restaurantes mais bem cotados do México na casa de máquinas. Chafarizes e riachos com pontes dão um ar gracioso aos enormes jardins que parecem uma selva. As antigas técnicas medicinais maias aplicadas no spa usam plantas e flores locais. A hacienda começou recentemente um programa de visitas culturais guiadas, privativas.

Km 12 Carretera Mérida-Progreso, Mérida, Yuc. 999/930-2140, Fax 999/941-0319. www.xcanatun.com. 18 quartos. Quarto duplo entre US$ 317 e US$ 340; suítes de luxo entre US$ 346 e US$ 382; suítes master entre US$ 382 e US$ 417. As tarifas incluem café da manhã. Pergunte sobre a promoção da Melhor Tarifa Disponível. AE, MC, V. Estacionamento gratuito. Proibido crianças menores de 12 anos sem acordo prévio. **Atrativos:** restaurante; 2 bares; concierge; jardim; privilégios de golfe no campo Jack Nicklaus, próximo ao hotel; 2 piscinas externas; programa de passeio de um dia, particular; spa; Wi-Fi nos pátios, restaurante e lobby. *No quarto*: ar-condicionado, secador de cabelo, frigobar, banheiras de hidromassagem ao ar livre (nas suítes).

Hotel Indigo Mérida Hacienda Misné ★★ A mais recente adição à seleção de hotéis hacienda da região é uma raridade: uma propriedade rural localizada na cidade de Mérida. Ela é administrada pela família que a comprou como casa de veraneio, alguns anos antes de se tornar um hotel em 2007. É uma beleza, com longas colunas de cerâmica vermelha que se estendem pelos vastos jardins repletos de lagos e fontes. A família trabalhou bastante para preservar o caráter original da hacienda, e ao mesmo tempo que criou luxuosos quartos modernos manteve o estilo tradicional do exterior. Alguns têm até piscinas no estilo jacuzzi privativas. Fica a 15 minutos de carro do centro da cidade, logo depois da saída da Calle 65 (a estrada que vai para Cancún), a cerca de meio quilômetro do *periférico*. O confuso sistema de numeração de ruas do bairro faz com que o hotel seja difícil de encontrar na primeira vez, mas depois fica fácil — sobretudo porque a Calle 6B tem uma árvore bem no meio da rua, perto da Calle 65.

Calle 19 n° 172 (com a Calle 6B), Fracc. Misné I, 97173 Mérida, Yuc. 999/940-7810. Fax 999/940-7160. www.haciendamisne.com.mx. 50 quartos. Quarto duplo US$ 240, quarto executivo US$ 273, suíte júnior US$ 316, quarto deluxe US$ 343. Visite o site para tarifas promo-

Mérida

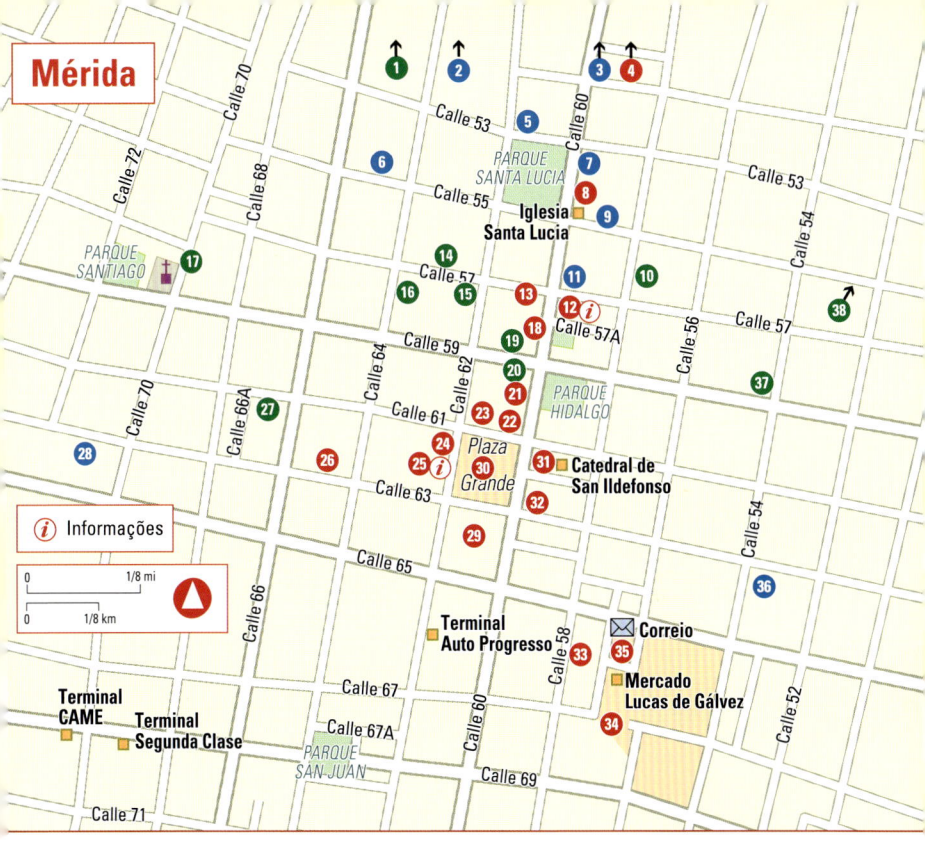

ATRAÇÕES
Bazaar de Artesanías **34**
Casa del Alguacil **23**
Casa de las Artesanías **26**
Cathedral **31**
Centro Cultural Olimpo **24**
Iglesia de Jesús **18**
Iglesia de Santa Lucía **8**
Museo de Arte
  Contemporáneo **32**
Museo de la Ciudad **35**
Palacio Cantón/Museo Regional
  de Antropología **4**
Palacio de Gobierno **22**
Palacio Montejo **29**
Palacio Municipal **25**
Plaza Mayor Grande **30**
Portal de Granos **33**
Teatro Ayala **21**
Teatro Peón Contreras **12**
Universidad de Yucatán **13**

HOSPEDAGEM
Casa Álvarez **5**
Casa del Balam **11**
Casa Santiago **28**
Fiesta Americana Mérida **3**
Hotel Dolores Alba **36**
Hotel Maison Lafitte **7**
Hotel Marionetas **2**
Hotel MedioMundo **6**
Luz en Yucatán **9**

Refeições
Alberto's Continental **16**
Amaro **19**
Café Alameda **10**
Casa de Frida **27**
Eladio's **37**
El Portico del Peregrino **14**
La Chaya Maya **15**
La Flor de Santiago **17**
Restaurante Kantún **1**
Restaurante Los Almendros **38**
Vito Corleone **20**

cionais. AE, DC, DISC, MC, V. Estacionamento gratuito. **Atrativos:** restaurante; bar; concierge; biblioteca; 2 piscinas externas; serviço de quarto; spa. *No quarto:* ar-condicionado, TV, tocadores de CD e de MP3, secador de cabelo, Wi-Fi.

CARO

Casa del Balam ★★★ 🅾️ Eu poderia perfeitamente passar todas as minhas noites em Mérida, nesta antiga mansão colonial transformada em hotel em 1968. Mesmo com uma cama king size e móveis em madeira maciça, as suítes nos quartos originais dos proprietários têm espaço suficiente para se fazer piruetas. Meu favorito tem vista para a Calle 60, com portas de cedro pesadas que se abrem para a rua e janelas com vista para a exuberante sala de jantar a céu aberto, onde vez ou outra notas de piano pairam no ar. Esses quartos parecem mais pertencer a uma mansão colonial do que a um hotel, mas com o conforto adicional de um ar-condicionado e janelas com vidros duplos. Os quartos standard no novo anexo são mais modestos, mas extremamente confortáveis, com piso de cerâmica e cabeceira de ferro forjado, fazendo jus ao ambiente colonial. A praça fica a apenas dois quarteirões de distância e os funcionários o tratam como o sobrinho preferido.

Calle 60 nº 488 com a Calle 57, 97000 Mérida, Yuc. 📞 **999/924-8844**. www.casadelbalam.com. 51 quartos. Quarto duplo US$ 85, quarto de lua de mel entre US$ 95 e US$ 146, suítes master entre US$ 110 e US$ 187. AE, DISC, MC, V. Estacionamento gratuito. **Atrativos:** restaurante; bar; serviço de babá; concierge; acesso ao clube de golfe; piscina externa; serviço de quarto; serviços de spa; Wi-Fi. *No quarto:* ar-condicionado, TV, secador de cabelo, frigobar.

Fiesta Americana Mérida Este hotel de seis andares na Paseo de Montejo, construído no estilo *fin-de-siècle* das antigas mansões ao longo da avenida, é a grande estrela das cadeias de hotéis de luxo de Mérida. Os quartos em torno do arrojado lobby são voltados para fora e têm vista para uma das avenidas. São amplos e confortáveis, com móveis modernos e discretos, e decoração em cores claras e tropicais. O piso é de cerâmica e os banheiros são amplos e bem-equipados. Exceto pelo barulho dos ares-condicionados na área da piscina, as áreas comuns são excelentes, desde o teto de vidro colorido do lobby, até o luxuoso spa e o shopping center do térreo. O hotel foi construído com materiais locais e tem ao menos um toque do estilo mexicano. Prefiro este hotel ao monótono Hyatt, do outro lado da rua — o atendimento também é mais atencioso.

Av. Colón 451, esquina com a Paseo Montejo, 92127 Mérida, Yuc. 📞 **999/942-1111**. Fax 999/942-1112. www.fiestaamericana.com.mx. 350 quartos. Quarto duplo entre US$ 120 e US$ 135; quarto do piso executivo US$ 163; suíte júnior US$ 227. AE, DC, MC, V. Estacionamento seguro e gratuito. **Atrativos:** 2 restaurantes; bar; serviço de babá; programas infantis; concierge; quartos em andar executivo; academia com saunas secas e a vapor masculina; banheira de hidromassagem unissex; piscina externa de tamanho médio; serviço de quarto; quadra de tênis. *No quarto:* ar-condicionado, TV com filmes pagos, secador de cabelo, internet, frigobar.

Hotel Marionetas ★ Esta tranquila e charmosa pousada, seis quarteirões ao norte da praça principal, tem um ar reconfortante. Sofi (macedônia) e Daniel (argentino) são pessoas simpáticas e interessantes e gerentes atentos que criaram um espaço adorável, com áreas comuns na frente, quartos na parte de trás e um exuberante jardim e área de piscina no meio. Cada quarto é diferente, mas todos têm o piso de cerâmica artesanal, ousadia na medida certa no uso de cores fortes, e grandes janelas e portas em estilo colonial.

Calle 49 nº 516 (entre as Calles 62 e 64), 97000 Mérida, Yuc. 📞 **999/928-3377**. www.hotelmarionetas.com. 8 quartos. Quarto duplo entre US$ 100 e US$ 120, suíte entre US$ 130 e US$ 170. As tarifas incluem café da manhã completo. Estadia mínima de 2 noites. MC, V. Estacionamento seguro e gratuito para carros compactos. Proibido crianças menores de 10 anos. **Atrativos:** piscina externa pequena; quartos para não fumantes. *No quarto:* ar-condicionado, TV, refrigerador, secador de cabelo, Wi-Fi.

MODERADO

Casa Santiago ★★★ ✦ Esta pousada, com quatro quartos recentemente reformados de frente para o amplo corredor central de uma linda casa, é uma delícia. Com seu sociável gerente, Vince, que mora no local, oferece uma combinação ideal de conforto e privacidade, um toque tradicional e estilo moderno. A Casa Santiago faz parte de um complexo que inclui a Casa Feliz, com dois quartos amplos recém-restaurados, que são disponibilizados individualmente quando a casa inteira não está alugada, e a Casa Navidad, com mais um quarto. Cada quarto tem um tema próprio, e os hóspedes de uma casa podem utilizar qualquer piscina ou jardim. Todos os andares têm piso de cerâmica em mosaico (feito em Mérida há séculos, com uma tecnologia trazida da Espanha), móveis artesanais, e alguns dos colchões mais confortáveis do México ou de qualquer outro lugar. O bairro de Parque Santiago fica a cinco quarteirões da praça principal. Os hóspedes podem usufruir da cozinha impecável e moderna da casa.

Calle 63 nº 562 (entre as Calles 70 e 72) 97000 Mérida, Yuc. ☎ **990/162-9528.** www.casasantiago.net. 7 quartos. Quarto duplo entre US$ 59 e US$ 125. As tarifas incluem café da manhã completo. Não aceita cartões de crédito (depósitos através do Paypal). Estacionamento gratuito limitado. Proibido crianças menores de 14 anos. **Atrativos:** 2 piscinas externas; cozinha comunitária; telefone para chamadas locais. *No quarto:* ar-condicionado, Wi-Fi.

Hotel Maison Lafitte ★ Este hotel de três andares tem quartos modernos e charmosos, com bom ar-condicionado e toques tropicais, como claraboias de madeira e móveis claros com encostos e assentos de ratan. Os quartos vão de médios a grandes, com banheiros de médio porte que têm excelentes chuveiros e uma boa iluminação. A maioria possui duas camas de casal ou uma cama king size. Os quartos são tranquilos e têm vista para um pequeno e belo jardim com uma fonte, embora alguns não tenham janelas. A localização é excelente.

Calle 60 nº 472 (entre as Calles 53 e 55), 97000 Mérida, Yuc. ☎ **999/928-1243.** Fax 999/923-9159. www.maisonlafitte.com.mx. 30 quartos. Quarto duplo $896. As tarifas incluem café da manhã completo. AE, MC, V. Estacionamento seguro, gratuito e limitado para carros compactos. **Atrativos:** restaurante; bar; piscina externa pequena; serviço de quarto. *No quarto:* ar-condicionado, TV, secador de cabelo, frigobar, Wi-Fi.

Hotel Medio Mundo ★ 🐾 Cores brilhantes e jardins exuberantes diferenciam este tranquilo e amplo hotel bem localizado a três quarteirões da praça principal. Os quartos, simples e bonitos, têm pisos de cerâmica originais. Os proprietários, Nicole e Nelson, que também falam inglês, investiram nos artigos certos, escolhendo colchões com pillow-top, boa iluminação, ar-condicionado silencioso, muito espaço e banheiros com duchas fortes. Não investiram em TVs, o que aumenta a serenidade do ambiente. Os oito quartos com ar-condicionado custam US$ 10 a mais, mas todas as unidades têm janelas com boas telas e boa ventilação. O café da manhã é servido em um dos dois charmosos jardins.

Calle 55 nº 533 (entre as Calles 64 e 66), 97000 Mérida, Yuc. ☎/fax **999/924-5472.** www.hotelmediomundo.com. 12 quartos. Quarto duplo entre US$ 75 e US$ 90. MC, V. Estacionamento limitado na rua. Proibido crianças menores de 8 anos. **Atrativos:** piscina externa pequena; quartos para não fumantes; Wi-Fi em áreas públicas. *No quarto:* ar-condicionado (em alguns), não tem telefone.

Luz en Yucatán ★★★ 🐾 ✦ Atrás de um enganoso muro simples, ao lado da Igreja Santa Lucía, esta pousada oferece uma variedade estonteante de quartos, suítes, estúdios e apartamentos no prédio principal (há rumores de que tenha sido o convento da Santa Lucía) e escondidos no jardim em volta da piscina. Cada quarto é diferente, cuidadosamente decorado com artesanato mexicano, e é repleto de cantos e recantos para receber visitas ou para descansar. Uma grande cozinha e sala de jantar, com uma bela mesa de madeira para 12 pessoas, está disponível para

haciendas e HOTÉIS

Durante o período colonial, as **haciendas** de Yucatán eram feudos isolados e autossuficientes. A maioria produzia alimentos — o suficiente para as necessidades dos proprietários e camponeses, e um pouco mais que os proprietários vendiam barato na cidade. Os proprietários, embora por vezes fossem poderosos politicamente, não eram ricos.

Isso mudou no século XIX, quando a expansão do mercado mundial criou uma demanda alta de *henequén* — mais conhecido no Brasil como sisal — uma fibra de agave que era usada para fazer forragens. As haciendas passaram a produzir *henequén* em massa, e os proprietários enriqueceram enquanto os preços e os lucros continuavam a subir até o fim do século XIX e começo do século XX. Depois veio a falência. Ao longo da década de 1920, os preços e a demanda caíram, e nenhuma outra mercadoria conseguiu substituir o sisal. As haciendas entraram em um longo declínio, mas o cultivo e processamento de *henequén* já haviam se tornado parte da cultura local.

Visitar uma hacienda é uma maneira de ver e entender como foi a era de ouro. A **Sotuta de Peón** (pág. 271) foi remodelada e ainda funciona basicamente como antigamente — um museu vivo que envolve toda uma comunidade. Em outra, a **Yaxcopoil** (pág. 279), você pode passear pelo que restou de uma propriedade que já foi muito próspera, e curtir um pouco do seu esplendor.

Hoje, uma nova espécie de "boom" trouxe as haciendas de volta, desta vez como hotéis, retiros e casas de campo. Os hotéis carregam um ar do passado — as extravagantes suítes e serviços personalizados realmente fazem com que o hóspede se sinta como senhor e mestre. O que acho mais impressionante quando visito as haciendas é o contraste entre o ambiente interno e o mundo do lado de fora. São pequenas ilhas de ordem e tranquilidade no meio de um mundo caótico.

Seis dos hotéis hacienda da região são luxo puro. O mais opulento é o **La Hacienda Xcanatún** ★★★ (pág. 254) nos arredores de Mérida, próximo a autoestrada que leva a Progreso.

hóspedes dos quartos sem cozinha. As camas estão entre as melhores de Yucatán. O gerente amigável e bem informado, que mora no local, faz questão de acolher os hóspedes sob suas asas. Ah, isso sem mencionar o carrinho gratuito de bar.

Calle 55 n° 499 (entre as Calles 60 e 58) 97000 Mérida, Yuc. ✆/fax **999/924-0035.** www.luzenyucatan.com. 15 quartos. Quarto duplo entre US$ 50 e US$ 75, estúdio entre US$ 60 e US$ 70, apartamento entre US$ 70 e US$ 90; descontos semanais e mensais. Não aceita cartões de crédito. Estacionamento com desconto em lugar seguro a US$ 5 por dia. **Atrativos:** piscina externa; cozinha e sala de jantar comunitárias; Wi-Fi. *No quarto:* ar-condicionado, refrigerador.

BARATO

Casa Alvarez Guest House ★ 🧳 ☺ Muitos hóspedes vêm para esta pousada, a quatro quarteirões da praça, para estadias prolongadas com os gentis e hospitaleiros Enrique e Miriam Álvarez. Cada quarto espaçoso é diferente, todos com cores suaves mas vívidas, e uma variedade de cabeceiras de madeira, ferro e pintadas. Os quartos maiores têm ar-condicionado e têm preços mais elevados. A grande cozinha com copa, onde os hóspedes podem preparar suas próprias refeições, é abastecida com café, chá, especiarias e, às vezes, itens de café da manhã, tornando-se, invariavelmente, um centro social. Os donos fazem de tudo para agradar as crianças.

Calle 62 n° 448, com a Calle 53, 97000 Mérida, Yuc. ✆ **999/924-3060.** www.casaalvarezguesthouse.com. 8 quartos. De $400 a $550. Não aceita cartões de crédito. Estacionamento gratuito. **Atrativos:** cozinha para uso dos hóspedes; Wi-Fi nas áreas públicas e em alguns quartos.

Outros quatro hotéis de luxo pertencem a Roberto Hernández, um dos homens mais ricos do México, e são afiliados à Starwood Hotels (www.luxurycollection.com). O proprietário fez um enorme esforço para restaurar as condições originais de todas as quatro haciendas, e elas ficaram muito bonitas. **Temozón** (pág. 261), saindo da autoestrada que leva a Uxmal, é o mais magnífico. **Uayamón** ★★★, localizado entre a cidade colonial de Campeche e as ruínas de Edzná, é talvez o mais romântico, com sua fachada mantida em estado de "decadência preservada". A **Hacienda San José Cholul** ★ fica a leste de Mérida, em direção a Izamal, enquanto a pitoresca **Santa Rosa** fica a sudoeste de Mérida, perto da cidade de Maxcanú. Há pacotes de hospedagem em mais de uma dessas haciendas. Todas oferecem serviços personalizados, atividades e spas.

O mais novo hotel de luxo, o **Hacienda Misné** ★★ (pág. 256), fica dentro dos limites da cidade de Mérida e é administrado pela família que a usava como casa de veraneio.

Várias haciendas oferecem hospedagem mais acessível. Entre Mérida e Campeche, saindo da autoestrada, a **Hacienda Blanca Flor** (📞 999/925-8042; www.blancaflor.com.mx) é o único hotel convertido que ainda funciona como uma hacienda, produzindo a maior parte da comida servida lá. Na periferia oeste de Mérida, na autoestrada para Cancún, fica o **Hacienda San Pedro Nohpat** (📞 999/988-0542; www.haciendaholidays.com). A área do hotel é apenas o terreno que circunda a residência, mas os quartos grandes e confortáveis, o bonito jardim e área de piscina são uma pechincha.

Duas outras haciendas podem ser alugadas por pequenos grupos, para retiros e férias: **Hacienda Petac** (www.haciendapetac.com) e **Hacienda San Antonio** (📞 999/910-6144; www.haciendasanantonio.com.mx). Ambas têm belos quartos, áreas comuns e jardins.

Hotel Dolores Alba 🍴 Quartos alegres e confortáveis são um alívio para a rua movimentada e não exatamente agradável a três quarteirões e meio da praça principal. É ótimo pela convidativa piscina, pelo bom ar-condicionado e pelo estacionamento gratuito. A nova ala de três andares (com elevador) em volta do pátio oferece quartos espaçosos, mais elegantes e com banheiros grandes. As camas (duas de casal ou uma casal e uma de solteiro) têm bons colchões, normalmente uma combinação de um médio-duro e um médio-macio. Todos os quartos têm janelas ou varandas com vista para a piscina. Uma mangueira antiga faz sombra no pátio da frente. Os quartos mais antigos nesta ala são decorados com artesanato local e têm banheiros pequenos. A família proprietária do hotel Dolores Alba, perto de Chichén Itzá, administra este hotel; você pode ligar para qualquer um deles para reservas.

Calle 63 n° 464 (entre as Calles 52 e 54), 97000 Mérida, Yuc. 📞 **999/928-5650**. Fax 999/928-3163. www.doloresalba.com. 100 quartos. Quarto duplo $475. Pacotes de internet disponíveis. MC, V (com taxa de 8%). Estacionamento vigiado e gratuito. **Atrativos:** restaurante; bar; piscina externa; serviço de quarto. *No quarto:* ar-condicionado, TV.

Onde Ficar Fora de Mérida

Hacienda Temozón ★★★ Esta magnífica fazenda do século XVII ocupa uma área com 37 ha de jardins subtropicais e cenotes, a 39 km de Mérida. Construída em 1655 por Don Diego de Mendoza, Temozón foi a fazenda de gado mais produtiva da região no início do século XVIII, sendo ainda a maior produtora de sisal no fim do século XIX. Meticulosamente restaurada em 1997, agora é de propriedade da Starwood, que emprega trabalhadores locais e utiliza produtos orgânicos de fazendas vizinhas em seu restaurante. Os espaçosos quartos em estilo colonial espanhol têm pé direito de 5,5 m com vigas expostas, ventiladores, espessas paredes caiadas, pisos e banheiras em cerâmica espanhola, redes posicionadas para receber a brisa natural, móveis tropicais de madeira de lei e camas grandes e macias, com lençóis brancos enfeitados diariamente com flores frescas. As suítes têm banheiras, terraços privativos e piscinas. A suíte Casa del Patrón já acomodou muitos chefes de estado internacionais.

Km 182 Carretera Mérida-Uxmal, 97825 Temozón Sur, Yuc. ✆ **888-628-8144** ou 999/923-8089. www.haciendasmexico.com/temozon. Fax 999/923-7963. 28 quartos. Quarto duplo US$ 325; suíte júnior US$ 405; suíte deluxe US$ 480. AE, MC, V. **Atrativos:** restaurante; transfer gratuito do aeroporto; bicicletas; passeios a cavalo; concierge; academia; piscina externa; serviço de quarto; quartos para não fumantes; spa; quadra de tênis externa. *No quarto:* ar-condicionado, ventilador, CD e MP3, internet.

Onde Comer

O povo de Mérida tem ideias e tradições fortes quanto à comida. Determinados pratos são sempre associados a um dia da semana. Nos domicílios por toda a cidade, o domingo ficaria incompleto sem *puchero* (um tipo de ensopado). Na segunda-feira, em qualquer restaurante que atenda a população local, você certamente encontrará *frijol con puerco* (carne de porco com feijão). Da mesma forma, você encontrará *potaje* (potage) na quinta-feira; peixes, é claro, na sexta-feira; e *chocolomo* (um prato de carne) no sábado. Estes pratos são pesados e de digestão lenta; são para refeições diurnas e não são adequados para o jantar. Além do mais, os meridanos acham que frutos do mar não são uma refeição saudável para o jantar. Restaurantes de frutos do mar em Mérida fecham por volta das 18 h, a não ser que atendam aos turistas. A comida de jantar preferida é peru, que é melhor servido no tradicional *antojitos* —*salbutes* (rodelas pequena e finas de *masa* frita e coberta com carne, cebola, tomate e alface) e *panuchos* (*salbutes* com a adição de pasta de feijão) —, e sopa de peru.

Mérida também tem um número considerável de restaurantes do Oriente Médio. Um grande fluxo de imigrantes libaneses por volta de 1900 influenciou fortemente a sociedade local; o kibe é o equivalente meridano da nossa pizza. E por falar em pizza, se quiser levar uma para viagem, para comer no quarto do hotel, experimente o **Vito Corleone**, na Calle 59, entre as Calles 60 e 62. Suas pizzas têm massa fina com um leve gosto defumado do forno a lenha.

O centro de Mérida é bem servido de restaurantes com preços acessíveis e intermediários, mas os melhores restaurantes requintados ficam em bairros periféricos. Para algo especial, recomendo um jantar no **Hacienda Xcanatún** (pág. 256), cujo chef treinado na França se supera na fusão de pratos franceses, caribenhos e iucatecas.

Cochinita pibil (carne de porco feita em churrasqueira), uma especialidade iucateque.

CARO

Alberto's Continental ★ LIBANÊS/IUCATEQUE Não há nada como jantar aqui à noite, em um ambiente suavemente iluminado ou no maravilhoso pátio antigo, cercado de arcos mouriscos. Elegantes pisos em cerâmica com padrão *mudéjar*, móveis simples e uma fonte borbulhante proporcionam um clima romântico, embora os preços sejam elevados. Para jantar, escolha um "sampler" com quatro itens tipicamente libaneses ou especialidades iucateques tradicionais, como o *pollo pibil* ou o peixe Celestún (robalo recheado com camarão), e termine com um café turco.

Calle 64 n° 482 (com a Calle 57). ✆ **999/928-5367.** É recomendável fazer reserva. Pratos principais entre $80 e $220. AE, MC, V. Aberto diariamente das 13 h às 23 h.

Casa de Frida ★★ MEXICANO Se deseja provar a clássica comida mexicana, experimente este lugar. Serve versões frescas e saudáveis de alguns dos pratos mais conhecidos do México, como *mole poblano* e *chiles en nogada*. O *mole* estava bom da última vez que estive lá, assim como o interessante *flan de berenjena* (uma espécie de timbale de berenjela). Este é um lugar confortável e simples, com parede rosa fúcsia e detalhes em tons azul-pavão, a la Frida. A variedade do cardápio atende a qualquer paladar.

Calle 61 n° 526 (com a Calle 66). ✆ **999/928-2311.** É recomendável fazer reserva. Pratos principais entre $100 e $130. Não aceita cartões de crédito. De segunda a sexta, das 18 h às 22 h; sábado do meio-dia às 17 h e das 18 h às 22 h; domingo do meio-dia às 17 h.

El Pórtico del Peregrino 🍴 INTERNACIONAL Na primeira vez que comi aqui, há dez anos, delirei com o *berenjenas al horno*, camadas de berinjela, frango e queijo assado ao molho de tomate — uma espécie de híbrido de lasanha e moussaka, que parece personificar as influências italiana e libanesa de Mérida. Mantenho a minha recomendação para este despretensioso prato principal; o pátio pequeno, coberto por parreiras, é uma das áreas de jantar mais encantadoras de Mérida. Os pratos mais caros de carne e peixe, no entanto — e até mesmo as especialidades tradicionais — já não parecem ter mais o espírito que passei a esperar em Yucatán.

Calle 57 n° 501 (entre as calles 60 e 62). ✆ **999/928-6163.** Pratos principais entre $70 e $175. AE, MC, V. Aberto diariamente do meio-dia à meia-noite.

MODERADO

Amaro VEGETARIANO/IUCATEQUE Este tranquilo restaurante com pátio, que abre espaço em suas paredes para a arte local, oferece alguns pratos vegetarianos interessantes, como o *crema de calabacitas* (creme de sopa de abobrinha), salada de maçã e pizza de abacate. Também oferece alguns pratos de peixe e frango; aconselho que experimente o frango iucateque. A *agua de chaya* (chaya é um legume folhoso parecido com o espinafre, comum na dieta maia) é refrescante em uma tarde quente. Todas as sobremesas são feitas na casa.

Calle 59 n° 507 Interior 6 (entre as Calles 60 e 62). ✆ **999/928-2451.** Pratos principais entre $50 e $90. MC, V. Aberto diariamente das 11 h às 2 h.

El Príncipe Tutul Xiu ★★ 🍴 IUCATEQUE As autênticas especialidades iucateques de seu limitado cardápio são servidas aqui em um ambiente de vila iucateque por funcionários em trajes maias tradicionais. O proprietário do restaurante original, na cidade de Maní, abriu este local em resposta à constante pressão dos meridanos. Este é um ótimo lugar para experimentar a famosa *sopa de lima* e um dos seis pratos principais típicos, como o *pavo escabeche*, servido com tortillas artesanais grandes. A carne é feita em uma churrasqueira de carvão. As águas aromatizadas, como *horchata* ou *tamarindo*, são especialmente boas aqui. É uma curta viagem de táxi do centro, e para voltar você pode pegar um ônibus local que passa pelo restaurante.

Calle 123 n° 216 (entre as calles 46 e 46b), Colonia Serapio Rendón, ☏ **999/929-7721**. Não aceita reservas. Pratos principais a $58. MC, V. Aberto diariamente das 11 h às 19 h.

La Chaya Maya ★★ IUCATEQUE Mulheres em trajes maias tradicionais espalham as tortillas na grelha no meio da sala de jantar deste restaurante impecável e confortável, dedicado à culinária iucateque feita com ingredientes ultra- frescos. Não consigo nem pensar em pular o creme de *chaya* (um legume, parecido com espinafre, que sustentou os maias através dos séculos). Este é o lugar para se encontrar pratos tradicionais que raramente agraciam cardápios de restaurantes, como o *mucbil pollo* (caçarola de tamale de frango), tradicionalmente servido no Dia de Finados, e o *sikil p'aak*, uma pasta de sementes de abobrinha, tomates e chiles, servido com batatinhas de cortesia. Os funcionários profissionais e simpáticos também se saem melhor com grupos grandes do que a maioria.

Calle 57 n° 481 (com a Calle 62). ☏ **999/928-4780**. Pratos principais entre $60 e $90. Pagamento somente em dinheiro. Aberto diariamente das 7 h às 23 h.

Restaurante Kantún ★★ FRUTOS DO MAR Este modesto restaurante serve os frutos do mar mais frescos, a preços incrivelmente baixos. O chef e proprietário está sempre no local cuidando dos detalhes. O menu inclui ceviche e coquetéis de frutos do mar excelentes, e peixe feito na hora com temperos e molhos delicados, incluindo especialidades como o *especial Kantún*, levemente empanado e recheado com lagosta, caranguejo e camarão. O salão é climatizado, os móveis são confortáveis e o atendimento é cortês.

Calle 45 n° 525-G (entre as Calles 64 e 66). ☏ **999/923-4493**. É recomendável fazer reserva. Pratos principais entre $60 e $120. MC, V. Aberto diariamente do meio-dia às 20 h (às vezes fecha às segundas).

Restaurante Los Almendros IUCATEQUE Como o primeiro lugar a oferecer a turistas especialidades iucateques, como *salbutes*, *panuchos* e *papadzules*, *cochinta pibil* e *poc chuc*, este lugar é um marco. Isso não significa que faça o melhor desses pratos, mas a comida é boa e de confiança — e as fotografias no menu facilitam a vida de quem quer experimentar a comida iucateque pela primeira vez. Fica cinco quarteirões ao leste da Calle 60, em frente ao Parque de la Mejorada. A nova filial do Fiesta Americana oferece um ambiente menos tradicional porém mais inspirador, e o atendimento é melhor.

Calle 50A n° 493. ☏ **999/928-5459**. Recomenda-se fazer reservas aos domingos. Pratos principais entre $60 e $90. AE, MC, V. Aberto diariamente das 10 h às 23 h.

BARATO

Café Alameda ORIENTE MÉDIO/VEGETARIANO O ambiente aqui é simples e informal (mesas metálicas, cadeiras de plástico), e é um bom lugar para fazer uma refeição leve. O difícil é conseguir desvendar o nome em espanhol dos famosos pratos do Oriente Médio. Kibe é *quebbe bola* (e não *quebbe cruda*), hummus é *garbanza* e shish kabob é *alambre*. Deixo para você descobrir o nome da torta de espinafre (que é excelente). O Café Alameda é uma festa para os vegetarianos, e as mesas com guarda-sol no pátio são perfeitas para um cafezinho e *mamules* (bolinhos recheados com nozes) pela manhã.

Calle 58 n° 474 (entre as Calles 55 e 57). ☏ **999/928-3635**. Pratos principais entre $22 e $58. Não aceita cartões de crédito. Aberto diariamente das 8 h às 17 h.

Eladio's ★ IUCATEQUE Os moradores frequentam este restaurante ao ar livre desde 1952, para relaxar, beber cerveja estupidamente gelada e beliscar uns petiscos de especialidade iucateque. Agora há cinco desses restaurantes espalhados pela cidade; este é o mais próximo do centro histórico. Você pode pedir uma cerveja e apreciar *una botana* (um tira-gosto — neste caso, normalmente um prato iucateque), ou pedir algo do cardápio. *Cochinita, poc chuc* e *relleno negro* (peru temperado com chiles queimados) são todos bons. Há música ao vivo com frequência. O restaurante fica três quarteirões a leste do Parque de la Mejorada.

Calle 59 (na Calle 44). ✆ **999/923-1087.** Pratos principais entre $40 e $85 . AE, MC, V. Aberto diariamente do meio-dia às 21 h.

La Flor de Santiago IUCATEQUE Este é um ambiente envolvente com uma clientela fiel. A área de jantar é clássica — ventiladores girando sob um teto alto, móveis de madeira escura, uma parede revestida por um balcão contendo as delícias frescas feitas no forno a lenha. O atendimento, apesar de amigável, pode ser normalmente lento também. É especialmente popular no café da manhã, mas gosto de parar para comer uma de suas especialidades iucateques, a caminho da festa semanal do Parque Santiago, com grandes bandas, do outro lado da rua.

Calle 70 n° 478 (entre as Calles 57 e 59). ✆ **999/928-5591.** *Comida corrida* $40; pratos principais entre $40 e $75. Não aceita cartões de crédito. Aberto diariamente das 7 h às 23 h.

Explorando Mérida

Dá para ir andando do centro para a maioria das atrações de Mérida. Uma maneira fácil de conhecer mais a cidade é no popular **Carnavalito City Tour Bus**, um ônibus turístico aberto. Sai do Parque Santa Lucía (Calle 60 com a 55) às 10 h, 13 h, 16 h e 19 h (não há passeio às 19 h aos domingos). O passeio com guia custa $75 por pessoa e dura duas horas. Uma empresa nacional, a **Turibus** (www.turibus.com.mx), opera modernos ônibus vermelhos de dois andares, que fornecem fones de ouvido com áudio gravado em seis línguas diferentes. Você pode fazer o circuito completo em menos de duas horas ou descer em qualquer parada para explorar à vontade, e pegar o próximo ônibus para continuar. Pegue-os na frente da catedral ou em qualquer parada programada, a cada meia hora. O passeio custa $100. Outra opção de passeio é a *calesa* (carruagem puxada por cavalos), melhor à noite ou em uma manhã de domingo, quando o tráfego está livre. Um passeio de 45 minutos pelo centro de Mérida custa $250. Você normalmente encontra *calesas* ao lado da catedral, na Calle 61.

PLAZA GRANDE ★★★ O centro de Mérida tem um ar informal e relaxado. Faltam aos prédios as características barrocas e neoclássicas sisudas, típicas do centro do México; a maioria tem reboco de estuque e pintura em cores discretas. Os vários jardins de Mérida ajudam a criar a lânguida atmosfera tropical. Ao invés de tentar controlar a natureza, os jardineiros buscam a exuberância natural, permitindo que as plantas cresçam em profusão selvagem. As praças da cidade são uma versão ligeiramente diferente dessa estética: em contrapartida às praças dos planaltos, com árvores cuidadosamente esculpidas, as praças de Mérida são normalmente construídas em volta de árvores de grande porte, que são deixadas livres para crescer à vontade.

Ponto de partida natural para explorar Mérida, a praça é um local confortável e informal para se reunir com os amigos. Mesmo quando não há eventos programados, o parque fica cheio de gente passeando ou sentada em bancos e conversando. Apesar do tamanho de Mérida, a praça dá um toque pessoal e um certo senso de comunidade. Os prédios mais antigos de Mérida, belos em sua escala e composição, cercam a praça.

O mais proeminente, a **catedral** no estilo fortaleza — que foi de fato projetada para uma fortaleza e um local de culto — é o mais antigo do continente, construído entre 1561 e 1598. Boa parte das pedras de suas paredes veio dos

A catedral estilo fortaleza de Mérida.

prédios em ruínas da cidade maia de T'hó (às vezes Tiho). O acabamento original era de estuque, e você ainda pode ver alguns resquícios presos à rocha exposta. Os dois andares mais altos das torres dos sinos foram construídos fora do centro de suas bases, o que revela que foram ampliações posteriores. No interior, a decoração é esparsa, toda em pedra branca e lisa, com uma notável ausência de adornos em ouro, típicos de muitas catedrais do México. O item mais notável é um quadro de Ah Kukum Tutul Xiú, chefe do povo Xiú, visitando Montejo para fazer as pazes; fica pendurado sobre a porta lateral do lado direito.

À esquerda do altar-mor fica um pequeno santuário com uma curiosa figura de Cristo, uma réplica de uma figura que foi recuperada de uma igreja incendiada na cidade de Ichmul. No século XVI, um artista local esculpia a figura original em uma árvore milagrosa que foi atingida por um raio e ardeu em chamas, mas não ficou carbonizada. A estátua, mais tarde, acabou cheia de bolhas por causa do incêndio da igreja de Ichmul, mas sobreviveu. Em 1645 foi transferida para Mérida, onde os habitantes locais passaram a crer que a estátua possuía grandes poderes, dando-lhe o nome de *Cristo de las Ampollas* (Cristo das Bolhas). Não conseguiu, no entanto, sobreviver ao saque das forças revolucionárias à catedral, em 1915; com isso, uma nova estátua foi modelada baseando-se na original. Visite a capela lateral (diariamente das 8 h às 11 h e 16 h às 19 h), que contém um diorama em tamanho natural da Última Ceia. O Jesus mexicano fica coberto por cruzes de oração, trazidas por fiéis pedindo intercessão.

Ao lado da catedral fica o antigo palácio do bispo, agora convertido no museu de arte contemporânea da cidade, **Museo de Arte Contemporáneo Ateneo de Yucatán ★** (© **999/928-3258**; www.macay.org), ou MACAY. O palácio foi confiscado e reconstruído durante a Revolução Mexicana em 1915. A entrada do museu fica de frente para a catedral, pela calçada reconstruída entre os dois prédios, chamada Pasaje de la Revolución. As 17 salas de exibição mostram trabalhos de artistas contemporâneos, a maioria de Yucatán (os mais conhecidos são Fernando García Ponce e Fernando Castro Pacheco, cujas obras também ficam no Palácio do Governo descrito abaixo). Nove salas abrigam a coleção permanente do museu; o resto é para exposições temporárias. Abre de quarta a segunda, das 10 h às 18 h, e até as 20 h sextas e sábados. A entrada é gratuita.

Ao seguir pela praça em sentido horário, o **Palacio Montejo** fica no lado sul. A decoração elaborada e pesada em volta da porta e das janelas é esculpida em estilo arquitetônico plateresco espanhol, mas o conteúdo é basicamente uma criação do Novo Mundo. Conquistar o Yucatán era o negócio da família Montejo, iniciado pelo primeiro Francisco Montejo e continuado por seu filho e seu sobrinho, ambos também chamados Francisco Montejo. Francisco Montejo El Mozo ("O Moço") começou a construção da casa em 1542. Delimitando a entrada, figuras de conquistadores pisando sobre as cabeças dos índios derrotados — um costume possivelmente emprestado do hábito pré-colombiano de retratar reis maias vitoriosos pisando em seus inimigos derrotados. A postura quixotesca e as expressões um tanto caricaturadas dos conquistadores lhes dá um ar menos imponente do que os Montejos certamente tinham em mente. Um banco agora ocupa o prédio, mas é possível entrar para conhecê-lo, visitar o jardim e imaginar como era o lar para os Montejos e seus descendentes, que viveram aqui até muito recentemente, na década de 1970 (a sociedade de Mérida ainda acompanha a vida dos descendentes dos Montejo, assim como dos descendentes do último rei maia, Tutul Xiú).

Em contraste com a severidade da catedral e da Casa Montejo, existe o menos imponente **Ayuntamiento** ou **Palacio Municipal**. O exterior é de meados do século XIX, uma época em que uma estética tropical, tingida com romantismo, começou a se firmar em toda a costa da América Latina. No segundo andar, você pode ver o salão de reuniões do conselho municipal e apreciar a vista da praça pela varanda. Ao lado do Ayuntamiento fica o recém-terminado **Centro Cultural de Mérida Olimpo**. Ele segue as linhas do edifício histórico que substituiu, mas por dentro é um espaço amplo e moderno que abriga exposições de arte, filmes e palestras. Abriga o **Arcadio Poveda Ricalde Planetarium** no andar de baixo e também dispõe de um espaço para concertos e exposições de arte, uma livraria e um pátio. Há um café muito confortável sob os arcos.

Na diagonal do Olimpo fica a antiga **Casa del Alguacil** (**Casa dos Magistrados**). Embaixo dos arcos fica um verdadeiro patrimônio de Mérida: a **Dulcería y Sorbetería Colón**, uma sorveteria e doceria que atrairá aqueles que preferem sorvetes mais suaves ao paladar. Há uma porta lateral espetacular na Calle 62; do outro lado da rua fica o **Cine Mérida**, com duas telas de cinema exibindo filmes de arte, além de um palco para apresentações ao vivo. Na volta para a praça principal, depois da sorveteria, fica um **shopping center,** com butiques e lojas de conveniência, chamado **Pasaje Picheta**.

Ao fim dos arcos fica o **Palacio de Gobierno ★**, de 1892. Grandes murais do artista iucateque Fernando Castro Pacheco, concluídos entre 1971 e 1973, decoram as paredes do pátio com cenas da história

Um mural de Fernando Castro Pacheco, localizado no Palacio de Gobierno.

maia e mexicana. O quadro sobre a escadaria retrata o espírito maia, com espigas de milho sagrado, conhecidas como "raios solares dos deuses". Perto dali fica um quadro do bigodudo presidente Lázaro Cárdenas, que em 1938 expropriou 17 companhias de petróleo estrangeiras e foi saudado como libertador do México. A galeria longa e larga, no andar de cima, abriga mais quadros de Pacheco, e têm um efeito quase fotográfico de dupla exposição. O palácio abre de segunda a sábado, das 8 h às 20 h, domingo das 9 h às 17 h (e muitas vezes até mais tarde). Há um pequeno escritório de turismo à esquerda da entrada.

A poucos quarteirões da Plaza Mayor, na Calle 56, entre as 65 e 65A, o **Museo de la Ciudad** (**Museu da Cidade**) ★ se mudou para o antigo prédio grandioso dos correios. Há também uma exposição contando a história de Mérida, que inclui textos explicativos. O horário de funcionamento é de terça a sexta, das 8 h às 20 h, sábado e domingo das 8 h às 14 h. A entrada é gratuita.

CALLE 60 Seguindo ao norte da Plaza Mayor pela Calle 60, você verá muitas das antigas igrejas e praças de Mérida, assim como lojas que vendem joias de filigrana em ouro, cerâmicas, roupas e arte popular. Um passeio por esta rua leva ao Parque de Santa Ana e continua na elegante avenida Paseo de Montejo e seu **Museo Regional de Antropología**.

O **Teatro Daniel Ayala Pérez**, do lado esquerdo entre as Calles 61 e 59, às vezes oferece interessantes apresentações. No lado direito fica o pequeno Parque Cepeda Peraza, mais conhecido como **Parque Hidalgo**, em homenagem ao General Manuel Cepeda Peraza, do século XIX, que fez parte do plano original para a cidade de Montejo. Pequenos restaurantes ao ar livre em frente aos hotéis do parque transformam-no em um local popular, onde moradores, turistas e vendedores de rede param a qualquer hora do dia. Do outro lado da Calle 59 fica a **Iglesia de Jesus**, ou El Tercer Orden (A Terceira Ordem). Construída pelos jesuítas em 1618, tem o interior mais rico dentre as igrejas de Mérida, o que torna o local preferido para casamentos. Se observar cuidadosamente a parede esquerda da igreja, você verá pedras que ainda trazem inscrições maias de épocas remotas . O quarteirão inteiro onde se situa a igreja pertencia aos jesuítas, conhecidos por serem grandes educadores. A escola que deixaram para trás, ao serem expulsos, transformou-se na Universidad de Yucatán.

Do outro lado da igreja fica o **Parque de la Madre**, com uma cópia da estátua de Renoir, a *Madonna e Criança*. Depois do parque fica o **Teatro Peón Contreras**, um opulento teatro projetado pelo arquiteto italiano Enrico Deserti há um século. O teatro é conhecido pela sua escadaria de mármore de Carrara e pela cúpula de afrescos. Artistas nacionais e internacionais se apresentam aqui com frequência; entre para checar a programação de apresentações que irão ocorrer durante sua estadia. No canto sudoeste do teatro, em frente ao Parque de la Madre, fica um **escritório de informações turísticas**. Do outro lado da Calle 60 fica o prédio principal da **Universidad de Yucatán**. O *ballet folklórico* se apresenta no pátio de pedras nas noites de sexta-feira.

Um quarteirão mais ao norte, em frente à **Iglesia de Santa Lucía** (1575), fica o **Parque Santa Lucía**. Cercado por arcos nos lados norte e oeste, esta praça era o ponto onde os antigos visitantes desciam das carruagens. O parque tem um mercado de livros usados aos domingos, e oferece entretenimento popular várias noites por semana, incluindo uma apresentação de canções e poemas iucateques nas noites de quinta-feira.

Quatro quarteirões mais adiante, na Calle 60, fica o **Parque de Santa Ana;** vire à direita para chegar ao início da Paseo de Montejo, a dois quarteirões dali.

PASEO DE MONTEJO A Paseo de Montejo, uma avenida larga com três faixas, inspirada na Champs Elysées de Paris, vai de norte a sul a partir da Calle 47, sete quarteirões a norte e dois quarteirões a leste da praça principal. No fim do século XIX, a nata de Mérida (em sua maioria donos de plantações) decidiu que a cidade precisava de algo mais grandioso do que as tradicionais ruas estreitas cercadas por paredões de casas dos dois lados. Eles construíram essa avenida de proporções monumentais e a encheram de mansões. Seu progresso parou quando a indústria de *henequén* faliu, mas diversas mansões ainda estão lá — algumas residenciais, outras como escritórios, restaurantes ou consulados. Hoje em dia, esta é a parte chique da cidade, que abriga restaurantes, boates da moda e hotéis caros.

Das mansões que restaram, a mais notável é o Palacio Cantón, no estilo Beaux Arts, que abriga o **Museo Regional de Antropología** ★★ (© **999/923-0557**), o museu mais impressionante de Mérida. Foi projetada e construída por Enrico Deserti, o arquiteto do Teatro Peón Contreras, entre 1909 e 1911, durante os últimos anos do Porfiriato. Era a casa do General Francisco Cantón Rosado, que aproveitou seu palácio por apenas seis anos antes de morrer. Por um tempo, a mansão serviu como residência oficial do governador.

Uma visita ao museu evidencia a ironia de se ter um dos exemplos mais extravagantes de arquitetura residencial europeia de Mérida abrigando exposições em homenagem à antiga civilização que os europeus se esforçaram tanto para destruir. A exposição das culturas pré-colombianas abrange a história da cosmologia, história e cultura do Yucatán, com foco especial na vida cotidiana de seus habitantes. As exibições ilustram os estranhos costumes dos maias, como amarrar placas nas cabeças dos bebês para dar um formato alongado, considerado bonito, e lixar ou perfurar os dentes para inserir joias. Desenhos e fotos ampliadas de diversos sítios arqueológicos ilustram diferentes estilos de residências maias. As legendas das exposições permanentes estão, em sua maioria, em espanhol, mas é uma parada que vale a pena, mesmo que entenda pouco do idioma, pois fornecem um bom contexto para a exploração dos sítios maias. O museu abre de terça a sábado, das 8 h às 20 h, domingo das 8 h às 14 h. A entrada custa $41.

Passeios Ecológicos e de Aventura

A Península de Yucatán tem sido beneficiada por uma recente explosão de empresas que organizam passeios naturais e de aventura. Uma empresa bem estabelecida, com ótima reputação, é a **Ecoturismo Yucatán**, Calle 3 nº 235, Col. Pensiones (© **999/920-2772**; fax 999/925-9047; www.ecoyuc.com). Alfonso e Roberta Escobedo criam itinerários que atendam seus interesses especiais ou gerais em Yucatán ou sul do México. Alfonso cria passeios naturais e de aventura há mais de 12 anos. As especialidades incluem arqueologia, observação de aves, história natural e passeios de caiaque. A empresa também oferece passeios de um dia que exploram a cultura maia contemporânea e a vida em aldeias de Yucatán. Pacotes e passeios personalizados estão disponíveis.

A **Mayan Ecotours**, Calle 80 nº 561 x 13-1, Col. Pensiones 6a Etapa (© **999/987-3710**; www.mayanecotours.com), também é altamente recomendada. A jovem empresa é especializada em visitas de baixo impacto a áreas naturais intactas e pueblos que não aparecem nos mapas turísticos. Um novo passeio chamado *Mayan Life* une banhos em um cenote, tecelagem com jipijapa (folhas de palmeira usadas para fazer chapéus Panamá) da forma tradicional — em uma caverna — e aula de culinária caseira em uma vila maia. Passeios personalizados também estão disponíveis.

Compras

Mérida é conhecida pelas redes, *guayaberas* (camisas masculinas leves usadas por fora da calça) e chapéus Panamá. Cestas e cerâmicas locais são vendidas no mercado central. Mérida é também o local para se comprar *adobo* preparado, uma mistura pastosa de sementes de *achiote* (urucum), orégano, alho e outras especiarias utilizadas, como marinada para pratos como o *cochinita pibil* (carne de porco feita em churrasqueira).

Verdadeiras multidões vêm à movimentada **região do mercado** de Mérida, a poucas quadras ao sul da Plaza Grande, para fazer compras e trabalhar. É de longe a parte mais movimentada da cidade. Atrás da antiga agência dos correios (nas Calles 65 e 56, atual museu da cidade), a parte mais antiga do mercado é o **Portal de Granos** (**Portal de Grãos**), uma fileira de arcos castanhos-avermelhados, onde os comerciantes de grãos costumavam vender seus produtos. Logo a leste, entre as Calles 56 e 54, fica o prédio do mercado, **Mercado Lucas de Gálvez**. A cidade construiu um novo mercado municipal no lado sul do prédio, mas tem tido dificuldade em convencer os vendedores do mercado a se mudar. Quando conseguirem, a cidade pretende derrubar o Lucas de Gálvez e substituí-lo por uma praça. Se você conseguir lidar com o caos, poderá encontrar de tudo lá dentro, desde peixe fresco e flores, até couro e outros itens de produção local. Um mercado secundário fica na Calle 56, com o nome **Bazaar de Artesanías** (**mercado de artesanato**) em letras grandes. Outro mercado de artesanato, **Bazaar García Rejón**, fica a uma quadra a oeste do mercado principal, na Calle 65 entre as Calles 58 e 60.

Uma livraria especializada em títulos em inglês, a **Amate Books** (✆ 999/924-2222) fica na Calle 60 453-A, com a Calle 51. Possui uma grande seleção de livros e abre de terça a domingo, das 10 h 30 min às 20 h 30 min. **A Librería Dante**, Calle 59 entre as Calles 60 e 62 (✆ 999/928-3674), tem uma pequena seleção de livros em inglês sobre a história cultural do México.

ARTESANATO

Casa de las Artesanías ★ Esta loja administrada pelo estado, que ocupa a fachada de um mosteiro restaurado, vende uma grande variedade de artesanato, 90% dos quais é proveniente de Yucatán. A qualidade do trabalho é superior à de outros lugares, mas os preços também são. O pátio de trás do mosteiro é utilizado como uma galeria, com exposições rotativas de artes populares e belas artes. Abre de segunda a sábado das 10 h às 22 h, e domingo das 10 h às 14 h. Calle 63 nº 513 (entre as Calles 64 e 66). ✆ **999/928-6676**.

Miniaturas Esta divertida lojinha é repleta de miniaturas, uma forma de arte popular tradicional do México, que vem evoluindo em sátiras sociais e políticas, arte popular e humor escrachado. O proprietário coleciona estes itens artesanais de todos os cantos do México e oferece uma grande variedade de miniaturas tradicionais, desde móveis de casas de bonecas e *arboles de vida* (árvores da vida), até personagens populares de desenhos animados e cartazes de filmes antigos. O horário de funcionamento é de segunda a sábado, das 10 h às 20 h. Calle 59 nº 507A-4 (entre as Calles 60 e 62). ✆ **999/928-6503**.

Um vendedor de balões em Mérida.

> ¿ Habla Español?
>
> Estudiosos maias, professores espanhóis e arqueólogos dos Estados Unidos estão entre os alunos do **Centro de Idiomas del Sureste**, Calle 52 nº 455 (entre as Calles 49 e 51; ✆ **999/923-0954**; www.cisyucatan.com.mx). A escola tem mais duas filiais: o campus norte, na Colonia México, e o campus Poniente, na Colonia García Ginerés. Os alunos moram com famílias locais ou em hotéis; cursos de duas semanas ou mais estão disponíveis para todos os níveis de proficiência e áreas de interesse.

GUAYABERAS

Em Mérida, em vez de ficarem sufocados em ternos, empresários, banqueiros e motoristas de ônibus usam *guayabera*, uma camisa folgada com pregas estreitas, bolsos e às vezes bordados, usada por cima da calça. Mérida é conhecida como o melhor lugar para se comprar *guayabaras*, que podem custar menos de $150 no mercado ou mais de $650 em alfaiates; uma *guayabera* de linho chega a custar cerca de $800. A maioria é feita de algodão, mas há de outros tecidos também. A cor tradicional é branca.

A maioria das lojas exibe camisas prontas de diversas faixas de preços. Fabricantes de *guayabaras* disputam entre si criando versões próprias e atuais da camisa. Se quiser comprá-las, tenha em mente que quando os iucateques dizem *seda*, eles querem dizer poliéster; *lino* é linho ou uma combinação de linho/poliéster. Examine atentamente a costura e os detalhes, como a forma que as pregas se alinham sobre os bolsos; quando se trata de *guayabaras*, os detalhes fazem toda a diferença.

Guayabaras Jack O artesanato daqui é bom, o lugar tem uma reputação a manter e alguns dos vendedores também falam inglês. Os preços estão nas etiquetas. Isso lhe dará uma boa base de comparação, caso queira procurar por preços melhores em outros lugares. Se os funcionários não tiverem o estilo e a cor da camisa que procura, eles farão uma para você em cerca de três horas. Esta loja também vende camisas regulares e blusas femininas. O horário de funcionamento é de segunda a sábado, das 10 h às 20 h, domingo das 10 h às 14 h. Calles 59 nº 507A (entre as Calles 60 e 62). ✆ **999/928-6002.**

REDES

Os nativos da América tropical usavam redes muito antes de os europeus chegarem ao Novo Mundo, e elas ainda são utilizadas em toda a América Latina. Elas vêm em muitas formas, mas nenhuma é tão confortável quanto a rede iucateque, que é tecida com fio de algodão em trama fina. Embora para a maioria de nós a rede seja usada apenas para um descanso de uma hora ou duas, elas são camas para a maioria dos iucateques, que em geral evitam usar colchões. Os hotéis que atendem aos iucateques sempre dispõem de ganchos para rede, porque muitos hóspedes viajam levando as próprias redes.

Uma boa loja terá todo o prazer em pendurar uma rede para que você experimente. Veja se não há nenhum fio puxado. A parte de tecido deve ser de algodão, feito com fio fino, e as cordas devem ser tão numerosas que quando você se deitar esticando-a na diagonal (a maneira como você deve dormir) as lacunas entre elas permanecerão pequenas. Não preste atenção às descrições quanto ao tamanho de uma rede, pois tornaram-se praticamente sem sentido. Boas redes não custam muito ($250 a $350). Redes de nível superior são feitas com fios finos de crochê — *hilo de croche* —; prepare-se para pagar em torno de $1.200.

Você também pode ver o que os vendedores ambulantes estão oferecendo, mas tem de saber o que procura, ou provavelmente irão se aproveitar de você.

Hamacas El Aguacate El Aguacate vende redes no atacado e no varejo. Tem a maior variedade e é o local ideal para encontrar redes mais sofisticadas e extra-grandes. Uma boa rede é a nº 6 de algodão; fica em torno de $340. A loja abre de segunda a sexta, das 8 h 30 min às 19 h 30 min, sábado das 8 h às 17 h. Fica a seis quadras ao sul da praça principal. Calle 58 nº 604 (com a Calle 73). ✆ **999/923-0152.**

Tejidos y Cordeles Nacionales Esta loja próxima ao mercado municipal só vende redes de algodão, cobradas por peso — uma prática muito boa, porque comprimentos de rede são bastante padronizados. Os preços são melhores do que no El Aguacate, mas o controle de qualidade não é tão bom. O que eu considero uma rede boa é uma que pese em torno de 1,5 kg, custando cerca de $270. Calle 56 nº 516-B (entre as Calles 63 e 65). ✆ **999/928-5561.**

CHAPÉUS PANAMÁ

Outro item útil e popular é este chapéu, macio e flexível, feito com fibras de jipija-pa em várias cidades ao sul de Mérida, às margens da Autoestrada 180, principalmente Becal, no estado vizinho de Campeche. Fabricantes de chapéus nessas cidades trabalham dentro de cavernas, para que o ar úmido mantenha as fibras flexíveis.

Chapéus Jipi possuem vários graus, determinados pela elasticidade, maciez e delicadeza das fibras, e proximidade dos fios. Fios finos tornam o chapéu mais encorpado e ajudam a manter o seu formato. Você encontrará chapéus Panamá à venda em vários lugares, mas muitas vezes com poucas opções. Um dos prédios do mercado tem uma loja de chapéu: caminhe para o sul pela Calle 56, passando pela agência dos correios; logo antes de a rua terminar no mercado, vire à esquerda por uma passagem com lojas de construção na entrada. A quarta ou quinta loja é a **Casa de los Jipis.**

A Vida Noturna de Mérida

Para entretenimento noturno, veja "Festivais e Eventos em Mérida", pág. 255, ou dê uma olhada nos teatros mencionados aqui.

Teatro Peón Contreras, Calle 60 com a Calle 57, e **Teatro Ayala,** Calle 60 com Calle 61, apresentam uma série de artistas do México e de todo o mundo. O **Centro Cultural de Mérida Olimpo**, na praça principal, oferece concertos com frequência e o **Cine Mérida**, meia quadra ao norte do Olimpo, tem duas telas para exibições de filmes clássicos e de arte, e um palco para shows ao vivo.

As boates de Mérida oferecem de tudo, desde a onipresente música dance e rock até alguns locais diferenciados. A maioria das boates fica nos grandes hotéis ou na chique Paseo de Montejo, como a sempre atual **El Cielo Lounge** na Prolongación Montejo com a Calle 25. Para dançar, algumas boates na Calle 60, dobrando a esquina saindo da Santa Lucía, oferecem rock e música latina ao vivo. Para salsa, vá ao **Mambo Café,** no shopping center Plaza las Américas.

PASSEIOS PARTINDO DE MÉRIDA
Hacienda Sotuta de Peón ★

O que começou como o hobby de um homem tornou-se um dos melhores museus a céu aberto que você jamais verá. Se passou por uma das elegantemente decadentes haciendas de Yucatán e se perguntou como deve ter sido durante seu auge, aqui está a oportunidade de descobrir. O proprietário não só restaurou os prédios como colocou a hacienda inteira em pleno funcionamento, que agora está produzindo de 10 a 15 ton de *henequén* por mês.

Você pode conseguir transporte de qualquer um dos hotéis de Mérida, ligando para o **Hacienda Sotuta de Peón** no ✆ **999/941-8639** ou acessando www.hacienda-tour.com. Pegue instruções precisas, caso queira ir em seu próprio carro. Depois de um drink de boas vindas e um passeio pela bela casa principal, você verá os campos de *henequén*, em charretes puxadas por mulas. Você pode presenciar a colheita e depois o processamento na *casa de máquinas*, e aprender a transformar a fibra em fio. Você também aprenderá sobre a cultura em torno da produção de *henequén*, visitando um dos trabalhadores em sua tradicional casa maia. Traga roupa de banho, porque você vai ter tempo para dar um mergulho em um cenote da propriedade. Também poderá provar da culinária regional em um restaurante no local. A entrada custa $300 para adultos e $150 para crianças; o transporte custa $200 a mais. Há pacotes disponíveis, que combinam a taxa de entrada, transporte de Mérida e uma refeição. A hacienda fica aberta de segunda a sábado, com visitas às 10 h e 13 h.

Izamal ★★

Izamal, a cerca de 80 km a leste de Mérida, possui uma das justaposições mais vívidas das três culturas México: pirâmides antigas cercam um dos maiores mosteiros já construídos pelos espanhóis no México, enquanto artesãos contemporâneos negociam ativamente seus artesanatos tradicionais.

A cidade inteira é pintada de amarelo-ocre — o mercado, todos os prédios coloniais e o enorme convento franciscano de **San Antonio de Padua ★★**, pelo qual Izamal é mais conhecida. Caminhando junto ao conjunto de colunas erguidas na praça, é fácil entender por que os padres acreditavam estar perto de Deus. O átrio pórtico, que supostamente só perde em tamanho para o do Vaticano, oferece um espetáculo de som e luz às terças-feiras e de quinta a sábado às 20 h 30 min. A entrada custa $48; fones de ouvido, com narração em inglês, custam mais $30. Dom Frei Diego de Landa, que ficou famoso por seu brutal *auto-da-fé* em Maní, demoliu uma pirâmide maia para construir o mosteiro e a igreja. No interior, há um altar belamente restaurado e, entre muitas estátuas, a Nuestra Señora de Izamal, trazida da Guatemala em 1652, que ainda atrai peregrinos todo mês de agosto, que sobem a escadaria de joelhos para pedir graças.

Produção de sisal na Hacienda Sotuta de Peón.

O convento amarelo-ocre de San Antonio de Padua, em Izamal.

O novo **Centro Cultural y Artesanal** ★ ($20), do outro lado da praça em relação ao convento, oferece uma excelente apresentação à profusão de artesanatos de Izamal. A loja vende redes de boa qualidade, roupas e outros trabalhos de artistas locais. Faça o passeio autoguiado, disponível no centro, pelas oficinas de arte popular da cidade. Uma boa maneira de chegar até lá é de *victoria*, uma carruagem puxada por cavalos, que serve como táxi por aqui.

Das quatro pirâmides em torno do centro da cidade, **Kinich Kakmó**, na Calle 28 com a Calle 25 (diariamente das 8 h às 20 h; entrada gratuita), é a maior construção pré-colombiana de Yucatán. Mais impressionante pelo seu tamanho do que pela arquitetura, parece um morro estranhamente simétrico; é possível subir pela escadaria restaurada no lado sul, para curtir uma vista grandiosa e uma brisa fresca.

A maneira mais fácil de se chegar a Izamal partindo de Mérida é pegando a Autoestrada 180 em direção a Cancún. No Km 68, siga as indicações para a *cuota* (estrada com pedágio) até logo depois da saída para Kantunil. Antes de chegar ao pedágio, a saída para Izamal estará à esquerda. Siga para o norte, passando pelas vilas de Xanaba e Sudzal, por 7,7 km até Izamal.

Izamal, que tinha escassas opções de alojamento há apenas alguns anos, está passando por uma fase de ascensão. Há muito tempo um dos preferidos, **Macanché Bed and Breakfast**, no meio da cidade, na Calle 22 nº 305, entre as Calles 33 e 35 (© 988/954-0287; www.macanche.com), recentemente abriu uma segunda casa, própria para famílias e estadias longas, assim como um novo prédio com quatro quartos com design bem peculiar. As tarifas variam de US$ 40 a US$ 55 por um quarto, US$ 90 a US$135 por uma casa. A leste do centro da cidade, na Calle 18 entre as Calles 33 e 35, um empresário austríaco transformou uma fazenda no **Hotel Rancho Santo Domingo** (© 988/967-6136; www.izamalhotel.com). Bangalôs, em uma casa de jardim tropical, dispõem de quartos claros e modernos por US$ 65 a US$ 75, incluindo impostos, café da manhã e algumas bebidas. Visitei o local um pouco antes de os dois primeiros bangalôs abrirem, e me pareceu valer a pena. Até a impressão deste guia, o hotel tinha a intenção de ampliar para dez unidades até o fim de 2010. Recentemente o hotel inaugurou novas unidades.

Reserva Biológica Ría Celestún: Flamingos e Outras Aves Aquáticas

A oeste de Mérida, na Costa do Golfo, Celestún é a porta de entrada para uma reserva natural que abriga uma das duas únicas colônias de reprodução de flamingos da América do Norte (a outra é a Ría Lagartos, pág. 316). O estuário longo e raso, onde as águas salgadas do Golfo se misturam à água-doce de cerca de 80 cenotes, é protegido do mar aberto por uma estreia faixa de terra, criando um habitat ideal para flamingos e outras aves aquáticas. Esta *ría* (estuário) é rasa (de 30 cm a 1 m de profundidade) e repleta de manguezais. Você pode passar por um canal aberto, com apenas 500 m de largura e 50 km de comprimento, para observar flamingos dragando as águas em busca de pequenos crustáceos e insetos, que são a fonte principal de sua dieta. Você também pode ver fragatas, pelicanos, colhereiros, garças e maçaricos, entre outras aves aquáticas. Pelo menos 15 espécies de patos foram contabilizadas. Flamingos que não estão se reproduzindo permanecem aqui o ano inteiro; aves em reprodução partem por volta de abril para nidificar em Ría Lagartos, retornando para Celestún em outubro.

Os velhos tempos em que se podia abordar um pescador debaixo da ponte e negociar um passeio até os flamingos já não existem mais; logo à esquerda, depois de atravessar a ponte para a cidade, existe um moderno centro de visitantes com um pequeno museu, lanchonete, banheiros limpos e uma bilheteria. Os preços dos passeios são fixados em cerca de $750 para um passeio de 75 minutos, para até seis pessoas. É possível integrar um grupo ou alugar um barco sozinho. Além de flamingos, você verá manguezais de perto e pode parar para tomar banho em um cenote. É um passeio agradável pelas águas calmas, em botes largos de fundo chato, sob a sombra das árvores. *Não peça para os barqueiros chegarem mais perto dos flamingos do que é permitido.* Se forem muito incomodados, os pássaros trocarão a área por outro habitat menos apropriado.

Celestún fica a fáceis 90 minutos de carro de Mérida (para obter informações sobre ônibus, veja "Chegando Lá e Partindo: De Ônibus", pág. 252). Parta do cen-

Um bando de flamingos na Reserva da Biosfera Ría Celestún.

tro da cidade pela Calle 57, que termina logo depois da Igreja Santiago e faz uma curva fechada para a Calle 59-A. Depois de atravessar a Avenida Itzáes, ela torna-se Jacinto Canek; continue até ver indicações para a Autoestrada 178 de Celestún. Depois de Hunucmá, a estrada se junta à Autoestrada 281. Continue até a ponte, e chegará em Celestún.

ONDE FICAR

Casa de Celeste Vida ★★ 🎁 🏠 Esta hospedagem relativamente nova, a 1,5 km ao norte da cidade, em uma praia tranquila e intocada que se estende por quilômetros, atinge o equilíbrio perfeito entre conforto e economia, reclusão e conveniência. Dois estúdios e um apartamento de um quarto têm vista para o mar, cozinha repleta de utensílios e alimentos básicos. Ela oferece bicicletas, caiaque e churrasqueiras ao ar livre. Os amáveis proprietários canadenses, que vivem no local, têm o prazer de organizar passeios e, às vezes, até acompanhar os hóspedes pela cidade. Eles são totalmente sintonizados com a cultura local e conhecem profundamente a vida dos pescadores e suas famílias.

49-E Calle 12, Celestún, Yuc. ✆ **988/916-2536.** www.hotelcelestevida.com. 3 quartos. Estúdios a US$ 75, apartamentos a US$ 100. Tarifas semanais e mensais disponíveis. AE, DISC, MC, V. Estacionamento gratuito. **Atrativos:** cozinha; bicicletas; caiaques; Wi-Fi.

Hotel Eco Paraíso Xixim 👍 Este resort é elogiado pelas práticas de proteção ambiental. Compostagem, reutilização de águas residuais tratadas e a utilização de apenas um pouco mais de 1% dos seus 25 ha é certamente louvável, e os 5 km de praia intacta são sublimes. Os bangalôs com telhado de *palapa* são extremamente privativos e normalmente confortáveis. Por causa de sua classificação como cinco estrelas e de suas tarifas, eu esperava, porém, padrões de limpeza e atendimento de restaurante mais consistentes. E se você não quiser sacudir por 11 km de buraqueira para sair do hotel, ficará limitado aos serviços do resort. Este resort é o mais apropriado para os viajantes mais abastados, em busca de mimos e de tranquilidade por uma semana.

Antigua Carretera a Sisal Km10, 97367 Celestún, Yuc. ✆ **988/916-2100.** Fax 988/916-2111. www.ecoparaiso.com. 15 quartos. Alta temporada, quarto duplo US$ 270; baixa temporada, quarto duplo US$ 250. As tarifas incluem café da manhã. AE, MC, V. Estacionamento gratuito. **Atrativos:** restaurante; bar; piscina externa de médio porte. *No quarto:* secador de cabelo.

Dzibilchaltún: Ruínas Maias e Museu

Este pequeno sítio arqueológico pode ser uma viagem rápida de um dia, ou parte de uma viagem mais longa à costa do Golfo em Yucatán. Fica 14 km ao norte de Mérida, ao longo da estrada Progreso, 4 km a leste da autoestrada. Pegue a Calle 60 fora da cidade e siga as indicações para Progreso e a Autoestrada 261. Vire à direita na placa para Dzibilchaltún, que também indica universidad del mayab; a entrada fica a poucos quilômetros mais adiante. Se não quiser dirigir, pegue um dos *colectivos* enfileirados junto ao Parque San Juan.

As ruínas de Dzibilchaltún.

Dzibilchaltún foi fundada por volta de 500 a.C., floresceu em torno de 750 d.C. e entrou em declínio muito antes de os conquistadores chegarem. Desde seu descobrimento em 1941, mais de 8 ml construções foram mapeadas, mas apenas cerca de meia dúzia foi escavada. O local abrange quase 15 km²; de maior interesse são as construções em volta de duas praças, ao lado do cenote, e uma terceira interligada por um *sacbé* (passarela). Pelo menos 25 estelas foram encontradas em Dzibilchaltún, que significa "lugar da escritura em pedra".

Comece pelo **Museo del Pueblo Maya**, que exibe artefatos de sítios de todo o Yucatán e fornece explicações bilíngues bastante detalhadas. As exposições incluem uma bela serpente emplumada, de Chichén Itzá, e um vaso de incenso elegantemente desenhado, de Palenque. O museu apresenta artefatos especificamente de Dzibilchaltún, incluindo as curiosas bonecas que deram nome à atração principal do sítio. Outra exposição é dedicada à cultura maia ao longo da história, incluindo uma coleção de *huipiles*, as blusas de tecido usadas pelas índias. Daqui, uma porta leva para o lado de fora do sítio.

A primeira coisa que você encontra é o *sacbé*. À esquerda fica o **Templo das Sete Bonecas**, cujas portas e o *sacbé* se alinham com o nascer do sol, nos equinócios de primavera e outono. À direita ficam os grupos de construções em torno do Cenote Xlacah, o poço sagrado, e um complexo de construções em torno da **Estrutura 38**, o **Grupo Central** dos templos. O Departamento de Estado de Ecologia de Yucatán adicionou trilhas naturais e publicou um livreto (em espanhol) de aves e plantas vistas pela trilha mapeada.

O sítio abre diariamente das 8 h às 17 h (o museu fecha às 16 h). A entrada custa $79, incluindo o museu; crianças menores de 13 anos não pagam entrada.

Progreso, Uaymitun e Xcambo: Cidade da Costa do Golfo, Mirante de Flamingos e Mais Ruínas Maias

Puerto Progreso é o refúgio de Mérida quando o calor do verão ferve a cidade. Embora isso não se aplique aos turistas estrangeiros, é também a porta de entrada para um tesouro secreto de areias brancas e estuários ao longo de manguezais. Exceto pelas casas de veraneio de fácil acesso de Mérida, a maior parte dos 378 km de litoral de Yucatán — que se estendem desde próximo a Isla Holbox até Celestún — pertence a algumas vilas de pescadores espalhadas, muitos flamingos e um crescente número de expatriados americanos e canadenses, além daqueles que viajam para fugir do frio.

Progreso é o principal porto de entrada de Yucatán desde a década de 1870, quando o *henequén* era exportado para o mundo todo. Hoje em dia, é uma parada importante para navios de cruzeiro. A indústria de cruzeiros possibilitou que a cidade melhorasse o Malecón, seu calçadão à beira-mar, de 16 quarteirões, que passa por praias de areia branca bem-cuidadas. Embora a água pareça verde e escura, em comparação com a do Caribe é limpa e boa para banho. Restaurantes requintados surgiram (muitos vendem bons frutos do mar) e os ambulantes agora vendem seus produtos na praia, mas a cidade ainda é bastante tranquila na maior parte do tempo. O cais de 7 km, que parece não ter fim, tornou-se o mais longo do mundo quando uma nova seção foi adicionada para receber navios de cruzeiro, que atracam duas vezes por semana. O mar aqui é tão raso que navios de grande porte não podem se aproximar da costa.

De Mérida, os ônibus para Progreso partem do terminal AutoProgreso (pág. 252) a cada 15 minutos aproximadamente, e o trajeto leva em torno de uma hora a um preço de $35. Se for de carro, pegue a Paseo Montejo ou a Calle 60 norte; as duas o levam à Autoestrada 261 para Progreso.

Se tiver tempo e puder ir de carro pela estrada litorânea, sentido leste, para Telchac Puerto, você verá o outro lado da costa de Yucatán. O litoral, ao longo da Autoestrada 27 de Chuburna até a vila de Dzilam de Bravo, é conhecido como La Costa Esmeralda, em homenagem às águas claras e verdes do Golfo. A tranquila cidade de praia de **Chicxulub**, a cerca de 8 km a leste de Progreso, para os que não aguentam mais o inverno, é um pedaço do paraíso. Para os cientistas, é o local de uma cratera de impacto enterrada, com cerca de 161 km de diâmetro, causada por um meteoro que colidiu com a Terra há 65 milhões de anos; é considerado responsável pela extinção dos dinossauros e pela provável criação dos cenotes de Yucatán. Menos de 10 km mais adiante, em **Uaymitun,** uma grande torre de madeira, que aparece à direita, é um mirante para a observação de uma nova colônia de flamingos que migrou de Celestún nos últimos anos. Binóculos são fornecidos gratuitamente. Você pode também avistar algumas das aves rosadas a cerca de 20 minutos, perto da saída para a estrada para Dzemul.

A estrada para Dzemul também leva ao pequeno mas intrigante sítio arqueológico maia de **Xcambó**, que era (e ainda é) um centro de produção de sal. Arqueólogos reconstruíram o pequeno centro cerimonial, incluindo várias plataformas e templos. Uma tosca igreja católica, com altar, flores e estátuas, ergue-se de algumas das ruínas. A entrada é gratuita.

Você pode continuar na mesma estrada pela pequena cidade de Dzemul até Baca, onde pode pegar a Autoestrada 176 de volta para Mérida ou Progreso, ou pode retornar para a estrada litorânea e seguir para o leste até o fim em **Dzilam de Bravo**, o local onde foi enterrado o "pirata cavalheiro", Jean Lafitte. No caminho, você passará por **Telchac Puerto**, que não tem muito a oferecer, a não ser bons pratos de frutos do mar, mas tem a charmosa vila de **San Crisanto**, onde um grupo de pescadores o levará por canais rasos dos manguezais a vários cenotes.

Uma igreja da vila de Telchac Puerto.

A igreja católica de Xcambó.

ONDE FICAR

Hotel Yakunah ★★ ☺ Esta linda casa colonial antiga é de propriedade de uma generosa família de extrovertidos holandeses, que a transformaram em um local de encontro de expatriados e em uma pousada exemplar. Fica em um local tranquilo a uma caminhada de 10 minutos do centro da cidade de Progreso e bem em frente a rua da praia. Os espaçosos quartos têm um ar romântico, com camas grandes, cerâmica em mosaico e armários. Os banheiros de reluzentes azulejos têm chuveiros grandes. Há ainda um apartamento no jardim com dois quartos, cozinha totalmente equipada e um terraço privativo. O coproprietário Gerben Hartskeerl é um chef talentoso que faz cafés da manhã e jantares (não inclusos) que irá poupá-lo do trabalho de encontrar um restaurante.

Calle 23 n° 64 (entre as Calles 48 e 50), Col. Ismael García, Progreso, Yuc. ✆ 969/935-5600. www.hotelyakunah.com.mx. 7 quartos. Quarto duplo $750, casita de 2 quartos $1.400. As tarifas incluem um café da manhã leve; taxa extra para café da manhã completo. Estadia mínima de 2 noites. MC, V. **Atrativos:** restaurante; bar; biblioteca; piscina externa; quartos para não fumantes. *No quarto:* ar-condicionado, TV, Wi-Fi.

A Caminho de Uxmal

Duas vias vão para Uxmal, a cerca de 80 km ao sul de Mérida. A mais fácil é a Autoestrada 261 via Umán e Muna. A Autoestrada 18 e uma mais longa, com paisagens mais bonitas, é também chamada de Rota do Convento. Você também pode fazer uma viagem circular para Uxmal, indo por um caminho e voltando por outro, com um pernoite em Uxmal. Ao chegar em Uxmal no fim da tarde, você pode assistir ao espetáculo noturno de som e luz e visitar as ruínas na manhã seguinte, enquanto está fresco e sem muita gente.

Ambas as estradas o levam à praça central, de vila em vila, e muitas não possuem sinalização para indicar o caminho. Acostume-se a ter de colocar a cabeça para fora da janela e dizer: "*Buenos días. ¿Donde está el Camino para...?*". Normalmente tenho mais sorte perguntando a um policial, quando encontro um. Às vezes você terá que perguntar a mais de uma pessoa, até voltar ao caminho certo. As ruas nessas vilas são cheias de crianças, bicicletas e animais, portanto dirija com cuidado e aprenda a reconhecer, à distância, os *topes* não sinalizados.

As igrejas destas rotas abrem diariamente das 10 h às 13 h e das 16 h às 18 h; as ruínas abrem diariamente das 8 h às 17 h.

AUTOESTRADA 261: YAXCOPOIL E MUNA Do centro de Mérida, pegue a Calle 65 ou 69 oeste e depois vire à esquerda na Avenida Itzaés, que leva a autoestrada. Para economizar tempo, contornando o movimentado mercado de Umán, pegue a saída para a Autoestrada 180 para Cancún e Campeche e siga as placas para Campeche. Continue seguindo para o sul na Autoestrada 180 até ela cruzar com a Autoestrada 261, e pegue a saída para Uxmal.

Logo, você chegará à cidade e à **Hacienda Yaxcopoil** (iach-co-po-iu; ✆ **999/900-1193**; www.yaxcopoil.com), 32 km ao sul de Mérida. A hacienda destruída, facilmente identificável pelos seus arcos mouriscos duplos, foi preservada mas não restaurada, o que torna uma viagem sinistra, mas especialmente vívida ao passado. Os passeios passam pela *casa principa*, com seus grandes salões e cômodos charmosos, extensos jardins, um pequeno museu maia e a fábrica de *henequén*. Abre de segunda a sábado, das 8 h às 18 h e domingo das 9 h às 17 h. A entrada custa $50.

A hacienda não é nenhum segredo, mas poucos viajantes sabem que é possível pernoitar na **Casa de Visitas** ★★★, situada atrás da mansão, que não é aberta ao público. A casa é espaçosa, com uma sala de estar e jantar, e

Uma artesã produz um vaso de cerâmica em Muna.

charmosa, com piso em cerâmica desenhada e móveis em estilo colonial. Após as 18 h, é só você, a hacienda vazia, o céu estrelado e o silêncio absoluto. É uma experiência única que espero repetir, mas não é para aqueles viajantes que para se sentirem confortáveis precisam de uma recepção pronta a atender a qualquer hora do dia ou da noite . O aluguel da casa de hóspedes custa US$ 60 por noite; por US$ 20 por pessoa, você recebe um jantar caseiro de tamale e um café da manhã, entregues e servidos por uma mulher local.

Ao sul de Yaxcopoil, o mercado da pequena cidade de **Muna** (a 65 km de Mérida) vende excelentes reproduções de cerâmica maia, criadas pelo artesão Rodrigo Martín Morales, que trabalha há 25 anos reproduzindo o estilo e as técnicas dos antigos maias. Ao entrar em Muna, preste atenção às duas grandes árvores de Ceiba, no lado direito da estrada, que abriga sob seus galhos uma pequena praça com barracas de artesanato e comida. Vire à direita e a cerca de 45 m o Taller de Artesanía Los Ceibos (🕿 997/971-0036) estará à sua esquerda. A família trabalha na parte de trás e só fala espanhol. A loja abre diariamente das 9 h às 18 h. Uxmal fica 15 km depois de Muna.

AUTOESTRADA 18: A ROTA DO CONVENTO Do centro de Mérida, pegue a Calle 63 leste até o Circuito Colonias e vire à direita até encontrar a rotatória com um pequeno chafariz, depois vire à esquerda. Esta rodovia leva à Autoestrada 18 para Kanasín e depois Acanceh. Em **Kanasín**, a autoestrada se divide em duas; siga à direita e a estrada faz uma curva para se juntar à rua paralela. Passe pelo mercado, pela igreja e praça principal do seu lado esquerdo, e depois mantenha-se à direita quando chegar a uma bifurcação.

Um pouco depois de Kanasín, a estrada melhorada agora contorna as vilas. Siga a placa que indica à esquerda para **Acanceh**. Do outro lado da rua e com vista para igreja de Acanceh fica uma pirâmide restaurada. No topo, sob um telhado improvisado, há algumas figuras de estuque de divindades maias. O zelador o guiará até a parte de cima e dará uma pequena explicação (em espanhol). A entrada custa $25. A poucas quadras de distância, em outras ruínas chamadas **El Palace de los Stuccoes**, um mural de estuque foi encontrado em perfeito estado em 1908.

As ruínas de Mayapán.

A exposição o deteriorou um pouco, mas agora está protegido. Ainda é possível distinguir as figuras pintadas nas cores originais. Para sair de Acanceh, volte para a autoestrada pela rua que passa entre a igreja e a praça.

A próxima saída será para **Tecoh**, do lado direito. A igreja e o convento ornamentados e decadentes se situam na base de um enorme complexo cerimonial pré-colombiano, que foi sacrificado para a construção da igreja. Os três *retablos* (retábulos) esculpidos no interior são folheados a ouro e têm um inconfundível estilo indígena. Cerca de 9 km mais adiante estão as ruínas de Mayapán, a última das grandes cidades-estados.

MAYAPÁN ★

Fundada segundo a lenda maia pelo homem-deus Kukulkán (Quetzalcóatl, no México central) em torno de 1007 d.C., Mayapán rapidamente se estabeleceu como a cidade mais importante do norte de Yucatán. Por quase dois séculos, ela foi a capital de uma confederação maia de cidades-estado, que incluía Chichén Itzá e Uxmal. Um pouco antes de 1200, Mayapán atacou e subjugou as outras duas cidades, levando à revolta que acabou derrubando Mayapán. Ela foi abandonada em meados do século XV.

A cidade ocupava pelo menos 4 km², mas o centro cerimonial era bastante compacto. Várias construções em torno da praça principal foram reconstruídas, incluindo uma semelhante ao El Castillo de Chichén Itzá. Escavações descobriram murais e figuras de estuque que fornecem mais combustível para a usina de conjecturas: atlantes (colunas de apoio na forma de uma figura humana), soldados esqueléticos, araras, cobras entrelaçadas e uma onça pintada de estuque. Sem dúvida, vale a pena parar aqui.

O sítio abre diariamente das 8 h às 17 h. A entrada custa $35. O uso de uma câmera de vídeo pessoal custa $45.

DE MAYAPÁN PARA TICUL Aproximadamente 20 km depois de Mayapán, pegue a autoestrada para **Mama** à sua direita, e a estreita estrada entra rapidamente na cidade. Algumas partes desta vila são muito bonitas. A principal atração é a igreja e antigo convento, com vários *retablos* fascinantes esculpidos em uma forma nativa de arte barroca. Murais e designs da era colonial foram descobertos e restaurados durante a restauração dessas construções. Você pode dar uma espiada neles, na sacristia. De Mama, continue por cerca de 20 km até Ticul, uma cidade grande (para esta área) de mercado com alguns hotéis simples.

TICUL

Mais conhecida pela indústria artesanal do *huipil* (blusa nativa) e pela fabricação de sapatos sociais femininos, Ticul é uma parada especialmente emocionante, e um local conveniente para se refrescar e passar a noite. É também um centro de produção de cerâmica em grande escala — a maioria das cerâmicas com designs maias, pintadas em cor de siena, vendidas em todos os lugares é feita aqui. Se o dia estiver nublado e úmido, ceramistas podem não estar trabalhando (parte do processo requer a secagem ao sol). Eles continuam a receber visitantes que queiram comprar as peças já acabadas.

Ticul fica a apenas 20 km a nordeste de Uxmal, sendo uma boa alternativa aos hotéis caros das ruínas, principalmente se quiser fazer a Rota Puuc em um dia e a Rota do Convento no dia seguinte. Na praça principal fica o **Hotel Plaza**, Calle 23 nº 202, perto da Calle 26 (✆ **997/972-0484**). É um hotel modesto, mas confortável. Um quarto duplo com ar-condicionado custa $340. Uma taxa de 5% é adicionada aos pagamentos efetuados com cartão de crédito (aceita MC e V). Pegue um quarto na parte interna para evitar o barulho da animada praça de Ticul. De Ticul, você pode seguir direto para Uxmal por Santa Elena, ou contornar a Rota Puuc (pág. 283) pelo caminho mais longo para Santa Elena.

DE TICUL PARA UXMAL Siga a rua principal (Calle 23) a oeste por dentro da cidade, vire à esquerda na Calle 34 e siga por 15 km até Santa Elena; serão mais 15 km até Uxmal. Em Santa Elena, ao lado da Autoestrada 261, fica um restaurante limpo com comida boa, o **El Chaac Mool**, e do outro lado da estrada, o **Flycatcher Inn B&B** (veja a lista abaixo).

Ticul é conhecida por sua cerâmica.

AS RUÍNAS DE UXMAL ★★★

80 km sudoeste de Mérida; 19 km oeste de Ticul; 19 km sul de Muna

O complexo cerimonial de Uxmal ("uch-mal") é uma das obras-primas da civilização maia. É muito diferente de todas as outras cidades maias pelas suas extensas e complexas fachadas de pedra esculpida. Ao contrário de outros locais no norte de Yucatán, como Chichén Itzá e Mayapán, Uxmal não foi construída sobre uma superfície plana, mas incorpora as elevações variadas do solo montanhoso. E tem a estranha e bela Pirâmide do Adivinho, com seu formato oval, única entre os maias. O grande período das construções ocorreu entre 700 d.C. e 1000, quando a população deve ter alcançado 25 mil pessoas. Após o ano 1000, Uxmal caiu sob a influência dos príncipes Xiús (provavelmente vindo do México central). Na década de 1440, os Xiús conquistaram Mayapán, e pouco tempo depois, a era dos maias terminou com a chegada dos conquistadores espanhóis.

Perto de Uxmal, quatro sítios menores — **Sayil, Kebah, Xlapak** e **Labná** — podem ser visitados rapidamente, um depois do outro. Com Uxmal, estas ruínas (pág. 282) são coletivamente conhecidas como a **rota Puuc.**

Informações Básicas

CHEGANDO LÁ E PARTINDO De Carro As duas rotas principais de Mérida para Uxmal são descritas em "A Caminho de Uxmal" acima. *Observação:* Não há gasolina em Uxmal.

De Ônibus Veja "Chegando Lá e Partindo" (pág. 248) para informações sobre serviços de ônibus entre Mérida e Uxmal. Para voltar, espere pelo ônibus na autoestrada, na entrada para as ruínas. Para ver o espetáculo de som e luz, inscreva-se com um operador de turismo de Mérida.

ORIENTAÇÃO A entrada para as ruínas é através do centro de visitantes, onde você compra os ingressos (dois por pessoa; guarde ambos). Tem um restaurante, banheiros, uma estação de primeiros socorros, estabelecimentos que vendem refrigerantes, sorvetes, filme, pilhas e livros, uma Casa de Artesanía (Casa de Artesanato) administrada pelo estado, e um pequeno museu que não é muito informativo. O sítio abre diariamente das 8 h às 17 h. A entrada para o sítio arqueológico custa $51 e você pagará mais $40 pelo espetáculo noturno de som e luz. Levar uma câmera de vídeo custa $45 pesos e o estacionamento custa $10. Se passar a noite em Uxmal, é possível (e acho preferível) chegar ao sítio no fim do dia e comprar um ingresso que combine o espetáculo de som e luz daquela noite com a entrada para as ruínas na manhã seguinte, quando pode explorá-las antes de esquentar muito. Certifique-se de que o vendedor de bilhetes entendeu o que você pretende fazer, e guarde os bilhetes.

Guias na entrada de Uxmal oferecem passeios em várias línguas, cobrando US$ 40 por uma pessoa ou para um grupo. Os guias não gostam muito, mas você pode chamar outras pessoas que quiserem se juntar ao grupo e dividir o custo. Como em outros sítios, os guias variam em qualidade, mas mostram todas as áreas e os detalhes arquitetônicos que você poderia não perceber. Pense nesses passeios guiados como apresentações — os guias tentam ser o mais divertidos possível, e adaptam suas apresentações de acordo com os interesses do grupo.

O **espetáculo de som e luz** de 45 minutos, todas as noites às 19 h, está incluído no preço do ingresso. É em espanhol, mas você pode alugar fones de ouvido por $25, que narram o programa em vários idiomas. O show é parte educativo, parte hollywoodiano, mas vale a pena fazer um esforço para ver a

Uxmal

[Map labels:]

Para Mérida
Grupo Norte
Hotel Hacienda Uxmal
Grupo Noroeste
Para Puuc Route & Campeche
Muralla (A Muralha)
Plataforma de las Estelas (Plataforma das Estrelas)
Grupo de las Columnas (Grupo das Colunas)
Cuadrángulo de las Monjas (Quadrilátero das Freiras)
Villas Arqueológicas Uxmal
ESTACIONAMENTO
Grupo del Cementerio (Grupo do Cemitério)
Juego de Pelota (Jogo de Bola)
Pirámide del Advino (Pirâmide do Adivinho)
El Palomar (O Pombal)
Casa de las Tortugas (Casa das Tartarugas)
Grupo Oeste
Palacio del Gobenador (Palacio do Govenador)
Templo Sur (Templo Sul)
Gran Pirámide (Grande Pirâmide)
Casa de la Vieja (Casa da Velha)

0 — 330 pés
0 — 100 metros

Informações
muralha
caminho

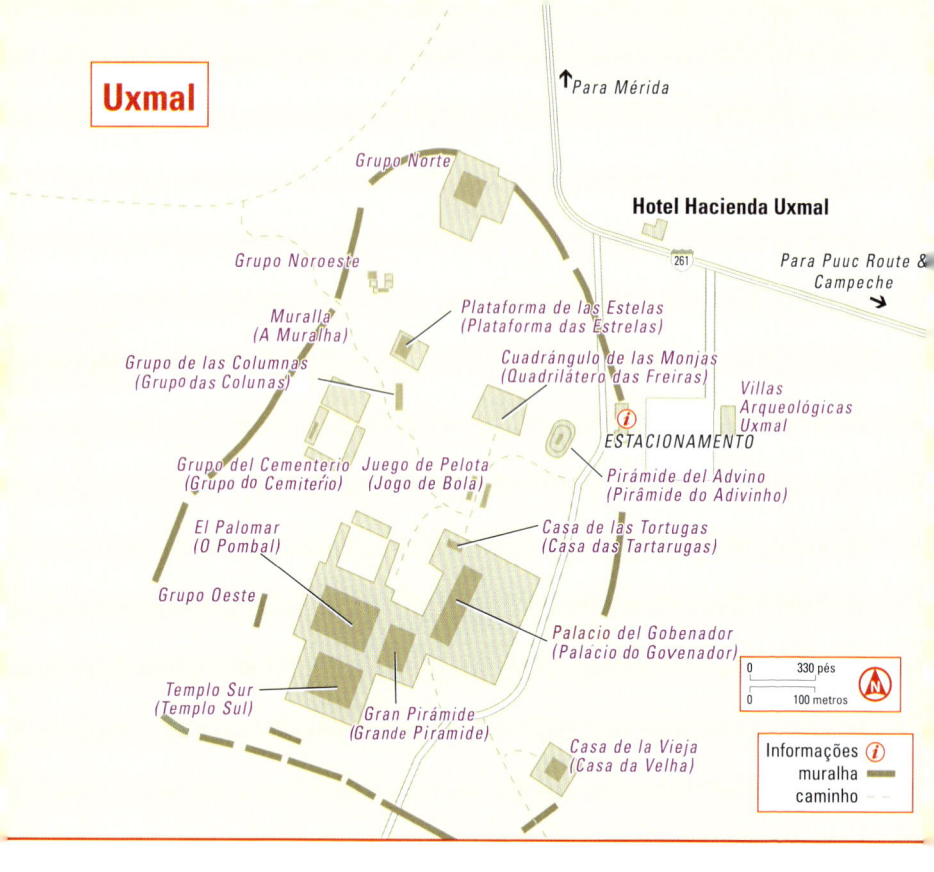

iluminação das construções. Após o espetáculo, a canção "*Chaaac, Chaaac*" vai ecoar em sua mente por semanas.

As Ruínas de Uxmal

A PIRÂMIDE DO ADIVINHO ★★ Ao entrar nas ruínas, note um *chultún*, ou cisterna, onde Uxmal armazenava sua água. Diferentemente da maioria dos principais sítios maias, Uxmal fica a cerca de 30 m acima do nível do mar, portanto, não tem cenotes para fornecer a água-doce dos rios subterrâneos. Os habitantes da cidade dependiam da água da chuva e, consequentemente, veneravam Chaac, o deus da chuva, com devoção incomum.

    Erguendo-se à sua frente, a Pirámide del Adivino é a estrutura mais alta da cidade, com 38 m. O nome vem de um mito sobre um mágico anão que chegou à idade adulta em um único dia, depois de ter nascido de um ovo e construir esta pirâmide em uma noite. Ela é construída sobre cinco estruturas mais antigas. A pirâmide tem uma base oval e lados arredondados. Você está olhando para o lado leste. Caminhe pelo lado esquerdo, ou sul, para ver a face principal que fica no lado oeste. A pirâmide foi projetada para que o lado leste seja menos íngreme do que o oeste, o que desloca os templos dos cumes das pirâmides para oeste do eixo central da construção, fazendo com que pareçam flutuar sobre a praça abaixo. A porta do templo é muito ornamentada, característica do estilo Chenes, com 12 máscaras estilizadas representando Chaac.

O QUADRILÁTERO DAS FREIRAS Para ir da praça até o grande Quadrilátero das Freiras, saia pelo mesmo lugar por onde entrou, vire à direita e siga a parede desta longa construção de pedra, até chegar à porta principal da construção — um arco com mísulas que o leva para dentro do quadrilátero. Você estará em outra praça, cercada dos dois lados por construções com fachadas de pedra elaboradas. O historiador espanhol do século XVI, Frei Diego López de Cogullado, deu esse nome ao quadrilátero quando percebeu que sua forma se assemelhava a um convento espanhol.

O quadrilátero tem diversos quartos pequenos, aproximadamente do tamanho da cela de um convento. Coloque sua cabeça dentro de um para ver o formato e o tamanho, mas não se preocupe em explorar todos. Estes quartos foram deixados há muito tempo para as andorinhas que voam pela cidade. Nenhum trabalho com mural ou estuque foi encontrado aqui, pelo menos até agora. A riqueza de Uxmal está nos trabalhos em pedra das paredes externas.

O Quadrilátero das Freiras é um grande exemplo. A primeira construção a chamar a atenção ao entrar na praça é a construção ao norte, à sua frente. É a mais alta e a vista do topo inclui todos as principais construções da cidade, fazendo dela um excelente local para assistir ao espetáculo de som e luz. A escadaria central é delimitada por portais apoiados em colunas arredondadas, um elemento comum da arquitetura Puuc. Restos da fachada no segundo andar mostram elementos utilizados nas outras três construções e em outros locais da cidade: padrões de xadrez e de arabescos quadrados, chamado de "design step-fret", e as reproduções verticais das máscaras de deuses com nariz comprido — encontradas tão frequentemente nos cantos das construções de Uxmal que receberam o apelido de "entulhos de Chaac". Embora as fachadas destas construções compartilhem esses e outros elementos comuns, suas composições são variadas. Na construção oeste, enormes serpentes emplumadas entrelaçam-se pelas cabeças e caudas. Uma cabeça humana olha para fora da boca aberta de uma serpente. Há muitas interpretações deste padrão, repetido em outros lugares na arte maia, e esse é o problema com símbolos: eles normalmente são a expressão condensada de diversos significados, portanto, qualquer interpretação poderia ser verdadeira, mas só parcialmente.

Pirâmide do Adivinho de Uxmal.

O Palácio do Governador em Uxmal.

O JOGO DE BOLA Ao sair do Quadrilátero pelo mesmo local que entrou, você verá um campo de jogo de bola à sua frente. Que tipo de cidade maia ela seria se não tivesse um campo desse?

Esse campo em especial é um bom representante das centenas encontradas em outras partes do mundo maia. Tem até uma réplica de um dos anéis de pedra que os jogadores usavam como gols para jogar uma bola de borracha maciça usando os joelhos, quadris, e até os braços (os maias conheciam uma borracha natural e extraíam látex de algumas espécies de seringueiras). Acredita-se que os espectadores observavam o jogo de cima das duas estruturas.

O PALÁCIO DO GOVERNADOR Seguindo para o sul, você chega à grande praça elevada, que serve de base para o Palácio do Governador, que vai de norte a sul. A superfície da praça elevada tem 140 m x 170 m e está a cerca de 10 m acima do solo — um belo trabalho de aterramento. A maior parte dessa superfície é usada como um espaço cerimonial na parte da frente (lado leste) do palácio. No centro fica um trono de onça-pintada de duas cabeças, que é visto em outros pontos do mundo maia. Aqui você tem a melhor visão da extraordinária fachada do monumento. Como os outros palácios daqui, o primeiro andar é simples e o segundo, ornamentado. Diversas máscaras de Chaac se espalham diagonalmente pelo padrão xadrez. No topo da construção, há uma elegante cornija levemente projetada para fora, em cima de uma borda dupla, que pode ser uma referência arquitetônica dos telhados de sapê originais dos maias. Figuras humanas adornavam as portas principais, mas só o cocar da figura central está inteiro.

A GRANDE PIRÂMIDE Atrás do palácio, a plataforma desce em terraços para outra praça com um grande templo, conhecido como a Grande Pirâmide, no lado sul. Acima fica o Templo das Araras, por causa das diversas imagens de araras na face do templo, e as ruínas de três outros templos. A vista de cima é extraordinária.

O POMBAL Esta construção é notável, pois as proeminências dos telhados não eram uma característica comum aos templos dos morros Puuc, embora Sayil El Mirador tenha uma com estilo muito diferente.

Onde Ficar

Flycatcher Inn B & B ★★ 🍀 Esta agradável pousada fica 15 minutos a sudeste de Uxmal, na vila de Santa Elena, saindo da Autoestrada 261. Os espaçosos quartos são charmosos e tranquilos e vêm com colchões ortopédicos com pillow-top e decoração em ferro feita por um dos proprietários, Santiago Dominguez. A outra proprietária, sua esposa, é Kristine Ellingson, uma norte-americana que vive em Santa Elena há anos e tem muito conhecimento sobre viagens e cultura local para compartilhar com os hóspedes. O terreno amplo e agradável inclui uma pequena ruína maia recentemente descoberta ao longo da trilha natural que atravessa a propriedade. A nova Owl's Cottage, uma cabana isolada, com uma pequena cozinha e ampla sala de estar/jantar, foi projetada para estadias mais longas.

Carretera Uxmal-Kabah, 97840 Santa Elena, Yuc. ⓒ **997/102-0865.** www.flycatcherinn.com. 8 quartos. Quarto duplo entre US$ 55 e US$ 75, suíte US$ 75, chalé entre US$ 50 e US$ 85 (mínimo de 3 noites). As tarifas incluem café da manhã completo. Não aceita cartões de crédito. Estacionamento gratuito e seguro. Não é preparado para acomodar crianças. *No quarto:* ar-condicionado.

Hacienda Uxmal ★★ Este é o hotel mais antigo de Uxmal. Localizado na estrada acima das ruínas, foi construído para os arqueólogos. Quartos amplos e arejados exalam um ar dos dias que se foram, com piso em cerâmica decorada, móveis pesados e janelas com persianas. Os quartos 202 ao 214 e 302 ao 305 são os melhores, dentre os de padrão superior. Os quartos maiores dos cantos são designados por letras de A a F e contam com jacuzzis. Um belo pátio com jardim, com imponentes palmeiras imperiais, um bar e uma piscina aumentam o ar de tranquilidade. Um trio de violeiros costuma tocar no pátio aberto à noite.

Carretera Mérida-Uxmal Km 80, 97844 Uxmal, Yuc. ⓒ **997/976-2012**; fax 987/976-2011. www.mayaland.com. 82 quartos. Alta temporada, quarto duplo entre US$ 164 e US$ 185, quarto superior entre US$ 238 e US$ 249; baixa temporada, quarto duplo entre US$ 110 e US$ 140, superior entre US$ 144 e US$ 196. AE, MC, V. Estacionamento gratuito e vigiado. **Atrativos:** restaurante; bar; 2 piscinas externas; quartos para não fumantes. *No quarto:* ar-condicionado, TV, secador de cabelo (a pedido), frigobar.

Villas Arqueológicas Uxmal ★★ Ainda o melhor custo benefício dentre os hotéis que se amontoam em volta da entrada das ruínas, o Villas e suas filiais têm novos proprietários que acrescentaram algum requinte, embora a comida pareça menos saborosa do que antes. Um quadrilátero básico de dois andares ao redor de um pátio com jardim e piscina é admiravelmente adornado por uma vegetação exuberante, estátuas maias e uma pintura que se assemelha ao estilo tradicional. À disposição dos hóspedes há quadras de tênis, biblioteca e um espetáculo audiovisual nas ruínas, em inglês, francês e espanhol. Cada um dos modernos quartos de tamanho médio tem uma cama de casal e uma de solteiro, cercadas por paredes em três lados (pessoas muito altas devem procurar outro lugar). Pergunte sobre os valores para meia pensão (café da manhã mais almoço ou jantar) ou pensão completa (as 3 refeições).

Ruinas Uxmal, 97844 Uxmal, Yuc. ⓒ **987/872-9300,** ext. 8101. www.islandercollection.com. 48 quartos. Quarto duplo US$989 de domingo a terça, $1.106 de sexta a sábado. AE, MC, V. Estacionamento gratuito e vigiado. **Atrativos:** restaurante; bar; piscina externa; quadra de tênis; Wi-Fi em áreas públicas. *No quarto:* ar-condicionado, secador de cabelo.

Onde Comer

Você pode comer bem no restaurante do hotel **Lodge at Uxmal** se pedir as especialidades iucateques, que são frescas e bem preparadas. Em Santa Elena, o **Pickled Onion** oferece um cardápio de pratos principalmente mexicanos, com alguns toques internacionais; a comida é boa e a hospitalidade do proprietário é fabulosa. Os restaurantes de *palapa* na parte da autoestrada próxima às ruínas de Mérida são uma verdadeira mistura. Eles recebem muitos clientes dos passeios de ônibus, portanto, a melhor hora de ir é no começo da tarde.

A ROTA MAIA DE PUUC

A sul e leste de Uxmal há várias outras cidades maias antigas, pequenas e em sua maioria não escavadas, mas que valem a pena visitar pela arquitetura única.

Kabah fica 28 km a sudeste de Uxmal pela Autoestrada 261, que passa por Santa Elena, e só mais alguns quilômetros adiante de Sayil. Sayil fica bem próxima de Xlapak (pela selva), e Labná fica um pouco mais a leste. Um percurso curto de carro um pouco adiante de Labná o leva às cavernas de Loltún. Oxkutzcab fica no cruzamento da estrada com a Autoestrada 184, por onde você pode seguir para o oeste até Ticul, ou leste até chegar em Felipe Carrillo Puerto. Se não estiver de carro, um ônibus diário de Mérida (pág. 251) vai a todos esses sítios, exceto Loltún.

Sítios Puuc

KABAH ★ De Uxmal, siga para o sudoeste pela Autoestrada 261 para Santa Elena (1 km), depois para o sul até Kabah (13 km). A antiga cidade fica ao longo dos dois lados da estrada. Vire à direita para o estacionamento.

A construção extraordinária em Kabah, à direita de quem entra, é o **Palácio das Máscaras**, ou Codz Poop ("tapete enrolado"), em homenagem ao seu padrão de decoração. Sua fachada em estilo Chenes é inteiramente revestida por um padrão repetido de 250 máscaras de Chaac, cada uma com remanescentes do nariz de tromba de elefante do deus. É única em toda a arquitetura maia. Por muitos anos, partes desta construção permaneceram abandonadas no meio do mato, como pedaços de um quebra-cabeça esperando para ser montado. Esculturas desta construção estão em museus de antropologia de Mérida e da Cidade do México.

Logo atrás e à esquerda do Codz Poop fica o **Grupo Palácio** (também chamado de Grupo Leste), com uma bela fachada de colunas em estilo Puuc. Originalmente, tinha 32 cômodos. Na frente há sete portas, duas divididas por colunas — uma característica comum da arquitetura Puuc. Do outro lado da autoestrada fica o que foi um dia o **Grande Templo**, e depois disso tem

O Palácio de Máscaras de Kabah.

As ruínas de Sayil.

um **grande arco**. O arco já foi muito mais largo e pode ter sido um portão monumental para a cidade. Uma *sacbé* liga esse arco a Uxmal. Compare esse arco com mísulas ao de Labná (abaixo), que está em um estado muito melhor.

SAYIL A cerca de 4 km ao sul de Kabah fica a saída (à esquerda, ou leste) para Sayil, Xlapak, Labná, Loltún e Oxkutzcab. As ruínas de **Sayil** ("lugar das formigas") ocupam 4 km ao longo desta estrada.

Sayil é famosa pelo **El Palacio** ★★. Com mais de 90 cômodos, o palácio já é impressionante só pelo tamanho. Escalar não é permitido, mas a fachada que faz desta uma obra-prima da arquitetura maia é melhor apreciada do solo. Ela se estende por três pisos com terraço, e suas linhas de colunas lhe dão uma aparência minoica. A figura de pedra de cabeça para baixo, conhecida pelos arqueólogos como o Deus do Mergulho, ou Deus Descendente, sobre a porta do segundo andar, é o mesmo padrão usado em Tulum alguns séculos mais tarde. O grande tanque circular no chão embaixo do palácio é um *chultún* (cisterna); esta região não tem cenotes naturais (poços) para irrigação.

Na selva, depois do El Palacio, fica o **El Mirador**, um pequeno templo com saliências estranhamente ranhuradas no telhado. Depois do El Mirador, há uma estela bruta (pedra alta esculpida) esculpida com um deus da fertilidade ostentando um falo de proporções monstruosas. Outro grupo de construções, o Grupo Sul, fica a uma curta distância por uma trilha que se ramifica a partir da que vai para El Mirador.

> **Vendo os Sítios Puuc**
>
> Estes sítios estão passando por escavações e reconstruções, e algumas construções podem estar cercadas por cordas no momento de sua visita. Os sítios abrem diariamente das 8 h às 17 h. A entrada custa $37 para cada cidade e $50 para Loltún, que tem passeios às 9 h 30 min, 11 h, 12 h 30 min, 14 h, 15 h e 16 h. Mesmo que você seja a única pessoa no local no momento do tour agendado, o guia terá que levá-lo para o passeio, e não poderá cobrar por um tour individual (embora às vezes tentem). Usar uma câmera de vídeo a qualquer momento custa $45; se visitar Uxmal no mesmo dia, você paga apenas uma vez pela autorização de uso de câmeras, e apresenta o recibo como prova em cada ruína.

El Palacio de Labná.

XLAPAK (*chla*-pac) é um sítio pequeno, com uma construção; fica a 5,5 km pela estrada de Sayil. O Palácio de Xlapak contém as máscaras do deus da chuva Chaac. Se já estiver cansado, este é um local que poderá deixar de visitar

LABNÁ, datada do período entre 600 a.C. e 900, fica a 30 km de Uxmal e apenas 3 km depois de Xlapak. Na entrada tem uma barraca de lanches e banheiros. Cartazes descritivos em frente às principais construções estão em espanhol, inglês e alemão.

Assim que entrar, você verá **El Palacio**, uma construção magnífica em estilo Puuc, à sua esquerda, muito parecida com a de Sayil, mas em estado mais precário. Acima de uma porta fica uma máscara grande e bem-conservada de Chaac, com olhos, um enorme nariz-tromba e dentes irregulares em torno de uma boca pequena que parece prestes a falar. Projetando-se de um dos cantos, há uma boca de serpente estilizada de onde sai uma cabeça humana com uma inesperada expressão serena. Pela frente, admire a enorme área gramada interna, cercada por vestíguios de construções não restauradas e selva.

Do El Palacio, você pode andar por um *sacbé* reconstruído, que o leva ao **arco com mísulas** de Labná. Antigamente, provavelmente havia vários arcos como este pela região. Este tem sido amplamente restaurado, embora apenas resquícios das cúpulas do telhado ainda sejam visíveis. Ele já foi um dia parte de uma estrutura mais elaborada, agora perdida na História. O rosto de Chaac ocupa os cantos de uma fachada, e cabanas maias estilizadas feitas de pedra aparecem sobre as duas portas pequenas. Você pode passar pelo arco para chegar a **El Mirador** ou El Castillo. Bem acima de uma grande pilha de entulho, restos de uma pirâmide, fica um cômodo singular coroado por uma cúpula que parece perfurar o céu.

LOLTÚN As cavernas de Loltún ficam 31 km depois de Labná, a caminho de Oxkutzcab, do lado esquerdo da estrada. Um dos maiores e mais fascinantes sistemas de cavernas de Yucatán, já abrigou maias antigos e foi utilizado como refúgio durante a Guerra das Castas (1847-1901). Do lado de dentro, há está-

As cavernas de Loltún.

tuas, esculturas e pinturas nas paredes, *chultunes* (cisternas) e outros sinais de habitação maia. Os guias vão explicar muito sobre as coisas que irá ver.

O preço do ingresso inclui um passeio de 90 minutos. Estes começam diariamente às 9 h 30 min, 11 h, 12 h 30 min, 14 h, 15 h e 16 h. O chão da caverna pode ser escorregadio em alguns pontos; leve uma lanterna, se puder.

Para voltar para Mérida saindo de Loltún, siga os 7 km para Oxkutzcab. De lá, você pode pegar a rota longa através de Maní e Teabo, onde poderá ver alguns conventos, e retornar pela Autoestrada 18, conhecida como a "Rota do Convento" (pág. 279). A outra opção é seguir em direção a Muna para pegar a Autoestrada 261 (pág. 279).

Oxkutzcab

Oxkutzcab (óch-cuts-cab), a 11 km de Loltún, é o centro da região de fruticultura de Yucatán. Laranjas são abundantes. A organizada vila de 21 mil habitantes gira em torno da igreja do século XVI e do mercado. **Su Cabaña Suiza** (não tem telefone) é um bom restaurante na cidade. Na última semana de outubro e primeira semana de novembro ocorre o **Festival da Laranja**, quando a vila fica exuberante, com exibições de carnaval e exposição de laranjas em volta da praça central.

A Caminho de Campeche

De Oxkutzcab, siga de volta por 43 km até Sayil e depois vá para o sul pela Autoestrada 261 até Campeche (126 km). Depois de cruzar a fronteira do estado, você passará pelas cidades de Bolonchén e Hopelchén, ambas com postos de gasolina. A viagem é agradável e há pouco tráfego. Preste atenção à sinalização nessas cidades, para não sair da autoestrada. De Hopelchén, a Autoestrada 261 segue para o oeste. Depois de 42 km você estará em Cayal e na saída bem sinalizada para as ruínas da cidade de Edzná (pág. 299), 18 km mais ao sul. Se pegar essa rota para Campeche, poderá ter a chance de visitar essa tranquila e subvalorizada cidade antiga.

CAMPECHE ★★

251 km a sudoeste de Mérida; 376 km a nordeste de Villahermosa

Campeche, capital do estado de mesmo nome, é uma cidade colonial esplendidamente restaurada, que lamentavelmente é ignorada pelos viajantes. Todas as fachadas históricas do centro foram restauradas e pintadas, fios de eletricidade e telefônicos foram transferidos para o subsolo, e as ruas foram pavimentadas para que se pareçam com paralelepípedos. Vários filmes de época foram rodados aqui, como *Che*, de Steven Soderbergh, biografia épica de Che Guevara feita em duas partes.

Aqueles que vêm para Campeche muitas vezes estão a caminho das ruínas de Palenque (Capítulo 9), ou da região de Río Bec (Capítulo 7), ou acabam vindo para aqui sem querer. É preciso dizer que Campeche não é bem-preparada para o turismo estrangeiro como Mérida, embora esteja chegando lá. Além disso, não espere tanto da vida noturna, exceto nas noites de fim de semana, quando a praça principal se torna uma grande festa de rua.

A história de Campeche é repleta de drama. Os conquistadores chegaram em 1517, quando Francisco de Córdoba desembarcou aqui enquanto explorava a costa, e permaneceu apenas tempo suficiente para celebrar a missa. A resistência nativa realizou tentativas frustradas de se estabelecer aqui, até que Montejo, "o Moço", conseguiu assegurar um acordo em 1540.

Nos séculos XVII e XVIII, piratas saquearam a cidade diversas vezes. A lista inclui quase todos os piratas da época. Em uma ocasião, várias embarcações se juntaram sob o comando do pirata holandês Perna de Pau (a provável inspiração para os diversos piratas de ficção com uma perna só) e conseguiram dominar a cidade. Os campechanos se cansaram de ter de oferecer festas aos piratas e ergueram muros em volta da cidade, com *baluartes* nos pontos mais críticos. Para maior segurança, construíram dois fortes, com fossos e pontes levadiças, nos morros que contornam Campeche. Havia quatro portões nos muros, dois dos quais ainda estão de pé: a Puerta de Mar e a Puerta de la Tierra. Os piratas nem se preocuparam em voltar, mas na turbulenta história política do México, a cidade resistiu a algumas ofensivas de diferentes exércitos. Finalmente, no início do século XX, o muro foi demolido, mas os baluartes e os portões principais permanecem, assim como as duas fortalezas sobre os morros. A maioria dos baluartes e ambos os fortes agora abrigam museus.

Informações Básicas

CHEGANDO LÁ E PARTINDO De Avião A **Aeromexico** (© 981/816-6656; www.aeromexico.com.mx) opera voos diários de ida e volta para a Cidade do México. O **aeroporto** de Campeche fica vários quilômetros a nordeste do centro da cidade; você precisará pegar um táxi para a cidade (cerca de $100).

De Carro A Autoestrada 180 vai ao sul saindo de Mérida, passando perto da da vila produtora de cestas, Halacho, e perto de Becal, conhecida por seus tecelões de chapéus Panamá. A viagem leva duas horas e meia. O caminho mais longo partindo de Mérida é pela Autoestrada 261 via Uxmal.

Ao dirigir de Campeche para Mérida pela Autoestrada 180, siga para o norte pela Avenida Ruiz Cortines, mantendo-se à esquerda para ir pelo litoral (ela se torna Av. Pedro Sainz de Baranda, mas não há indicação disso). Siga a estrada quando ela vira em direção ao interior para a Autoestrada 180, onde você deverá virar à esquerda (há um posto de gasolina no cruzamento).

Campeche

ATRAÇÕES
Baluarte San Juan 19
Botanical Garden 3
Casa 6 Centro Cultural 7
Casa de Artesanías Tukulná 11
Mansion Carvajal 4
Museo de la Ciudad 16
Museo de la Cultura Maya 8
Puerta de Tierra 13

HOSPEDAGEM
Hacienda Puerta Campeche 12
Hotel Castelmar 14
Hotel Del Mar 9
Hotel Francis Drake 17
Hotel López 15

REFEIÇÕES
Cactus 18
Casa Vieja 6
Cenaduria los Portales 1
La Parroquia 5
La Pigua 2
Marganzo 10

Para ir de Campeche a Edzná e Uxmal, siga para o norte pela Ruiz Cortines ou pela Gobernadores, e vire à direita na Madero, que leva à Autoestrada 281. Para ir para o sul, para Villahermosa, pegue a Ruiz Cortines sul.

De Ônibus A **ADO** (✆ **981/816-2802**) oferece um ônibus *de paso* (de passagem) de primeira classe para Palenque (6 h; $254) quatro vezes por dia, e ônibus para Mérida (2,5 h; $144) de hora em hora das 5 h 30 min até meia-noite. A **rodoviária** ADO fica na Avenida Patricio Trueba com a Avenida Casa de Justicia, a quase 2 km de Puerta de Tierra. A rodoviária de segunda classe, com serviço para cidades próximas e para Mérida, fica na Avenida Gobernadores com a Calle 45 (também chamada de Calle Chile, no lado leste da Gobernadores).

INFORMAÇÃO A **Secretaria de Turismo do Estado de Campeche** (✆ **981/811-9229**; fax 981/816-6767; http://campeche.travel) fica na Plaza Moch-Couoh, na Avenida Ruiz Cortines s/n (entre as Calles 63 e 65). Abre diariamente das 8 h às 16 h e das 18 h às 21 h. Este é um dos prédios do estado entre o centro histórico e o litoral. Também há escritórios de informação turística no Baluarte de San Pedro (diariamente das 9 h às 13 h e 17 h às 21 h) e na Casa 6 (diariamente das 9 h às 21 h). A **Secretaria de Turismo e Cultura** da cidade (✆ **981/811-3989**) fica na Calle 55 entre as Calles 10 e 8; abre diariamente das 9 h às 21 h.

LAYOUT DA CIDADE De longe, a característica mais interessante da cidade é a antiga parte restaurada, que em sua maioria já foi cercada por muros. Originalmente, o muro junto ao mar ficava na beira da água, mas há agora a faixa de areia entre o antigo muro e o litoral. É aqui que você encontrará a maioria dos prédios do governo estadual, que foram construídos em um estilo evidentemente modernista, ao redor da **Plaza Moch-Couoh**: prédios como a torre empresarial **Edifício de los Poderes**, ou o **Palacio de Gobierno** e a futurista **Cámara de Diputados**, que se parece com um marisco em estilo cubista.

O sistema de numeração das ruas de Campeche é típico de Yucatán, exceto pelo fato de os números das rua norte-sul aumentarem em direção ao leste, em vez do contrário.

DANDO UMA VOLTA AQUI E ALI É possível ir andando da cidade antiga para a maioria dos pontos turísticos, restaurantes e hotéis recomendados, exceto para os dois fortes-museus. Campeche é meio complicada para se andar de ônibus, portanto, para os locais que não são suficientemente próximos para uma caminhada, pegue um táxi; eles são baratos.

INFORMAÇÕES ÚTEIS CAMPECHE

Código de Área O código de área telefônico é **981**.

Caixas Eletrônicos Há mais de dez caixas eletrônicos pelo centro da cidade.

Acesso à Internet Há vários lugares para se checar e-mails na cidade — basta procurar indicações com as palavras internet ou cybercafe.

Agência dos Correios O *correo* fica no Edifício Federal, na Avenida 16 de Septiembre com a Calle 53 (✆ **981/816-2134**), perto do Baluarte de Santiago; abre de segunda a sábado, das 7 h 30 min às 20 h.

Parque Principal em Campeche à noite.

Explorando Campeche

Com lugares bonitos, povo hospitaleiro e um ritmo de vida tranquilo, Campeche é feita para se caminhar. Suas mais de mil fachadas restauradas e prédios reformados, mansões grandiosas, prédios monumentais e igrejas ornamentadas podem ser vistas rapidamente em meio dia, ou realmente aproveitadas, juntamente com alguns passeios de um dia, por uma semana inteira.

DENTRO DOS MUROS DA CIDADE

O ponto de partida natural é o modesto mas muito bonito *zócalo*, ou **Parque Principal** ★, delimitado pelas Calles 55 e 57, que vão de leste a oeste, e Calles 8 e 10, que vão de norte a sul. Nas noites de sábado e domingo, as ruas fecham e bandas tomam conta do coreto. As pessoas montam mesas nas ruas, e uma exuberante festa de rua começa. A construção da **catedral** no lado norte, cujas torres de sino em formato de coroa dominam a praça, começou em 1650, sendo finalmente concluída 150 anos depois. Uma maneira agradável de ver a cidade é fazer o passeio pelo *tranvía* (bonde), que sai da praça aproximadamente de hora em hora, entre 9 h e 13 h e entre 17 h e 21 h. O passeio de 45 minutos custa $70.

Baluarte San Juan O menor baluarte da cidade mantém uma exposição sobre a história dos baluartes e um antigo calabouço subterrâneo. O único pedaço que resta do muro da antiga cidade liga San Juan a Puerta de Tierra. A curta caminhada entre os dois oferece uma vista incomparável das cidades antiga e nova.

Calle 18, entre as Calles 8 e 10. Não tem telefone. Entrada gratuita. Terça a domingo, das 8 h às 19 h 30 min.

Jardim Botânico O Jardín Botánico Xmuch'haltun possui cerca de 250 espécies de plantas exóticas e comuns, incluindo uma enorme árvore *ceiba*, em um minúsculo pátio cercado por muros de pedra do último baluarte construído por Campeche (Baluarte de Santiago).

Av. 16 de Septiembre com a Calle 49. Não tem telefone. Entrada gratuita. De segunda a sexta, das 9 h às 20 h, de sábado a domingo das 9 h às 13 h.

Casa 6 Centro Cultural ★★ Alguns cômodos desta casa colonial reformada foram decorados com móveis e acessórios de época. O estuque tradicional e a cozinha terracota são feitos da mesma forma como os campechanos fazem hoje em dia. O pátio de arcos mistilíneos, sustentado por colunas dóricas simples, é impressionante. A frente da casa é agora um centro cultural, com um restaurante de pátio e uma livraria especializada na história de Campeche. Um quarto foi transformado em um espaço de exibições.

Calle 57 n° 6. Não tem telefone. Entrada gratuita. Aberto diariamente das 9 h às 21 h.

Mansion Carvajal ★ Outra extraordinária mansão colonial, construída por um dos mais ricos *hacendados* de Yucatán, no início do século XIX, hoje é usada para fins mais prosaicos e contemporâneos, como escritórios estaduais, mas fica aberta ao público durante a semana. É mais famosa por sua enorme escadaria em mármore de Carrara, que se curva para o segundo andar aberto e repleto de luz, como se estivesse ascendendo aos céus. Cercada por muros verde-menta pálido, com colunas brancas e sinuosos arcos mouriscos, você se sente como se estivesse de pé sobre um bolo de casamento colossal, de vários andares. Os traçados de Art Nouveau no corrimão de ferro e o piso xadrez preto-e-branco são, digamos, a cereja do bolo.

Calle 10, entre as Calles 51 e 53. Não tem telefone. Entrada gratuita. De segunda a sexta, das 8 h às 14 h 45 min.

Museo de la Ciudad ou Museu da Cidade, com o Baluarte de San Carlos, trata principalmente do design e da construção das fortificações. Um modelo da cidade mostra como ela era em seus dias de glória e fornece uma boa visão geral para se passear no interior dos muros da cidade. Há vários modelos de navios excelentes também. Todo o texto está em espanhol.

Circuito Baluartes e Av. Justo Sierra. Não tem telefone. A entrada custa $25. De terça a sábado, das 9 h às 20 h; domingo das 9 h às 13 h.

Museo de la Cultura Maya O Baluarte de la Soledad, próximo ao portão do mar, abriga o Museo de la Cultura Maya. Quatro salas de artefatos maias recuperados em todo o estado, incluindo colunas de Edzná, dão uma excelente visão geral da escrita, escultura e arquitetura maias. Muitas das estelas estão muito desgastadas, mas desenhos ao lado das pedras permitem a você apreciar o design antigo.

Calle 57 com a Calle 8, de frente para a Plaza Principal. Não tem telefone. A entrada custa $25. Terça a sábado, das 9 h às 20 h; domingo das 9 h às 13 h.

Puerta de Tierra ☺ O Portão da Terra, diferentemente do Portão do Mar reconstruído na extremidade oposta da Calle 59, é o original e está interligado ao último pedaço remanescente do antigo muro da cidade. Um pequeno museu exibe pinturas de piratas e dos fundadores da cidade. O canhão francês de quase 5 ton na entrada, datado de 1732, foi descoberto em 1990. Nas terças,

Uma colorida rua de paralelepípedos de Campeche.

Fuerte-Museo San José el Alto.

sextas e sábados, há um espetáculo de som e luz às 20 h, desde que haja uma venda mínima de ingressos. Uma variação dos populares espetáculos dos sítios arqueológicos, encena contos de piratas com disparos de canhões e luzes piscando. É um pouco exagerado, mas é divertido e as crianças ficam fascinadas.

Calle 59 com o Circuito Baluartes/Av. Gobernadores. Não tem telefone. Entrada gratuita para o museu; espetáculo $52 para adultos, $15 para crianças menores de 11 anos. Diariamente das 9 h às 21 h.

FORA DOS MUROS: VISTAS DESLUMBRANTES

Fuerte-Museo de San José el Alto Este forte é mais alto e tem mais vistas arrebatadoras da cidade e do litoral do que o Fuerte de San Miguel — seus gramados inclinados são um local popular para piqueniques —, mas abriga apenas uma pequena exposição de armas dos séculos XVI e XVII, além de miniaturas de caravelas. A galeria dos piratas malfeitores é irresistível. Pegue um táxi; você vai passar por uma impressionante estátua de Juárez no caminho.

Av. Morazán s/n. Não tem telefone. A entrada custa $27. De terça a domingo, das 9 h 30 min às 17 h 30 min.

Fuerte-Museo San Miguel ★★ Para uma boa vista da cidade e um pequeno e excelente museu, pegue um táxi até o Fuerte-Museo de San Miguel, um pequeno forte com um fosso e uma ponte levadiça. Construído em 1771, foi a mais importante defesa da cidade. O General Santa Anna o invadiu quando atacou Campeche, em 1842. O **Museu da Cultura Maia** foi reformado em 2000 e vale a pena visitar. Os artefatos são organizados em torno de questões centrais da cultura maia. As salas dedicadas aos conceitos maias de vida após a morte exibem uma cativante cena do enterro *in situ*, com máscaras de jade e joias dos túmulos maias de Calakmul. Outra sala explica a cosmologia maia, uma retrata guerras e outra explica os deuses. A história do forte tem uma exposição própria.

Ruta Escénica s/n. Não tem telefone. A entrada custa $34. De terça a sábado, das 9 h às 20 h; domingo das 8 h:00 ao meio-dia.

O malecón de Campeche.

Malecón ★★ Nem tudo que Campeche tem a oferecer diz respeito ao passado. A onda de reformas também tomou conta de cerca de 3 km da beira-mar com um calçadão largo, cheio de palmeiras, decorado com fontes, canhões, áreas para prática de exercícios físicos, jardins e monumentos. A pista de cooper e a ciclovia ficam repletas de moradores ativos, aproveitando o frescor da manhã e da madrugada. Junte-se a eles quando o calor do dia der lugar a um pôr do sol do qual você não esquecerá tão cedo.

Compras

Casa de Artesanías Tukulná Esta loja, administrada por um órgão governamental de assistência à família, ocupa uma mansão restaurada e vende itens de alta qualidade de tudo que é produzido no estado, de produtos têxteis e vestuário, até móveis. Uma exposição detalhada de artesanato regional, nos fundos, inclui demonstração da fabricação de uma rede e a réplica de uma casa maia com paredes de barro.

Calle 10 nº 333 (entre as Calles 59 e 61). **981/816-9088**. Aberto de segunda a sábado, de 10 h às 20 h.

Onde Ficar

As tarifas indicadas incluem o imposto de 17%.

MUITO CARO

Hacienda Puerta Campeche ★★★ Este hotel bonito e original foi criado a partir de várias casas coloniais adjacentes, logo depois da entrada da Puerta de Tierra, no centro colonial de Campeche. Há um jardim tropical no centro e uma piscina que segue através das paredes em ruínas de uma casa. Os quartos têm estilo colonial com um toque especial — são grandes, com pisos de azulejo antigo, cores distintas e tetos em vigas. "Hacienda" faz parte do nome para deixar clara a ligação com as propriedades *hacienda* gerenciadas por hotéis Starwood (pág. 261).

Calle 59 nº 71 (entre as Calles 16 e 18), 24000 Campeche, Camp. **981/816-7508**. Fax 999/923-7963. www.luxurycollection.com. 15 quartos. Alta temporada, quarto superior entre US$ 325 e US$ 445, suíte a partir de US$ 405; baixa temporada, quarto superior entre US$ 245 e US$ 360, suíte a partir de US$ 325. AE, MC, V. Estacionamento gratuito e vigiado. **Atrativos:** restaurante; 2 bares; transfer para o aeroporto; serviço de babá; concierge, piscina externa; serviço de quarto; spa. *No quarto:* ar-condicionado, TV, refrigerador, secador de cabelo, internet, frigobar.

CARO

Motel Del Mar ★ É o típico retângulo de concreto, mas os quartos deste hotel moderno de quatro andares são grandes, iluminados e confortáveis. Todos têm varandas com vista para o Golfo do México. As camas (duas de casal ou uma king size) são confortáveis. O Del Mar fica na avenida principal à beira-mar, entre o litoral e as muralhas da cidade. Você pode fazer reserva aqui para ficar na área de Río Bec, ou pode comprar um pacote que inclua guia e transporte.

Av. Ruiz Cortines 51 (com Calle 59), 24000 Campeche, Camp. **981/811-9192**,-9193. Fax981/811-1618. www.delmarhotel.com.mx. 145 quartos. Quarto duplo a partir de US$ 90. AE, MC, V. Estacionamento gratuito. **Atrativos:** 2 restaurantes; bar; serviço de babá; academia com sauna; piscina grande externa; serviço de quarto; quartos para não fumantes. *No quarto:* ar-condicionado, TV, secador de cabelo.

MODERADO

Hotel Castelmar ★★ ☺ A transformação impressionante dessa antiga pensão aconteceu em 2006. Colunas, arcos e enormes portas em madeira são herança de Puerta de Campeche. O design e ladrilhos originais (desenhos diferentes em cada quarto) permanecem, e há quartos em todos os formatos e tamanhos. Mas os banheiros, a piscina e o deck são novos. Gosto dos quartos com portas duplas que se abrem para uma varanda pequena com vista para a rua, embora algumas pessoas os considerem muito barulhentos. Fica em uma ótima área no *centro histórico*, a dois quarteirões do *zócalo*.

Calle 61 nº 2, entre as calles 8 e 10, 24000 Campeche, Camp. **981/811-1204.** Fax 702/297-6826. www.castelmarhotelcom. 22 quartos. Quarto duplo $850, quarto de categoria superior $950 , suíte júnior $1.150. AE, MC, V. Estacionamento gratuito. **Atrativos:** concierge; piscina externa; solário. *No quarto:* ar-condicionado, TV, secador de cabelo (a pedido), Wi-Fi.

Hotel Francis Drake ★ 🍷 Este hotel de três andares no tranquilo *centro histórico* tem quartos confortáveis e de médio porte, com toques de luxo dificilmente encontrados pelas tarifas que cobram. Os quartos são charmosos, com piso em azulejo, uma cama kingsize, duas duplas ou duas de solteiro. Os modernos banheiros em mármore possuem chuveiros grandes. As suítes são maiores e melhor equipadas do que os quartos. O serviço é atencioso, mesmo que não seja caloroso para os padrões de Campeche. O pequeno restaurante, com um cenário de céu pintado no teto, serve bons exemplos de pratos típicos a preços bastante razoáveis.

Calle 12 nº 207 (entre as Calles 63 e 65), 24000 Campeche, Camp. **981/811-5626**, -5627. www.hotelfrancisdrake.com. 24 quartos. Quarto duplo $795, suíte júnior $905, suíte $1.030. AE, MC, V. Estacionamento gratuito e limitado. **Atrativos:** restaurante; concierge; serviço de quarto. *No quarto:* ar-condicionado, TV, secador de cabelo, frigobar.

BARATO

Hotel López 🍷 Sem igual dentre os hotéis do centro histórico, o López tem estilo Art Deco, com trabalhos em ferro arrojados que percorrem caminhos sinuosos por um pátio oval, ao ar livre. A construção de 1950 foi reformada há vários anos, contando agora com banheiros de azulejos reluzentes, uma nova piscina de cascata e um pequeno café. Os quartos são pequenos e não tão estilosos quanto as áreas públicas, mas são confortáveis e limpos. É o melhor hotel em sua faixa de preço.

Calle 12 nº 189 (entre as Calles 61 e 63), 24000 Campeche, Camp. **981/816-3344**. www.hotellopezcampeche.com. MC, V. 48 quartos. Preço: $500. **Atrativos:** piscina externa. *No quarto:* ar-condicionado, TV.

Onde Comer

Campeche é uma pequena cidade de pescadores, conhecida pelos seus frutos do mar fresquinhos, embora os restaurantes também sirvam pratos iucateques clássicos, feitos com frango, peru, carne de porco e bovina. Campeche também tem a própria cozinha regional, misturando pratos espanhóis, receitas trazidas por piratas de todo o mundo, e as frutas e legumes exóticos típicos da região. Não perca a oportunidade de experimentar a maior especialidade, *pan de cazón* (caçarola de cação) — várias camadas intercalando tortillas com carne de cação e feijão frito, cobertas com molho de tomate. Para uma apresentação barata à culinária campechana, experimente a comida caseira servida em barracas ao redor do *zócalo*, nas noites de fim de semana.

MODERADO

Cactus CARNE/MEXICANO Se não gosta de frutos do mar, ou se já não os aguenta mais, essa churrascaria é a preferida dos locais. O contrafilé é bom, assim como todo o resto, exceto pela *arrachera*, que é o mesmo corte de carne duro usado nas fajitas.

Av. Malecón Justo Sierra. **981/811-1453**. Pratos principais entre $120 e $250. Não aceita cartões de crédito. Aberto diariamente das 7 h às 2 h.

Casa Vieja INTERNACIONAL/MEXICANO O Casa Vieja ficou um pouco… velho. Apesar da mistura de comida iucateque e cubana ainda despertar interesse, a qualidade do serviço tem caído. Mas esse ainda é o espaço mais bonito da cidade, em um mezanino, com vista para a praça principal. Fique nos pratos regionais simples; se tiver sorte, o restaurante estará na boa fase nesse ciclo misterioso de qualidade, no qual tantos restaurantes operam.

Calle 10 nº 319. **981/811-1311**. Não aceita reservas. Pratos principais entre $60 e $160. Não aceita cartões de crédito. Aberto de terça a domingo, das 9 h às 2 h, e segunda das 17 h 30 min às 2 h.

La Pigua ★★★ FRUTOS DO MAR A sala de jantar é uma versão refrigerada de uma cabana tradicional iucateque, mas com paredes de vidro com vista para a mata verde. Certo de estar no cardápio é o peixe recheado com mariscos, que eu recomendo. Se você tiver sorte, também encontrará xaréu em um molho verde temperado com uma erva picante conhecida como *hierba santa*. Outros destaques são o camarão empanado em coco com calda de maçã e *chiles rellenos* com cação. O atendimento é excelente e o proprietário, bastante prestativo, pode preparar o seu fruto do mar preferido, do jeito que você escolher.

Av. Miguel Alemán nº 179A. **981/811-3365**. É recomendável fazer reserva. Pratos principais entre $120 e $260. AE, MC, V. Aberto diariamente das 12 h às 20 h. Da Plaza Principal, caminhe em direção norte por três quarteirões na Calle 8; cruze a Av. Circuito perto do jardim botânico, onde a Calle 8 vira Miguel Alemán; o restaurante fica a menos de dois quarteirões, à direita.

Marganzo ★ FRUTOS DO MAR O cardápio é mais caro na parte de frutos do mar — especialidade da casa. Mas se você se restringir aos pratos iucateques, como o *poc chuc* e o *pollo pibíl*, comerá muito bem por mais ou menos $75. Se preferir frutos do mar, peixe branco recheado com frutos do mar é um dos favoritos. De qualquer maneira, você sairá satisfeito; o cozinheiro sabe o que faz. Embora não seja mais tão barato quanto costumava ser, o café da manhã ainda é a refeição mais popular aqui.

Calle 8 nº 267 (em frente ao Sea Gate). **981/816-3899**. www.marganzo.com. Pratos principais entre $82 e $228. MC, V. Aberto diariamente das 7 h às 23 h.

BARATO

Cenaduría los Portales ★ ANTOJITOS Este é um tradicional local para um jantar campechano; é um pequeno restaurante sob arcos de pedra, em frente à Plaza San

Francisco, no *barrio* (bairro) de San Francisco. Essa é a parte mais antiga da cidade, mas fica do lado de fora do muro, ao norte. Comece com o *horchata* (uma bebida doce e leitosa feita, neste caso, com coco). Experimente a deliciosa sopa de peru e as *sincronizadas* (tostadas) e *panuchos*.

Calle 10 nº 86, Portales San Francisco. ℂ **981/811-1491.** *Antojitos* de $4 a $15. Não aceita cartões de crédito. Aberto diariamente das 18 h à meia-noite.

La Parroquia MEXICANO Este ponto de encontro local oferece um cardápio bom e barato. É ideal para o café da manhã e a *comida corrida* no almoço, com opção de carne assada, almôndegas, carne de porco ou peixe, com arroz ou abobrinha, feijão, tortillas e água com sabor de frutas frescas.

Calle 55 nº 9. ℂ **981/816-8086.** Café da manhã $50; pratos principais de $50 a $130 ; *comida corrida* (servida entre meio-dia e 15 h) de $45 a $55. MC, V. Aberto 24 horas.

Passeios Partindo de Campeche
EDZNÁ ★★

Não deixe de visitar **Edzná** só porque já esteve em Chichén Itzá, Uxmal ou outras ruínas famosas. Há várias razões para ver esta cidade. A área já era povoada em 600 a.C., com a formação urbana antes de 300 a.C. Edzná cresceu de forma impressionante, mostrando habilidades de planejamento urbano consideráveis. Possui um sistema de canal ambicioso e elaborado, que deve ter levado décadas para ser concluído, mas que teria permitido uma grande expansão da produção agrícola e, consequentemente, da concentração populacional.

Outro boom da construção começou por volta de 500 a.C., durante o período Clássico — a característica mais proeminente da cidade, a **Grande Acrópole,** foi

A Pirâmide de Cinco Histórias de Edzná.

iniciada nessa época, e chegou a seu ápice como a grande capital regional, entre 600 e 900 a.C. Este era um ponto central entre atuais cidades de Chiapas, Yucatán e Guatemala, e influências de todas essas áreas aparecem na elegante arquitetura da cidade.

No topo da Grande Acrópole ficam as cinco pirâmides principais, a maior sendo a **Pirâmide de Cinco Histórias,** muito fotografada. Combina as características de plataforma de templo e de palácio. A arquitetura maia consiste tipicamente de construções de palácios com muitas câmaras abobadadas ou plataformas piramidais sólidas, com alguns templos internos ou passagens para túmulos. Os dois tipos de construção em geral ocorrem separadamente — exceto aqui. Esta combinação só é encontrada nas áreas de Puuc e Río Bec, e em apenas alguns exemplos. Mas nenhuma é semelhante a esta, o que a torna um arrojado marco arquitetônico.

Cada uma das quatro pirâmides menores da Acropole é construída em um estilo diferente, e cada uma é um exemplo puro desse estilo. É como se os líderes da cidade exibissem seu cosmopolitismo, mostrando que poderiam construir em qualquer estilo que quisessem, mas preferiram criar a própria arquitetura, de qualidade superior.

A oeste da Acrópole, em uma grande praça aberta, fica uma construção extensa e alta, cuja finalidade não é muito clara. Mas seu tamanho, assim como o da praça, faz você se perguntar quantas pessoas essa cidade realmente abrigava, para exigir um espaço público tão grande. Outras estruturas importantes para explorar incluem a **Plataforma das Facas,** onde foram recuperadas facas de pedra, e o **Templo das Grandes Máscaras,** cercado por faces gêmeas do deus-sol, com salientes olhos estrábicos (um sinal da elite).

Para chegar a Edzná, pegue a Autoestrada 261 leste de Campeche para Cayal, depois a Autoestrada 188 sul por 18 km. Os ônibus de Campeche saem de uma pequena rodoviária por trás do Parque Alameda, que fica junto ao mercado. Planeje ficar uma ou duas horas. O sítio abre diariamente das 8 h às 17 h. A entrada custa $111, incluindo o espetáculo noturno de som e luz, e $45 adicionais se quiser usar uma câmera de vídeo.

CALAKMUL E RÍO BEC

Se estiver interessado em visitar as ruínas ao longo da rota de Río Bec, veja "Passeios às Ruínas Maias de Chetumal", no Capítulo 7. **Calakmul** ★★★ (pág. 240) é um sítio importante, com a pirâmide mais alta da Península de Yucatán; enquanto estiver na região, vale a pena visitar Balamkú e outros sítios de Río Bec. Você pode obter informações e agendar um passeio em Campeche, ou alugar um carro. Calakmul fica longe demais para uma viagem de um dia.

Da região de Calakmul, é fácil atravessar a península até a costa caribenha do sul de Yucatán. Depois você pode seguir pelo litoral e completar uma volta na península.

AS RUÍNAS DE CHICHÉN ITZÁ ★★★

179 km oeste de Cancún, 120 km leste de Mérida; 138 km noroeste de Tulum

As fabulosas ruínas de Chichén Itzá (tchi-tchen it-zá) são de longe os monumentos antigos mais famosos de Yucatán. Infelizmente, a sua coroação como uma "Maravilha do Mundo Novo" tornou essa fantástica cidade mais difícil de ser apreciada. Ainda assim, caminhar entre os templos de pedra, pirâmides e "jogos de bola" dão uma percepção dessa civilização que os livros não podem oferecer, e não há outra maneira de compreender a verdadeira importância da cidade. As praças do centro

As lendárias ruínas de Chichén Itzá.

cerimonial seriam ocupadas por milhares de pessoas durante um dos rituais que ocorriam aqui há um milênio — e são a menina dos olhos das hordas de turistas que passam por aqui todos os dias.

Muito do que é dito sobre os maias (principalmente pelos guias turísticos) é meramente suposição baseada em alguns dados. O que sabemos é que a área foi colonizada por fazendeiros a partir do século IV d.C. Os primeiros sinais de uma sociedade urbana apareceram no século VII, com a construção de templos e palácios no estilo Puuc, encontrados na parte conhecida como "Antiga Chichén". No século X (a era pós-clássica), Chichén Itzá caiu sob o domínio dos Itzaés, que chegaram do México central através da Costa do Golfo. Eles provavelmente foram uma mistura dos índios toltecas dos planaltos, que construíram a cidade de Tula no México central, com os Putun Maya das planícies, uma próspera população de comerciantes. Os séculos seguintes trouxeram o maior crescimento de Chichén Itzá. O estilo grandioso da arquitetura construída durante essa época revela nítida influência tolteca.

Os novos governantes podem ter sido refugiados de Tula. Um mito pré-colombiano do México central fala de uma luta entre os deuses Quetzalcóatl e Tezcatlipoca, que forçou Quetzalcóatl a deixar a terra natal e se aventurar pelo leste. Em outro conto mítico, os perdedores de uma guerra entre facções religiosas de Tula fugiram para o Yucatán, onde foram recebidos pelos maias locais. Com o passar do tempo, os Itzáes cada vez mais adotaram os costumes dos maias. Em algum ponto no fim do século XII, a cidade foi dominada por sua rival, Mayapán.

Embora seja possível fazer uma viagem de um dia de Cancún ou Mérida, pernoitar aqui ou perto de Valladolid torna a viagem mais tranquila. Você poderá assistir ao espetáculo de luzes à noite e voltar para ver as ruínas de manhã cedinho, quando ainda está fresco, antes que os ônibus de turismo comecem a chegar.

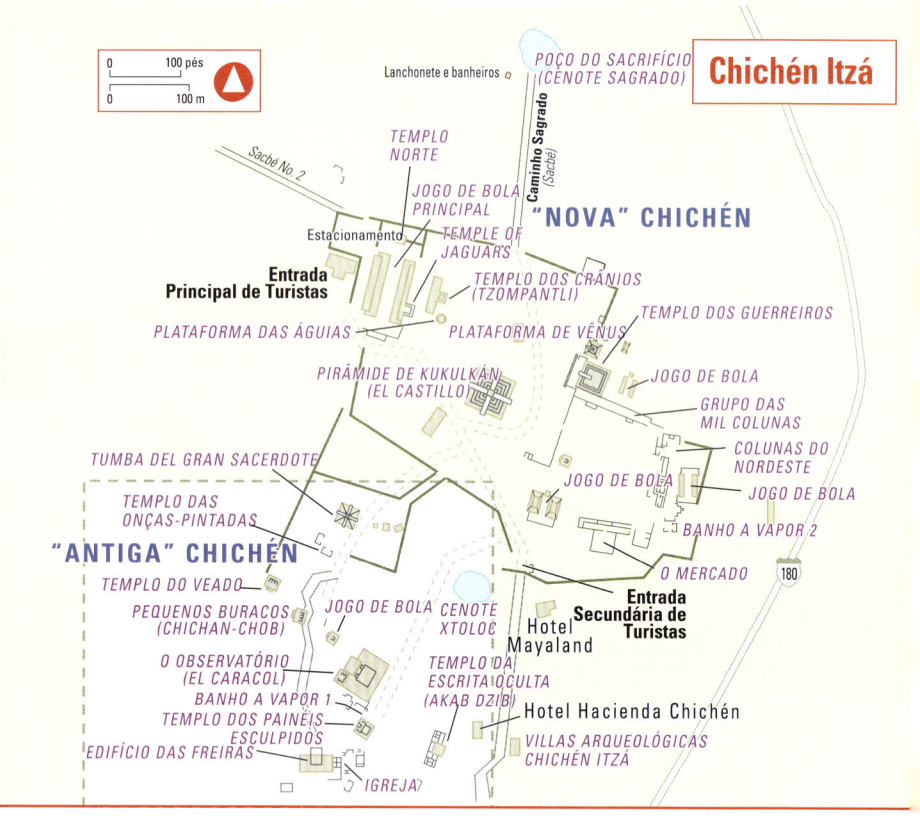

Informações Básicas

CHEGANDO LÁ E PARTINDO De Carro Chichén Itzá fica na antiga Autoestrada 180, entre Mérida e Cancún. O caminho mais rápido para chegar lá de qualquer uma das duas cidades é pela *autopista* (ou *cuota*). O pedágio custa $71 saindo de Mérida (uma hora e meia), $267 saindo de Cancún (duas horas e meia). De Tulum, pegue a autoestrada que leva a Cobá e Chemax, que se interliga à Autoestrada 180 um pouco a leste de Valladolid. Saindo da *autopista*, pegue a estrada na direção de Pisté. Na vila, você vai chegar a um entroncamento na Autoestrada 180 e virar à esquerda para as ruínas; a entrada é bem sinalizada. Na mesma autoestrada, alguns quilômetros depois, você chegará à saída da Zona Hoteleira no Km 121 (primeiro, passará pela entrada leste das ruínas, que normalmente fica fechada).

De Ônibus Ônibus de primeira classe partem da rodoviária CAME de Mérida, quase de hora em hora, e alguns ônibus de primeira classe para Cancún e Playa também fazem paradas aqui. Cancún e Valladolid também têm serviço rodoviário de primeira classe. Há muitos passeios de um dia para Chichén Itzá disponíveis, partindo de Mérida, Cancún e Playa del Carmen (e quase qualquer outro destino em Yucatán).

LAYOUT DA ÁREA A vila de **Pisté**, onde a maioria dos hotéis e restaurantes mais econômicos estão localizados, fica a cerca de 2,5 km a oeste das ruínas. Os ônibus municipais podem deixá-lo aqui. Outro hotel econômico, o Dolores Alba (pág. 308) fica na antiga autoestrada, 2,5 km a leste das ruínas. Três hotéis de luxo se situam na entrada de Chichén Itzá.

Explorando as Ruínas

O sítio ocupa 6,5 km² e requer grande parte do dia para ser visitado. As ruínas ficam abertas diariamente das 8 h às 17 h; as áreas de serviço das 8 h às 22 h. A entrada custa $51 e é grátis para crianças menores de 11 anos. Uma permissão para filmagens custa $45. O estacionamento tem custo extra. *Você pode usar o seu ingresso para entrar novamente no mesmo dia.* O **espetáculo de som e luz** (que vale a pena assistir, já que está pagando por ele de qualquer jeito) é realizado às 19 h ou 20 h, dependendo da temporada, e é em espanhol, mas há fones de ouvido disponíveis para aluguel, em várias línguas. A narrativa é até boa, mas a verdadeira razão para ver o show são as luzes, que exibem a bonita geometria da cidade.

O grande e moderno centro de visitantes da entrada principal consiste em museu, auditório, restaurante, livraria e banheiros. Guias licenciados que falam inglês ou espanhol normalmente esperam na entrada e cobram cerca de $450 para grupos de 1 a 6 pessoas (não há nada de errado em se aproximar de um grupo de pessoas que falam a mesma língua e se oferecer para compartilhar um guia).

Você também pode visitar o sítio por conta própria, mas os guias mostram detalhes arquitetônicos que você pode não perceber sozinho.

Chichén Itzá tem duas partes: a zona (nova) central, que mostra a distinta influência tolteca, e a zona (antiga) sul, com arquitetura predominantemente Puuc. As estruturas mais importantes ficam na Nova Chichén, porém as mais antigas também valem a pena.

EL CASTILLO Ao entrar a partir do centro turístico, o El Castillo (também chamado de Pirâmide de Kulkulkán), magnífico monumento de 25 m e ícone do turismo de Yucatán, fica logo em frente, do outro lado de uma área gramada aberta. Foi construído com base no calendário maia. As quatro escadarias levam à plataforma central, cada uma com 91 degraus, que somados à plataforma totalizam os 365 dias do ano solar. Os 18 terraços em volta das escadarias, em cada face

O espetáculo de som e luz ilumina as pirâmides de Chichén Itzá.

da pirâmide, totalizam o número de meses do calendário religioso maia. Os terraços contêm um total de 52 painéis, que representam o ciclo de 52 anos, quando os calendários solar e religioso se convergem. A pirâmide, agora fechada para escaladas, fica alinhada de forma que o **equinócio** de **primavera** ou **outono** (21 de março ou 21 de setembro) cria uma ilusão de ótica: o sol que se põe projeta a sombra do terraço sobre a escadaria do norte, formando uma imagem quadriculada que remete aos desenhos geométricos de uma cobra. Ao se encontrar com a cabeça da serpente gigante na parte de baixo, a sombra parece deslizar para baixo da pirâmide enquanto o sol se põe, um fenômeno que traz muitos visitantes todos os anos (o efeito é mais conceitual do que visual, e, francamente, as ruínas são muito mais agradáveis em outros dias menos movimentados).

Como a maioria das pirâmides maias, El Castillo foi construída sobre uma estrutura anterior. Uma escada estreita na extremidade oeste da escadaria norte leva para dentro da pirâmide até um trono-altar de sacrifícios — um jaguar vermelho com incrustações de jade. A escadaria abre das 11 h às 15 h e é apertada, normalmente lotada, úmida e desconfortável. Uma visita no início do dia é melhor. Não são permitidas fotos da figura do jaguar.

JUGO DE PELOTA ("JOGO DE BOLA" PRINCIPAL) A noroeste de El Castillo fica o principal "jogo de bola" de Chichén, o maior e mais bem-preservado de todos, e apenas um dos nove "jogos de bola" construídos nesta cidade. Nas duas paredes laterais, cenas maias esculpidas mostram figuras maias vestidas como jogadores de bola e usando pesadas proteções estofadas. Um jogador sem cabeça se ajoelha com sangue jorrando do pescoço, enquanto outro, segurando a cabeça, apenas olha.

Jogadores de dois times tentavam passar uma bola de borracha dura através de um dos dois anéis de pedra colocados no alto de cada parede, usando apenas os cotovelos, joelhos e quadris. Segundo a lenda, os perdedores pagavam pela derrota com suas vidas. No entanto, alguns especialistas dizem que os vencedores seriam os únicos sacrifícios apropriados para os deuses. De qualquer maneira, o jogo, chamado de pok-ta-pok, deve ter sido fascinante, ressaltado pela acústica maravilhosa do "campo".

O TEMPLO DO NORTE Há templos em ambas as extremidades do campo do "jogo de bola". O Templo do Norte tem colunas esculpidas e mais esculturas no interior, assim como murais quase destruídos. A acústica do campo é tão boa que do Templo do Norte é possível ouvir claramente uma pessoa falando no extremo oposto, a cerca de 135 m de distância.

TEMPLO DOS JAGUARES (ONÇAS PINTADAS) Perto do canto sudeste do campo do "jogo de bola" principal fica um pequeno templo com colunas em forma de serpente e painéis esculpidos, mostrando guerreiros e onças. Degraus acima e para dentro do templo, um mural retrata uma batalha em uma vila maia.

TZOMPANTLI (TEMPLO DOS CRÂNIOS) À direita do campo do "jogo de bola", o Templo dos Crânios ob-

Jogadores tentavam passar uma bola de borracha dura através deste anel de pedra no alto da parede, usando apenas os cotovelos, joelhos e quadris.

O Templo dos Crânios.

viamente imita as cidades pós-clássicas do México central. Observe as fileiras de crânios esculpidos na plataforma de pedra: quando a cabeça de uma vítima de sacrifício era cortada, era empalada num poste e exibida com outras em uma fileira. Também esculpidas nas pedras, imagens mostram águias arrancando corações de vítimas humanas. A palavra *Tzompantli* não é maia, mas vem do México central.

PLATAFORMA DAS ÁGUIAS Próxima ao Tzompantli, esta pequena plataforma tem relevos mostrando águias e onças agarrando corações humanos, assim como uma cabeça humana que emerge da boca de uma serpente.

PLATAFORMA DE VÊNUS Fica a leste de Tzompantli e ao norte de El Castillo, perto da estrada para o Cenote Sagrado. De acordo com histórias maias e toltecas, um monstro de penas, ou uma serpente emplumada, com uma cabeça humana na boca representava Vênus. É também chamada de tumba de Chaac-Mool, por causa da figura que foi descoberta "enterrada" dentro da estrutura.

CENOTE SAGRADO Siga a estrada de terra (na verdade um antigo *sacbé*, ou passadiço) que sai da Plataforma de Vênus em direção ao norte por 5 minutos para chegar ao grande poço natural, que pode ter dado a Chichén Itzá (o Poço dos Itzáes) seu nome. Este poço foi usado para fins cerimoniais, e ossos de crianças e adultos, vítimas de sacrifícios, foram encontrados na parte inferior.

Edward Thompson, que era o cônsul americano em Mérida e professor de Harvard, adquiriu as ruínas de Chichén no início do século XX e explorou o cenote com dragas e mergulhadores. Ele desenterrou uma fortuna em ouro e jade, dos quais a maior parte acabou no Museu de Peabody de Arqueologia e Etnologia em Harvard — uma questão que deixa os classicistas mexicanos desconcertados até hoje. Escavações na década de 1960 renderam mais tesouros, e os estudos dos objetos recuperados mostram que as oferendas vinham de todo o Yucatán e de mais longe ainda.

TEMPLO DE LOS GUERREROS A influência tolteca é muito evidente no extremo leste da praça. A leste de El Castillo fica uma das estruturas mais impressionantes de Chichén Itzá, o Templo dos Guerreiros, em homenagem às esculturasras de guerreiros marchando em suas paredes. O templo e as fileiras de colunas quase greco-romanas ao seu redor são também chamados de Grupo das Mil Colunas e lembram o grande sítio tolteca de Tula. Uma figura de Chaac-Mool fica no topo do templo (visível apenas a uma certa distância, agora que o templo está fechado para escaladas), rodeada por impressionantes colunas esculpidas em relevo para se parecerem com enormes serpentes emplumadas. Ao sul do templo ficava uma construção quadrada que os arqueólogos chamam de **El Mercado**; uma colunata rodeia a sua quadra central.

A estrada principal que liga Mérida a Cancún passava por dentro das ruínas de Chichén, e, embora tenha sido desviada, você ainda pode ver a grande faixa que ela cortava. A sul e a oeste do caminho da antiga autoestrada ficam outras construções impressionantes em ruínas.

TUMBA DEL GRAN SACERDOTE Depois da barraca de lanches à direita do caminho, o Túmulo do Grande Sacerdote mostra a influência tolteca e puuc. A pirâmide de 9 m, com escadarias dos dois lados que retratam serpentes com penas, possui uma semelhança distinta com El Castillo. Sob a sua fundação fica um ossuário (um cemitério popular) em uma caverna de pedra calcária natural, onde esqueletos e oferendas foram encontrados.

CASA DE LOS METATES (TEMPLO DOS ESMERIS) Esta construção, a próxima à sua direita, tem o nome das pedras maias côncavas, usadas para moagem de milho.

TEMPLO DEL VENADO (TEMPLO DO VEADO) Depois da Casa de los Metates, fica esta construção alta, mas em ruínas. O relevo de um veado, que deu ao templo seu nome, já se foi há muito tempo.

CHICHANCHOB (PEQUENOS BURACOS) Este templo tem uma cúpula com pequenos buracos, três máscaras do deus da chuva Chaac, três ambientes e uma boa vista das estruturas adjacentes. É uma das construções mais antigas de Chichén, construída no estilo puuc durante o fim do período Clássico.

O El Caracol de Chichén Itzá tem o formato de um caracol.

EL CARACOL (O OBSERVATÓRIO) Uma das mais intrigantes estruturas de Chichén fica na parte antiga da cidade. De longe, a torre arredondada de El Caracol (por causa do seu formato), às vezes chamada de O Observatório, se parece com qualquer observatório moderno. A construção desta complexa estrutura, com sua torre circular, foi realizada ao longo de séculos, adquirindo expansões e modificações, já que as cuidadosas observações celestiais maias necessitavam de medições cada vez mais precisas. Muito diferente de outras construções maias, as entradas, escadarias e os ângulos não são alinhados uns aos outros. Quatro portas levam à torre e a uma câmara circular, onde uma escada em caracol leva ao andar superior. As fendas do teto são alinhadas com os equinócios do sol. Os astrônomos observavam os pontos cardeais e a chegada dos importantíssimos equinócios de primavera e outono, assim como o solstício de verão.

No lado leste de El Caracol, um caminho leva ao norte, para dentro da mata até o **Cenote Xtoloc**, um poço natural de pedra calcária que fornecia a água para abastecimento da cidade. Se vir lagartos tomando banho de sol por lá, eles podem muito bem ser os *xtoloc*, as espécies que dão nome ao cenote.

TEMPLO DE LOS TABLEROS (TEMPLO DOS PAINÉIS) Logo ao sul de El Caracol ficam as ruínas de um *temazcalli* (banho a vapor) e o Templo dos Painéis, que recebeu esse nome por causa dos painéis esculpidos no topo. Restam alguns traços de uma estrutura muito maior que cobria o templo.

EDIFICIO DE LAS MONJAS (EDIFÍCIO DAS FREIRAS) Este enorme convento lembra os palácios dos sítios ao longo da rota Puuc. O novo edifício foi construído no fim do período Clássico em cima de um mais antigo. Para provar isso, um arqueólogo do início do século XX colocou dinamite entre os dois e explodiu parte do exterior, revelando as estruturas antigas do interior. Bruto, talvez, porém eficaz.

No lado leste do Edifício das Freiras fica o **Anexo Este** (**anexo**), construído em estilo chenes, bem ornamentado, com máscaras Chaac e serpentes.

LA IGLESIA (A IGREJA) Próximo ao anexo fica outra estrutura das mais antigas de Chichén, a Igreja. Máscaras de Chaac decoram os dois andares superiores; um olhar mais atento revela símbolos como tatu, caranguejo, caracol e cágado no meio da multidão de Chaacs. Estes representam os deuses maias, chamados *bacah*, cujo trabalho era segurar o céu.

AKAB DZIB (TEMPLO DA ESCRITA OCULTA) Amado por escritores de turismo, este templo fica a leste do Edifício das Freiras. Acima de uma porta, em uma das salas, há alguns glifos maias, que deram nome ao templo, pela dificuldade de decifrá-los. Em outras salas, vestígios de impressões de mãos vermelhas ainda são visíveis. Reconstruído e ampliado ao longo dos séculos, Akab Dzib pode ser a estrutura mais antiga do sítio.

CHICHÉN VIEJO (ANTIGA CHICHÉN) Para visitar as estruturas mais antigas de Chichén, construídas bem antes da influência tolteca, siga as indicações partindo do Edifício das Freiras para o sudoeste, pela mata, até a Antiga Chichén, cerca de 1 km. Esteja preparado para esta caminhada com calças compridas, repelente de insetos e um guia local. Atrações aqui incluem o Templo de los Inscripciones Iniciales (Templo das Primeiras Inscrições), com as inscrições mais antigas já descobertas em Chichén, e o restaurado Templo de los Dinteles (Templo dos Lintéis), uma bela estrutura Puuc. Algumas dessas construções estão sendo restauradas.

Onde Ficar

Todos os hotéis caros de Chichén ocupam áreas bonitas, ficam perto das ruínas, servem comida decente e têm números de telefone gratuitos para reservas. Eles fecham pacotes rápidos com as operadoras de turismo — podem estar vazios em um dia e cheios no dia seguinte. Destes hotéis, você pode caminhar facilmente até a entrada de trás das ruínas, ao lado do Hotel Mayaland. Vários hotéis de baixo custo ficam logo a oeste das ruínas, na vila de Pisté, que não tem muitos atrativos. Outra opção é se hospedar na cidade colonial de Valladolid (pág. 311), a 40 minutos de distância.

CARO

Hacienda Chichén Resort ★★ O menor e mais privativo dos hotéis na entrada das ruínas é também o mais tranquilo. A antiga hacienda já serviu como quartel general para as escavações do Instituto Carnegie, em 1923; os bangalôs construídos para serem residências dos trabalhadores do instituto agora abrigam uma ou duas unidades com desumidificador, ventilador de teto e bom ar-condicionado. Os pisos são de cerâmica, os tetos de estuque com vigas de madeira e as paredes são adornadas com pedra esculpida. Árvores e plantas tropicais enchem os jardins bem-cuidados, que você pode curtir de sua varanda privativa ou do terraço do restaurante, que ocupa parte da casa principal original. Os quartos standard têm uma cama queen-size, duas de solteiro, ou duas camas de casal; as suítes possuem camas king size.

Zona Arqueológica, 97751 Chichén Itzá, Yuc. ☎/fax **988/851-0045.** www.haciendachichen.com. Escritório de reservas em Mérida 999/920-8407. 28 quartos. Alta temporada, quarto duplo de US$ 165 a US$ 180, suíte de US$ 200 a US$ 280; baixa temporada, quarto duplo US$ 120, suíte de US$ 135 a US$ 180. Tarifas promocionais disponíveis. AE, MC, V. Estacionamento gratuito e vigiado. **Atrativos:** restaurante; 2 bares; piscina externa grande; quartos para não fumantes; spa. *No quarto:* ar-condicionado, secador de cabelo, frigobar, não tem telefone.

MODERADO

Villas Arqueológicas Chichén Itzá ★ ☺ Semelhante à filial de Uxmal, este hotel foi construído em volta de um pátio com piscina, e é um bom equilíbrio entre uma hospedagem de baixo custo e hotéis mais luxuosos nos arredores. É de longe o melhor investimento se quiser ficar perto da entrada para as ruínas (uma caminhada de 5 a 10 minutos em uma estrada tranquila). O terreno é exuberante, com dois enormes flamboyants e muros com buganvílias. Os quartos são modernos, limpos e bem confortáveis, a menos que você tenha 1,90 m de altura ou mais — cada cama fica em um cantinho com paredes na cabeça e nos pés. A maioria dos quartos tem uma cama de casal e uma cama de solteiro, e o Islander acrescentou algumas suítes. Você também pode reservar um plano de meia pensão ou pensão completa.

Zona Arqueológica, Km 120 Carretera Mérida Valladolid, 97751 Chichén Itzá, Yuc. ☎ **985/856-6000.** Fax 985/856-6008. www.islandercollection.com. 45 quartos. Quarto duplo de US$ 58 a US$ 83, suíte de US$ 121 a US$ 173. As tarifas incluem café da manhã. Meia pensão (café da manhã mais almoço ou jantar) US$ 20 por pessoa; pensão completa (3 refeições) US$ 35 por pessoa. AE, MC, V. Estacionamento gratuito. **Atrativos:** restaurante; bar; piscina externa grande; quadra de tênis; Wi-Fi em áreas públicas. *No quarto:* ar-condicionado, secador de cabelo.

BARATO

Hotel Dolores Alba 🍴 Este hotel de baixo custo, um dos preferidos da região, é uma pechincha para o que oferece: duas piscinas (uma alimentada por uma fonte natural); redes penduradas embaixo de *palapas*; e quartos amplos e confortáveis, com alguns detalhes coloridos no estilo hacienda, que vêm com duas camas de casal. O restaurante serve refeições de qualidade a preços moderados. O hotel oferece transporte gratuito para as ruínas e as Cavernas de Balankanché durante o horário de visita, mas você terá de pegar um táxi de volta. Fica localizado na auto-estrada, 2,5 km a leste das ruínas (na direção de Valladolid).

Carretera Mérida-Valladolid Km 122, Yuc. ℂ **985/858-1555**. www.doloresalba.com. Reservas: Hotel Dolores Alba, Calle 63 nº 464, 97000 Mérida, Yuc. ℂ **999/928-5650**; fax 999/928-3163). 40 quartos. Quarto duplo $550. MC, V (8% de taxa). Estacionamento gratuito. **Atrativos:** restaurante; bar; 2 piscinas externas; serviço de quarto. *No quarto:* ar-condicionado, TV, não tem telefone.

Onde Comer

Esta área não tem uma comida excelente, mas tem bastante comida decente; as escolhas simples são as melhores. O restaurante do centro de visitantes das ruínas serve lanches razoáveis. Os restaurantes de hotel, em sua maioria, fazem um bom trabalho, embora sejam mais caros do que deveriam. Na vila de Pisté, você pode experimentar um dos restaurantes ao longo da autoestrada que atendem aos ônibus de turismo, como o **Fiesta** (ℂ **985/851-0111**). O melhor é um almoço mais cedo ou no horário normal de jantar, quando os ônibus já se foram.

Outras Atrações da Área

Ik-Kil é um cenote grande e profundo, na autoestrada em frente ao Hotel Dolores Alba, 2,5 km a leste da entrada principal para as ruínas. Descer até a beira da água requer uma caminhada de muitos degraus, mas são mais fáceis de andar do que os de Dzitnup. A vista de cima e de baixo é fantástica, com muita vegetação tropical e cortinas de raízes de árvores penduradas, que se estendem até a superfície da água. A melhor hora para tomar banho é antes das 11 h 30 min, quando os ônibus de turismo começam a chegar. Essas operadoras de turismo são os principais clientes de Ik-Kil, que também tem um restaurante e lojas de souvenirs. O cenote abre diariamente das 8 hàs17h. A entrada custa $60 para adultos e $30 para criança de 7 a 12 anos.

A **Caverna dos Balankanché** fica a 5,5 km de Chichén Itzá, na estrada para Valladolid e Cancún. Os táxis farão a viagem e esperarão por você. O passeio completo dura cerca de meia hora, mas a caminhada lá dentro é quente e úmida. Este é o passeio em cavernas mais ameno de Yucatán, com piso fácil de andar e a menor quantidade de caminhadas e escaladas. Inclui um tour gravado superficial e pouco informativo. O destaque é uma câmara redonda com uma coluna central, que se assemelha a uma grande árvore. A caverna tornou-se um refúgio durante a Guerra das Castas e você ainda pode ver vestígios de esculturas e incenso queimado, assim como um riacho subterrâneo que fornecia água aos refugiados. Do lado de fora, ande pelos jardins botânicos, onde quase tudo é etiquetado com os nomes comuns e científicos.

A entrada custa $48, grátis para crianças entre 6 e 12 anos (menores de 6 anos não podem entrar).

A utilização de uma câmera de vídeo custa $45 (grátis se você tiver comprado uma autorização em Chichén, no início do dia). Os passeios em inglês são às 11 h, 13 h e 15 h, e em espanhol, às 9 h, 12 h, 14 h e 16 h. Confirme esses horários na entrada principal para as ruínas de Chichén.

VALLADOLID

40 km leste de Chichén Itzá; 160 km sudoeste de Cancún; 98 km noroeste de Tulum

Valladolid (pronuncia-se "ba-iá-dó-lid") é uma pequena cidade colonial, na metadedo caminho entre Mérida e Cancún. Uma das primeiras fortalezas espanholas e ponto crítico da Guerra das Castas (pág. 31), a cidade ainda tem belos prédios coloniais e

Valladolid

ATRAÇÕES
Cenote Zací **5**
El Ayuntamiento **9**
Iglesia de San Gervasio **8**
Mercado de Artesanías **2**
Museo San Roque **10**
San Bernardino de Siena **11**

HOSPEDAGEM
Casa Quetzal **12**
El Mesón del Marqués **3**
Hotel San Clemente **7**
Hotel Zaci **1**

REFEIÇÕES
Bazar Municipal **4**
Hostería El Marqués **3**
Las Campanas **6**

estruturas do século XIX, que a tornam um lugar agradável para relaxar no verdadeiro Yucatán. As pessoas são amigáveis e informais, e o único desafio real é o calor. A economia da cidade é baseada no comércio e na produção em pequena escala.

Fica perto de alguns cenotes famosos, das ruínas intrigantes de Ek Balam, dos flamingos nidificantes de Ría Lagartos e das praias cheias de areia de Isla Holbox (pág. 317). É mais perto de Chichén Itzá do que de Mérida, tornando-a uma boa alternativa de base para exploração.

Informações Básicas

CHEGANDO LÁ E PARTINDO De carro De Mérida ou Cancún, você pode pegar a Autoestrada 180 *cuota* (com pedágio) ou a Autoestrada 180 *libre* (gratuita). O pedágio custa $241 saindo de Cancún e $124 saindo de Mérida. A **cuota** passa 2 km ao norte da cidade; a saída fica no cruzamento da Autoestrada 295 para Tizimín. A **Autoestrada 180** *libre*, que passa por várias vilas (com seus indispensáveis *topes*), demora muito mais. Tanto a 180 quanto a 295 levam direto para o centro da cidade. Partir é tão fácil quanto: da praça principal, a Calle 41 vira a 180 leste para Cancún; a Calle 39 segue em direção à 180 oeste para Chichén Itzá e Mérida. Para pegar a *cuota* para Mérida ou Cancún, pegue a Calle 40 (veja "Layout da Cidade" abaixo).

De Ônibus Os ônibus partem o dia todo para Mérida ($134) e Cancún ($82). Você também pode pegar vários ônibus por dia para Playa del Carmen ($96) e Tulum ($64). Para chegar a Chichén Itzá, pegue um ônibus de segunda classe, que parte, pelo menos, de hora em hora. A recém-reformada rodoviária fica na esquina das Calles 39 e 46.

INFORMAÇÕES TURÍSTICAS O pequeno **escritório de turismo** fica no Palacio Municipal, aberto de segunda a sexta, das 8 h às 21 h, sábado e domingo das 9 h às 21 h.

LAYOUT DA CIDADE O layout de Valladolid é o padrão para cidades de Yucatán: as ruas no sentido norte-sul são números pares; as de leste a oeste são números ímpares. A praça principal é delimitada pela Calle 39 ao norte, 41 ao sul, 40 a leste e 42 a oeste. O nome da praça é Parque Francisco Cantón Rosado, mas todos a chamam de **El Centro**. É fácil encontrar táxis.

Explorando Valladolid

Antes de se tornar Valladolid, a cidade era um povoado maia chamado Zací (za-qui), que significa "gavião branco". O antigo nome ainda vive no cenote de um pequeno parque, no cruzamento das Calles 39 e 36. A trilha longa, porém fácil de fazer, no **Cenote Zací** ★ passa por cavernas, estalactites e cipós que dão um ar pré-histórico ao lugar, mas o teto parcialmente aberto do cenote ilumina o ambiente. É um ótimo lugar para se refrescar, seja dando um mergulho, seja balançando os pés na água e deixando os peixe morderem os dedos dos seus pés, ou seja simplesmente para fugir do calor e do barulho. Depois de vários passeios pelos dois, acho Zací mais tranquilo e tão bonito quanto os cenotes famosos de fora da cidade (pág. 315). O parque, que tem um grande restaurante de *palapa* e vista para o cenote, é grátis; a entrada para o cenote custa $15.

A dez quarteirões a sudoeste da praça principal fica o mosteiro franciscano de **San Bernardino de Siena** ★★, datado de 1552. O complexo do mosteiro foi saqueado durante a Guerra das Castas, mas um retábulo barroco e alguns quadros marcantes do século XVII ainda estão por lá. A maior parte do complexo foi construída no início do século XVII; acredita-se que um grande rio subterrâneo passe por baixo do convento e de seus arredores, que é chamado de Barrio Sisal ("sisal", neste caso, é uma corruptela da frase maia *sis-ha*, que significa "água fria"). O *barrio* foi extensivamente restaurado e é uma maravilha. Para uma verdadeira diversão,

Cenote Zací.

Mosteiro de San Bernardino de Siena.

passeie pela **Calzada de los Frailes** (**Calçada dos Frades**) ★. Da esquina das Calles 41 e 46, siga pela Calle 41A, a rua de paralelepípedos que segue na diagonal para o sudoeste, a cerca de 1 km do mosteiro. A estrada é repleta de enormes vasos de barro e passa por casas coloniais pintadas com requinte.

A **praça principal** de Valladolid é o centro social da cidade, e um mercado próspero de roupas iucateque. A praça foi reformada no fim de 2009 e início de 2010 e todas as exuberantes e sombrosas árvores antigas foram preservadas. Os bancos e *confidenciales* (cadeiras em forma de S para amigos ou amantes conversarem ou trocarem carinhos frente a frente) do Velho Mundo foram substituídos ou repintados. Embora os prédios em volta da praça tenham sido repintados, uma nova iluminação adicionada, e as calçadas repavimentadas, a praça ainda conserva seu ar colonial.

No lado sul da praça fica uma imponente catedral, a **Iglesia de San Gervasio** (às vezes chamada Parroquia de San Servacio). Suas grossas paredes de pedra não foram suficientes para conter os rebeldes maias que a saquearam em 1847, desencadeando a Guerra de Castas. Os vallesoletanos, como os nativos são conhecidos, acreditam que a maioria das catedrais do México apontam para o leste, e se apegam a uma lenda local para explicar o porquê desta apontar para o norte — mas não acredite em uma só palavra. No lado leste, o prédio municipal, **El Ayuntamiento**, abriga pinturas dramáticas que descrevem a história da península, incluindo um maravilhoso retrato de um sacerdote maia horrorizado ao prever a chegada dos galeões espanhóis. Nas noites de domingo, sob os arcos de pedra do Ayuntamiento, a banda municipal toca *jaranas* e outras músicas tradicionais da região.

Para uma visão geral das artes e artesanatos das vilas maias, encontre o prédio rosa estilo fortaleza que abriga o **Museo de San Roque**, na Calle 41 entre as Calles 38 e 40. As indicações são em espanhol, mas as exibições falam por si só. Também em exibição há máscaras de pedra antigas, cerâmica e ossos desenterrados na vizinha Ek Balam (pág. 317). O museu abre de segunda a sábado, das 9 h às 21 h. A entrada é gratuita.

Iglesia de San Gervasio.

Compras

O **Mercado de Artesanías de Valladolid** (**mercado de artesanato**), na esquina das Calles 39 e 44, dá uma visão geral das mercadorias locais. Talvez os principais trabalhos manuais da cidade sejam as roupas maias bordadas, que você pode comprar aqui ou de mulheres na praça principal. A **Yalat,** na Calle 39 com a Calle 40, parece uma galeria, mas vende artes populares únicas de todo o México, com o Yucatán como sua especialidade.

Valladolid é uma região de gado, sendo um bom lugar para se comprar couro barato produzido aqui, como *huaraches* (sandálias) e bolsas. Na praça principal, há uma pequena loja acima do bazar municipal. Há uma boa loja de sandálias chamada **Elios**, na Calle 37 nº 202, entre as Calles 42 e 44 (não tem telefone). Um índio chamado **Juan Mac** faz *alpargatas*, a tradicional sandália maia, em sua loja na Calle 39, a um quarteirão da praça principal, perto da Calle 38 (em frente ao Bar La Joya). Não há nenhuma indicação, mas o batente da porta é pintado de amarelo. Juan Mac trabalha lá quase todas as manhãs. A maior parte de sua produção é para a população local, mas ele tem prazer em providenciar um par para visitantes.

Onde Ficar

Além das acomodações listadas abaixo, os melhores hotéis de baixo custo de Valladolid são o **Hotel San Clemente**, na Calle 42, entre as Calles 41 e 43 (© **985/856-3161**; www.hotelsanclemente.com.mx. $448 por noite, MC, V) e o **Hotel Zací**, Calle 44, entre as Calles 37 e 39 (© **985/856-2167**; www.hotelzaci.com; $468 pesos; não aceita cartões de crédito).

Para algo um pouco diferente, você pode ficar em um hotel ecológico na vila vizinha de Ek Balam, perto das ruínas, chamado **Genesis Retreat Ek Balam** (© **985/858-9375**; www.genesisretreat.com). A proprietária canadense, Lee Christie, leva os hóspedes em passeios pelas vilas, que revelam a vida diária dos maias contemporâneos. Ela aluga cabañas simples (com banheiros compartilhados ou privativos) em volta de uma bela piscina e de um restaurante.

Casa Quetzal ★ A proprietária, Judith Fernández, é uma simpática mexicana que se mudou para Valladolid em busca de uma vida mais tranquila. Ela criou acomodações charmosas e arejadas no reformado Barrio Sisal, que fica a uma pequena distância da praça principal. A ênfase está no conforto e no atendimento — roupa de cama e colchões bons, ar-condicionado silencioso e um pátio central grande e convidativo. A Sra. Fernández conhece um bom guia que você pode contratar para levá-lo às áreas próximas.

Calle 51 n° 218, Barrio Sisal, 97780 Valladolid, Yuc. ✆ /fax **985/856-4796**. www.casa-quetzal.com. 8 quartos. Quarto duplo de US$ 60 a US$ 75, suíte júnior US$ 80, casita US$ 90. As tarifas incluem café da manhã completo. Não aceita cartões de crédito. Estacionamento gratuito e seguro. **Atrativos:** serviço de babá; piscina externa pequena; serviço de quarto; spa. *No quarto:* ar-condicionado, TV. Não tem telefone. Wi-Fi.

El Mesón del Marqués ★★ Originalmente uma casa do início do século XVII, o mais antigo da praça de Valladolid cresceu acrescentando novas construções na parte de trás. Todos os quartos (a maioria com duas camas de casal) são bastante confortáveis, embora as novas construções não tenham a mesma exuberância do pátio coberto original, que é repleto de buganvílias e plantas penduradas e, em sua maior parte, ocupado pelo restaurante (veja "Onde Comer" abaixo). A bela e grande piscina é uma outra adição moderna. O hotel fica no lado norte da praça, em frente à igreja.

Calle 39 n° 203 (entre as Calles 40 e 42), 97780 Valladolid, Yuc. ✆ **985/856-2073**. Fax 987/872-0892. www.mesondelmarques.com. 90 quartos. Quarto duplo de $700 a $770; quarto superior de $865 a $950; suíte júnior de $1.330 a $1.460. AE, MC, V. Estacionamento seguro e gratuito. **Atrativos:** restaurante; bar; piscina externa; serviço de quarto. *No quarto:* ar-condicionado, TV, Wi-Fi.

Onde Comer

Valladolid não é um centro de excelência gastronômica, mas as especialidades regionais são muito boas. A **Hostería El Marqués** ★★, no Hotel El Mesón del Marqués, serve a melhor comida da cidade — clássicos iucateques e pratos inter-

Mulheres bordando em Valladolid.

nacionais — em um ambiente extremamente romântico. Também na praça principal, o simpático e informal **Las Campanas** serve uma comida saborosa a preços razoáveis. Os moradores gostam de se encontrar na hora das refeições nas barracas do **Bazar Municipal**, ao lado do Mesón del Marqués; gosto de lá para tomar um café da manhã rápido e barato, ou para tomar um copo grande de suco de laranja espremido na hora, quando o calor me pega (você também pode pedir para viagem em uma sacola plástica com um canudo).

Passeios Partindo de Valladolid
CENOTES DZITNUP E SAMMULÁ

O **Cenote Dzitnup** (também conhecido como Cenote Xkekén) fica 4 km a oeste de Valladolid, na saída da Autoestrada 180 que vai para Chichén Itzá. Dizem que é o cenote mais fotografado de Yucatán, e é fácil perceber o porquê. A água profunda, cristalina e azul, sob diversas estalactites e raízes de árvores em busca de água, é um espetáculo para se contemplar. As belas fotos, no entanto, não revelam os degraus de pedra traiçoeiros, a umidade implacável mesmo em um dia mais ameno (use lentes de contato em vez de óculos, que ficarão constantemente embaçados) e a sensação um tanto claustrofóbica se houver muitas pessoas presentes (o que é quase sempre). É um local impressionante, com certeza, e você deve vê-lo pelo menos uma vez. Traga roupa de banho e dê um mergulho; isso vai refrescá-lo para a escalada de volta.

O cenote abre diariamente das 7 h às 19 h; a entrada custa $25. Se estiver tumultuado, você pode dar um mergulho a cerca de 90 m pela estrada, do lado oposto, em um cenote menor, menos desenvolvido, mas também bonito, o **Sammulá**.

EK BALAM: JAGUAR NEGRO ★★★

A cerca de 18 km de Valladolid, na saída da autoestrada para Río Lagartos, ficam as ruínas espetaculares de **Ek Balam** que, devido a uma certa ambiguidade em maia, pode significar "jaguar negro" ou "jaguar estrela". Embora os turistas ainda não tenham se dado conta, estas ruínas podem vir a ser uma descoberta mais importante do que Chichén Itzá. Os arqueólogos só começaram a trabalhar em 1997 e seus achados têm deixado todos os estudiosos ouriçados. Construído entre 100 a.C. e 1200 d.C., as estruturas menores possuem arquitetura única — principalmente o grande e perfeitamente restaurado **Palácio Oval** (às vezes chamado de La Redonda ou Caracol).

A imponente pirâmide central, conhecida como **El Torre** ★★ ou a Acrópole, tem cerca de 160 m de comprimento e 60 m de largura. Com mais de 30 m de altura, ela supera de longe o El Castillo, em Chichén Itzá. À esquerda da escadaria principal, os arqueólogos descobriram uma grande porta cerimonial de estuque, perfeitamente preservada. Projetada no estilo

As ruínas de Ek Balam.

> **Etiqueta para os Cenotes**
>
> Ao se banhar em um cenote, certifique-se de não usar cremes ou outros produtos químicos em sua pele — incluindo desodorante. Eles danificam o habitat dos peixes pequenos e outros organismos que vivem na água. É proibido bebida alcoólica, comida e fumar.

chenes, associado a Campeche, ela faz uma representação espantosamente elaborada da boca escancarada do deus do submundo.

Ao seu redor, há várias figuras humanas lindamente detalhadas, incluindo o que parecem ser guerreiros alados. Conhecidos como Anjos Maias, eles são únicos na arquitetura maia. Escavações no interior da pirâmide revelaram uma câmara extensa (até agora fechada ao público) repleta de escrita hieroglífica, sugerindo que os escribas provavelmente vieram da Guatemala. A escritura revelou o nome de um dos principais reis da cidade — Ukit Kan Le'k Tok', cujo túmulo foi descoberto a cerca de dois terços do caminho até a pirâmide. Escale até o topo e você verá ruínas intocadas, disfarçadas de montanhas ao norte, e as estruturas mais altas de **Cobá**, 50 km a sudeste.

Os *sacbeob* maias, ou passadiços, também são visíveis, aparecendo como linhas suspensas na floresta. Mais do que qualquer um dos sítios conhecidos, Ek Balam inspira uma sensação de mistério e reverência das proporções da civilização maia, e da ruína que ela se tornou.

Uma nova estrada vai da autoestrada até as ruínas. Pegue a Calle 40 a norte de Valladolid para a Autoestrada 295 e siga por 20 km até uma grande saída sinalizada. Ek Balam fica a 13 km da autoestrada; a entrada custa $31, e ara o uso de filmadoras, $45. O sítio abre diariamente das 8 h às 17 h.

RESERVA BIOLÓGICA DE RÍA LAGARTOS ★

A cerca de 80 km norte de Valladolid (40 km norte de Tizimin) na Autoestrada 295, Ría Lagartos é um refúgio de 50 mil ha, fundado em 1979 para proteger a maior população de flamingos nidificantes da América do Norte. A área de nidificação é proibida, mas você pode ver uma abundância de flamingos, assim como muitas outras espécies de aves aquáticas, em um agradável passeio de barco pelo estuário.

Río Lagartos, na extremidade oeste do estuário, é o lugar onde se pegam barcos para avistar os flamingos. Erroneamente nomeado pelos espanhóis, que confundiram este longo e estreito *ría* (estuário) com um *río* (rio), é uma pequena vila de pescadores de cerca de 3 mil habitantes, que vivem da pesca e dos ocasionais turistas, que aparecem para ver os flamingos. As casas coloridas ficam de frente para o *malecón* (calçadão), e barcos pintados de branco ancoram aqui e acolá.

Se estiver de carro, siga reto até chegar ao litoral. Onde a Calle 10 desemboca no *malecón*, perto de uma igreja moderna, há um pequeno quiosque onde guias podem ser encontrados (não tem telefone). Você pode reservar um passeio de duas horas, que custa cerca de $750 para 2 a 3 pessoas. Os guias também gostam de mostrar as piscinas de evaporação utilizadas pelo produtor de sal local, Las Coloradas (uma boa fonte de emprego para os moradores, até ser mecanizada), e uma fonte de água-doce que emerge de sob o estuário de água salgada.

A melhor hora para avistar os flamingos é de manhã cedo, portanto, você talvez queira pernoitar na cidade. Río Lagartos tem alguns hotéis simples que cobram cerca de $250 por noite, incluindo a **Posada Leyli** (© 986/862-0106) e a **Posada Lucy** (não tem telefone). Outra opção é o **Hotel San Felipe** (© 986/862-2067), na agradável vila de pescadores de San Felipe, 9 km a oeste. Há outro ainda, o **Hotel 49** (© 986/863-2136), perto da praça principal de Tizimín, por onde você passa vindo de Valladolid.

Flamingos em Ría Lagartos.

ISLA HOLBOX ★

Uma faixa de areia em uma ilha no canto nordeste da Península de Yucatán, a Isla Holbox (pronuncia-se "rol-boch") fica em Quintana Roo e é na verdade mais perto de Cancún do que de Valladolid. Mas a não ser que os turistas de Cancún façam um passeio de barco, eles têm de ir de carro até quase a fronteira de Yucatán para chegar à estrada que vai para o norte. Devido às complicações de se dirigir em Cancún, faz sentido visitar Holbox pelo lado de Yucatán.

Holbox era uma vila de pescadores semideserta, em um canto remoto do mundo, antes de turistas começarem a aparecer em busca da praia. Agora é uma pequena comunidade semipróspera, que sobrevive de serviços turísticos, empregos em hotéis de praia e passeios. É mais popular entre os visitantes de maio a setembro, quando mais de uma centena de **tubarões-baleia** ★★★ se reúnem em águas próximas para se alimentarem de plâncton e krill trazidos pelo encontro das águas do Golfo e do Caribe. Os tubarões-baleia são muito maiores do que os outros tubarões, chegando a medir 18 m, e filtram seu alimento da mesma forma que as baleias o fazem. Estes gigantes pacíficos nadam lentamente pela superfície da água e não parecem se importar com os barcos e mergulhadores que vêm pela emoção de nadar ao lado deles. Sendo assim, eles podem machucá-lo se forem provocados.

Além de nadar com os tubarões-baleia, a maioria dos turistas vem para Holbox para descansar na praia larga, com areia fina. O mar, no entanto, não tem o surpreendente tom de azul do Caribe, mas um verde mais escuro. As outras principais diversões são mergulhar, praticar snorkel, pescaria esportiva e passeios ecológicos pela **Laguna Yalahu**, a lagoa rasa que separa Holbox do continente. Não é um lugar ideal para pessoas mais agitadas.

A **Posada Mawimbi** (✆ 984/875-2003; www.mawimbi.net), entre US$ 75 e US$ 90 por noite, dependendo da temporada, é o melhor equilíbrio entre preço e conforto dos hotéis de praia da cidade. A **Casa Sandra** (✆ 984/875-2171; www.casasandra.com) cobra US$ 220 ou

A Época Certa

Você verá alguns flamingos em qualquer época do ano (e provavelmente patos, gaviões, garças, biguás e águias-pescadoras também). Mas para ver muitos deles, vá entre abril e outubro. Depois que os pássaros terminam seus rituais de acasalamento em Celestún, eles voam para Ría Lagartos para nidificar, botam seus ovos e preparam seus filhotes para a viagem de retorno em outubro.

Visitando os Tubarões--baleia de Isla Holbox

Em 2002, os tubarões-baleia do México foram considerados uma espécie em extinção. O governo, juntamente com grupos ambientais, acompanha de perto a sua atividade e as excursões que os visitam em Isla Holbox. Várias restrições se aplicam à forma como os passeios são conduzidos, e todas as operadoras de turismo devem cumpri-las. Veja os detalhes das restrições e aprenda mais sobre os tubarões-baleia no site www.domino.conanp.gob.mx/rules.htm.

Passeios até os tubarões-baleia levam poucas pessoas; apenas duas pessoas ao mesmo tempo estão autorizadas a nadar com os tubarões. Os passeios normalmente custam entre US$ 80 e US$ 100 por pessoa e duram de 4 a 6 horas. Muitos hotéis ou empresas especializadas da ilha podem organizar um passeio.

(muito) mais na baixa temporada, US$ 290 ou mais na alta temporada, mas viajantes que buscam somente o melhor encontrarão isso aqui, como ar-condicionado que é uma raridade em Holbox. Logo depois da cidade, **Villas Delfines**, que tem um escritório em Cancún (© **998/884-8606;** www.villasdelfines.com), é um hotel ecológico que cobra de US$ 90 a US$ 150 na baixa temporada, de US$ 120 a US$ 180 na alta temporada, por bangalôs de praia com telhados de palha.

De Valladolid, pegue a Autoestrada 180 leste por cerca de 90 km em direção a Cancún; vire para o norte depois de Nuevo Xcan, no pequeno cruzamento de El Ideal. Siga por praticamente 100 km para o norte em uma autoestrada estadual, até o pequeno porto de Chiquilá, onde você pode estacionar seu carro em um local seguro; caminhe 180 m até o cais e pegue a balsa para a ilha. Ela sai dez vezes por dia e custa $70 por pessoa. Quando você chegar à vila, poderá contratar um dos táxis em forma de carrinho de golfe, para uma corrida até o hotel.

Os tubarões-baleia se reúnem em Isla Holbox de maio a setembro.

TABASCO & CHIAPAS

por David Baird

9

Os estados de Tabasco e Chiapas, no extremo sul do México, são em grande parte cobertos por matas e florestas tropicais. No período pré-Clássico (antes de 300 d.C.), grande parte desta área era habitada pelos olmecas, a "cultura mãe" do México que, em muitos aspectos, serviu de base para o desenvolvimento cultural das civilizações que viriam depois. E tanto na era pré-Clássica quanto na Clássica (300 a 900 d.C.), os maias habitaram esta região e seus descendentes ainda vivem por aqui. As ruínas que esses povos deixaram para trás, como as cabeças de pedra gigantes dos olmecas; os antigos centros cerimoniais maias, tais como Palenque e Toniná; e a cultura maia presente no planalto e na planície de Chiapas, assim como as aldeias dos maias de hoje, atraem muitos visitantes para esta região.

Ela ainda conta com grande beleza natural. A floresta de várzea, com sua copa alta, oferece uma enorme variedade de flora e fauna. Lagos tranquilos salpicam a terra, oferecendo as únicas áreas abertas nessa paisagem densamente preenchida. O planalto central montanhoso de Chiapas também é densamente arborizado e muitas vezes fica encoberto por névoa. Rios, incluindo o Grijalva e o Usumacinta, os dois maiores do México, seguem rumo às planícies através de cânions e quedas d'água. E o ar fresco da montanha é um alívio, depois de experimentar o calor e a umidade das planícies de Yucatán.

Tabasco é um estado pequeno na costa do Golfo, rico em petróleo. Sua capital, **Villahermosa**, é a principal porta de entrada dessa região. Ela tem se desenvolvido rapidamente, e possui uma história fascinante. Mas o grande estado de **Chiapas** detém as maiores atrações turísticas. O antigo centro cerimonial de **Palenque** fica na floresta de planície oriental. Perto da fronteira com a Guatemala estão os menores, mas impressionantes sítios de **Yaxchilán** e **Bonampak**. Entre esses planaltos centrais e planícies estão muitas cachoeiras e corredeiras, assim como as ruínas de **Toniná**. Localizada no alto das montanhas e cercada por comunidades indígenas, a cidade colonial de **San Cristóbal de las Casas** é uma bela cidade antiga e centro comercial.

VILLAHERMOSA

142 km a noroeste de Palenque; 469 km sudoeste de Campeche; 160 km norte de San Cristóbal de las Casas

Villahermosa (pop. 600 mil) é a capital do estado de Tabasco e também sua maior cidade. Localiza-se em uma depressão rasa, a cerca de uma hora de carro da costa do Golfo, na confluência de dois rios: o Grijalva e o Carrizal. Esta localização torna a cidade suscetível a inundações. O terreno é pantanoso, com lagos rasos e dispersos. A cidade é quente e úmida na maior parte do ano.

PÁGINA ANTERIOR: **Mulheres maias.**

O petróleo trouxe dinheiro para a cidade e aumentou os preços. Villahermosa é uma das cidades mais caras do país, contrastando com a módica Chiapas. Apesar de haver bastante dinheiro, tudo está sendo investido na moderna região oeste, em torno de um projeto urbanístico chamado Tabasco 2000. Esta área, principalmente os arredores do **Parque-Museo La Venta**, é a área mais bonita da cidade, salpicada por pequenos lagos. O centro histórico está abandonado. É sujo, lotado e desagradável. Os hotéis baratos são o principal motivo para se ir ao centro.

Dois nomes que você provavelmente verá e ouvirá são Carlos Pellicer Cámara e Tomás Garrido Canabal; ambos foram pessoas interessantes. O primeiro foi um poeta e intelectual de Tabasco de meados do século XX. O mais conhecido dos poetas *modernistas* do México, ele foi um pensador ferozmente independente. Garrido Canabal, governador socialista de Tabasco nas décadas de 1920 e 1930, era ainda mais independente. Ele queria transformar Tabasco, um estado conservador e retrógrado, em um modelo de socialismo, lutando por muitas causas socialistas. Mas sua hostilidade com a Igreja Católica do México é sua característica mais lembrada hoje. Ele chegou até a dar ao filho o nome de Lúcifer, enquanto os animais de sua fazenda chamavam-se Jesus e Virgem Maria.

Informações Básicas
CHEGANDO LÁ E PARTINDO

POR AVIÃO O aeroporto de Villahermosa (código do aeroporto: VSA) é a principal porta de entrada da região. A **Continental ExpressJet** (📞 **01-800/900-5000** no México; www.continental.com) tem voo direto de Houston em uma aeronave regional. A **Mexicana** (📞 **01-800/800-2010** no México; www.mexicana.com) e a **Aeroméxico** (📞 **01-800/021-4000** no México; www.aeromexico.com), juntamente com suas parceiras, têm voos diretos de/para a Cidade do México, Monterrey, Mérida e Veracruz. A companhia aérea de baixo custo mexicana, a **VivaAerobus** (📞 **01-81/8215-0150** no México; www.vivaaerobus.com) tem voo direto de/para Monterrey.

DE CARRO A Autoestrada 180 liga Villahermosa a Campeche (6 horas). A Autoestrada 186, que passa pelo aeroporto, junta-se à Autoestrada 199 para Palenque e San Cristóbal de las Casas. A estrada para Palenque é boa; a viagem dura duas horas. Entre Palenque e San Cristóbal, a estrada passa pelas montanhas; a viagem leva de 4 a 5 horas. Em qualquer uma das estradas na montanha, as condições tendem a piorar durante a estação chuvosa, entre maio e outubro.

DE ÔNIBUS A **rodoviária** fica na rua Mina com Merino (📞 **993/312-8900**; www.ticketbus.com.mx), a três quarteirões da Autoestrada 180. Há oito ônibus diretos por dia de/para Palenque (duas horas e meia). Há sete ônibus diretos por dia para a Cidade do México (dez horas), seis serviços de luxo na **ADO-GL**, e dois de superluxo na **UNO**. Para Campeche, há sete ônibus diretos por dia (sete horas), sendo que alguns desses seguem até Mérida.

ORIENTAÇÃO

CHEGANDO O **aeroporto** de Villahermosa fica 16 km ao leste da cidade. A viagem dura entre 20 e 30 minutos. Depois de atravessar a ponte sobre o *Río Grijalva*, vire à esquerda para chegar ao centro. Táxis para o centro da cidade custam $150. Estacionar nas ruas do centro pode ser difícil; é melhor procurar um estacionamento. Prefira um que seja vigiado dia e noite.

INFORMAÇÕES AO TURISTA O **Escritório Estadual de Turismo** (📞 **993/316-5122**, ramal 229) tem dois quiosques de informação: o localizado no **aero-**

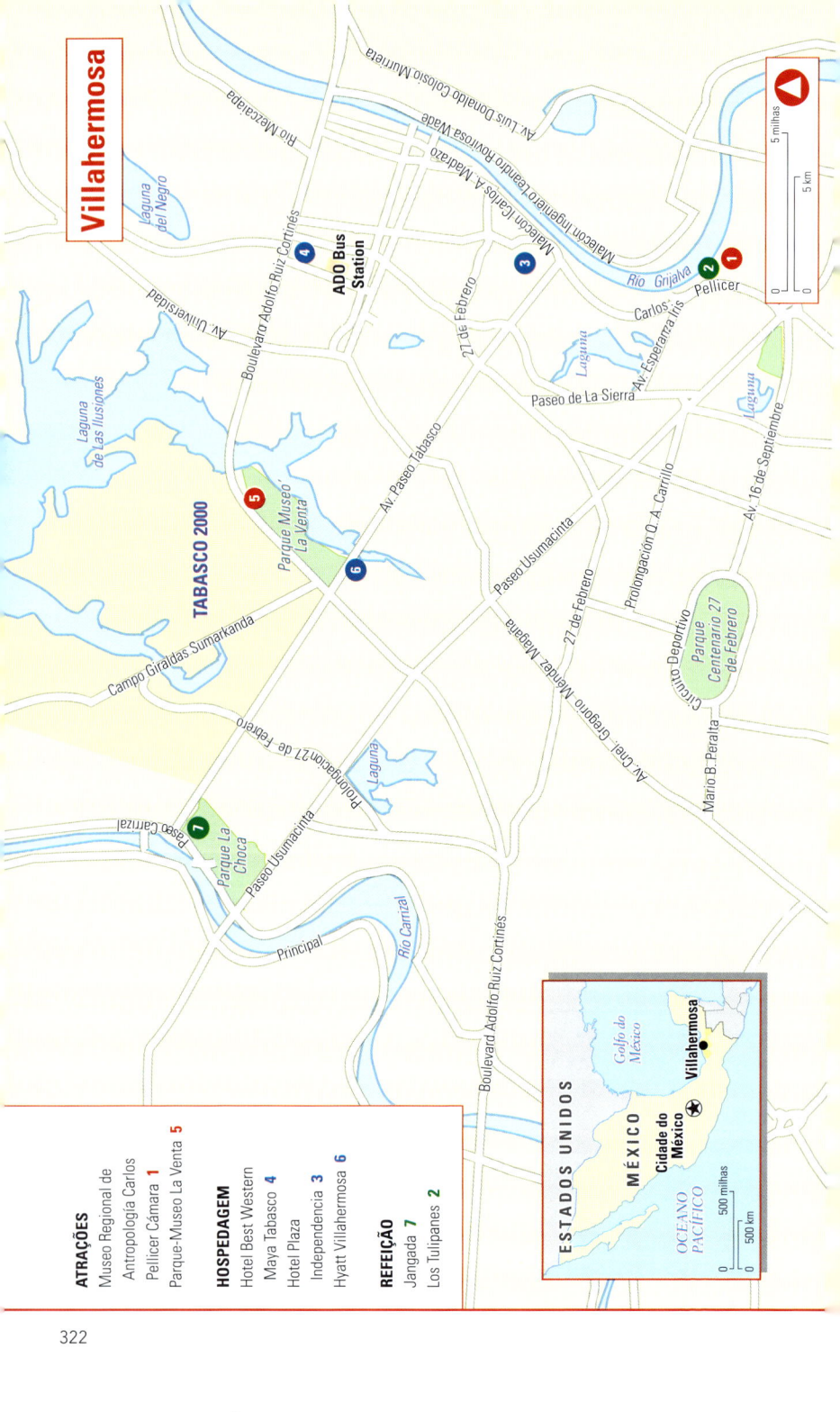

Villahermosa

ATRAÇÕES
Museo Regional de Antropología Carlos Pellicer Cámara **1**
Parque-Museo La Venta **5**

HOSPEDAGEM
Hotel Best Western Maya Tabasco **4**
Hotel Plaza Independencia **3**
Hyatt Villahermosa **6**

REFEIÇÃO
Jangada **7**
Los Tulipanes **2**

porto funciona diariamente das 10 h às 17 h; o localizado no **Parque-Museo La Venta** (perto da bilheteria do parque) funciona de segunda a sexta, das 9 h às 13 h.

LAYOUT DA CIDADE O centro da cidade, incluindo a **Zona Luz** — somente para pedestres — fica na margem oeste do Rio Grijalva. Cerca de 1,5 km rio acima (sul) fica a **CICOM**, uma organização acadêmica com o enorme Museu de Arqueologia, cujo nome homenageia o poeta Carlos Pellicer Cámara. O **aeroporto** fica no lado leste do rio. A Autoestrada 180 passa pelo aeroporto e atravessa o rio logo a norte do centro da cidade, tornando-se **Bulevar Ruiz Cortines**. Para chegar ao centro da cidade, vire à esquerda na **Madero** ou **Pino Suárez**. Ao ficar na Ruiz Cortines, você chegará à maior atração da cidade, o Parque-Museo de la Venta. É bem sinalizado. Logo após fica o cruzamento com **Paseo Tabasco**, o coração da moderna zona hoteleira e comercial.

DANDO UMA VOLTA AQUI E ALI Os **táxis** são a melhor maneira de conhecer a cidade. Villahermosa é exceção, por ser uma cidade mexicana sem um sistema de transporte público eficiente.

CONSULTA RÁPIDA O **código de área** do telefone é **993**. Não existem muitas *casas de cambio*, mas você pode trocar dinheiro no aeroporto, em hotéis, e em bancos do centro, nas Calles Juárez e Madero. Há muitos caixas automáticos.

Conhecendo Villahermosa

Villahermosa não é uma cidade agradável; o centro da cidade é pobre e sujo, enquanto a parte moderna na zona oeste da cidade é em grande parte sem personalidade. Você provavelmente preferirá e embora o mais rápido possível. As duas principais atrações, o **Parque-Museo de La Venta** e o **Museo Regional de Antropologia Carlos Pellicer Cámara,** podem ser visitadas em um dia.

Se estiver determinado a conhecer a cidade, passeie pela Zona Luz, uma rua só para pedestres no antigo centro da cidade, onde verá sinais de que o investimento pode estar retornando ao centro da cidade. Fora da Zona Luz, as coisas ficam mais desagradáveis, com muito trânsito e multidões de pedestres. Você pode caminhar pelas margens do Rio Grijalva, até chegar a uma ponte de pedestres, com uma torre de observação. Este é ponto de destaque da cidade. Você não perderá muito se resolver não visitar.

Museu Regional de Antropologia Carlos Pellicer Cámara Este museu, na margem oeste do rio, cerca de 2 km ao sul do centro da cidade, foi danificado pela enchente de 2007. Permaneceu fechado desde então, enquanto aguardava a conclusão de suas novas instalações. O novo museu é no mesmo local e é maior, tendo sido reaberto no fim de 2011. A coleção permanente de esculturas e objetos de cerâmica merece a visita. Enfoca as culturas da região — olmecas e zapotecas —, mas também inclui peças de outras partes do México e da América Central.

Centro CICOM, Av. Carlos Pellicer Cámara 511. ℭ **993/312-6344**. A entrada custa $45. Aberto de terça a domingo, das 9 h às 17 h.

Parque-Museo La Venta ★★ Os olmecas criaram a primeira civilização do México, desenvolvendo vários traços culturais que mais tarde seriam adotados por todas as civilizações subsequentes em toda a Mesoamérica. Além de suas obras monumentais, esculpiram pequenas figuras requintadas em jade e em silicato, que podem ser vistas no Museo Regional de Antropologia (veja acima). Este parque-museo ocupa uma parte de um parque maior em homenagem a Tomás Garrido Canabal, que inclui um lago, um zoológico, um museu de história natural, e muito espaço verde com várias pistas frequentadas por praticantes de corrida. Dentro do parque-museo, uma trilha leva você de uma escultura a outra. Enormes cabeças ou altares compõem a maioria das peças, que podem chegar a 2 m de altura e pesar até 40 ton. Os rostos parecem metade adulto, metade criança. A maioria tem bocas bem estilizadas, com lábios grossos e carnudos virados para baixo (conhecidas como "boca de jaguar", esta é uma das características de identificação da arte olmeca). Pelo menos 17 cabeças foram encontradas: 4 em La Venta, 10 em San Lorenzo e 3 em Tres Zapotes — todas cidades olmecas na costa leste do México. As obras neste parque foram retiradas de La Venta, uma cidade importante durante o período pré-Clássico (2000 a.C a 300 d.C.). A maioria foi esculpida por volta de 1000 a. C., sem o uso de cinzel de metal. O basalto usado nessas cabeças e altares foi levado para La Venta de mais de 113 km de distância. Acredita-se que tenha sido transportado por balsa na maior parte do trajeto. A maioria dessas peças foi descoberta em 1938. Agora, tudo que resta em La Venta são montes cobertos por grama, que foram pirâmides de barro. Uma área de exposição na entrada do parque traz uma boa demonstração de como La Venta foi projetada, e como os arqueólogos acreditam que tenham sido os olmecas.

Ao caminhar pela área você verá etiquetas de identificação de muitas espécies de árvores locais, incluindo uma ceiba grande de significado especial para os olmecas e, mais tarde, para os maias. Algumas variedades de criaturas correm soltas pelo local, aparentemente despreocupadas com a presença de seres humanos, ou em fugir do parque. Reserve pelo menos duas horas para passear por este santuário coberto pela mata, e para apreciar a escultura de 3 mil anos. **Observação:** Não esqueça de levar repelente de insetos.

Bulevar Ruiz Cortines s/n. ✆ **993/314-1652**. A entrada custa $40. Aberto de terça a domingo, das 8 h às 16 h.

Uma cabeça olmeca gigante no Parque-Museo La Venta.

Onde Ficar

A hospedagem em Villahermosa é um pouco mais caro do que em outras cidades mexicanas. As tarifas listadas abaixo incluem o imposto de acomodação de 18%, e podem subir durante as convenções, mas não há separação de alta e baixa temporada. A maioria dos hotéis oferece música ao vivo nos fins de semana. Isso dificulta o sono em vários hotéis baratos do centro. O único hotel barato onde não encontrei esse problema está listado abaixo.

MUITO CARO

Hyatt Villahermosa ★★ Prefiro este hotel ao Camino Real (que é o outro hotel de luxo da cidade), por causa da melhor localização e serviço. O Parque-Museo La Venta fica a poucos metros. O hotel foi completamente renovado em 2009. Os quartos possuem um design moderno e elegante, com móveis, acessórios e detalhes de bom gosto. Isso também acontece nos banheiros, que são espaçosos e aparentam ser ainda maiores devido ao uso de portas corrediças e o mínimo de móveis possível.

Av. Juárez 106, 86000 Villahermosa, Tab. ℭ **993/310-1234**. Fax 993/315-1963. www.villahermosa.regency.hyatt.com. 206 quartos. Quarto duplo entre US$ 227 e US$ 289, quarto Regency Club entre US$ 265 e US$ 335, suíte júnior entre US$ 330 e US$ 375. Tarifas de fins de semana muitas vezes com desconto. AE, DC, MC, V. Estacionamento vigiado e gratuito. **Atrativos:** restaurantes; 2 bares (1 com música ao vivo, 1 bar esportivo); concierge; academia bem-equipada; piscina externa; piscina para crianças; serviço de quarto; quartos no andar do concierge; quartos para não fumantes. *No quarto:* ar-condicionado, TV, secador de cabelo, frigobar, Wi-Fi (não incluso).

CARO

Hotel Best Western Maya Tabasco Este hotel fica entre o centro da cidade e a moderna zona oeste. Fica próximo ao Parque-Museo La Venta, à rodoviária, e ao principal distrito gastronômico da cidade. Os quartos são maiores que o normal. A maioria tem piso em cerâmica e são mobiliados com simplicidade. Os banheiros são de tamanho médio, charmosos e tem bom espaço de apoio. Uma exuberante área de piscina separa o hotel e o bar, que atrai artistas talentosos para apresentações ao vivo.

Bulevar Ruiz Cortines 907, 86000 Villahermosa, Tab. ℭ **993/358-1111**, ramal 822. Fax 9931358-1118. www.hotelmaya.com.mx. 151 quartos. Quarto duplo $1.270, suíte júnior $1.975. AE, MC, V. Estacionamento vigiado e gratuito. **Atrativos:** restaurante, bar, serviço de transporte gratuito para o aeroporto, piscina grande externa, serviço de quarto, quartos para não fumantes. *No quarto:* ar-condicionado, TV, secador de cabelo, Wi-Fi.

BARATO

Hotel Plaza Independencia 🌶 O Plaza Independencia é o único hotel nesta faixa de preço que possui piscina e estacionamento. Ele está situado no centro, perto da ponte de pedestres, e não muito longe do Museu de Antropologia. Os quartos são um pouco pequenos, porém mais iluminados que o normal. Os quartos do fim do corredor, cujos números terminam em 01, 02, 14 e 15, têm varandas e são normalmente os melhores.

Independencia 123, 86000 Villahermosa, Tab. ℭ **993/312-4499** ou -7541. Fax 993/314-4724. www.hotelesplaza.com.mx. 90 quartos. Quarto duplo $720. AE, MC, V. Estacionamento seguro e gratuito. **Atrativos:** restaurante; bar; piscina externa pequena; serviço de quarto. *No quarto:* ar-condicionado, TV, secador de cabelo, frigobar, Wi-Fi.

Onde Comer

Como outras cidades mexicanas, Villahermosa viu a chegada dos restaurantes de franquias americanas, mas do jeito que essas coisas são, prefiro a variedade mexicana. **Sanborn's**, Av. Ruiz Cortines 1310, próximo ao Parque-Museo La Venta

(📞 **993/316-8722**) e **VIPS**, Av. Fco. I. Madero 402, Centro (📞 **993/312/3237**). Ambos normalmente servem pratos como enchiladas ou *antojitos*.

Jangada ★★ FRUTOS DO MAR Meu restaurante preferido na cidade é um bufê livre de frutos do mar. Comece com um delicioso caldinho de frutos do mar e uma apetitosa empanada de *pejelagarto*, um peixe de água-doce pelo qual Tabasco é famoso. Depois passe pela seção de saladas e frutos do mar frios, que oferece uma salada de frutos do mar feita com lagosta de água-doce, diferentes tipos de ceviche, além de coquetéis de frutos do mar feitos na hora. Há uma variedade de sopas — o creme de *yuca* (aipim) com camarão é particularmente gostoso. E depois, claro, há os pratos principais, incluindo o *pejelagarto* grelhado na brasa (sabor leve, que lembra castanha) e espetinhos de peixe. O Jangada fica na chique parte ocidental da cidade, no bairro de La Choca. Fecha cedo, mas logo ao lado está uma boa churrascaria brasileira (rodízio), aberta até as 21 h.

Paseo de la Choca 126. Fracc. La Choca. 📞 **993/317-6050**. Não aceita reservas. $340 por pessoa, não incluindo bebidas e sobremesa. AE, DC, MC, V. Aberto diariamente das 12 h 30 min às 19 h.

Los Tulipanes FRUTOS DO MAR/CARNES/REGIONAL Este é um restaurante mexicano tradicional, ao lado do Museu de Antropologia Pellicer. A comida é boa, desde que você peça pratos mexicanos e fique longe da culinária internacional. Antes do pedido, *tostones de plátano macho* — bananas amassadas e fritas — são trazidas à mesa como aperitivo. Incluído no cardápio estão especialidades mexicanas, tais como *chiles rellenos*, tacos e enchiladas. Entre os pratos extraordinários está a *tortilla de maíz nuevo* (tortilla grande feita com milho-verde e recheada com camarão ou outros frutos do mar). Para o café da manhã, os *tamales de chipilín* (uma erva) são muito bons.

Centro CICOM, Periférico Carlos Pellicer Cámara 511. 📞 **993/312-9209**, ou -9217. Pratos principais entre $90 e $210 ; bufê aos domingos por $205 . MC e V. Aberto de segunda a sábado, das 8 h às 19 h, domingo das 12 h 30 min às 19 h.

PALENQUE ★★

142 km a sudeste de Villahermosa; 229 km nordeste de San Cristóbal de las Casas

As ruínas de Palenque avistam a selva de um cume alto que se projeta da base de montanhas íngremes e densamente cobertas por floresta. É uma visão espetacular, intensificada pela sensação misteriosa das próprias ruínas. Os templos aqui são em estilo clássico, com telhados altos, com cúpulas elaboradas. Dentro de muitos deles há representações em pedra e gesso de governantes e seus deuses, que dão provas de uma cosmologia que é — e talvez continue sendo — impenetrável ao nosso entendimento. Este é um dos grandes sítios arqueológicos do México.

A cidade de Palenque fica a 8 km das ruínas. Lá você encontrará acomodações e restaurantes, além de lugares para planejar sua viagem. O transporte entre a cidade e as ruínas é barato e prático.

Informações Básicas
CHEGANDO LÁ E PARTINDO

DE CARRO A **Autoestrada 186** de Villahermosa deve levar por volta de duas horas. Você pode encontrar barreiras militares que envolvem uma inspeção rápida da seus documentos de viagem e, talvez, de seu veículo. A viagem de 230 km de San Cristóbal a Palenque leva cinco horas e passa por uma selva exuberante e paisagens montanhosas. Vá com calma e fique atento a buracos e outros obstáculos.

DE ÔNIBUS A rodoviária **ADO/Cristóbal Colón** (📞 **916/345-1344**) tem serviço regular de/para Villahermosa e San Cristóbal, assim como para Campeche (seis por dia, cinco horas), Villahermosa (nove por dia, duas horas), Mérida (dois por dia, nove horas) e Playa del Carmen (um por dia, 12 horas). A rodoviária fica localizada na Avenida Juárez, entre o centro da cidade e a La Cañada.

ORIENTAÇÃO

INFORMAÇÃO AO TURISTA O escritório de turismo do centro fica a um quarteirão da praça principal, na esquina da Avenida Juárez com a Abasolo. Abre de segunda a sábado das 9 h às 21 h, e domingo das 9 h às 13 h. Não há telefone no escritório do centro. Para obter informações por telefone, ligue para o escritório geral (📞 **916/345-0356**).

LAYOUT DA CIDADE A **Avenida Juárez** é a principal rua de Palenque. De um lado está a *plaza*; do outro está uma rotatória adornada por um monumento imitando a figura emblemática de uma cabeça maia, que foi descoberta nas ruínas. À direita da estátua fica a entrada de La Cañada; à esquerda fica a estrada para as ruínas; e reto, logo após a estátua, fica a estrada para Villahermosa. A distância entre a praça principal da cidade e o monumento é de cerca de 2 km.

    La Cañada é uma zona hoteleira e gastronômica no meio da floresta. Além da área da praça principal, este é o melhor local para os viajantes sem carro, porque a cidade está a poucos quarteirões, e ônibus que vão para as ruínas passam por ali.

DANDO UMA VOLTA AQUI E ALI A forma mais barata de ir e vir das ruínas é pegar as vans brancas (*colectivos*) que percorrem a Juárez a cada 10 minutos, entre 6 h e 18 h. Os ônibus passam pela La Cañada e por hotéis ao longo da estrada até as ruínas; você pode fazer sinal para que parem a qualquer momento, mas eles podem não parar se estiverem lotados. A passagem custa $10 por pessoa.

CONSULTA RÁPIDA O **código de área** do telefone é **916**. Em relação ao clima, Palenque é bastante úmida no verão, principalmente depois de uma chuva. No inverno, o ar úmido pode ocasionalmente ser frio à noite. Capas de chuva são bastante úteis em qualquer época do ano. Lan houses e caixas eletrônicos são facilmente encontrados.

Conhecendo Palenque

As ruínas são o motivo para vir a Palenque; embora elas possam ser visitadas em apenas uma manhã, muitas pessoas aproveitam Palenque por dias. Não há pontos turísticos imperdíveis na cidade.

PARQUE NACIONAL PALENQUE ★★★

Um **museu e centro de visitantes** não fica longe da entrada das ruínas. Embora não seja grande, o museu vale o tempo gasto na visita; abre de terça a domingo, das 10 h às 17 h e está incluído no preço do ingresso para as ruínas. Ele contém exposições bem escolhidas e artisticamente apresentadas, incluindo jade recentemente escavada de tumbas. Textos em espanhol e em inglês explicam a vida e a história desta cidade magnífica. Novas peças são acrescentadas à medida que vão sendo descobertas em escavações atuais.

    A **entrada principal**, cerca de 1 km depois do museu, fica no fim da estrada pavimentada. Lá você encontrará um amplo estacionamento, uma pequena lanchonete, bilheteria e várias lojas. Entre os vendedores de souvenirs, muitas vezes encontramos alguns índios lacandón vestindo túnicas brancas e vendendo arcos e flechas.

O Templo das Inscrições, em Palenque.

A entrada para as ruínas custa $73. A taxa para utilização de filmadora custa $50. O estacionamento na entrada principal e no centro de visitantes é gratuito. As lojas do sítio e do centro de visitantes abrem diariamente das 8 h às 16 h 45 min.

PASSEANDO PELAS RUÍNAS Cacos de cerâmica encontrados durante as escavações demonstram que as pessoas já viviam nesta área em 300 a.C. No período Clássico (300 a 900 d.C.), Palenque já era um importante centro cerimonial. Atingiu seu ápice em torno de 600 a 700 d.C.

Quando John Stephens visitou o sítio na década de 1840, as ruínas vistas hoje em dia estavam soterradas de terra acumulada por séculos, e de uma cobertura espessa de selva. A selva densa em torno da parte aberta ainda cobre os templos não escavados, que são facilmente identificados no meio da floresta, até mesmo para olhos leigos. Mas cuidado para não se afastar do caminho principal — já houve incidentes de ataques a turistas que se aventuraram sozinhos pela floresta.

De todas as ruínas do México, esta é a mais marcante, pela sua grandiosidade, sua história recuperada por epígrafos, e pelo seu cenário misterioso. Estudiosos identificaram os governantes e reconstruíram as histórias de suas famílias, deixando os visitantes mais familiarizados com os primeiros nomes dos povos antigos, gravados em pe-

Pedras esculpidas das ruínas de Palenque.

Ruínas de Palenque

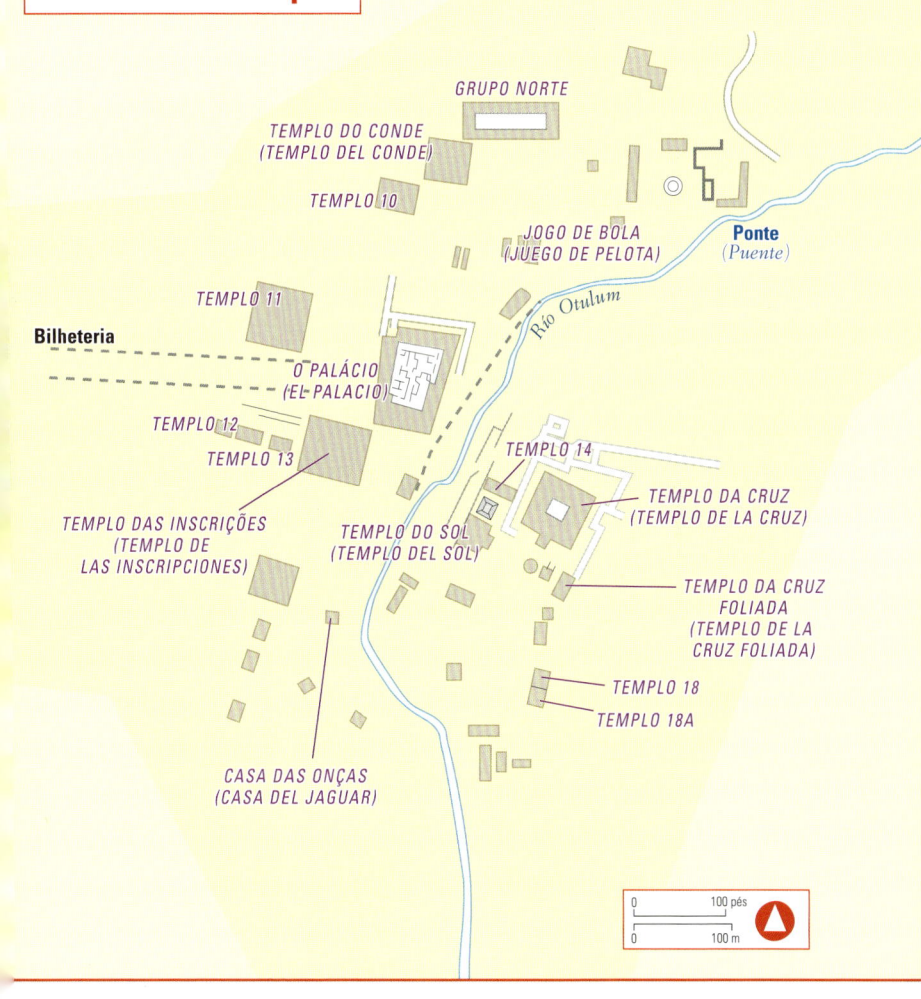

Map labels:
- GRUPO NORTE
- TEMPLO DO CONDE (TEMPLO DEL CONDE)
- TEMPLO 10
- JOGO DE BOLA (JUEGO DE PELOTA)
- Ponte (Puente)
- Río Otulum
- TEMPLO 11
- Bilheteria
- O PALÁCIO (EL PALACIO)
- TEMPLO 12
- TEMPLO 13
- TEMPLO 14
- TEMPLO DA CRUZ (TEMPLO DE LA CRUZ)
- TEMPLO DAS INSCRIÇÕES (TEMPLO DE LAS INSCRIPCIONES)
- TEMPLO DO SOL (TEMPLO DEL SOL)
- TEMPLO DA CRUZ FOLIADA (TEMPLO DE LA CRUZ FOLIADA)
- TEMPLO 18
- TEMPLO 18A
- CASA DAS ONÇAS (CASA DEL JAGUAR)

0 — 100 pés
0 — 100 m

dra. Você pode ler mais sobre isso no livro *A Forest of Kings*, de Linda Schele e David Freidel.

Logo depois da entrada das ruínas, a construção à sua direita é o **Templo das Inscrições**, em homenagem aos grandes painéis de pedra com hieróglifos, encontrados do lado de dentro (a maior parte dos painéis, retratando a árvore genealógica do rei Pacal, fica no Museu Nacional de Antropologia, na Cidade do México). Este templo é famoso pela cripta do rei Pacal, bem no interior da pirâmide, mas a cripta está fechada ao público. O arqueólogo Alberto Ruz Lhuillier descobriu o túmulo no fundo do templo em 1952 — um feito que muitos estudiosos consideram uma das grandes descobertas do mundo maia. Em escavações exploratórias, Ruz Lhuillier descobriu uma escadaria que vai do chão do templo até a base da pirâmide. Os construtores originais tiveram o cuidado de bloquear a entrada, enchendo a escadaria de pedras. Após vários meses de escavações, Ruz Lhuillier finalmente

O Palácio, nas ruínas de Palenque.

atingiu a cripta do rei Pacal, que continha vários objetos fascinantes, incluindo um magnífico sarcófago esculpido em pedra. A sepultura do próprio Ruz Lhuillier fica em frente ao Templo das Inscrições, à esquerda da entrada do parque.

Logo à sua direita, de frente para o Templo das Inscrições, fica o **Templo 13**, que está recebendo bastante atenção de arqueólogos. Eles descobriram recentemente o túmulo de outra personagem ricamente adornada, acompanhada em seu leito sepulcral por uma mulher adulta e um adolescente. Alguns dos artefatos encontrados ali estão em exposição no museu.

De volta ao caminho principal, a construção à sua frente é o **Palácio**, com sua torre sem igual. O explorador John Stephens acampou no Palácio, quando ainda estava coberto de vegetação, passando noites sem dormir lutando contra os mosquitos. Um caminho entre o Palácio e o Templo das Inscrições leva ao **Templo do Sol**, ao **Templo da Cruz Foliada**, ao **Templo da Cruz**, e ao **Templo 14**. Este grupo de templos, agora abertos e em vários estágios de reconstrução, foi construído pelo filho de Pacal, Chan-Bahlum, que normalmente aparece nas inscrições com seis dedos em cada pé. A máscara de gesso de Chan-Bahlum foi encontrada no Templo 14, ao lado do Templo do Sol. Os arqueólogos começaram a sondar o Templo do Sol em busca do túmulo de Chan-Bahlum. Pouco resta das pedras esculpidas no exterior deste templo. Do lado de dentro, porém, atrás de uma cerca, uma pedra esculpida de Chan-Bahlum o mostra subindo ao trono em 690 d.C. Os painéis retratam a versão de Chan-Bahlum de sua ligação histórica com o trono.

À esquerda do Palácio fica o Grupo Norte, também passando por restaurações. Incluídos nesta área estão o **Jogo de Bola** e o **Templo do Conde**. Pelo menos três túmulos, com oferendas para a jornada ao submundo, foram encontrados aqui, e a linhagem de pelo menos 12 reis foi decifrada a partir de inscrições deixadas neste sítio.

Logo após o Grupo do Norte fica uma pequena construção (já foi um museu), agora usada para armazenar os artefatos encontrados durante a restauração. Está fechada ao público. À direita da construção, uma ponte de pedra atravessa o rio, levando a um caminho que desce pela encosta até o novo museu. O caminho de pedras alinhadas desce por um riacho com cascatas, em cujas margens crescem árvores ceiba gigantes. Bancos estão dispostos ao longo do caminho como áreas de descanso, e alguns pequenos templos foram reconstruídos perto da base da trilha. No início da manhã e da noite, você pode ouvir macacos se sacudindo na folhagem espessa perto do caminho; se fizer pouco barulho, poderá avistar papagaios selvagens também. Descendo o morro (de longe, a melhor maneira), você levará cerca de 20 minutos para chegar à autoestrada principal. O caminho termina na estrada asfaltada, em frente ao museu. Os *colectivos* (micro-ônibus) no caminho de volta para a vila pararão aqui, basta acenar.

Onde Ficar

Fala-se também inglês em todos os hotéis mais caros e cerca de metade dos mais baratos. As tarifas mostradas incluem o imposto de 18%. A alta temporada em Palenque é limitada à semana da Páscoa, os meses de julho a agosto, e dezembro. A maioria dos visitantes de Palenque chega nos ônibus de turismo vindos de Cancún; se quiser evitar grandes grupos, escolha um hotel pequeno.

CARO

Chan-Kah Resort Village ★ Este é um belo hotel situado entre a cidade e as ruínas. É um conjunto de bangalôs confortáveis, chamados de *casitas*, cercados pela floresta tropical. Oferece privacidade e sossego em um ambiente tropical. Os jardins são bem-cuidados; uma piscina convidativa, alimentada por um riacho, atravessa a propriedade. Os bangalôs são feitos de pedra e gesso. Os quartos são espaçosos e cada um vem com seu próprio terraço e duas cadeiras de balanço. As suítes master são bangalôs de dois quartos. As tarifas no Natal serão maiores do que as indicadas aqui, e pode ser que os preços para reservas antecipadas feitas de fora do país sejam mais altos O serviço de quarto é caro.

Carretera Las Ruinas Km 3, 29960 Palenque, Chi. © **916/345-1100.** Fax 916/345-0820. www.chan-kah.com.mx. 7 quartos. Casita $1.580; suíte master $3.861. Preços promocionais de setembro a novembro. MC, V. Estacionamento vigiado e gratuito. **Atrativos:** restaurante; bar; piscinas externas (uma grande com fonte natural); serviço de quarto; quartos para não fumantes; Wi-Fi (em áreas comuns). *No quarto:* ar-condicionado, TV, secador de cabelo.

MODERADO

Hotel Ciudad Real Apesar de não ser sofisticado, este hotel é muito bom naquilo que importa — os quartos são amplos, silenciosos, bem iluminados e confortavelmente mobilados. A maioria das unidades possui duas camas de casal; algumas possuem camas king size. Todos os quartos têm uma pequena varanda, que, na melhor das hipóteses, tem vista para a vegetação tropical. Ao fazer uma reserva, especifique o hotel de Palenque (há também um Ciudad Real em San Cristóbal). Fica nos limites da cidade, em direção ao aeroporto. Embora trabalhe com pacotes para ônibus de turismo, prática comum entre outros hotéis grandes, este hotel é uma boa opção para viajantes individuais que estejam de carro.

Carretera a Pakal-Na Km 1,5, 29960 Palenque, Chi. © **916/345-1343** (reservas: © 967/678-4400). www.ciudadreal.com.mx. 72 quartos. Alta temporada, quarto duplo $1.330, suíte júnior $1.695; baixa temporada, quarto duplo $900, suíte júnior $1.150. AE, MC, V. Estacionamento com segurança gratuito. Descontos de internet às vezes disponíveis. **Atrativos:** restaurante; bar; piscina externa; piscina infantil; serviço de quarto; quartos para não fumantes; Wi-Fi (no lobby e no restaurante). *No quarto:* ar-condicionado, TV, secador de cabelo.

Onde Ficar e Comer em Palenque

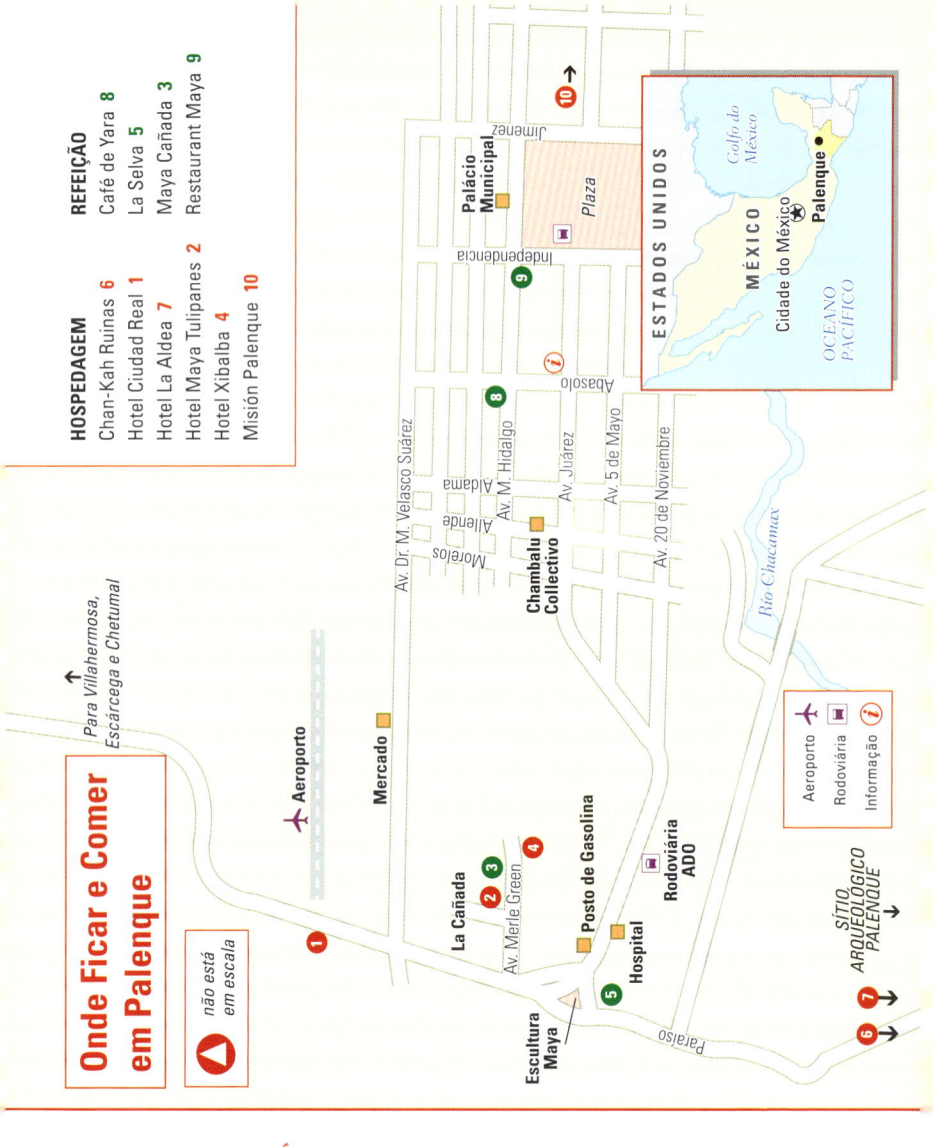

não está em escala

HOSPEDAGEM
Chan-Kah Ruinas **6**
Hotel Ciudad Real **1**
Hotel La Aldea **7**
Hotel Maya Tulipanes **2**
Hotel Xibalba **4**
Misión Palenque **10**

REFEIÇÃO
Café de Yara **8**
La Selva **5**
Maya Cañada **3**
Restaurant Maya **9**

Hotel La Aldea ♥ Este hotel, no caminho para as ruínas, goza do mesmo ambiente exuberante do mais caro Chan-Kah Resort Village, embora seja menor e geralmente mais silencioso. Pertence a uma família e foi projetado e administrado por um arquiteto. Percebe-se que houve muito planejamento para deixar os quartos charmosos e funcionais. Ficam em uma série de bangalôs independentes, em um terreno em aclive (a maioria, dois quartos por bangalô). Alguns dos quartos (principalmente o número 10) têm vista para a floresta. Todos os quartos são amplos, com um bom espaço para a bagagem. Cada um tem uma área de estar ao ar livre. Em termos de layout e decoração, prefiro este ao vizinho Chan-Kah Village.

Carretera Las Ruinas Km 2,8, 29960 Palenque, Chi. ⓒ /fax **916/345-1693**. www.hotellaaldea. net. 28 quartos. Quarto duplo $1.100. Descontos de baixa temporada entre 20% e 30%. MC, V. Estacionamento com segurança gratuito. **Atrativos:** restaurante; bar; piscina externa; quartos para não fumantes; Wi-Fi (nas áreas comuns). *No quarto:* ar-condicionado, não tem telefone.

Hotel Maya Tulipanes Este é um charmoso hotel escondido na Cañada. Gosto daqui pela localização e administração. O serviço e a conservação são bons. Os quartos são de médios a grandes e possuem cama queen size e king size, ou duas camas de casal. Uma vegetação tropical enfeita o terreno, juntamente com algumas reproduções da famosa arquitetura maia. O Maya Tulipanes tem um acordo com um hotel parceiro localizado nas ruínas de Tikal, na Guatemala. A agência de viagens oferece passeios diários para Bonampak e outras atrações.

Calle Cañada 6, 29960 Palenque, Chi. ⓒ **916/345-0201** ou 916/345-0258. Fax 916/345-1004. www.mayatulipanes.com.mx. 74 quartos. Alta temporada, quarto duplo $1.190; baixa temporada, quarto duplo entre $795 e $1.000. Pacotes de internet disponíveis. AE, MC, V. Estacionamento com segurança gratuito. **Atrativos:** restaurante; bar; transporte terrestre de/para o aeroporto de Villahermosa; piscina externa; serviço de quarto; quartos para não fumantes. *No quarto:* ar-condicionado, TV, secador de cabelo, Wi-Fi.

Misión Palenque★ Este hotel voltou a ser um dos mais confortáveis da cidade após uma reforma completa, que incluiu novos equipamentos de ar-condicionado e outros atrativos. Os quartos são de tamanho médio e bem mobiliados, com móveis claros e modernos. Os banheiros são espaçosos, com bancadas amplas. O hotel tem um terreno extenso e é muito silencioso. Em um canto do hotel, uma fonte natural corre por um charmoso pedaço de selva, onde foi instalado o spa. Parte do spa é um *temazcal*, ou banho a vapor. Há também um banho de lama e outros tratamentos mais comuns. O hotel fica poucos quarteirões a leste da praça principal da cidade.

Periférico Oriente s/n, 29960 Palenque, Chi. ⓒ **916/345-0241** ou 01/800-900-3800 no México. Fax 916/345-0300. www.hotelesmision.com.mx. 156 quartos. Quarto de casal $1.100; suíte júnior $2.925. AE, MC, V. Estacionamento gratuito e vigiado. **Atrativos:** restaurante; serviço de babá; academia; jacuzzi; piscina externa; piscina infantil; serviço de quarto; spa; 2 quadras de tênis. *No quarto:* ar- condicionado, TV, secador de cabelo (a pedido), Wi-Fi.

BARATO

Hotel Xibalba Este hotel econômico foi recentemente ampliado para acomodar grupos maiores, mas o preço ainda é bom. Você pode pedir um quarto nos fundos, caso um grupo esteja fazendo muito barulho. Os quartos, com tamanhos de pequeno a médio, são básicos, porém limpos e com ar-condicionado funcional, o que não é sempre o caso no nível econômico. Os quartos de cima são um pouco menores do que os de baixo. A maioria das camas tem colchões firmes. Confira no local a réplica em tamanho real da tampa do sarcófago de Pacal.

Calle Merle Green 9, Cañada, 29960 Palenque, Chi. ⓒ **916/345-0392**. Fax 916/345-0411. www.hotelxibalba.com. 35 quartos. Quarto duplo entre $500 e $700. MC, V. Estacionamento gratuito. **Atrativos:** restaurante; bar; Wi-Fi. *No quarto:* ar-condicionado, TV, não tem telefone.

Onde Comer

Palenque e o resto de Chiapas às margens do rio não são lugares para gourmets. Quem diria que eu conseguiria eliminar facilmente vários restaurantes que nem sequer fingiam servir comida. Mas a situação tem melhorado, e você pode ao menos comer comida mexicana decente.

MODERADO

La Selva INTERNACIONAL/MEXICANO No La Selva (a selva), você come sob um grande e belo telhado de palha, ao lado dos jardins bem-cuidados. O cardápio inclui frutos do mar, peixes de água-doce, carnes e especialidades mexicanas. A coisa mais cara do cardápio é a lagosta de água-doce, capturada nos grandes rios do sudeste do México. Elas podem ficar grandes — do tamanho das lagostas pequenas de água salgada. Estas e as carnes mais nobres são congeladas, mas em Palenque, você não iria querer de outra maneira. Eu gostei do peixe recheado com camarão e das enchiladas de *mole*. O La Selva fica na autoestrada para as ruínas, perto da estátua da cabeça maia.

Carretera Palenque Ruinas Km 0,5. ✆ **916/345-0363.** Pratos Principais entre $145 e $220. MC, V. Aberto diariamente das 11 h 30 min às 23 h 30 min.

BARATO

Café de Yara MEXICANO Um café e restaurante pequeno, porém moderno, com um cardápio acolhedor e sem grandes ambições. O ponto forte do café são as saudáveis saladas (com legumes higienizados) e pratos principais no estilo caseiro do México, como a carne ou frango à *milanesa* ou cozido em um molho de *chile pasilla*. Também oferece tamales gostosos. À noite, ocasionalmente, oferece música ao vivo.

Av. Hidalgo 66 (em Abasolo). ✆ **916/345-0269.** Pratos principais entre $60 e $105. MC, V. Aberto diariamente das 7 h às 23 h.

Restaurant Maya e Maya Cañada ★ MEXICANO Estes dois são os restaurantes mais consistentemente bons de Palenque. Um fica de frente para a praça principal, na esquina da Independencia com a Hidalgo, enquanto o outro fica na La Cañada (✆ **916/345-0216**). Os cardápios são um pouco diferentes, mas há muitas semelhanças. Ambos são bons no básico — café bom e forte cultivado na região, e tortillas macias e variadas. O cardápio oferece uma combinação de pratos básicos mexicanos e especialidades regionais. Se você estiver em um estado de espírito exploratório, experimente uma das especialidades regionais, como o *mole chiapaneco* (*mole poblano* vermelho e escuro, porém menos doce), ou qualquer um dos pratos à base de *chaya* ou *chipilin* (legumes locais com sabor leve), como a sopa com *chipilin* e *bolitas de masa* (bolinhos de milho). Se você quiser algo mais reconfortante, escolha o frango, arroz e sopa de legumes, ou a *sopa azteca*. As bananas-da-terra recheadas com queijo e fritas no estilo mexicano são maravilhosas. Os garçons, às vezes, oferecem pratos especiais que não estão no cardápio, e estes são geralmente o que há de melhor. Você também pode experimentar um *tascalate*, uma bebida pré-colombiana feita com água, *masa*, chocolate e *achiote*, e servida natural ou fria.

Av. Independencia s/n (em Hidalgo). ✆ **916/345-0042.** Café da manhã entre $50 e $80; pratos principais entre $50 e $160. MC, V. Aberto diariamente das 7 h às 23 h.

Viagens Terrestres Partindo de Palenque

BONAMPAK E YAXCHILÁN: MURAIS NA SELVA

Viajantes intrépidos talvez queiram fazer a viagem de um dia até as ruínas maias de Bonampak e Yaxchilán. As **ruínas de Bonampak** ★, a sudeste de Palenque na fronteira com a Guatemala, foram descobertas em 1946. O sítio é importante por causa dos **murais** maias vívidos e bem-preservados, encontrados nas paredes interiores de um templo. Uma impressionante cena de batalha particularmente notável é, talvez, a pintura mais importante do México pré-colombiano.

Várias empresas de turismo oferecem viagens de um dia. De carro, são três horas até Bonampak. De lá, você segue de barco até as **ruínas de Yaxchilán** ★,

Os vívidos murais maias de Bonampak.

famosas por suas construções ricamente adornadas. Traga apetrechos para chuva, botas, uma lanterna e repelente. Todos os passeios incluem refeições e custam cerca de $900. Não importa a agência que irá escolher, os horários de partida e retorno são os mesmos. Você parte às 6 h e retorna às 19 h.

Experimente a **Viajes Na Chan Kan** (✆ **916/345-2154**; www.nachankan. com), na Hidalgo 5, em frente à praça principal, que oferece todos os passeios de praxe, bem como passeios ecológicos e culturais às comunidades indígenas dos arredores.

CACHOEIRAS DE MISOL HA E AGUA AZUL

Misol Ha fica a 20 km de Palenque, na direção de Ocosingo. Leva cerca de 30 minutos para chegar lá, dependendo do trânsito. A saída é bem sinalizada; você vai virar à direita e seguir por mais 1,5 km. O lugar é absolutamente lindo. A água verte do penhasco rochoso caindo em uma ampla piscina de água verde, rodeada por uma densa vegetação tropical. Há um pequeno restaurante e alguns chalés rústicos para aluguel por cerca de $500 por noite, dependendo do tamanho da cabana. O local é administrado pela cooperativa *ejido*, proprietária do lugar, que faz um bom trabalho de manutenção. Para obter informações sobre chalés, ligue para ✆ **916/345-1506**. A entrada para o dia todo custa $25.

Um índio lacandón perto de Bonampak.

Aproximadamente 44 km depois de Misol Ha ficam as cachoeiras de **Agua Azul** —270 m de quedas d'água com um volume impressionante.

Há chalés para alugar aqui também, mas prefiro ficar em Misol Ha. Você pode tomar banho acima ou abaixo da cachoeira, mas tenha cuidado para não ser puxado pela correnteza. É possível visitar os dois locais no mesmo dia, ou parar para vê-los à caminho para Ocosingo e San Cristóbal. Agua Azul é mais bonita depois de 3 ou 4 dias consecutivos de estiagem; chuvas pesadas podem deixar a água turva. Pergunte aos guias ou a outros viajantes sobre a qualidade da água antes de decidir ir. A entrada custa $25 por pessoa. Passeios a ambos os locais podem ser agendados em praticamente qualquer hotel.

Uma cachoeira em Misol Ha.

OCOSINGO E AS RUÍNAS DE TONINÁ

Ao chegar em Agua Azul, você estará no meio do caminho até Ocosingo, que fica entre Palenque e San Cristóbal. Portanto, ao invés de voltar para Palenque para passar a noite, poderá seguir até Ocosingo. É superior e mais confortável do que Palenque. É uma cidadezinha simpática, não é turística e não tem muito o que fazer, além das ruínas de Toniná. Mas é um bom lugar para pernoitar; assim poderá visitar as ruínas pela manhã, antes de seguir para San Cristóbal. Há cerca de meia dúzia de pequenos hotéis na cidade; o maior não é o mais agradável. Eu ficaria no **Hospedaje Esmeralda** (✆ 919/673-0014) ou no **Hotel Central** (✆ 919/673-0024), na praça principal. Ambos são pequenos e simples, porém acolhedores. O restaurante em frente ao Hotel Central tem uma boa comida.

RUÍNAS DE TONINA ★★ As ruínas de Toniná (que significa "casa de pedras") ficam 14 km a leste de Ocosingo. Você pode pegar um táxi para ir e um *colectivo* para voltar. A cidade é do período Clássico e já cobriu uma extensa área, mas a parte escavada e restaurada fica toda em uma encosta íngreme, de frente para um grande vale. Este sítio não tem estrutura para lidar com muitos turistas (e realmente não recebe muitos). Será necessário um bocado de escalada, e algumas partes são meio precárias. Este não é um bom lugar para levar crianças. A entrada custa $41.

Este complexo de pátios, salas e escadarias foi construído em vários níveis irregulares e assimétricos. O efeito geral é o de uma área cerimonial com múltiplos centros, em vez de um centro claramente distinguível. Oferece belas e intrigantes vistas de praticamente qualquer ponto.

Já em 350 d.C., Toniná surgiu como um centro dinástico. Nos séculos VII e VIII, ateve-se a uma luta com a rival Palenque e, em menor grau, com a distante Calakmul. Isso levou alguns estudiosos a ver Toniná como um centro mais militarista que as vizinhas — uma espécie de Esparta dos maias clássicos. A maior vitória de Toniná veio em 711, quando, sob o governo de Kan B'alam, atacou Palenque e capturou seu rei, Kan Joy Chitam, retratado em um friso de pedra retorcido, com os braços amarrados por uma corda.

Mas o artefato mais importante já encontrado em Toniná está em volta do quinto nível da acrópole — um grande friso de estuque dividido em painéis por uma moldura de penas, adornada com as cabeças das vítimas dos sacrifícios (exibidas de cabeça para baixo) e algumas criaturas horríveis. A maior figura é uma imagem de um esqueleto segurando uma cabeça decapitada — muito intensa e intrigante. Há na verdade um paralelo estilístico com alguns murais da cultura de Teotihuacán do México central. Outra coisa especial sobre Toniná é sua distinção como cidade com a data mais recente já registrada no sistema de contagem longa (909 d.C.), que marca o fim do período Clássico.

SAN CRISTÓBAL DE LAS CASAS ★★★

229 km a sudoeste de Palenque; 80 km ao leste de Tuxtla Gutiérrez; 7 km a noroeste de Comitán; 166 km a noroeste de Cuauhtémoc; 451 km a leste de Oaxaca

San Cristóbal é uma cidade colonial de paredes de estuque brancas e telhados vermelhos, ruas de paralelepípedos com calçadas estreitas, graciosas arcadas e praças abertas. Encontra-se em um vale verde de 2.120 m de altura. A cidade deve parte de seu nome ao clérigo Frei Bartolomé de las Casas, do século XVI, que foi o primeiro bispo da cidade e passou o resto de sua vida fazendo campanha política para proteger os povos indígenas das Américas.

Ao redor da cidade estão muitas aldeias de índios que falam maia, mas exibem uma grande variedade linguística, de vestuário e de costumes, tornando esta uma das áreas de maior diversidade étnica do México. San Cristóbal é a principal cidade comercial para estes índios e o seu ponto de contato com o mundo de fora. A maioria deles desce das montanhas dos arredores para vender mercadorias e resolver coisas.

Várias aldeias indígenas estão ao alcance de San Cristóbal através de estradas: **Chamula**, com seus tecelões e sua igreja heterodoxa; **Zinacantán**, cujos moradores praticam sincretismo religioso próprio; **Tenejapa**, **San Adrés** e **Magdalena**, conhecidas pelos tecidos de brocado; **Amatenango del Valle**, uma cidade de ceramistas; e **Aguacatenango**, conhecida pelos bordados. A maioria dessas "vilas" consiste de pouco mais do que uma igreja e o prédio do governo municipal, com casas espalhadas por quilômetros e aglomerações apenas nos dias de ir à igreja e ao mercado (normalmente aos domingos).

San Cristóbal de Las Casas.

Muitos índios vivem na periferia da cidade, pois foram expulsos de suas aldeias por causa de diferenças religiosas. Eles são conhecidos como *los expulsados*. Já não mais envolvidos com agricultura, eles se sustentam com o comércio e o artesanato. A maioria ainda usa roupas tradicionais, mas adotam crenças religiosas protestantes, que os impede de participar de muitas das celebrações cívicas e religiosas em suas comunidades.

A afluência de forasteiros não criou, na maioria dos índios, o desejo de adotar seus costumes e roupas. É interessante notar que as comunidades mais próximas de San Cristóbal são as mais resistentes às mudanças. A maior ameaça para as culturas desta área não vem do turismo, mas da ação das grandes forças de mercado, das pressões populares, dos danos ambientais e da pobreza. Os índios não estão interessados em agir ou parecer como os estrangeiros que veem. Olham e até encaram os turistas, mas, em sua maioria, não prestam muita atenção aos forasteiros, exceto como possíveis compradores de artesanato.

Você poderá ver ou ouvir a palavra *Jovel*, nome indígena de San Cristóbal, incorporado muitas vezes nos nomes das lojas. Outra palavra frequente é *coleto*, usada em referência a alguém ou alguma coisa de San Cristóbal. Você verá indicações para *tamales coletos*, *pan coleto* e *desayuno coleto* (café da manhã cristóbal).

Informações Básicas
CHEGANDO LÁ E PARTINDO

DE AVIÃO O aeroporto local é pouco utilizado, e o aeroporto mais próximo com serviço regular fica em Tuxtla Gutiérrez (pág. 357).

DE CARRO De Palenque (cinco horas), a bela estrada oferece paisagens da selva, mas algumas partes podem estar muito esburacadas ou obstruídas durante a temporada chuvosa. Verifique com o escritório local de turismo antes de seguir. De Tuxtla Gutiérrez, a viagem de uma hora e meia segue por belas áreas montanhosas.

DE TÁXI Os táxis de Tuxtla Gutiérrez para San Cristóbal custam cerca de $600.

DE ÔNIBUS A rodoviária **ADO** (que também administra as filiais Altos, Cristóbal Colón e Maya de Oro) fica na esquina da Insurgentes com a Bulevar Juan Sabines, oito quarteirões ao sul da praça principal. Esta empresa opera ônibus de e para Tuxtla (12 ônibus por dia), Palenque (quase a cada hora) e vários outros destinos, como Mérida (dois ônibus por dia); Villahermosa (dois ônibus por dia); Oaxaca (dois ônibus por dia) e Puerto Escondido (dois ônibus por dia). Para comprar uma passagem de ônibus sem ir até a rodoviária, vá à agência **Ticket Bus**, Real de Guadalupe 24 (📞 **967/678-8503**). Abre de segunda a sábado, das 7 h às 22 h.

A melhor maneira barata de ir e voltar de Tuxtla Gutiérrez é de "micro-ônibus", ônibus com 16 assentos que partem a cada 5 a 15 minutos da pequena rodoviária localizada do outro lado da rua da rodoviária ADO. A empresa é chamada de **Omnibuses de Chiapas** (não tem telefone). Procure pelos ônibus brancos que dizem *omni* ou *expreso* na frente. A tarifa custa $35 e a viagem dura uma hora. Há também vans que fazem o percurso a cada 15 a 30 minutos. Podem ser encontradas ao sair da Juan Sabines, perto da rodoviária. Pergunte a alguém onde é, pois não há sinalização. O problema é que elas se entopem de passageiros, o que compromete o conforto.

San Cristóbal de las Casas

ATRAÇÕES
Casa Na-Bolom 9
Catedral 5
Museo del Ambar 13
Museo Templo y Convento Santo Domingo 2
Palacio de las Bellas Artes 23
Templo de San Cristóbal 22

HOSPEDAGEM
Casa de los Arcángeles 17
Casa Felipe Flores 11
Hotel Casa Mexicana 3
Hotel Casavieja 7
Hotel Don Quijote 6
Hotel Palacio de Moctezuma 20
Hotel Posada La Media Luna 21
Mansión de los Angeles 12
Parador San Juan de Dios 1

REFEIÇÃO
El Edén 4
Emiliano's Moustache 15
La Casa del Pan Papalotl 8
La Paloma 16
Namandí 14
Normita's 19
Pierre 10
Restaurante Tuluc 18

Igreja
Só para Pedestres
Correio

O movimento zapatista E CHIAPAS

Em janeiro de 1994, os índios desta região se rebelaram contra o governo mexicano, exigindo saúde, educação, distribuição de terras e um governo representativo. Sua organização, o **Exército Zapatista de Libertação**, conhecido como EZLN (Ejército Zapatista de Libertacíon Nacional), e seu líder, o subcomandante Marcos, tornaram-se símbolos da luta pela justiça social. As coisas mudaram. A situação já se acalmou há muito tempo e já não há qualquer conversação ou revolta armada. O subcomandante Marcos tornou-se um crítico e comentarista social e o EZLN tornou-se uma organização política independente, não vinculada a qualquer partido em particular. Até as pichações da cidade refletem o novo clima, com o desaparecimento de pretensões políticas e o surgimento de pichações mais artísticas, rabiscos mais obscuros, assemelhando-se à grafitagem dos EUA.

ORIENTAÇÃO

CHEGANDO LÁ Para chegar à praça da cidade pela autoestrada, vire na **Avenida Insurgentes** (no semáforo). Da rodoviária, a praça principal fica oitoquarteirões ao norte, pela Avenida Insurgentes (uma caminhada de 10 minutos em leve aclive). Os táxis são baratos e fáceis de achar.

INFORMAÇÕES AO VISITANTE A **Secretaria Municipal de Turismo** (✆ /fax **967/678-0665**) fica na prefeitura da cidade, a oeste da praça principal. Abre diariamente das 9 h às 21 h. Confira o quadro de avisos quanto a apartamentos, passeios compartilhados, eventos culturais e passeios locais.

LAYOUT DA CIDADE San Cristóbal é organizada como um tabuleiro de xadrez; o principal eixo norte-sul é a **Insurgentes/Utrilla** e o eixo leste-oeste é a **Mazariegos/Madero**. Todas as ruas mudam de nome ao cruzar uma dessas ruas. O *zócalo* (praça principal) encontra-se no cruzamento destes dois eixos principais. Uma rua importante é a **Real de Guadalupe**, que vai no sentido leste da praça para a igreja de Guadalupe; nela, há muitos hotéis e restaurantes. O mercado fica sete quarteirões ao norte do *zócalo* pela Utrilla.

Observe que esta cidade tem pelo menos três ruas com o nome Domínguez e duas ruas com o nome Flores. Tem a Hermanos Domínguez, a Belisario Domínguez, e a Pantaleón Domínguez; e a María Adelina Flores e a Dr. Felipe Flores.

DANDO UMA VOLTA AQUI E ALI É possível ir andando da praça até a maioria dos pontos turísticos e de compras de San Cristóbal.

Os **ônibus** *Urbano* (micro-ônibus) levam passageiros entre a cidade e os bairros residenciais. Todos passam pela praça do mercado central. A Utrilla e a Avenida 16 de Septiembre são as duas artérias principais; todos os ônibus utilizam a área de mercado como a última parada. Todos que passam pela Utrilla o levam ao mercado.

Os **Coletivos** para as vilas dos arredores saem do mercado público, na Avenida Utrilla. Os ônibus geralmente ficam lotados no fim do dia. Sempre veja quando o último ou o penúltimo ônibus volta de onde quer que você esteja indo e pegue o anterior a este — esses últimos ônibus, às vezes, não aparecem, e você pode ficar preso. Falo por experiência própria!

Av. 20 de Noviembre, em San Cristóbal.

Alugar um carro vem a calhar em viagens até as vilas dos arredores, podendo valer à pena quando compartilhado por um grupo; mas lembre-se de que o seguro não é válido em estradas de terra. Tente a **Optimal Car Rental,** Av. Mazariegos 39 (📞 **967/674-5409**). Abre diariamente das 9 h às 13 h e das 17 h às 20 h. Você economizará dinheiro ao reservar do seu país de origem; caso contrário, o aluguel de um dia com seguro custará em torno de $700 por um Fusca com transmissão manual, o carro mais barato à disposição.

> ### Recomendação de Livros
>
> *The People of the Bat: Maya Tales and Dreams from Zinacantán,* de Robert M. Laughlin, é uma valiosa coleção de crenças desta vila próxima a San Cristóbal. Outro bom livro, com uma visão completamente diferente dos maias de hoje, é o *The Heart of the Sky*, de Peter Canby, que viajou entre os maias para narrar suas dificuldades (escreveu o livro antes do movimento zapatista).

Scooters podem ser alugadas na **Croozy Scooters** (📞 **967/631-4329**), na Belisario Domínguez 7-A. Passaporte e um depósito de $500 são exigidos.

Bicicletas são outra opção para se locomover pela cidade; o aluguel de um dia custa cerca de $120. **Los Pingüinos,** Av. Equador 4-B (📞 **967/678-0202**; pinguinosmex@yahoo.com), oferece passeios de bicicleta para alguns locais fora da cidade. Passeios no vale em volta de San Cristóbal duram entre 4 e 6 horas, custando entre $300 e $400. Abre diariamente das 10 h às 14 h 30 min e das 16 h às 19 h.

INFORMAÇÕES ÚTEIS SAN CRISTÓBAL DE LAS CASAS

Código de Área O código de área é **967**.

Caixas Eletrônicos San Cristóbal tem vários raixas rápidos.

Câmbio Há pelo menos cinco *casas de cambio* na Real de Guadalupe, perto da praça principal, e alguns sob a colunata em frente à praça. A maioria abre até as 20 h; alguns abrem aos domingos.

Médico Tente o **Dr. Roberto Lobato**, Av. Belisario Dominguez 17, na Calle Flavio A. Paniagua (C **967/678-7777**). Não fique agoniado pelo fato de seu consultório ser ao lado da Funerales Canober.

Acesso à Internet Há lan houses por todo lado.

Estacionamento Use o estacionamento subterrâneo público na 16 de Septiembre, em frente à catedral e pertinho da praça principal. A entrada é pela Calle 5 de Febrero.

Correio O *correo* fica na Crescencio Rosas com a Cuauhtémoc, a um quarteirão ao sul e oeste da praça principal. Abre de segunda a sexta, das 8 h às 19 h, sábado das 9 h às 13 h.

Aulas de Espanhol O Centro Bilíngue, no Centro Cultural El Puente, Real de Guadalupe 55, 29250 San Cristóbal de las Casas, Chi. (C /fax 967/678-3723) oferece aulas de espanhol e pode arrumar uma casa para hospedar os alunos.

Clima San Cristóbal pode ficar fria quando o sol não aparece, principalmente durante o inverno. Fica a 2.120 m acima do nível do mar. A maioria dos hotéis não tem aquecimento, embora alguns tenham lareiras. Há sempre a possibilidade de chuva, mas eu evitaria San Cristóbal do fim de agosto ao fim de outubro, durante o auge da época chuvosa.

Explorando San Cristóbal

San Cristóbal é uma cidade encantadora em uma região encantadora. Muitas pessoas vêm pela beleza, mas o planalto maia é o principal motivo que atrai a maioria dos visitantes para cá. Pode ser visto de qualquer lugar em San Cristóbal, mas a maioria dos viajantes faz ao menos uma viagem para as vilas na redondeza, para conhecer de perto a vida dos maias.

Casa Na-Bolom ★ Este é o antigo quartel general dos antropólogos Frans e Trudy Blom, que fizeram deste cantinho do mundo sua casa e sua paixão. Tornou-se um ponto de encontro para os estudiosos que visitavam a região. Frans Blom (1893-1963) liderou muitos dos primeiros estudos arqueológicos do México, e Trudy (1901-1993) ficou conhecida por suas fotografias de índios lacandona, além de seus esforços para salvar os índios e seu lar, a floresta. Um cômodo do Na-Bolom contém uma seleção de suas fotografias de índios lacandona. Cartões postais das fotografias estão à venda na lojinha (aberta diariamente das 9 h às 14 h e das 16 h às 19 h). A casa é hoje um museu. Um passeio abrange a exposição de artefatos pré-colombianos colecionados por Frans Blom; a acolhedora biblioteca, com vários volumes sobre a região e sobre os maias (dias úteis das 10 h às 14 h); e os jardins que Trudy Blom criou para o contínuo reflorestamento da selva lacandona. O passeio termina com uma apresentação de *La Reina de la Selva*, um filme excelente de 50 minutos sobre os Bloms, os lacandón e Na-Bolom.

Os 17 quartos de hóspedes, com os nomes de aldeias vizinhas, são decorados com objetos e tecidos locais. Todos os quartos possuem lareira e banheiro privativo. As tarifas (incluindo o ingresso para o museu) custam entre $970 e $1.110 por um quarto duplo, e entre $1.250 e $1.520 por uma suíte.

Uma exposição, no Museo del Ambar.

Uma exposição, na Casa Na-Bolom.

Mesmo que você não seja um hóspede, pode vir fazer uma refeição, geralmente uma variedade de pratos vegetarianos, entre outros. Só não se esqueça de fazer uma reserva com pelo menos meia hora de antecedência e de chegar na hora. A sala de jantar colorida tem uma grande mesa, e a mistura eclética de viajantes às vezes torna a conversa interessante. O café da manhã custa $60; almoço e jantar custam $150 cada. O jantar é servido às 19 h. Após o café da manhã (das 8 h às 10 h), um guia, sem vínculo com a casa, oferece passeios para San Juan Chamula e Zinacantán (veja "Aldeias e o Interior Maia Próximos", abaixo) todos os dias, exceto às segundas-feiras.

Av. Vicente Guerrero 33, 29200 San Cristóbal de las Casas, Chi. ✆ **967/678-1418.** Fax 967/678-5586. www.nabolom.org. Passeio em grupo e filmagem por $45. Passeios diários às 11 h 30 min (apenas em espanhol) e 16 h 30 min.

Catedral A principal catedral de San Cristóbal foi construída por volta de 1500. Repare no interessante teto com vigas e um púlpito de madeira esculpido.

Calle 20 de Noviembre de Guadalupe Victoria. Não tem telefone. Entrada gratuita. Aberto diariamente das 7 h às 18 h.

El Mercado Depois de visitar Santo Domingo (veja a lista abaixo), passeie pelo mercado da cidade de San Cristóbal e seus arredores. Toda vez que eu vou, vejo algo diferente que provoca a minha curiosidade.

Junto da igreja de Santo Domingo. Não tem telefone. Segunda a sábado, das 8 h às 19 h.

Museo del Ambar Se já esteve alguma vez nesta cidade, você sabe sobre a importância do âmbar por aqui. Chiapas é o terceiro maior produtor de âmbar do mundo, preferido por muitos especialistas devido a suas cores e limpidez. Algumas lojas tentaram se intitular museus, mas não enganam ninguém. Agora, um verdadeiro museu descreve metodicamente todas as questões que envolvem a mineração de âmbar, modelagem, e como identificá-lo, assim como as diferentes variedades encontradas em outras partes do mundo. É interessante, é barato e você consegue ver a área restaurada do antigo convento que ele ocupa. Há algumas belas peças de âmbar trabalhadas em empréstimo permanente — não perca. Em meados de agosto, o museu promove um concurso para os artesãos locais que trabalham com âmbar; eles fazem um trabalho excepcional.

Exconvento de la Merced, Diego de Mazariegos s/n. ✆ **967/678-9716.** A entrada custa $25. Aberto de terça a domingo, das 10 h às 14 h e das 16 h às 19 h.

Catedral principal de San Cristóbal.

Um altar dourado do Museo Templo y Convento Santo Domingo.

Museo Templo y Convento Santo Domingo Do lado de dentro da porta de entrada, na fachada de pedra esculpida, fica um belo retábulo dourado de madeira construído em 1560, paredes com santos, e quadros com molduras douradas. Anexo à igreja fica o antigo Convento de Santo Domingo, agora um pequeno museu sobre San Cristóbal e Chiapas. Possui exposições variáveis e muitas vezes exibe filmes culturais. Fica cinco quarteirões a norte do *zócalo*, na área do mercado.

Av. 20 de Noviembre. ☎ **967/678-1609.** Entrada gratuita para a igreja; o ingresso do museu custa $41. O Museu abre de terça a domingo, das 9 h às 18 h; a igreja abre diariamente das 10 h às 14 h e das 17 h às 20 h.

Palacio de las Bellas Artes O Bellas Artes organiza periodicamente eventos de dança, shows de arte e outros espetáculos. O calendário de eventos fica normalmente exposto na porta, caso o Belas Artes não esteja aberto. A biblioteca pública fica ao lado. Ao dobrar a esquina, há o Centro Cultural que realiza concertos e outros espetáculos; veja os cartazes na porta para conferir a programação.

Av. Hidalgo, quatro quarteirões a sul da praça. Não tem telefone.

Templo de San Cristóbal Para ter a melhor vista de San Cristóbal, suba os degraus aparentemente intermináveis que levam até esta igreja e seu *mirador* (mirante). Um passeio aqui exige resistência. Há 22 outras igrejas na cidade, algumas das quais também exigem subidas árduas.

No finalzinho da Calle Hermanos Dominguez.

PASSEIO A CAVALO

A **Casa de Huéspedes Margarita**, Real de Guadalupe 34, pode organizar passeios a cavalo por cerca de $150 a $180, incluindo um guia. Os passeios duram cerca de quatro horas e meia. Reserve o seu cavalo com pelo menos um dia de antecedência.

Possíveis locais para visitar incluem San Juan Chamula, algumas cavernas próximas ou alguns morros nos arredores, dependendo do interesse.

ALDEIAS MAIAS DOS ARREDORES E O INTERIOR

As comunidades indígenas nos arredores de San Cristóbal são mundos fascinantes por si só. Se não estiver familiarizado com as culturas indígenas, vai conseguir entender e apreciar muito mais o que vai ver se visitá-las com um guia, pelo menos na sua primeira incursão pelas vilas. Os guias conhecem os membros das comunidades e são vistos com menos desconfiança do que os recém-chegados. Estas comunidades têm suas próprias leis e costumes — e a ignorância dos visitantes não é desculpa. Entrar nessas comunidades é o mesmo que deixar o México, e se algo acontecer, as autoridades estaduais e federais não intervirão, a não ser em caso de crimes graves.

Os melhores passeios guiados são organizados no local. Três operadoras visitam as vilas vizinhas em pequenos grupos. Todas cobram o mesmo valor ($175 por pessoa), usam minivans como transporte e também falam inglês. No entanto, cada uma tem suas próprias interpretações e área de especialização.

Pepe e Ramiro partem de **Casa Na-Bolom** (veja acima) para viagens diárias até San Juan Chamula e Zinacantán às 10 h, retornando para San Cristóbal entre 14 h e 15 h. Eles observam a continuidade cultural, as relações da comunidade e a religião.

Alex e Raúl podem ser encontrados em frente à catedral, entre 9 h 15 min e 9 h 30 min. São bem simpáticos e se dão muito bem com os índios das comunidades. Eles se concentram nos valores culturais e em sua expressão no comportamento social, o que oferece uma visão dos detalhes e da estrutura da vida nessas comunidades (e, claro, falam sobre religião). O passeio deles é muito bom. Podem ser contatados por telefone ✆ **967/678-3741** ou por e-mail: chamul@hotmail.com.

Para passeios a destinos mais distantes, veja "Passeios de San Cristóbal", posteriormente neste capítulo. Além disso, Alex e Raúl podem ser contratados para viagens até outras comunidades, além de Chamula e Zinacantán; converse com eles.

CHAMULA E ZINACANTÁN Uma viagem para a vila de San Juan Chamula vai inseri-lo no clima da vida nos arredores de San Cristóbal. Domingo, quando o mercado está em pleno funcionamento, é o melhor dia para ir às compras; os outros dias, quando você encontrará menos crianças ansiosas em vender seus artesanatos, são melhores para visitar a vila e a igreja.

A vila, 8 km a nordeste de San Cristóbal, tem uma grande igreja, uma praça e um prédio municipal. Todo ano, um novo grupo de cidadãos é escolhido para viver no centro municipal, servindo de zeladores dos santos, mediadores de conflitos e aplicadores das normas da vila. Como em outras vilas vizinhas, no domingo os líderes locais usam trajes próprios, incluindo chapéus de palha lindamente confeccionados e repletos de fitas coloridas condizentes com seus postos elevados. Eles se sentam solenemente em uma longa fila em algum lugar ao redor da praça central. Chamula é típica, como outras vilas, em que os homens muitas vezes estão longe trabalhando nas "terras quentes", colhendo café ou cacau, enquanto as mulheres ficam em casa para cuidar das ovelhas, crianças, milharais e do fogo.

Não saia de Chamula sem visitar o **interior da igreja**. Ao sair da luz solar e adentrar no interior iluminado por velas, você se sente como se tivesse sido transportado para outro país. Folhas de pinheiro espalhadas em um mar de velas acesas cobrem o piso de cerâmica. Santos cobrem as paredes e, diante

Um aldeão de Zinacantán.

deles, há pessoas se ajoelhando e rezando em voz alta enquanto compartilham garrafas de Pepsi-Cola.

Há, muitas vezes, xamãs passando ovos nas pessoas doentes ou usando frangos vivos ou mortos, em um ritual de cura. As estátuas de santos são semelhantes àquelas vistas em qualquer igreja católica mexicana, mas apesar de partilharem o mesmo nome, elas têm significados completamente diferentes para os chamulas. Os visitantes podem caminhar cuidadosamente pela igreja para ver os santos, ou ficar em silêncio em pé nos fundos.

Logo ao sul, em Zinacantán, uma aldeia mais rica do que Chamula, você deve assinar um rígido termo prometendo *não tirar nenhuma fotografia* antes de chegar aos dois **santuários** que ficam lado a lado. Depois de receber a autorização e pagar uma pequena taxa, um acompanhante mostrará a igreja, ou você pode ter permissão para visitá-la por conta própria. O chão pode estar coberto de folhas de pinheiro aqui também, e os cômodos são muito iluminados pela luz do sol. A experiência é completamente diferente de Chamula. Você pode ser abordado por crianças que oferecerão uma visita à suas casas, onde as mulheres da família provavelmente estarão tecendo ou trabalhando em algum outro artesanato.

AMATENANGO DEL VALLE A cerca de uma hora de carro de San Cristóbal fica Amatenango, uma cidade conhecida principalmente por suas **mulheres ceramistas.** Você verá o trabalho delas em San Cristóbal — pequenos animais, vasos e jarros de água grandes —, mas na vila você poderá visitar os ceramistas em suas casas. Basta andar pelas ruas de terra. Os aldeões

Uma mulher ceramista em Amatenango.

Aldeias Maias dos Arredores e o Interior

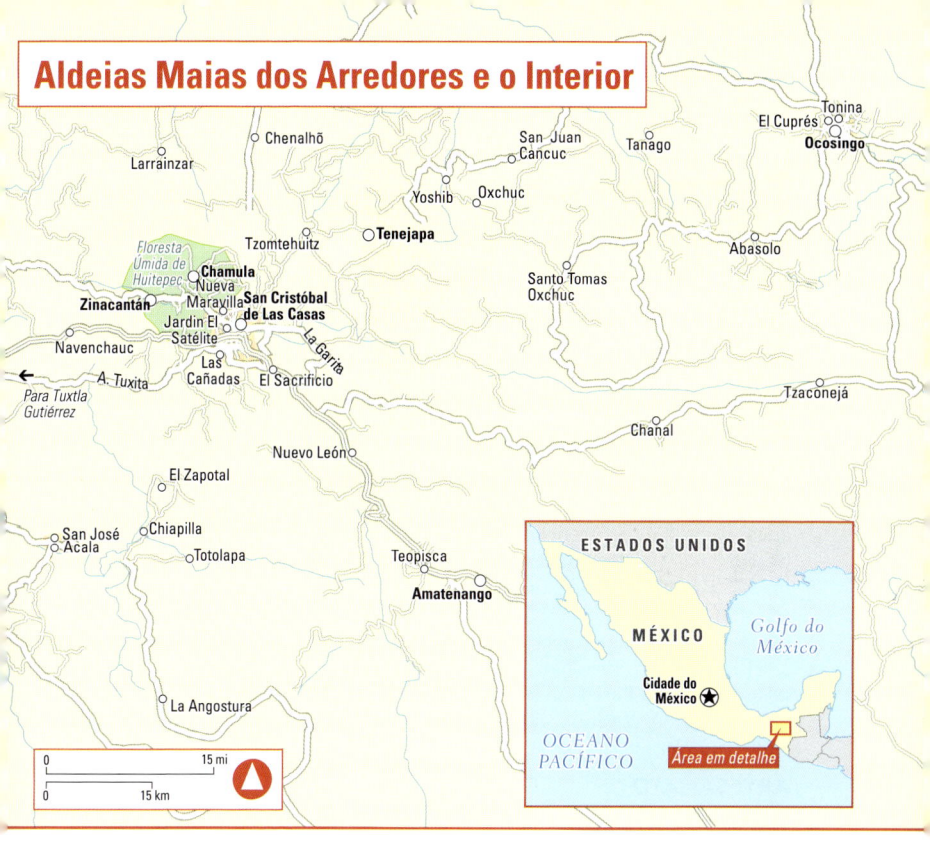

encostados nas paredes dos complexos residenciais o convidarão a escolher peças de estoque. Você pode até mesmo vê-los queimando as peças sob um monte de madeira no pátio aberto, ou pintando-as com cores obtidas da água com resíduos de ferrugem. As mulheres usam belas *huipiles* vermelhas e amarelas, mas se quiser tirar uma foto, terá de pagar. Para chegar aqui, pegue um *colectivo* no mercado de San Cristóbal. Antes de saltar, não se esqueça de perguntar sobre o horário da volta.

AGUACATENANGO Esta aldeia, 16 km a sul de Amatenango, é conhecida por seus **bordados**. Se já visitou lojas de San Cristóbal, reconhecerá os padrões florais de branco sobre branco e preto sobre preto em vestidos e blusas à venda. As blusas regionais das próprias aldeãs, no entanto, são bastante diferentes.

TENEJAPA Os **tecelões** de Tenejapa, 28 km a nordeste de San Cristóbal, fazem alguns dos trabalhos mais bonitos e caros que verá na região. O melhor dia para visitar é em dia de mercado (domingo e quinta, embora domingo seja melhor). Os tecelões de Tenejapa ensinaram os de San Andrés e Magdalena — o que explica a semelhança de seus desenhos e cores. Para chegar a Tenejapa, tente encontrar um *colectivo* na última fileira do mercado, ou contratar um táxi. Na rua principal de Tenejapa, várias lojas vendem roupas regionais tecidas no local e você pode pechinchar.

A **FLORESTA ÚMIDA HUITEPEC Pronatura,** Av. Benito Juárez 11-B (☏ **967/678-5.000**), uma organização ecológica privada e sem fins lucrativos, oferece passeios com enfoque ambiental pela floresta úmida. A floresta é um paraíso para as **aves migratórias**; mais de 100 espécies de aves e 600 espécies de plantas foram descobertas. Passeios com guia ocorrem das 9 h ao meio-dia, de terça a domingo. Custam $250 para grupo de até oito pessoas. Faça sua reserva com um dia de antecedência. Para chegar à reserva por conta própria, pegue a estrada Chamula sentido norte; a saída é no Km 3,5. A reserva fica aberta de terça a domingo, das 9 h às 16 h.

Compras

Muitas aldeias indígenas próximas a San Cristóbal são conhecidas pela **tecelagem, bordados, brocados, couro** e **cerâmica**, tornando a área uma das melhores do país para fazer compras. Você verá belos xales de lã, saias tingidas com índigo, camisas locais coloridas e *huipiles* magnificamente tecidos, em sua maioria com alegres estampas geométricas. Santo Domingo e o mercado, e outros lugares na redondeza, são bons lugares para encontrar produtos têxteis, assim como outros artesanatos além dos mencionados abaixo. As barracas e pequenas lojas do bairro tornam as compras interessantes. Trabalhando com couro, os artesãos são da mais alta qualidade. *Jaspes*, tingidos com a técnica *tie-dye*, vêm da Guatemala e são transformados em roupa. A cidade é também conhecida por seu **âmbar**, vendido em várias lojas; duas das melhores são mencionadas abaixo.

Para a melhor seleção de livros novos e usados e material de leitura em outros idiomas, vá ao **La Pared**, Andador Eclesiásticos 13 (☏ **967/678-6367**). Os proprietários mantém uma grande coleção de livros sobre os maias e o México como um todo, tanto ficção quanto não ficção. Abre de segunda a sábado, das 10 h às 19 h 30 min.

ARTESANATO

El Encuentro A proprietária trabalha nesse ramo há mais de 50 anos e tem uma extensa lista de artesãos locais como fornecedores. Ela é especializada em têxteis, mas também vende outros tipos de artesanato, como trabalhos feitos com fibras de sisal, ferro forjado, madeira entalhada ou esculturas de lata. A loja abre de segunda a sábado, das 9 h às 20 h. Calle Real de Guadalupe 63-A (entre a Dugelay e a Colón). ☏ **967/678-3698.**

La Galería Esta galeria de arte, na parte de baixo de um café, exibe o trabalho de pintores nacionais e internacionais. Também vende pinturas e cartões de Kiki, a proprietária, uma artista alemã que encontrou seu lugar em San Cristóbal. Há alguns tapetes e cerâmicas de Oaxaca, além de joias de prata diferentes. Abre diariamente das 10 h às 21 h. Hidalgo 3. ☏ **967/674-7273.**

Lágrimas de la Selva Esta loja vende âmbar e joias, e poucas têm a variedade, qualidade ou talento artístico encontrados aqui. Não é o lugar perfeito para aqueles que buscam descontos e promoções, mas é um ótimo lugar para curiosos. Muitas vezes é possível assistir aos joalheiros em ação. Abre de segunda a sábado, das 10 h às 20 h; domingo, de meio-dia às 20 h. Hidalgo 1-C (meio quarteirão ao sul da praça principal). ☏ **967/674-6348.**

Piedra Escondida Esta é outra excelente opção para âmbar e joias incomuns. Abre diariamente das 8 h 30 min às 20 h. 20 de Noviembre, 22. Não tem telefone.

Tienda Chiapas Este salão tem exemplos de todos os tipos de artesanato feito no estado. É administrado pelo governo em apoio ao artesanato indígena. Você deveria dar uma olhada, mesmo que seja só para conhecer as técnicas artesanais da região. Abre de segunda a sexta, das 9 h às 21 h, sábado, das 10 h às 20 h e domingo das 10 h às 14 h. Niños Héroes com a Hidalgo. ☏ **967/678-1180.**

Uma tecelã em Tenejapa.

PRODUTOS TÊXTEIS

El Telar "O Tear" vende produtos têxteis, todos feitos à mão em San Cristóbal, e a maioria é da oficina da loja, que você pode visitar na região noroeste da cidade, ao lado do hotel Rincón del Arco. É especializada em produtos têxteis feitos em grandes teares de chão. Abre de segunda a sábado, das 9 h às 14 h e das 16 h às 20 h. Calle 28 de Agosto 3 (ao lado do Hotel Casa Mexicana) **967/678-4422**. www.eltelar.com.mx.

Plaza de Santo Domingo As praças em torno desta igreja e de seu vizinho, o Templo de Caridad, ficam cheias de mulheres em trajes típicos vendendo suas mercadorias. Aqui você encontra mulheres de Chamula tecendo cintos ou bordando, cercadas por pilhas de tecidos de lã de suas aldeias. Seus produtos incluem xales guatemaltecos, cintos e bolsas. Há também algumas excelentes opções de produtos feitos pelos chiapanecas, como coletes, casacos, tapetes e xales de lã, semelhantes aos de Sna Jolobil (descritos abaixo), se tiver paciência de procurar e pechinchar. Os vendedores chegam entre 9 h e 10 h, e começam a ir embora por volta das 15 h. Av. Utrilla. Não tem telefone.

Sna Jolobil Significa "casa do tecelão" em maia; este lugar fica no antigo mosteiro de Santo Domingo, ao lado da igreja de Santo Domingo. Grupos de artesãos de Tzotzil e Tzeltal administram a loja da cooperativa, que tem cerca de 3 mil membros que contribuem com produtos, ajudam na administração da loja e dividem os lucros moderados. Você encontrará alguns huipiles elegantes e outros produtos de tecelagem; os preços são elevados, assim como a qualidade. Abre de segunda a sábado, das 9 h às 14 h e das 16 h às 18 h; aceitam cartões de crédito. Calzada Lázaro Cárdenas 42 (Plaza Santo Domingo, entre a Navarro e a Nicarágua). **967/678-2646**.

Unión Regional de Artesanías de Los Altos Também conhecido como J'pas Joloviletic, esta cooperativa de tecelões é menor do que a Sna Jolobil (descrita acima) e não tão sofisticada na sua abordagem aos possíveis clientes. Vende blusas, tecidos, capas de almofadas, coletes, cintos, guardanapos, cestas e bolsas. Fica perto do mercado e vale a pena conhecer. Abre de segunda a sábado das 9 h às 14 h, e domingo das 9 h às 13 h. Av. Utrilla 43. **967/678-2848**.

Onde Ficar

Entre os lugares mais interessantes para se hospedar na cidade está o seminário que virou hotel-museu **Casa Na-Bolom** (pág. 344).

Os hotéis de San Cristóbal são baratos. Você pode ficar razoavelmente bem por preços entre US$ 50 e US$ 70 por noite, para o quarto duplo. As tarifas listadas aqui incluem impostos. A alta temporada é na semana da Páscoa e nos meses de julho, agosto e dezembro.

CARO

Parador San Juan de Dios ★★ Este é o mais belo hotel de San Cristóbal. Fica no extremo norte da cidade, em alguns prédios antigos que pertenciam a uma fazenda do século XVII. Os quartos são grandes, confortáveis e diferenciados, com um pouco do clima do antigo prédio de adobe e pedra. A maioria tem lareira e peças de época misturadas com alguns confortos modernos. Os banheiros são amplos e bem-acabados. As suítes incluem uma jacuzzi. A maioria dos quartos também tem o próprio terraço em pedra (e em alguns casos, dois terraços), que oferecem uma vista do grande terreno. O hotel fica a uma longa caminhada ou uma curta viagem de táxi saindo da praça principal.

Calzada Roberta 16, Col. 31 de Marzo, 29229 San Cristóbal de las Cases, Chi. ℂ/fax **967/678-1167, 678-4290.** www.sanjuandios.com. 12 quartos. Alta temporada, quarto duplo $1.800, suíte entre $3.300 e $4.650; baixa temporada, quarto duplo $1.600, suíte entre $2.200 e $4.100. AE, MC, V. Estacionamento seguro e gratuito. **Atrativos:** restaurante; bar; serviço de quarto; quartos para não fumantes. *No quarto:* TV, secador de cabelo, Wi-Fi.

MODERADO

Casa Felipe Flores ★ Esta bonita casa colonial restaurada é o cenário perfeito para se conhecer um pouco de San Cristóbal. Os pátios e cômodos comuns são relaxantes e confortáveis, e seus detalhes arquitetônicos são bem ao estilo *coleto*. Os quartos são bem decorados e com bastante personalidade, sendo aquecidos no inverno. Os proprietários, Nancy e David Orr, gostam de compartilhar sua apreciação e conhecimento sobre Chiapas e os maias.

Calle Dr. Felipe Flores 36, 29230 San Cristóbal de las Casas, Chi. ℂ/fax **967/678-3996.** www.felipeflores.com. 5 quartos. Quarto duplo entre US$ 95 e US$ 125. As tarifas incluem café da manhã completo. 10% de taxa de serviço. Não se aceitam cartões de crédito. Estacionamento limitado na rua. **Atrativos:** biblioteca. *No quarto:* não tem telefone.

Hotel Casa Mexicana ★ Este hotel colonial, com pátios bem-cuidados, oferece uma hospedagem confortável e encantadora. A gerência é atenta e mantém o hotel sempre impecável. O atendimento é excelente. Os quartos standard possuem carpete e contam com duas camas de casal ou uma cama king size. Possuem boa iluminação, aquecedores elétricos e banheiros espaçosos. Do outro lado da rua, em outra casa colonial, há várias suítes bem maiores, com pisos em cerâmica diferenciados, além de banheiros maiores. O hotel recebe muitos grupos de turistas; pode ser silencioso e tranquilo em um dia, cheio e movimentado no dia seguinte.

28 de Agosto 1 (na General Utrilla), 29200 San Cristóbal de las Casas, Chi. ℂ **967/678-1348,** 967/678-0698. Fax 967/678-2627. www.hotelcasamexicana.com. 55 quartos. Alta temporada, quarto duplo US$ 105, suíte júnior US$ 160, suíte US$ 180; baixa temporada, quarto duplo US$ 85, suíte júnior US$ 140, suíte US$ 170. AE, MC, V. Estacionamento seguro e gratuito a menos de dois quarteirões de distância. **Atrativos:** restaurante; bar; serviço de babá; serviço de quarto; sauna; quartos para não fumantes. *No quarto:* TV, secador de cabelo, Wi-Fi.

Hotel Casavieja ★ Diferentemente do Casa Mexicana, esta antiga casa colonial manteve um pouco de suas características, pelo menos na parte original. A maioria dos quartos, no entanto, fica na parte nova, onde as construções se mantiveram fiéis ao projeto original, em itens essenciais como os tetos com vigas de madeira. Metade dos quartos possui carpete e metade tem piso laminado ou de cerâmica. Os quartos são de tamanho médio e não são bem iluminados. Alguns têm banheiros minúsculos.

María Adelina Flores 27 (entre a Cristóbal Colón e a Dugelay Diego), 29200 San Cristóbal de las Casas, Chi. ✆/fax **967/678-6868**, 967/678-0385. www.casavieja.com.mx. 40 quartos. Quarto duplo entre $780 e $1.100; suíte júnior entre $1.100 e $1.350. Pacotes de internet disponíveis com frequência. AE, MC, V. Estacionamento gratuito. **Atrativos**: restaurante; bar. *No quarto:* TV, Wi-Fi.

Casa de los Arcangeles ♦ O proprietário de um grande restaurante em um pátio decidiu converter os cômodos em volta do pátio em quartos de hotel. Este tipo de decisão é muitas vezes uma receita para o fracasso, mas deu certo neste caso. Os quartos, cada um com uma cama queen size, são grandes, confortáveis, charmosos e a um bom preço. O restaurante fecha cedo, portanto, o barulho não será problema, e sua localização, ao sul da praça principal, é excelente.

Cuauntémoc 4, 29200 San Cristóbal de las Casas, Chi. ✆ **967/678-1531,** 967/678-1936, casadelosarcangeles@hotmail.com. 7 quartos. Quarto duplo entre $950 e $1.100. As tarifas incluem café da manhã completo. MC, V. Estacionamento gratuito. **Atrativos:** restaurante; bar; quartos para não fumantes. *No quarto:* TV, secador de cabelo, Wi-Fi.

Mansión de Los Angeles Este hotel colonial é limpo e charmoso. Os quartos são de tamanho médio e possuem uma cama de solteiro e uma de casal, ou duas de casal. Eles são mais charmoso, aconchegantes e mais bem iluminados do que a maioria dos hotéis da cidade. Também são silenciosos. Alguns dos banheiros são pequenos. A maioria dos quartos tem janelas que abrem para um pátio bonito com um chafariz. O terraço da cobertura é um excelente local para uma *siesta*.

Calle Francisco Madero, 17, 29200 San Cristóbal de las Casas, Chi. ✆ **967/678-1173,** 967/678-4371. www.hotelmansiondelosangeles.com. 20 quartos. Quarto duplo entre $600 e $800. MC, V. Estacionamento limitado na rua. *No quarto:* TV.

BARATO

Hotel Don Quijote ♦ Os quartos deste hotel de três andares (não tem elevador) são pequenos, porém silenciosos, são acarpetados e bem iluminados, mas um pouco deteriorados. Todos têm duas camas de casal com iluminação para leitura, banheiros com cerâmica e bastante água quente. Servem cafés de cortesia pela manhã.

Cristóbal Colón 7 (perto de Real de Guadalupe), 29200 San Cristóbal de las Casas, Chi. ✆ **967/678-0920.** Fax 967/678-0346. 25 quartos. Quarto duplo entre $250 e $350. MC, V. Estacionamento gratuito a um quarteirão de distância. *No quarto:* TV.

Hotel Palacio de Moctezuma Os quartos deste hotel de três andares têm janelas com vista para um dos dois pátios. Eles são silenciosos, minimamente mobilados, acarpetados e mal-iluminados. A maioria é de médio porte, possuindo duas camas de casal, embora alguns sejam grandes. No terceiro andar fica um solário com mesas e cadeiras confortáveis e vista para a cidade.

Juárez 16 (com a León), 29200 San Cristóbal de las Casas, Chi. ✆ **967/678-0352,** 967/678-1142. Fax 967/678-1536. 48 quartos. Quarto duplo entre $300 e $500. MC, V. Estacionamento gratuito. **Atrativos:** restaurante; quartos para não fumantes. *No quarto:* TV, secador de cabelo, Wi-Fi.

Hotel Posada La Media Luna ♦ Um moderno hotel de dois andares no centro da cidade, com quartos charmosos de tamanho médio, por um bom preço. Os banheiros são maiores do que o normal, e os funcionários são prestativos e simpáticos; alguns também falam inglês.

Hermanos Dominguez 5, 29200 San Cristóbal de las Casas, Chi. ✆ **967/631-5590.** www.hotellamedialuna.com. 11 quartos. Quarto duplo por $350. MC, V. **Atrativos:** restaurante. *No quarto:* TV, não tem telefone, WiFi.

Onde Comer

Apesar de San Cristóbal não ser conhecida por sua culinária, ainda assim é possível comer bem. Para pães e bolos, experimente a **Panadería La Hojaldra**, Insurgentes 14 (📞 **967/678-4286**). É uma padaria mexicana tradicional que abre diariamente das 8 h às 21 h 30 min Além dos restaurantes listados abaixo, considere jantar na **Casa Na-Bolom** (pág. 344).

MODERADO

El Edén ★ INTERNACIONAL Este é um restaurante pequeno e tranquilo dentro do Hotel El Paraíso, onde a comida e o atendimento são consistentemente bons, melhores do que na maioria dos restaurantes de San Cristóbal. As carnes são macias e as margaritas são especialmente perigosas (basta uma). As especialidades incluem fondue de queijo suíço para dois, salada Éden e espetinhos.

No Hotel El Paraíso, Av. 5 de Febrero 19. 📞 **967/678-5382**. Café da manhã $35 a $55; pratos principais $60 a $150. AE, MC, V. Aberto diariamente das 8 h à 22 h 30 min.

La Paloma ★ INTERNACIONAL/MEXICANO Gosto do La Paloma especialmente à noite, pois a iluminação é muito bem feita. Como entrada, gostei das quesadillas estilo Cidade do México (pequenos pacotes fritos de *masa* com recheios variados). Não cometa o meu erro de tentar dividir com seu companheiro de jantar — só criará problemas. Os clássicos mexicanos incluem *albóndigas en chipotle* (almôndegas em um espesso molho chipotle), *mole* preto de oaxacana e uma variedade de *chiles rellenos*. Evite os *profiteroles*. Música ao vivo todas as noites, das 21 h às 22 h 30 min.

Hidalgo 3. 📞 **967/678-1547**. Pratos principais entre $100 e $140. MC, V. Aberto diariamente das 9 h à meia-noite.

Pierre FRANCÊS Quem diria que você poderia apreciar uma boa comida francesa em San Cristóbal? No entanto, o francês Pierre Nivière oferece uma seleção interessante de pratos franceses tradicionais, simplificados e adaptados ao ambiente tropical. Fui em um domingo, gostei do cardápio fixo e saí satisfeito.

BARATO

Emiliano's Moustache 🍴 MEXICANO/TACOS Como qualquer viajante racional, inicialmente evitei este lugar por conta de seu nome nada promissor e das figuras de desenho animado na fachada. Mas uma conversa com alguns moradores me fez superar o preconceito e instigou meu senso de ironia. É claro, o restaurante estava lotado de *coletos* aproveitando a famosa *comida corrida* do restaurante. Você pode escolher entre pratos de taco (uma mistura de recheios cozidos juntos e servidos com tortillas, e uma variedade de molhos picantes). Música ao vivo de quinta a sábado.

Crescencio Rosas 7, 📞 **967/678-7246**. Pratos principais entre $70 e $90; pratos de tacos entre $40 e $50; *comida corrida* por $48. Não aceita cartões de crédito. Aberto diariamente das 8 h à meia-noite.

La Casa del Pan Papalotl VEGETARIANO Este restaurante é mais conhecido por seu almoço de bufê vegetariano e de saladas. Os legumes e a maioria dos grãos são orgânicos. Kippy, a proprietária, tem uma horta e um campo perto da cidade onde cultiva legumes. Ela compra trigo vermelho orgânico, cultivado localmente, para seus pães. Estes são todos pães de levedura, que a proprietáriaela gosta porque acha que são facilmente digeridos, além de terem boa textura e sabor. As pizzas são famosas. O restaurante divide espaço com outras atividades no centro cultural El Puente, que tem uma galeria, uma escola de línguas e um cinema.

Real de Guadalupe 55 (entre a Diego Dugelay e a Cristóbal Colón). ℂ **967/678-7215.** Pratos principais entre $50 e $70; pizzas entre $50 e $140; buffet de almoço entre $60 e $70 pesos. Não aceita cartões de crédito. Aberto de segunda a sábado, das 9 h às 22 h; buffet de almoço das 14 h às 17 h.

Namandí INTERNACIONAL/REGIONAL Se quer uma refeição leve ou um lanche, este restaurante é a escolha perfeita. Servem um excelente café e itens mexicanos deliciosos, como enchiladas e tostadas. Os crepes são excelentes, mas na última vez que estive lá, gostei muito dos tamales locais, que estavam deliciosos e diferentes. O espaço do restaurante é moderno, leve e arejado.

Mazarriegos 16. ℂ **967/678-8054.** Crepes, saladas e sanduíches entre $40 e $75 ; café da manhã entre $35 e $50. MC, V. Aberto de segunda a sábado, das 8 h às 23 h 30 min; domingo das 8 h 30 min às 23 h.

Normita's MEXICANO O Normita's é famoso por seu *pozole*, uma sopa de frango e canjica na qual você mesmo acrescenta outros ingredientes. Também oferece especialidades mexicanas baratas e rápidas. Este é um restaurante "popular"; a cozinha aberta ocupa um canto da sala, o resto é repleto de mesas e cadeiras simples.

Av. Juárez 6 (na Dr. José Flores). Não tem telefone. Café da manhã entre $30 e $40; *pozole* $35; tacos $30. Não aceita cartões de crédito. Aberto diariamente das 7 h às 23 h.

Restaurant Tuluc MEXICANO/INTERNACIONAL O proprietário é de Puebla, mas aprendeu a trabalhar em restaurantes na Alemanha e na Bélgica. Em minhas visitas, costumo vê-lo atendendo aos clientes. A especialidade da casa é *filete Tuluc*, um filé enrolado em espinafre e queijo, servido com batata frita e vagem; embora não seja o melhor corte de carne, o preço é apropriado. A carne *tampiqueña*, servida com uma infinidade de acompanhamentos, é certamente gostosa e satisfaz. O café da manhã chiapaneco é um quarteto completo, com suco, torrada, dois tamales chiapanecos e café. Opções boas e mais leves incluem sanduíches e enchiladas.

Av. Insurgentes 5 (entre a Cuauhtémoc e a Francisco León). ℂ **967/678-2090.** Café da manhã entre $35 e $50 ; pratos principais entre $68 e $85; **comida corrida** (servida entre 14 h e 17 h) $65**.** Não aceita cartões de crédito. Aberto diariamente das 7 h às 22 h.

CAFÉS

Como o café cultivado em Chiapas é altamente apreciado, não é surpreendente que existam muitos cafés por aqui. A maioria fica escondida nos cantos e recantos das ruas secundárias de San Cristóbal. Experimente o **Café La Selva**, Crescencio Rosas 9 (ℂ **967/678-7244**), para tomar todas as variedades de café feito com grãos orgânicos; fica aberto diariamente das 9 h às 23 h. Um café de estilo mais tradicional, onde os moradores se reúnem para conversar sobre as notícias do dia, é o **Café San Cristóbal**, Cuauhtémoc 1 (ℂ **967/678-3861**), entre a Hidalgo e a Insurgentes. Abre diariamente das 7 h 30 min às 22 h, domingo das 9 h às 21 h.

A Vida Noturna de San Cristóbal

San Cristóbal é abençoada com uma vida noturna variada, tanto permanente quanto de temporada. Há muita música ao vivo, surpreendentemente boa e variada. Os bares e restaurantes são baratos. E são fáceis de achar: você pode passar por todos os lugares mencionados aqui sem colocar os pés dentro de um táxi. Os fins de semana são ótimos, mas há o que fazer em qualquer noite da semana.

Quase todas as boates de San Cristóbal tocam música latina de um gênero ou de outro. **El Cocodrilo** (ℂ **967/678-1140**), na praça principal do Hotel Santa Clara, tem apresentações acústicas com música folclórica latina (trova, andina), diariamente das 21 h às 23 h. Relaxe em uma das mesas, em um ambiente que normalmente não fica muito lotado. Depois disso, suas opções são variadas. Um dos dois bares mais populares é o **Café Bar Revolución** (✆ **967/678-6664**), na rua de pedestres, a 20 de Noviembre, com a 1 de Marzo. Tem duas apresentações por noite — geralmente blues, reggae, música latina ou rock, e sempre rock nas noites de sábado. Normalmente desacelera em torno da meia-noite. Para música latina dançante, há uma boate na esquina da Madero com a Juárez, chamada **Latino's** (✆ **967/678-9972**) — com boas bandas tocando uma mistura de salsa, merengue e cumbia. Nos fins de semana fica lotado, mas tem uma pista de dança grande. Há uma pequena taxa de *couvert* nos fins de semana. O lugar é escuro e tem um certo ar urbano. Se quiser um local relaxante para tomar um drink, experimente o bar do **Hotel Posada Real de Chiapas**. Fica em frente à Latino's. Há um pianista aos sábados e música suave gravada no resto da semana.

Viagens de Carro Partindo de San Cristóbal

Para excursões às vilas vizinhas, consulte "Aldeias Maias dos Arredores e o Interior" anteriormente neste capítulo; para destinos mais distantes, há diversas agências de turismo locais. Mas primeiro tente a **Alex e Raúl** (pág. 345). Pode também tentar a **ATC Travel and Tours**, Calle 5 de Febrero 15, na esquina com a 16 de Septiembre (✆ **967/678-2550**; fax 967/678-3145), em frente ao restaurante El Fogón. A agência tem guias bilíngues e veículos confiáveis. Os passeios regionais da ATC se concentram em aves e orquídeas, produtos têxteis, caminhadas e acampamento.

O estranho é que o custo das viagens inclui um motorista, mas não necessariamente um guia bilíngue, ou informações de qualquer tipo. Esses serviços são pagos à parte. Por isso, quando verificar os preços, não se esqueça de informar-se sobre os detalhes.

PALENQUE, BONAMPAK E YAXCHILÁN

Para obter informações sobre estes destinos, veja a seção sobre Palenque, anteriormente neste capítulo.

RUÍNAS DE CHINCULTIC, COMITÁN E PARQUE NACIONAL DE MONTEBELLO

Localizado a quase 160 km a sudeste de San Cristóbal, perto da fronteira com a Guatemala, o sítio arqueológico de **Chincultic** e o **Parque Nacional de Montebello**, possui 16 lagos multicoloridos e uma vegetação de floresta de pinheiros exuberante. A 74 km de San Cristóbal fica **Comitán**, uma bela cidade de encosta

A vista da acrópole das ruínas de Chincultic.

Os lagos de Montebello.

com 40 ml habitantes, conhecida por suas técnicas de cultivo de flores e uma aguardente de cana-de-açúcar chamada *comiteco*. É também a última cidade grande ao longo da autoestrada Panamericana, antes da fronteira com a Guatemala.

As ruínas de Chincultic, um sítio do fim do período Clássico, praticamente não foram escavadas, mas a **acrópole** principal, escorada em um precipício no alto, é magnífica de se ver de baixo e, pela vista, vale a pena subi--la. Depois de passar pelo portão, você verá a trilha à sua frente; ela passa por entre as ruínas. Há mais ruínas não escavadas cobertas por árvores ao redor das escadarias íngremes, que sobem a montanha até a acrópole. De lá, você verá os distantes lagos de Montebello e quilômetros de milharais e floresta. A estrada asfaltada que vai para os lagos passa por seis deles, todos de cores e tamanhos diferentes, rodeados por florestas de pinheiros; a maioria tem estacionamento e mirantes. A estrada asfaltada termina em um pequeno restaurante. Os lagos são mais apreciados em dias ensolarados, quando suas famosas cores brilhantes ficam vivas.

A maioria das agências de viagem de San Cristóbal oferece uma viagem de um dia que inclui os lagos, as ruínas, um almoço em Comitán e uma parada em Amatenango del Valle, uma vila produtora de cerâmica. Se for de carro, siga a Autoestrada 190 no sentido sul partindo de San Cristóbal, que passa pela bela vila de Teopisca e depois por Comitán; vire à esquerda em La Trinitaria, onde há uma placa para os lagos. Após a saída de Trinitaria e antes de chegar aos lagos, há uma placa indicando a entrada à esquerda em uma estrada de terra estreita até as ruínas de Chincultic.

TUXTLA GUTIÉRREZ

82 km a oeste de San Cristóbal; 277 km ao sul de Villahermosa; 242 km a noroeste de Ciudad Cuauhtémoc, na fronteira com a Guatemala

Tuxtla Gutiérrez (altitude: 557 m) é o centro comercial de Chiapas. O café é a base da economia da região, juntamente com as recentes descobertas de petróleo. Tuxtla (população: 350 mil) é uma cidade comercial e não é muito atrativa. A maioria dos viajantes simplesmente passa por Tuxtla a caminho de San Cristóbal, do Cânion do Sumidero ou de Oaxaca.

Informações Básicas
CHEGANDO LÁ E PARTINDO

DE AVIÃO O aeroporto de Tuxtla (código do aeroporto: TGZ) fica a 45 minutos ao sul da cidade. Há serviço de táxi no aeroporto. Com o desaparecimento da **Aviacsa**, o tráfego aéreo diminuiu. A **Mexicana** (✆ **01-800/801-2030** no México; www.mexicana.com) e sua subsidiária, a **Click** (✆ **01-800/122-5425** no México; www.mexicana.com), operam voos sem escalas de ida e volta para a Cidade do México, Oaxaca e Mérida. A **Continental Airlines** (www.continental.com) anunciou recentemente que começará a operar voos sem escalas entre Tuxtla e Houston, no Texas, duas vezes por semana.

DE CARRO Saindo de Oaxaca, você entrará em Tuxtla pela Autoestrada 190. De Villahermosa ou Palenque e San Cristóbal, você entrará pelo lado oposto da cidade, na mesma autoestrada vindo do leste. Em ambos os caminhos, você vai chegar à praça principal no centro da cidade, La Plaza Cívica (veja "Layout da Cidade" abaixo).

De Tuxtla para Villahermosa, pegue a Autoestrada 190 leste, depois da cidade de Chiapa de Corzo; logo você verá uma placa para a Autoestrada 195 norte para Villahermosa. Para San Cristóbal e Palenque, pegue a Autoestrada 190 leste. A estrada é linda, porém, tortuosa. Está em bom estado de conservação até San Cristóbal, mas pode haver trechos ruins entre San Cristóbal e Palenque. A viagem de Tuxtla para Villahermosa leva oito horas de carro; a paisagem é linda.

DE ÔNIBUS A **rodoviária ADO** (✆ **961/612-2624**) fica 1,5 km a noroeste do centro da cidade, na Avenida 5 Norte Poniente, na Plaza del Sol. Há oito ônibus por dia para Villahermosa, três ou quatro ônibus por dia para Oaxaca e cinco para Palenque. Geralmente não há necessidade de comprar passagem com antecedência, exceto nos feriados. Os ônibus pequenos (micro-ônibus) para San Cristóbal saem a cada 5 a 15 minutos da rodoviária, no cruzamento da Av. 4 Sur com a Calle 15 Oriente.

ORIENTAÇÃO

CHEGANDO LÁ Há serviço de táxi do aeroporto para a cidade ($220) e há também na rodoviária.

INFORMAÇÕES AO VISITANTE Há balcões de informações na praça principal e na Avenida Central, do outro lado do Parque de la Marimba. Abre diariamente das 9 h às 14 h e das 16 h às 20 h. Alguns funcionários também falam inglês e podem oferecer bons mapas.

LAYOUT DA CIDADE Tuxtla é organizada como um tabuleiro de xadrez. A rua principal, a **Avenida Central**, é o eixo leste-oeste, e é a artéria que atravessa a cidade até a Autoestrada 190. A oeste do distrito central é chamada de **Bulevar Belisario Domínguez**, e no leste, é **Bulevar Angel Albino Corzo**. **Calle Central** é o eixo norte-sul. O restante das ruas tem nomes que incluem um número e dois sentidos. Isso diz como chegar até a rua. Por exemplo, para encontrar a rua 5 Norte Poniente (5 Norte Oeste), você anda cinco quarteirões ao norte do centro da cidade e vira para o oeste. Para encontrar a 3 Oriente Sur, você anda três quarteirões para o leste da praça principal e vira para o sul. Quando as pessoas dão indicações dos cruzamentos, podem encurtar os nomes, pois se tornam redundantes.

DANDO UMA VOLTA AQUI E ALI Pegar um táxi é a maneira mais fácil de se locomover na cidade. Há muitos táxis e eles passam com frequência. Ônibus para todas as partes da cidade se juntam na Plaza Cívica, pela Calle Central.

CONSULTA RÁPIDA O **código de área** telefônico é **961**. Se precisar de atendimento médico, a melhor **clínica** da cidade é a Sanatorio Rojas, Calle 2 Sur Poniente 1847 (✆ **961/611-2079** ou 612-5414).

Conhecendo Tuxtla

Miguel Alvarez del Toro Zoo (ZOOMAT) Localizado na floresta chamada El Zapotal, o ZOOMAT é um dos melhores zoológicos do México. A diversidade de animais e aves nativos desta região proporciona ao visitante a verdadeira sensação da vida selvagem de Chiapas. O zoológico mantém onças, macacos guariba, corujas

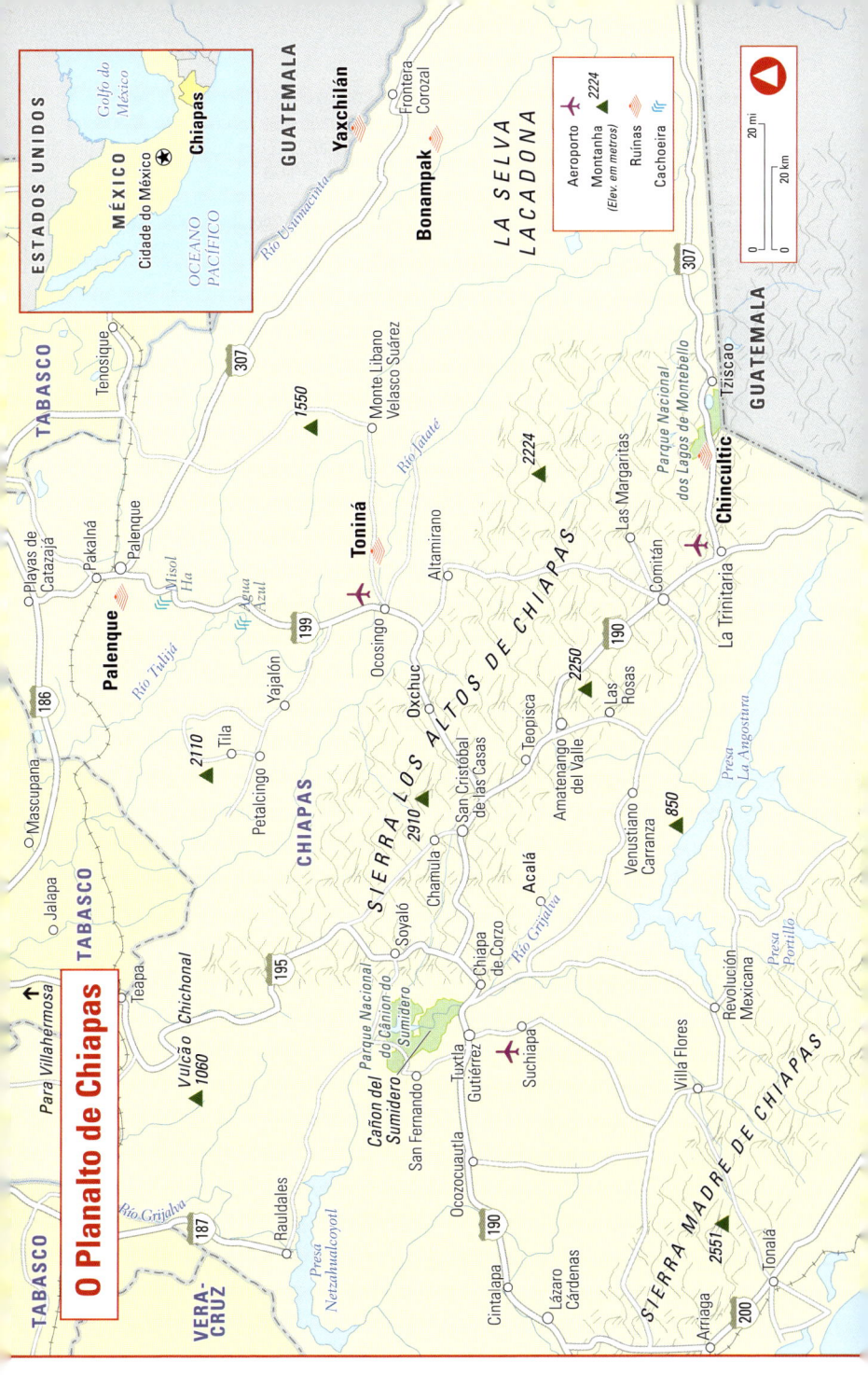

O Planalto de Chiapas

e muitos outros animais exóticos em jaulas espaçosas, que recriam seus ambientes nativos; o jardim zoológico inteiro fica tão profundamente enterrado na vegetação que quase se pode fingir estar em um habitat natural. Ao contrário de outros zoológicos que já visitei, os animais ficam quase sempre à vista.

Bulevar Samuel León Brinois, a sudeste do centro da cidade. Não tem telefone. A entrada custa $20. Aberto de terça a domingo, das 9 h às 17 h 30 min. O zoológico fica a cerca de 8 km a sudeste do centro da cidade; pegue um ônibus na Av. Central e na Calzada.

Compras

Administrado pelo governo, o **Instituto Marca Chiapas**, Bl. Domínguez 2035 (📞 **961/602-9800**), se esforça para dar apoio aos artesãos e promover o artesanato de todas as partes do estado. A loja é subsidiada, o que torna os preços bastante razoáveis. Os dois andares apresentam uma extensa coleção de artesanato agrupada por região e tipo, de todo o estado de Chiapas. Abre de segunda a sábado das 9 h às 20 h, e domingo das 10 h às 14 h.

Onde Ficar

Com o crescimento de Tuxtla, o centro da indústria hoteleira está se mudando para fora da cidade, a oeste da Autoestrada 190. É fácil notar os novos hotéis de estrada, como o **Hotel Flamboyán**, **Palace Inn**, **Hotel Laganja** e **La Hacienda**.

Camino Real Tuxtla Gutiérrez ★★ A arquitetura arrojada e moderna é a marca da cadeia Camino Real, e este hotel não é exceção à regra, com linhas fortes e cores vivas. Ele faz referências sutis à cultura maia e à região local. O centro do hotel é ao ar livre e repleto por um trecho de floresta, uma pequena cascata e pássaros tropicais que voam livremente. É um hotel relaxante; ao caminhar dentro do hotel é possível ouvir o canto dos pássaros e o barulho de água caindo. Os quartos têm duas camas de casal ou uma cama king size, possuem carpete e são confortavelmente mobilados. Os banheiros são grandes.

Bulever Domínguez 1159, 29060 Tuxtla Gutiérrez, Chi. 📞 **961/617-7777**. Fax 961/617-7779. 210 quartos. Quarto duplo a $2.200, suíte a partir de $2.600. Pacotes de internet disponíveis com frequência. AE, MC, V. Estacionamento gratuito e vigiado. **Atrativos:** 2 restaurantes; bar; serviço de babá; concierge; andar executivo; academia e spa; piscina; serviço de quarto; quartos para não fumantes. *No quarto:* ar-condicionado, TV, secador de cabelo, frigobar, Wi-Fi.

Hotel María Eugenia Este é um hotel com uma localização central, bem administrado e com quartos simples de tamanho médio. As paredes brancas e a cerâmica branca os tornam ainda mais simples, porém limpos e organizados. As camas têm colchões confortáveis e podem ser duas de casal ou uma king size. Há bastante espaço para bagagem.

Av. Central Oriente 507, 29000 Tuxtla Gutiérrez, Chi. 📞 **961/613-3767** ou 01-800/716-0149 no México. 83 quartos. Quarto duplo $800. AE, MC, V. Estacionamento gratuito e vigiado. **Atrativos:** restaurante; bar; piscina; serviço de quarto; quartos para não fumantes. *No quarto:* ar-condicionado, TV, Wi-Fi.

Hotel Regional San Marcos Na categoria econômica, este foi o melhor que pude encontrar na parte central de Tuxtla. Fica no centro da cidade e próximo aos *colecivos* que vão para Chiapa de Corzo. Os quartos são distribuídos em quatro andares (não tem elevador). São de tamanho médio e não tão deprimentes. As unidades que possuem ar-condicionado de janela podem ser um pouco barulhentas.

1 Sur Oriente 176 (na Av. 4 Oriente), 29000 Tuxtla Gutiérrez, Chi. 📞 **961/613-1940**, 961/613-1887. hotel-sanmarcos@prodigy.net.mx. 40 quartos. Quarto duplo por $409. MC, V. *No quarto:* ar-condicionado, TV, Wi-Fi.

Onde Comer

Para uma refeição completa, experimente a comida chiapana local no **Las Pichanchas**, Av. Central Oriente, 837 (✆ **96 1/612 -5351**). Tem decoração festiva e é muito bonito. A ênfase está na carne, com vários pratos pesados no cardápio. Recomendo o *filete simojovel* (uma carne fina em um molho de chile não picante) ou a *comida grande*, que é uma carne em um molho de semente de abóbora. Comer aqui é uma experiência cultural, mas normalmente prefiro ir ao **Flamingo**, 1 Poniente Sur, 168, na saída da Avenida Central (✆ **961/612-0922**), que serve pratos mexicanos padrão: enchiladas, *mole*, frango assado. O restaurante é de propriedade de um espanhol, que também tem uma elegante churrascaria chamada El Asador Castellano, que fica no lado oeste da cidade. Pegue um táxi.

Se só quiser tacos, há vários bons estabelecimentos perto do **El Parque de la Marimba**. Nesta praça, toca-se *marimba* todas as noites, o que é muito agradável. Lá você encontrará alguns restaurantes locais de taco ao redor da praça, como o **Parrilla Suiza** e o **El Fogón Norteño**. Ambos têm bons tacos grelhados. O Parque de la Marimba fica na Avenida Central Poniente, oito quarteirões a oeste da praça principal.

Chiapa de Corzo e o Cânion do Sumidero

O verdadeiro motivo para ficar em Tuxtla é fazer um passeio de barco pelo **Cânion do El Sumidero** ★★. O cânion é espetacular e o passeio de barco é divertido. Os barcos partem do cais de **Chiapa de Corzo**, uma cidade colonial de aproximadamente 50 mil habitantes, no caminho para Tuxtla. Para chegar lá, pegue um táxi ou o ônibus operado pela Transportes Chiapa-Tuxtla (Av. 1 Sur, entre as Calles 5 e 6 Oriente). Os intervalos entre as partidas dos ônibus são de poucos minutos e uma passagem custa $9. A viagem dura meia hora. Peça para descer na praça principal (*parada del parque*). As duas principais cooperativas de barco têm bilheterias sob as arcadas na praça. Mas você não precisa ir até elas; basta seguir direto para os barcos no cais (*embarcadero*) aproximadamente dois quarteirões ao sul da praça.

Músicos tocam marimba todas as noites no El Parque de la Marimba.

Ao passar pela igreja de Santo Domingo, você verá uma grande árvore de **ceiba** fazendo sombra no terreno da igreja. Em circunstâncias melhores, essas árvores ficariam ainda maiores, mas esta ficou em uma posição interessante, na frente da igreja. Os maias acreditavam que essas árvores faziam a ligação entre os céus, o mundo dos homens e o submundo, porque elas se estendem por todos os três reinos.

As **duas cooperativas** (as vermelhas e as verdes, identificadas pela cor de seus barcos) oferecem o mesmo serviço. Trabalham juntas compartilhando passageiros e coisas afim. Os barcos partem assim que um mínimo de 12 pessoas apareça. O intervalo pode ser de até uma hora ou apenas 10 minutos, dependendo da temporada. Custa $150. A viagem dura duas horas. O rio é o Grijalva, que corre para o Golfo do México saindo da Guatemala, um dos maiores do México. Além das vistas do cânion, você provavelmente verá alguns crocodilos e outras coisas interessantes. O condutor do barco explicará algumas coisas em espanhol, mas boa parte do que ele diz não acrescenta muito ao passeio. No ponto mais profundo do cânion, o condutor disse que as paredes chegam a 1.000 m acima da água que, por sua vez, tem cerca de 100 m de profundidade naquele ponto. Eu não quis verificar esta informação — tudo que sei é que a vista era realmente impressionante. Há algumas coisas interessantes acontecendo nas paredes; a água se infiltra em alguns pontos, criando pequenos microambientes de musgo, grama e depósitos minerais. Um desses pontos é chamado de Árvore de Natal por causa de sua forma. Nosso barco foi deslizando lentamente enquanto uma névoa fina caía das plantas sobre nós.

O Cânion do El Sumidero.

Os barcos são operados das 8 h às 16 h. Eles são rápidos e a água é tranquila. As melhores horas para apreciar o cânion são de manhã cedo ou no fim do dia, quando o sol está no ângulo certo e brilha sobre uma das paredes do cânion. Os barcos são necessariamente abertos, portanto leve um boné ajustável ou um chapéu com cordão ajustável, ou protetor solar. Protetores de ouvido vêm a calhar, também.

Se preferir ficar em Chiapa de Corzo a Tuxtla, confira o hotel simples, porém agradável, junto da praça principal: **Hotel Los Angeles**, na Av. Julián Grajales 2 (© **916/616-0048**). O hotel oferece quartos com ou sem ar-condicionado, entre $400 e $500.

INFORMAÇÕES ÚTEIS

INFORMAÇÕES ÚTEIS YUCATÁN, TABASCO E CHIAPAS

10

Horário Comercial Nas cidades maiores, os estabelecimentos comerciais, em sua maioria, funcionam das 9 h às 19 h; em cidades menores, fecham entre 14 h e 16 h. A maioria fecha aos domingos. Nas áreas de resort, as lojas normalmente abrem aos domingos pela manhã e nos outros dias fecham tarde, as 20 h ou até mesmo 22 h. O horário bancário é de segunda a sexta, das 9 h ou 9 h 30 min, até um horário que varia das 15 h às 19 h. Os bancos abrem aos sábados, pelo menos meio período.

Leis Sobre Bebidas A idade legal para beber no México é 18 anos; no entanto, pedir identificação ou negar a compra é extremamente raro. Os supermercados vendem tudo, desde cerveja e vinho, até bebidas nacionais e importadas. Você pode comprar bebida alcoólica 24 horas por dia, mas durante as eleições, em geral entra em vigor a lei seca, podendo começar até 72 horas antes da eleição — ela se aplica também aos turistas, além dos residentes. O México não possui leis quanto a transporte de bebidas em carros, mas as autoridades estão começando a combater motoristas bêbados com mais firmeza. A direção responsável é sempre uma boa opção.

É ilegal beber na rua, mas muitos turistas não se importam com a proibição. No entanto, se você apresentar sinais de embriaguez na rua, é mais provável que seja parado pela polícia.

Eletricidade O sistema elétrico do México é de 110 volts ca (60 ciclos). No entanto, pode ter ciclos mais lentos e superaquecer seus equipamentos. Para compensar, selecione uma velocidade média ou baixa em secadores de cabelo. Muitos hotéis mais antigos ainda têm tomadas elétricas para plugues com dois pinos do mesmo tamanho achatados; você precisará de um adaptador para qualquer plugue diferente. Os adaptadores estão disponíveis para compra na maioria das lojas de produtos eletrônicos do México. Muitos dos melhores hotéis têm tomadas de três pinos (*trifásicos*, em espanhol). Os hotéis que não a possuem as vezes emprestam adaptadores, mas para evitar transtornos é sempre bom levar o seu.

Embaixadas e Consulados Fornecem listas valiosas de médicos e advogados, assim como regulamentações relativas a casamento no México. Ao contrário da crença popular, a embaixada não pode tirá-lo da prisão, prestar serviços postais ou bancários ou mandá-lo para casa se você ficar sem dinheiro. No entanto, funcionários consulares poderão fornecer orientação sobre a maioria dos assuntos e problemas. A maioria dos países tem uma embaixada na Cidade do México e muitos possuem consulados ou representantes consulares nas províncias.

A Embaixada do **Brasil** na Cidade do México fica na Calle Lope de Armendáriz 130, Col. Lomas Virreyes (📞 **55/5201-4531**; www.brasil.org.mx). O horário de atendimento é de segunda a sexta, das 9 h às 13 h.

A Embaixada de **Portugal** na Cidade do México fica na Alpes 1370, Lomas de Chapultepec (📞 **55/5520-7897**, www.embpomex.wordpress.com).O horário de atendimento é de segunda a sexta, das 8 h às 14 h.

Emergências Em caso de emergência, disque 📞**060** de qualquer telefone dentro do México. Disque 📞**065** para a Cruz Vermelha. Para os números de emergência da polícia, veja as seções "Consulta Rápida" nos capítulos de cada localidade. O telefone 24 horas da **Assistência ao Turista** na Cidade do México é 📞**01-800/987-8224** ou 55/5089-7500, ou disque apenas 📞**078**. Os operadores nem sempre falam uma segunda língua, mas estão sempre dispostos a ajudar.

Seguros Para obter informações sobre seguros de viagem, seguro de cancelamento de viagem e seguro de saúde para viagem, acesse o site www.frommers.com/planning.

Idioma O espanhol é a língua oficial do México. Nas áreas mais turísticas é comum que as pessoas falem e entendam um pouco de inglês também. Os mexicanos são muito receptivos com os estrangeiros que tentam falar espanhol, mesmo que apenas palavras soltas.O Capítulo 11 traz um glossário de frases simples para ajudá-lo a expressar suas necessidades básicas.

Correio Os valores de postagem de uma carta ou cartão postal variam de acordo com o destino. Além disso, pode levar algumas semanas para chegar. Os valores de cartas registradas e pacotes dependem do peso. É recomendável enviar pacotes ou correspondências importantes por FedEx, DHL, UPS, ou outro serviço de correio internacional com boa reputação.

Passaportes Cidadãos brasileiros devem acessar o site da Polícia Federal (http://www.dpf.gov.br/servicos/passaporte/requerer-passaporte) para informações sobre como obter um passaporte. Cidadãos de outros países devem recorrer ao órgão responsável pela emissão de passaportes em seus países de origem.

Polícia Várias cidades, incluindo Cancún, têm um departamento especial, a Polícia Turística, com policiais que também falam inglês para ajudar com instruções, orientações e muito mais. Em caso de emergência, disque 📞**060** de qualquer telefone dentro do México. Para os números de emergência da polícia, veja as seções "Consulta Rápida" em cada um dos capítulos individuais.

Fumo Veja a pág. 73, no Capítulo 3.

Impostos OIVA (Imposto sobre Valor Agregado) de 15% é aplicável a mercadorias e serviços na maior parte do México, devendo estar incluído no preço anunciado. Este imposto é de 10% em Cancún, Cozumel e Los Cabos. Há um imposto de 5% sobre comidas e bebidas consumidas em restaurantes que vendem bebidas de teor alcoólico superior a 10%; este imposto é aplicado mesmo se você não beber. A tequila é sujeita a um imposto de 25%. O México impõe um imposto de saída para cada estrangeiro que deixa o país de avião.

Telefones Veja a pág. 83, no Capítulo 3.

Fuso Horário O fuso horário que prevalece em todo o Yucatán, Tabasco e Chiapas é detrês horas a menos em relação ao horário de Brasília. O México inteiro aplica o **horário de verão**.

Gorjeta A maioria dos trabalhadores de serviços do México conta com a gorjeta como incremento de sua renda; istso se aplica a, principalmente, mensageiros e garçons. Os mensageiros devem receber entre $5 e $15 por mala; garçons normalmente recebem entre 10% e 15%, dependendo do nível do atendimento. Não é costume dar gorjeta a taxistas, a não ser que sejam contratados por hora ou ofereçam passeios ou outros serviços especiais.

Banheiros Banheiros públicos não são comuns no México, mas o número vem crescendo principalmente em restaurantes fast-food e postos de gasolina Pemex. É comum que esses banheiros de estabelecimentos, restaurantes e boates tenham atendentes, que esperam receber uma pequena gorjeta (cerca de $5).

Vistos Veja a pág. 61, no Capítulo 3.

Informações ao Turista A **Secretaria de Turismo do México** (✆**01-800/ 006-8839** ou ✆**078** de dentro do México; www.visitmexico.com) é uma excelente fonte de informações gerais; você pode solicitar folhetos e tirar as dúvidas mais comuns com os funcionários muito bem informados.

A sede da **Secretaria de Turismo do Governo Mexicano** fica na Cidade do México (✆**55/5278-4200**). A Secretaria possui filiais em outros países.

A **Secretaria de Turismo de Chiapas** fica na Blvd. Belisario Dominguez 950, CP29060 Tuxtla Gutiérrez, Chiapas (✆**961/613-9396**). A **Secretaria de Turismo de Quintana Roo** fica na Carr. a. Calderitas 622, CP 77010 Chetumal, Quintana Roo, (✆**983/835-0860**). A **Secretaria de Turismo de Tabasco** fica na Av. Los Rios s/n, Tabasco 2000, CP86035 Villahermosa, Tabasco (✆**993/316-5134**). A **Secretaria de Turismo do Yucatán** fica na Calle 59 nº 514, Centro, CP97000 Mérida, Yucatán (✆**999/924-9389**).

A **Embaixada do México** no **Brasil** fica na Av. das Nações, Qd. 805, Lt 18, Brasília – DF (✆**61/3204-5200**); o **Consulado Geral do México em São Paulo** fica na Rua Holanda, 274, Jardim Europa, São Paulo – SP (✆**11/3081-4144**); o **Consulado Geral do México no Rio de Janeiro** fica na Praia de Botafogo, 242/301, Botafogo, Rio de Janeiro – RJ (✆**21/3262-3200**).

A **Embaixada do México** em **Portugal** fica na Estrada de Monsanto, 78, Lisboa (✆**00351-21 762 12 90**).

Água A água de torneira do México geralmente não é potável, sendo mais seguro beber água purificada engarrafada. Alguns hotéis e restaurantes purificam a água, mas é melhor perguntar antes de consumi-la. Gelo também pode ter sido feito com água de torneira e deve ser usado com cautela.

SITES DE COMPANHIAS AÉREAS

PRINCIPAIS COMPANHIAS AÉREAS

Aeroméxico
www.aeromexico.com

Alaska Airlines/Horizon Air
www.alaskaair.corn

American Airlines
www.aa.com

British Airways
www.british-airways.com

Continental Airlines
www.continental.com

Delta Air Lines
www.delta.com

Iberia Airlines
www.iberia.com

LAN Airlines
www.lan.com

North American Airlines
www.flynaa.com

United Airlines
www.united.com

US Airways
www.usairways.com

Virgin America
www.virginamerica.com

Virgin Atlantic Airways
www.virgin-atlantic.com

COMPANHIAS AÉREAS DE BAIXO CUSTO

Click Mexicana
www.mexicana.com

Frontier Airlines
www.frontierairlines.com

Interjet
www.interjet.com.mx

JetBlue Airways
www.jetblue.com

Volarís
www.volaris.com.mx

11

ESPANHOL DE SOBREVIVÊNCIA

A maioria dos mexicanos é muito paciente com os estrangeiros que tentam falar sua língua; ajuda bastante saber algumas frases básicas. Aqui estão algumas frases simples para comunicar suas necessidades básicas e também algumas expressões comuns nos cardápios.

FRASES PORTUGUÊS – ESPANHOL

Português	Espanhol	Pronúncia
Bom dia (despedida)	Buen día	**Buên dí-a**
Bom dia (pela manhã)	Buenos días	**Buênos *dí*-as**
Como vai?	¿Cómo está?	**Cô-mo *está***
Muito bem	Muy bien	**Mui *bién***
Obrigado	Gracias	***Grá*-cias**
De nada	De nada	**Dê *nada***
Adeus	Adiós	**Adiôs**
Por favor	Por favor	**Por fa-*bor***
Sim	Sí	**Si**
Não	No	**No**
Com licença	Perdóneme	**Per-*dô*-neme**
Dê-me	Déme	***Dê*-mê**

11 ESPANHOL DE SOBREVIVÊNCIA | Frases Português – Espanhol

Português	Espanhol	Pronúncia
Onde é . . . ?	¿Dónde está . . . ?	**Don**-de está
a rodoviária	la estación	lá esta-ci-on
um hotel	un hotel	un o-tel
um posto do gasolina	una gasolinera	una ga-so-li-né-ra
um restaurante	un restaurante	un res-tau-ran-te
o banheiro	el baño	el ba-nho
um bom médico	un buen médico	un buen mé-di-co
a estrada para	el camino a/hacia	el ca-mi-no a/a-cia
À direita	A la derecha	A la de-re-tcha
À esquerda	A la izquierda	A la is-quier-da
Direto em frente	Derecho	De-re-tcho
Eu gostaria	Quisiera	Qui-sie-ra
Eu quero...	Quiero...	Quie-ro
comer	comer	comer
um quarto	una habitación	una a-bi-ta-ciôn
Você tem . . . ?	¿Tiene usted . . . ?	Ti-e-ne us-tê?
um livro	un libro	un li-bro
um dicionário	un diccionario	un dic-cio-ná-rio
Quanto custa?	¿Cuánto cuesta?	cu-an-to cu-es-ta
Quando?	¿Cuándo?	cu-an-do
O quê?	Qué?	quê
Há . . . ?	(¿)Hay (. . . ?)	ai
O que há?	¿Qué hay?	quê ai
Ontem	Ayer	ai-er
Hoje	Hoy	oi
Amanhã	Mañana	ma-nha-na
Bom	Bueno	bu-e-no
Mal	Malo	ma-lo
(O) Melhor	(Lo) Mejor	(lo) mer-rór
Mais	Más	más
Menos	Menos	menos
É proibido fumar	Se prohibe fumar	se pro-í-be fu-mar
Cartão postal	Tarjeta postal	tar-rre-ta pos-tal
Repelente contra insetos	Repelente contra insectos	re-pe-len-te con-tra in--sec-tos

OUTRAS FRASES ÚTEIS

Português	Espanhol	Pronúncia
Você fala português/inglês?	¿Habla usted portugués/inglés?	a-bla us-tê por-tu-guês/eengles
Há alguém aqui que fale português?	¿Hay alguien aquí que hable portugués?	ai al-guiên a-qui que a-ble por-tu-guês
Falo um pouco de espanhol.	Hablo un poco de español.	a-blo un po-co de es--pa-nhol
Não entendo espanhol muito bem.	No (lo) entiendo muy bien el español.	No (lo) en-tien-do mui biên el es-pa-nhol.
A comida está boa.	Me gusta la comida.	Mê gus-ta la co-mi-da
Que horas são?	¿Que hora es?	Quê ho-ra és
Posso ver o menu (cardápio)?	¿Puedo ver el menú (la carta)?	Pu-e-do ver el me-nú (la car-ta)
A conta, por favor.	La cuenta, por favor.	La cu-en-ta, por fa-vor
Quanto lhe devo?	¿Cuanto le debo?	Quan-to le de-bo
O que disse?	¿Mande? (formal)	Man-de
	¿Cómo? (informal)	Co-mo
Quero (ver) . . .	Quiero (ver) . . .	Qui-e-ro (ver)
um quarto	un cuarto ou una habitación	un cu-ar-to ou u-na a-bi ta-ción
para duas pessoas	para dos personas	pa-ra doss per-so-nas
com (sem) banheiro.	con (sin) baño.	con (sin) ba-nho
Nós estamos ficando aqui apenas . . .	Nos quedamos aquí solamente . . .	Nos que-da-mos a-qui so-la-men-te
uma noite.	una noche.	u-na no-tche
uma semana.	una semana.	u-na se-ma-na
Partimos (Saímos) . . .	Partimos (Salimos) . . .	Par-ti-mos (Sa-li-mos)
amanhã.	mañana.	ma-nha-na
Você aceita...?	¿Acepta usted . . . ?	a-cep-ta us-tê
traveler's checks?	cheques de viajero?	tche-ques de vi-a--rre-ro
Há uma lavanderia . . . ?	¿Hay una lavandería . . . ?	ai u-na la-ban-de-ri-a
perto daqui?	cerca de aquí?	cer-ca de a-qui
Faça-me o favor de enviar esta roupa para a lavanderia.	Hágame el favor de mandar esta ropa a la lavandería.	á-ga-me el fa-bor de man-dar es-ta ro-pa a la la-ban-de-ri-a

11 NÚMEROS

Português	Espanhol	Pronúncia
um	uno	*u*-no
dois	dos	dos
três	tres	três
quatro	cuatro	*cua*-tro
cinco	cinco	*cin*-co
seis	seis	seis
sete	siete	*sie*-te
oito	ocho	o-*tcho*
nove	nueve	*nue*-ve
dez	diez	diez
onze	once	*on*-ce
doze	doce	*do*-ce
treze	trece	*tre*-ce
quatorze	catorce	cua-*tor*-ce
quinze	quince	*quin*-ce
dezesseis	dieciséis	die-ci-*seis*
dezessete	diecisiete	die-ci-*sie*-te
dezoito	dieciocho	die-ci-*o*-tcho
dezenove	diecinueve	die-ci-*nue*-ve
vinte	veinte	*bein*-te
trinta	treinta	*trein*-ta
quarenta	cuarenta	cua-*ren*-ta
cinquenta	cincuenta	cin-*cuen*-ta
sessenta	sesenta	se-*sen*-ta
setenta	setenta	se-*ten*-ta
oitenta	ochenta	o-*tchen*-ta
noventa	noventa	no-*ben*-ta
cem	cien	cien
duzentos	doscientos	dos-*cien*-tos
trezentos	quinientos	qui-ni-*en*-tos
mil	mil	mil

TERMOS DE TRANSPORTES

Português	Espanhol	Pronúncia
Aeroporto	Aeropuerto	a-e-ro-*puer*-to
Voo	Vuelo	bu-*e*-lo
Locadora de veículos	Arrendadora de autos	a-ren-da-*do*-ra de *au*-tos
Ônibus	Autobús	au-to-*bús*
Ônibus ou Caminhão	Camión	ca-mi-*ón*
Faixa (de estrada)	Carril	ca-*ril*
Direto (ônibus)	Directo	di-*rec*-to
Bagagem	Equipajes	e-qui-*pa*-rres
Interurbano	Foraneo	fo-ra-*ne*-o
Guarda-volumes	Guarda equipaje	*guar*-da e-qui-*pa*-rre
Desembarque	Llegadas	é-*ga*-das
Que sai desta rodoviária	Local	o-*cal*
Que sai de outro local	De paso	de *pa*-so
Há assentos disponíveis?	Hay lugares disponibles?	ai lu-*ga*-res dis-po-*ni*--bles
Primeira classe	Primera	pri-*me*-ra
Segunda classe	Segunda	se-*gun*-da
Sem escala (voo)	Sin escala	sin es-*ca*-la
Recebimento de Bagagem	Recibo de equipajes	re-*ci*-bo de e-qui-*pa*-rres
Sala de espera	Sala de espera	*sa*-la de es-*pe*-ra
Banheiros	Sanitarios	sa-ni-*tá*-rios
Bilheteria	Taquilla	ta-*qui*-iá

TERMINOLOGIA GASTRONÔMICA

Refeições

desayuno Café da manhã.

comida Principal refeição do dia, feita na parte da tarde.

cena Jantar.

Pratos

botana Um tira-gosto normalmente servido como cortesia.

entrada Entrada.

sopa Um prato de sopa não é necessariamente uma sopa — pode ser um prato de arroz ou talharim, chamado de *sopa seca*.

ensalada Salada.

plato fuerte Prato principal.

postre Sobremesa.

comida corrida Especial do dia que normalmente consiste de três pratos e é barato.

menú del día O mesmo que *comida corrida*.

Grau de Cozimento

término un cuarto Mal passada, literalmente quer dizer um quarto.

término medio Meio mal passada, um meio.

término tres cuartos Ao ponto, três quartos.

bien cocido Bem passada.

Terminologia Diversa de Restaurante

cucharra Colher.

cuchillo Faca.

la cuenta A conta.

plato Prato.

plato hondo Prato fundo.

propina Gorjeta.

servilleta Guardanapo.

tenedor Garfo.

vaso Copo.

IVA Imposto de valor agregado.

fonda Significa uma barraca de comida em um mercado ou na rua, mas é usada atualmente de forma nostálgica, referindo-se a um restaurante informal.

Pratos Mexicanos e Iucateques Populares

a la tampiqueña (Normalmente *bistec a la t.* ou *arrachera a la t.*) Uma carne servida com vários acompanhamentos, incluindo, entre outros, enchilada, guacamole, arroz e feijão.

achiote Pequena semente vermelha do pé de *annatto*, com um sabor suave, usada para dar gosto e cor (urucum).

adobo Marinada feita com chiles e tomates, muitas vezes visto na forma adjetivada *adobado/adobada*.

agua fresca Qualquer água adoçada com sabor de fruta, incluindo *limonada*, *horchata* (veja abaixo), *tamarindo* (veja abaixo), *sandía* (melancia) e *melón* (melão).

alambre Espetinho.

albóndigas Almôndegas, normalmente cozidas em um molho de *chile chipotle*.

antojito Significa "pequena tentação". É um termo genérico para tacos, tostadas, quesadillas, entre outros, que normalmente servem como ceia ou lanche.

arrachera Fraldinha, fajitas.

arroz Arroz.

atole Uma bebida quente e espessa, feita com milho bem moído, e normalmente com sabores de frutas, mas também pode ter sabor de chile, chocolate ou pimentas.

bistec Bife.

bolillo Pão francês.

buñuelos Espécie de massa coberta de açúcar. Também pode ser um pastel grande que é mergulhado em melado fervente.

café con leche Café quente com leite. Nos restaurantes mais simples, é muitas vezes feito com café instantâneo.

cajeta Caramelo grosso feito com leite de cabra.

calabaza Abobrinha.

caldo tlalpeño Sopa de frango e legumes, com arroz, *chile chipotle*, abacate e grão de bico. Seu nome vem de uma comunidade suburbana da Cidade do México, Tlalpan.

caldo xochitl Sopa leve de frango e arroz (canja), servida com um pequeno prato de pedaços de cebola, chile serrano, abacate e limão para adicionar a gosto.

camarones Camarão. Para as formas de preparo mais comuns, veja a seção *pescado*.

carne Carne.

carnitas Prato de porco cozido lentamente, de Michoacán e partes do México central, servido com tortillas, guacamole e salsa ou jalapeños em conserva.

cebolla Cebola.

cecina Porco ou carne de boi em fatias finas, seco ou marinado, dependendo da região.

ceviche Frutos do mar frescos crus marinados em suco de limão natural e acompanhado de pedaços de tomate, cebola, chiles e, às vezes, coentro.

chalupas poblanas Um prato simples de Puebla que consiste de tortillas feitas à mão, levemente fritas, porém macias, e coberto com diferentes molhos de chile.

chayote Chuchu.

chilaquiles Pedaços de tortilla frita, suavizada com um molho verde ou vermelho e servida com creme azedo mexicano, cebola e, às vezes, frango (*con pollo*).

chile Qualquer pimenta picante usada na culinária mexicana, podendo ser fresca, seca ou defumada.

chile ancho Um *chile poblano* seco que serve como base para vários molhos e *moles*.

chile chilpotle (ou chipotle) Um jalapeño defumado que é vendido seco ou enlatado em um molho de *adobo*.

chile en nogada *Chile poblano* com um recheio elaborado de carne desfiada, castanhas e frutas secas, cristalizadas e frescas, coberto com molho de creme de nozes e salpicado com sementes de romã.

chile poblano Pimentão fresco que é normalmente verde-escuro, grande e geralmente não é picante. Muitas vezes tem recheios diversos (*chile relleno*).

chile relleno Pimentão recheado.

chimichurri Molho argentino feito com azeite de oliva, orégano, salsa e alho, servido com carnes grelhadas.

chivo Cabrito ou cabra.

churro Churro.

cochinita pibil Prato de porco iucateque, assado em uma churrasqueira em um molho *pibil* de *achiote*, laranja azeda e temperos.

col Repolho. Também chamado de *repollo*.

consomé Caldo claro, normalmente com arroz.

cortes Outra forma de falar carnes; a expressão completa é *cortes finas de carne*.

cuitlacoche Variação de *huitlacoche*.

elote Milho-verde.

empanada Na maior parte do México, um empanado com recheio salgado ou doce. Em Oaxaca e no sul do México, é uma massa de milho ou tortilla enrolada em um recheio salgado, assada ou frita.

empanizado Empanado.

enchilada Uma tortilla levemente frita, mergulhada em molho e dobrada ou enrolada em volta de um recheio. Tem muitas variações, como as *enchiladas suizas* (feitas com um molho cremoso), *enchiladas del portal* ou *enchiladas placeras* (feita principalmente com molho de *chile ancho*) e *enchiladas verdes* (em um molho verde de tomatillos, coentro e pimentões).

enfrijoladas Como uma enchilada, mas feita com um molho de feijão temperado com folhas de abacate torradas.

enmoladas Enchiladas feitas com um molho *mole*.

ensalada Salada.

entomatadas Enchiladas feitas com um molho de tomate.

escabeche Legumes mergulhados em vinagre.

fideo Macarrão cabelo de anjo.

flan Manjar.

flautas Tortillas que são enroladas em um recheio (normalmente frango ou carne desfiada) e bem fritas; muitas vezes aparecem nos cardápios como *taquitos* ou *tacos fritos*.

frijoles refritos Feijão amassado e bem frito com toucinho.

gorditas Tortillas de milho grossas e fritas, abertas e recheadas com carne ouqueijo.

horchata Bebida feita com arroz, sementes de melão, amêndoas, ou coco e canela.

huazontle Um legume de longe comparado a brócolis, mas com gosto mais leve.

huevos mexicanos Ovos mexidos com pedaços de cebola, *chiles serranos* e tomates.

huevos rancheros Ovos fritos, normalmente sobre tortillas e banhados em um leve molho de tomate.

huitlacoche Fungo de milho salgado e de gosto suave, considerado uma iguaria no México.

jitomate Tomate.

lechuga Alface.

limón Um pequeno limão. Os mexicanos espremem estes limões em tudo, desde sopas até tacos.

lomo adobado Lombo de porco cozido em um *adobo*.

masa Massa leve feita de milho, que é a base para fazer tortillas e tamales.

menudo Sopa feita com bucho e canjica.

milanesa Bife à milanesa.

molcajete Um pilão de três pernas feito com pedras vulcânicas e utilizado para moer. Hoje em dia, é muitas vezes usado como uma travessa, que é levada fervendo e cheia de carne, chiles, cebolas e queijo até a mesa.

mole Qualquer tipo de molho grosso feito com chiles secos, castanhas, frutas ou legumes, e tempero. As variações incluem *m. poblano* (estilo de Puebla, com chocolate e gergelim), *m. negro* (*mole* preto de Oaxaca, também com chocolate) e *m. verde* (feito com ervas e/ou sementes de abóbora, dependendo da região).

pan Pão. Algumas da variedades incluem *p. dulce* (pão doce), *p. de muerto* (pão feito para o feriado do Dia de Finados) e *p. Bimbo* (pão de forma branco).

panuchos Um prato iucateque de bolos de *masa* recheados com feijão-preto bem frito e coberto com peru ou frango desfiado, alface e cebola.

papadzules Um prato iucateque de tortillas recheado com ovo cozido e coberto com um molho feito de sementes de abóbora.

papas Batatas.

parrillada Travessa com carnes grelhadas ou frutos do mar.

pescado Peixe. As formas comuns de preparar um peixe incluem *al mojo de ajo* (ao molho de alho), *a la veracruzana* (com tomates, azeitonas e alcaparras) e *al ajillo* (queimado com alho e tiras ou rodelas finas de *chile guajillo*).

pibil Veja *cochinita pibil*. Quando feito com frango, também é chamado de *pollo pibil*.

picadillo Qualquer uma de várias receitas que usam carne, porco ou frango desfiado com cebolas, chiles e temperos. Também pode conter frutas e castanhas.

pipián Um molho grosso feito com sementes de abóbora, castanhas, ervas e chiles moídos. Pode ser vermelho ou verde.

poc chuc Porco com cebola marinado em laranja azeda e depois grelhado; um prato iucateque.

pollo Frango.

pozole Sopa com frango ou porco, canjica, alface e rabanete, servida com um pequeno prato com outros ingredientes que podem ser adicionados a gosto (cebola, pimentão, suco de limão, orégano). Em Jalisco é vermelho (*p. Rojo*); em Michoacán é branco (*p. Blanco*); e em Guerrero é verde (*p. verde*). No resto do México, pode ser qualquer um destes.

puerco Porco.

pulque Uma bebida feita com suco fermentado da babosa; mais comum nos estados de Hidalgo, Tlaxcala, Puebla e México.

quesadilla Tortillas de milho ou farinha recheadas com queijo branco e preparadas em uma forma quente. Na Cidade do México, é feita com uma *masa* crua enrolada em qualquer um de uma variedade de recheios (que muitas vezes não contêm queijo) e bem frita.

queso Queijo.

res Carne de boi.

rompope Licor mexicano feito com ovos, baunilha, açucar e álcool.

salbute Um prato iucateque parecido com um *panucho*, mas sem a pasta de feijão no meio.

solomillo Filé mignon.

sopa azteca Sopa feita com sobras de tortilla

sopa tarasca Uma sopa batida no liquidificador, de Michoacán, feita com feijão e tomate.

sope Pequeno bolo de *masa* coberto com carnes e legumes temperados.

tacos al pastor Pequenos tacos feitos com porco em fatias finas, marinado em um *adobo* e servidos com abacaxi, cebola e coentro.

tallarines Talharim.

tamal (Não *"tamale"*.) *Masa* misturada com toucinho e batida até ficar clara, enrolada em volta de um recheio salgado ou doce, envolto em uma folha (normalmente milho ou banana) e depois cozido no vapor. *Tamales* é o plural.

taquitos Veja *flautas*.

tinga Carne desfiada cozida em um molho *chile chipotle*.

torta Um sanduíche feito com um *bolillo*.

Este livro foi impresso nas oficinas gráficas da Editora Vozes Ltda.,
Rua Frei Luís, 100 – Petrópolis, RJ.